Wir kommen aus Königsberg

Helmut Peitsch

Wir kommen aus Königsberg

E7 49362

Verlag Gerhard Rautenberg · Leer (Ostfriesland)

1. Auflage 1979
2. Auflage 1980
3. Auflage 1980
4. Auflage 1981

© 1979 by Verlag Gerhard Rautenberg · 2950 Leer
Renewed 1980
Gesamtherstellung: Druckerei Rautenberg · 2950 Leer
ISBN 3-7921-0224-2

Ein Wort des Dankes

Dieser Darstellung liegt eine Fülle von dokumentarischem Material zugrunde. Nahezu alle zur Zeit verfügbaren Unterlagen wurden herangezogen, um ein möglichst umfassendes und zuverlässiges Bild vom heutigen Nord-Ostpreußen zu erhalten. Dazu gehören die Berichte von Augenzeugen, Publikationen in Presse, Funk und Fernsehen, Fachzeitschriften und -büchern, Briefe, Beobachtungen persönlicher und behördlicher Art, Gespräche mit Prominenten und Unbekannten, Amtliches und Privates, Erinnerungen und Aktuelles sowie Fotos jeglicher Gattung, vom Andenkenbild bis zur Satellitenaufnahme.

Allen, die dabei mitgeholfen haben, gelten Dank und Anerkennung. Besondere Erwähnung verdient die auf diesem Gebiet herausragende Veröffentlichung des Johann-Gottfried-Herder-Instituts in Marburg an der Lahn. In der Zweimonatsschrift „Dokumentation Ostmitteleuropa" (Hefte 1/1978 und 1–2/1979) hat der Verfasser Peter Wörster auf ca. 180 Seiten über das nördliche Ostpreußen berichtet. Es wurden vorwiegend sowjetische Originalquellen ausgewertet. Es handelt sich dabei um die erste zusammenfassende Erforschung der Nachkriegsverhältnisse im nördlichen Ostpreußen, die weitere Empfehlung verdient, da sie noch auf längere Sicht eine Hauptquelle der sachbezogenen Information bleiben wird. Wesentlich war ferner die Unterstützung durch die Vertreter der einzelnen Kreisgemeinschaften, die mit viel Liebe und Kenntnis zum Gelingen beigetragen haben. Zahlreiche Informanten wollen aus naheliegenden Gründen ungenannt bleiben. Dazu gehören auch die Aussiedler und die Besuchsreisenden, ohne deren Beistand diese Schilderung nicht möglich gewesen wäre. In einer Situation, da es nicht gestattet ist, sich aus eigener Anschauung eine Vorstellung zu machen, sind ihre Aussagen von unersetzlichem Wert.

Um eine möglichst wahrheitsgetreue Wiedergabe zu erreichen, hat sich der Verfasser bewußt an die Original-Unterlagen gehalten, sie entsprechend wörtlich übernommen. Das bezieht sich auch auf Veröffentlichungen in sowjetischen Publikationen. Grundsätzlich ist zu beachten, daß trotz aller Mühe und Sorgfalt Unzulänglichkeiten nicht auszuschließen sind. Übliche Maßstäbe können nicht angelegt werden, solange eine freie Information fehlt. Dieser Band wurde nicht geschrieben, um Sensationen zu bieten, sondern um denen Informationen zu vermitteln, die wissen wollen, wie es heute aussieht im nördlichen Ostpreußen.

5

Ein Wort zuvor

„Reich ist man nicht durch das, was man besitzt, sondern mehr noch durch das, was man mit Würde zu entbehren weiß – und es könnte sein, daß die Menschheit reicher wird, indem sie ärmer wird, und gewinnt, indem sie verliert..."

Lassen diese Worte nicht aufhorchen in unserer Zeit?

Der sie vor mehr als zweihundert Jahren niederschrieb, war Immanuel Kant, der größte Sohn seiner Vaterstadt. Er war der Meinung, daß „eine große Stadt wie Königsberg am Pregelfluß" schon für einen schicklichen Platz „zur Erweiterung der Menschenkenntnis als auch der Weltkenntnis" genommen werden könne, „wo diese, auch ohne zu reisen, erworben werden kann". Nur wenige Male in seinem Leben hat er die Vaterstadt verlassen; über die Grenzen Ostpreußens ist er nie hinausgekommen – und hat doch mit seinem Werk die ganze Menschheit bewegt bis auf den heutigen Tag.

Daß Reisen bildet, war schon in früheren Jahrhunderten bekannt. Aber noch nie war es so leicht wie in unserer Zeit, von Pol zu Pol und rund um den Erdball die Welt zu erobern. Politikern und Kirchenfürsten, Geschäftsleuten und Touristen –sofern diese nur genügend Geld und Zeit haben –steht die ganze Welt offen, und selbst der Flug zum Mond, durch den Weltraum, ist keine Utopie mehr.

Ein Buch wie dies wird jeder von uns allerdings bisher vergeblich gesucht haben. Wie hinter einer dichten Nebelwand war bisher das nördliche Ostpreußen mit der alten Hauptstadt des Landes verborgen. Während das südliche Ostpreußen Jahr um Jahr mehr Besucher anzieht – es sind viele darunter, die noch einmal das Land ihrer Kindheit und Jugend, das Land der Väter und Vorväter wiedersehen wollen – ist die Demarkationslinie nördlich der Städte Braunsberg, Bartenstein, Angerburg und Goldap zu einer Mauer des Schweigens geworden, undurchdringlich nicht nur für Besucher, sondern auch – mit wenigen Ausnahmen – für Informationen und Nachrichten, für Korrespondenten, Fernsehberichterstatter oder Fotografen.

Zum ersten Mal kann mit diesem Band eine Bestandsaufnahme nach fünfunddreißig Jahren –einem halben Menschenalter – vorgelegt werden. Wie ein Mosaikbild aus Tausenden von kleinen Steinchen entsteht, so wurde hier alles nur Erreichbare an Informationen zusammengetragen, verglichen und geordnet, um ein Gesamtbild des nördlichen Ostpreußen zu erhalten, wie es sich heute darstellt. Als besonders schwierig erwies sich die Auswahl der Fotos, die der besseren Übersicht halber den entsprechenden Texten zugeordnet wurden. Die unterschiedliche Qualität der Aufnahmen läßt sich erklären aus der Tatsache, daß neben hervorragenden Pressefotos auch Abbildungen verwendet wurden, die von Privatleuten – oft unter abenteuerlichen Umständen – gemacht wurden. Gerade diese Bilder geben aber Aufschluß über Ortschaften und Landstriche, die abseits der großen Straßen, der heutigen Sehenswürdigkeiten liegen.

Königsberg und Nord-Ostpreußen heute, dem Besucher aus dem Westen nach wie vor verschlossen, öffnen sich auf den Seiten dieses Buches dem, der erfahren möchte, wie es weitergegangen ist, nachdem die deutschen Bewohner Ostpreußen verlassen mußten. Vieles hat sich gewandelt, und oft fällt es schwer, aus der Vielfalt des Neuen das vertraute Bild des Landes, der Straßen und Plätze wiederzufinden, das in unserer Erinnerung lebt: die Bernsteinküste, die Nehrungen und Haffe, die Ostsee mit ihrer Brandung, die blauen Adern der Flüsse, das weite, ferne Land mit Wiesen und Wäldern unter dem hohen Himmel.

Mit welcher Mühe, welchen Schwierigkeiten die Berichte dieses Bandes zusammengetragen wurden, ganz zu schweigen von den Fotos, das kann wohl nur beurteilen, wer jemals Ähnliches versucht hat. Gespräche, Briefe, Zeitungsausschnitte mußten immer wieder überprüft und verglichen werden. Vieles entzog sich der Nachprüfung, da amtliche Informationen nicht zu bekommen sind. Auch Presseberichte sind oft unvollständig und fehlerhaft. Und doch: Der Versuch mußte gewagt werden.

Helmut Peitsch, der aus unzähligen Gesprächen mit Spätaussiedlern, aus Presseberichten, knappen Meldungen und Fotos diesen Band zusammenstellte, ist selbst ein Kind des Landes. Bei einer Reise in den südlichen Teil Ostpreußens konnte er sein Vaterhaus, das nahe der Demarkationslinie im nördlichen Bereich liegt, nicht wiedersehen. Um Sachlichkeit und Wahrheit bemüht, hat er versucht, das Schicksal des Landes und seiner Menschen aufzuzeichnen, ohne diese oder jene Seite anzuklagen. Und das ist, so meine ich, im Sinne jenes Immanuel Kant, dessen Grabmal an der Nordseite des zerstörten Königsberger Domes wie durch ein Wunder erhalten geblieben ist, an dem auch heute noch fast täglich frische Blumen niedergelegt werden. Es ist die Gedenkstätte an einen Weltbürger, der es nicht aufgegeben hat, an eine Fortentwicklung der Menschheit im Sinne des ewigen Friedens zu glauben.

Ruth Maria Wagner

Abschied von Königsberg

Es forderte zum Fackeltanze Dich,
Gekrönte Vaterstadt, der grimme Tod.
Wir sahn von seinem Mantel Dich umloht
Und hörten, wie bei Deiner Türme Neigen
Die Glocken sangen Deinen Todesreigen
Und sahen wie Dein Angesicht erblich.
Und sahen schauerlich
Den Pregel schwarz an den verkohlten Pfählen
Vorbei an leeren Hafenstraßen schleichen,
Und sahn, wie Opferrauch am Grab, die reichen
Schätze gesunkner Speicher qualmend schwelen.
Und sahen Deinen furchtbaren Freier Tod
Aus Deiner Gassen leeren Masken starren
Und durch den grauen Rauch stromabwärts fahren
Mit zuckender Beute auf verglühendem Boot.
So sahn wir Dich. Und sahn was uns gehört

Wie Mutter ihrem Kind, in stummer Klage,
Vom Schnee bestäubt, durch kalte Wintertage
Fremd um uns stehn, gespenstisch und zerstört.
Doch immer noch bedroht von Haß und Neid
Und immer noch in Deinem Witwenkleid
Von Deinem Feind mit Schwert und Sturm begehrt!
O Angesicht, so bleich und so verstört,
O Stadt, umtobt vom Kampf, durchwühlt von Leid, –
Wir wandern fort aus den zerstörten Gassen,
Doch wissen wir, die weinend Dich verlassen:
Wenn unsre Augen Dich nie wiedersehn,
Wenn wir vergehn
Mit unserm Blut, mit unserm Hab und Gut, –
Daß noch in Dir, o Mutter, Leben ist,
Und daß Du, Königsberg, nicht sterblich bist!

Agnes Miegel

„Ja, ich kenne mich aus in Nord-Ostpreußen"

Nur noch in unseren Träumen sahen wir Königsberg, wanderten wir durch die belebten Straßen der Stadt am Pregel, lauschten wir dem Geläute der Domglocken, spürten den Zauber des alten Speicherviertels, ergingen uns an den Ufern von Schloß- und Oberteich, empfanden das Fernweh am Hauptbahnhof und blickten immer wieder hoch zum majestätischen Turm des Schloßes — Träume, Erinnerungen, Wunschvorstellungen, entrückte Wirklichkeit, mehr als 30 Jahre dahin und jedes Jahr weiter fliehend.

Eine Generation ist darüber hinweggegangen — und wir, wir alle, die wir diese Stadt kannten, die wir sie liebten, sollen wir sie nie wiedersehen, geschieden auf ewig, wie von einem Menschen, an dessen Grabe wir gestanden haben? Sie, die uns so nahe war, ist nun unerreichbar, die wohl letzte unzugängliche Großstadt unserer Welt.

Dann aber steht plötzlich jemand vor uns und sagt: „Wir kommen aus Königsberg!", und er lächelt; denn er weiß, was das bedeutet. Astronauten, die vom Mond zurückkehren, sind nicht so ungewöhnlich wie Heimkehrer aus Ostpreußens Hauptstadt.

„Sie können mir glauben", sagt er. „Ich komme wirklich von dort. Es ist noch keine sechs Wochen her, daß ich in der Stadt war."

Das Herz schlägt mit einem Mal schneller. Worte sprudeln hervor. Die Gedanken überstürzen sich — dies ist ein Augenblick, den wir nicht mehr für möglich gehalten hatten. Königsberg ist wieder zu uns gekommen. Es ist nicht für immer untergegangen. Wir werden hören, vielleicht gar schauen, wie die Stadt heute aussieht, was aus ihr geworden ist, seit wir damals...

Lebt unser Königsberg noch?

Gibt es noch Deutsche dort?

Stehen noch Kirchen in der Stadt?

Was ist aus dem Schloß geworden?

Ist die Dominsel wirklich nur noch ein kahles Gelände?

Findet man noch Spuren deutscher Vergangenheit?

Wie steht es mit den Theatern, den Kinos, den Geschäften, den Hotels, den Bahnhöfen?

Und die Straßen? Wie sieht es auf dem Steindamm aus? Fährt die alte Linie 3 noch?

Was tun die neuen Einwohner? Wie denken sie? Was treiben sie? Woher stammen sie? Wie verhält sich die Jugend?

Gibt es noch Kirchgänger in der Stadt?

Waren Sie auch mal draußen? Im grünen, hügeligen Samland, an der herrlichen Steilküste? Am Kurischen und Frischen Haff? — Die Nehrungen, Cranz, Rauschen, Palmnicken, Pillau, Fischhausen, Rossitten, Nidden, — Meer, weiße Wellen, Dünen, Segelflieger, Vogelzug, Elche, Flundern, seidige Luft, wogende Kornfelder, heimelige Dörfern, vertraute Städte... Wissen Sie vielleicht auch etwas über Tilsit, Ragnit, Insterburg, Gumbinnen, Schloßberg, Ebenrode, Trakehnen, Angerapp, Gerdauen, Wehlau, Tapiau, Labiau, die Elchniederung, Heiligenbeil, Zinten, Pr. Eylau, Friedland..?

Haben Sie auch mal Besucher getroffen? Werden wir noch einmal dorthin dürfen?

Fragen über Fragen. Lange, lange unterdrückt, zurückgehalten, gestaut. Nun ist der Damm gebrochen. Wißbegier, Ungeduld. Die Vergangenheit ist auferstanden. Alles wollen wir erfahren. Was wird man uns sagen?

„Aber ja, das kenne ich. Nur langsam!" Der grauhaarige Mann vor uns lächelt immer noch, verstehend, mitfühlend.

„Ja, i c h war dort, überall. Ich werde erzählen." Die Stimme, die jetzt zu hören ist, klingt hart, holperig. Sie gehört einem jüngeren Menschen. Er hat sich dazugesellt. Plötzlich stand er da. Unvermutet wie die übrigen, die aus dem Nichts des seit Kriegsende abgekapselten Heimatlandes kamen. Der Vater, die Mutter, Sohn und Schwiegertochter, dazu die drei Enkel. Der jüngste, sechs Jahre alt, in Königsberg geboren. Er ist vermutlich der erste Deutsche, der nach dem Krieg dort zur Welt kam und in die Bundesrepublik aussiedelte. Fast gleichzeitig kehrte die wohl letzte im alten Königsberg Gebürtige zusammen mit ihrer Familie heim zu ihren Landsleuten. Der eine sechs, die andere sechzig. Welten liegen dazwischen.

Was sie erlebten, was sie sahen, was sie hörten — nie zuvor vernahmen wir ähnliches. Kann man es überhaupt in Worte fassen? Wir wollen es versuchen. Es kann nicht deutlich genug betont werden, daß es bei einem Versuch bleiben muß, solange nicht die Chance besteht, aus eigener Anschauung ein Bild zu gewinnen oder doch wenigstens durch ungehinderte Information eine verläßliche Unterlage zu erlangen. Entsprechende Vorbehalte sind daher gegenüber den offiziellen Verlautbarungen ebenso anzumelden wie mit Blick auf die persönlichen Schilderungen. Die besonderen Umstände lassen einen anderen Weg der Unterrichtung nicht zu. Unter Berücksichtigung dieser außerordentlichen Gegebenheiten wurde jedoch alles getan, um einen möglichst einwandfreien Bericht über die heutige Lage zu geben.

So unendlich viel gibt es zu erzählen, mancherlei zu prüfen, etliches zu beachten. Denn es blieb nicht bei diesem Gespräch. Viele, viele folgten. Nicht nur mit den Aussiedlern. Auch mit Besuchern, hüben und drüben — ja, es gibt sie vereinzelt, trotz aller Sperren. Und dann kamen andere Berichte dazu, Informationen, Erlebnisse, Reisenotizen, Statistiken, Zeitungsausschnitte, gar Fotos — so ganz und gar unbekannt ist die Region hinter der „dichtesten Grenze der Welt" nun nicht mehr. Mosaiksteinchen neben Mosaiksteinchen ergaben allmählich ein Bild: die wohl erste umfassende Darstellung von Königsberg und Nord-Ostpreußen heute.

Hier ist sie.

Wo anfangen, wie enden...?

So sieht die Stadt heute aus

Jede Stadt hat einen markanten Mittelpunkt, ein Wahrzeichen — das eine ist ohne das andere nicht denkbar. Was wäre Paris ohne den Eiffelturm, Hamburg ohne den Michel, Köln ohne den Dom, Berlin ohne das Brandenburger Tor — unvorstellbar!

Das Herz des alten Königsberg aber schlägt nicht mehr; es starb in den Bombennächten und im vernichtenden Strudel des Untergangs.

Dennoch ist das Kaliningrad von heute nicht tot, ist die Vergangenheit nicht gänzlich gestorben. Was da wiedererstanden, was da neu errichtet wurde, was da immer noch steht, ist nicht mehr eine deutsche Stadt; doch sie sieht noch nicht wie eine sowjetische aus, auch wenn sich ihr Gesicht, vor allem im letzten Jahrzehnt, an vielen Stellen völlig verändert hat. Sie hat Platz für Lenin und für Kalinin, aber auch für Kant und für Schiller. Und neben den fast 370 000 Russen aus dem ganzen riesigen Reich leben dort noch einige hundert Deutsche. Es sind Volksdeutsche aus dem gleichen Reich. Niemand aber ist noch da von denen, die wirklich hier zu Hause waren.

Das Schloß steht nicht mehr. Dort, wo einst der schlanke Turm das östliche Zentrum Deutschlands markierte, wo Preußens Könige gekrönt wurden, stolze Bürger und freiheitliche Denker im »Blutgericht«, im »Auerbachs Keller« des Ostens, die Zeitläufe diskutierten, ist Leere, ein Neubauplatz, rundum eine gärtnerische Anlage. Der Kaiser-Wilhelm-Platz, wo früher die Reichsstraße 1 von Aachen über Berlin mündete (um dann über Tapiau, Insterburg, Gumbinnen bis an die Grenze nach Eydtkau zu führen), existiert nicht mehr. Nur Grundmauern zum Süden hin verraten noch dem Kenner, wo einmal der Stolz des östlichen Reiches war.

Jetzt dokumentiert eine weite graue Fläche, etwa den einstigen Gesekusplatz einfassend, den Wandel der Zeit. Hier führt die Straße Moskau — Kalinin-

grad unter einer neuen Hochstraße hindurch. Ihr Name ist Moskauer Prospekt (Sackheim — Münchenhof — Altstädtische Langgasse — Oberlaak — Unterlaak), und die Brückenstraße ist ein Teil des Lenin-Prospekts. Und dort, wo einst Autos entlangfuhren, die Straßenbahnen unentwegt ihr munteres Gebimmel und Gequietsche hören ließen, geschäftige Menschen über Platz und Bürgersteige eilten, herrscht eine fast beklemmende Ruhe. Nur wenige Personenwagen, Lastautos und Busse, jedenfalls verglichen mit westlichen Verhältnissen, rollen über die regelrecht trostlos gewordene Stätte. Die Fußgänger sind zu zählen.

Die Innenstadt war bereits unter den verheerenden Angriffen britischer Bomberverbände im Spätsommer 1944 gestorben. Die schweren Kämpfe bei der Eroberung im nächsten Winter taten ein übriges. Was von der alten Ordensfeste noch geblieben war, besorgten ab 1970 Räumungspanzer. Damals begann auch der Wiederaufbau unter Leitung von Chefplaner Juri Pokrowski. Bemühungen von Denkmalpflegern und Künstlern, das Schloß zu erneuern, waren vergeblich.

Offenbar hat dabei die Politik über Geschichte und Baukunst einen traurigen Sieg davongetragen. Das Schloß, speziell auch der Turm, waren durchaus in Teilen noch soweit erhalten, daß sich ein Wiederaufbau gelohnt hätte. Denkt man gar an die beeindruckende Restauration deutscher Baudenkmäler im südlichen Ostpreußen durch die Polen, beispielsweise der Marienburg, so ist die Entscheidung von Königsberg um so mehr zu bedauern. Auch für Russen bedeutete das Schloß Erinnerungen an die Geschichte, wovon nicht nur der Moskowiter-Saal zeugte. Anscheinend aber war der Wille stärker, dieses mächtige und bekannte Symbol Preußens zu vernichten. Glücklicherweise verfuhren die neuen Herren nicht überall nach dieser Maxime.

Die Parkanlage, die jetzt dort entstanden ist, zieht sich über den ganzen früheren Kaiser-Wilhelm-Platz, über die zerstörten Häuserzeilen der Altstädtischen Langgasse, wo einmal das bekannte Kaufhaus der Gebr. Siebert stand, bis zur Börse hin. Angrenzend an das einstige Schloßgelände, wo früher der Schloßplatz war, zwischen alter Schloßwache und ehemaliger Reichsbank, bis zur Altstädtischen Bergstraße, entsteht ein Veranstaltungszentrum. Wo sich die Südostecke des Schlosses, der Unfriedbau, befand, wurde auf den noch erhaltenen unteren Stockwerken ein Stahlskelettbau errichtet. Dort wächst ein 19geschossiges »Haus der Räte« (Dom Sowjetow) empor. Auch eine Oper und ein Zirkus sollen da einen Platz bekommen. Offenbar sind die Stadtplaner bemüht, den Eindruck der Tristheit, gar Einöde zu überwinden und gleichzeitig Zeichen der neuen Zeit zu setzen.

9

10 *Das Königsberger Schloß mit Kaiser-Wilhelm-Platz vor der Zerstörung*

So starb das Schloß

Das Sterben des Schlosses dauerte ein halbes
Jahr. Bis in den August 1944 war der Blick-
punkt im Herzen Königsbergs – wie der größte
Teil der Stadt – vom Krieg verschont geblieben. Dann griffen britische Bomberverbände
auch die ostpreußische Metropole an. Schwere
Verwüstungen waren die Folge. Das Schloß
wurde zur Ruine. Das Bild oben zeigt den
ausgebrannten Bau. Das Ende kam in den
ersten Apriltagen des Jahres 1945, als Königsberg nach erbitterten Kämpfen erobert wurde.
Das Bild rechts zeigt Panzer der siegreichen
Truppen vor den Resten des Schlosses. Das
Kaiser-Wilhelm-Denkmal vor dem Schloß (Bildmitte) stand noch, wurde aber bald entfernt.

Der stark beschädigte Bau, in dem einst Preußens Könige gekrönt wurden, blieb noch über
25 Jahre stehen. Erst in den siebziger Jahren
räumten ihn Bergungspanzer hinweg. Ein
Wiederaufbau wäre durchaus möglich gewesen. Nicht nur die einstigen Bewohner der
Stadt bedauern, daß dieser majestätische Bau
abgetragen und nicht restauriert wurde.

Eine weite Fläche und gähnende Leere markieren heute den Platz, der einstmals Königsbergs belebtes Zentrum war. Rechts auf dem Foto aus dem Jahre 1978 der Postneubau, der an der Stelle des früheren Hauptpostamtes am Gesekusplatz entsteht. In der Mitte beginnt die 568 Meter lange Hochstraße, die über das einmal dicht bebaute und nun völlig freie Gelände bis zur Börse führt. Sie ist im Hintergrund (links neben der Straße) noch zu erkennen. An der Stelle etwa, wo sich die neue Fahrbahn zu wölben beginnt, führt die Straße Kaliningrad–Moskau hindurch.

Das Hotel „Kaliningrad". Der repräsentative Neubau steht etwa an der Ecke der früheren Schloßstraße zum Gesekusplatz, also unmittelbar hinter dem ehemaligen Schloß.

Auf der anderen Seite, gegenüber Gesekusplatz und Poststraße, wurden das ehemalige Hauptpostamt und das Telegraphenamt abgerissen. Dafür wird eine neue Post gebaut. Ein fünfstöckiges Gewerkschaftshaus steht bereits.

Ein Blickfang ist das gerade erst fertiggestellte achtstöckige Hotel »Kaliningrad« etwa zu Beginn der früheren Schloßstraße und vor der Junkerstraße, der berühmtesten „Marzipanstraße" der Welt. Heute wirkt es wie eine Art Schloß-Ersatz in dem sonst fast unbebauten Gelände. Das Hotel ist mit allem Komfort ausgestattet und genießt einen ausgezeichneten Ruf. Auch die wenigen Besucher aus dem Westen loben es, erzählen von frohgestimmten Runden in seinen Räumen, verschweigen aber auch nicht, daß der Außenputz an dem repräsentativen Neubau bereits zu blättern beginnt.

Das »Kaliningrad« stellt die übrigen fünf Hotels und Gaststätten weit in den Schatten. Es sind dies das »Moskwa« (Moskau), das durch die Zusammenfassung alter deutscher Gebäude, darunter das Nordsternhaus, in Tiergartennähe entstand, das »Tschaika« (Möwe) auf den Hufen, »Kolos« (Ähre) am Tragheim, das »Internationale Haus der Seeleute« im Nordbahnhofgebäude und das »Tourist« an der Cranzer Allee/Ecke Rosenkranzallee, gegenüber den Kasernen.

Königsbergs Renommier-Herberge, das Parkhotel, steht noch, ist jedoch ein Behördenhaus geworden. Es ist das einzige Gebäude, das auf der Westseite des Schloßteiches (»Prud Nischnij«, »Unterer Teich« genannt) die Bombennächte überstanden hat. Auch die »Bürgerressource«, in der zuletzt noch Erich Börschel (»Heut' ist Spatzenkonzert ..«) bewies, daß sein Tanzorchester vom Sender Königsberg zu Recht zu den besten Kapellen aller deutschen Rundfunkanstalten gezählt wurde, ging in Trümmer.

Auf der gegenüberliegenden östlichen Seite existieren lediglich die beiden großen Krankenanstalten: das Städtische Krankenhaus (die leichten Kriegsschäden sind repariert), jetzt eine Kinderklinik, und das Krankenhaus der Barmherzigkeit, das gerade erheblich erweitert wurde und Kaliningrads größtes und modernstes Hospital und Gebietskrankenhaus ist. Dort hatte Hans Graf von Lehndorff (»Ostpreußisches Tagebuch«) als Arzt von Königsberg nach Kriegsende eine seiner Wirkungsstätten.

Vernichtet sind in der Gegend auch Altroßgärtener- und Burgkirche. Von der Stadthalle steht noch die Fassade. Sie dient gelegentlich als traurige Filmkulisse. So wurden Szenen für den dort sehr bekannten Streifen „Der Vater des Soldaten"

Blick von der neuen Hochbrücke – Stand Kneiphöfsche Langgasse zwischen Grüne und Krämer Brücke – auf Altstadt, Löbenicht und Sackheim. Vorn am Pregelufer lag einst der Fischmarkt, die parallel dahinter verlaufende Straße ist die frühere Altstädtische Langgasse, erheblich verbreitert mit Mittelstreifen. Das Neubau-Stahlskelett steht an der Ostecke des zerstörten Schlosses (Umfriedbau), die riesigen Gebäudekomplexe im Hintergrund auf dem Sackheim Richtung Königstraße.

Das Parkhotel steht noch; doch es ist jetzt ein Behördenhaus. Es ist das einzige Gebäude, das auf der Westseite des Schloßteichs den Krieg überstanden hat.

gedreht. Nach den Plänen soll das Gebäude, dessen hoher Giebel wie einst weit über die Bäume seiner Nachbarschaft hinaussieht, erneuert werden und die Philharmonie aufnehmen.

Das Interesse an musikalischen Darbietungen ist — nach Zeitungsmeldungen — sehr groß. So seien

1977 Musiker der Gebietsphilharmonie 1544mal aufgetreten. 646 Konzerte hätten auswärtige Musiker gegeben. Insgesamt seien rund 500 000 Besucher gekommen. Aus einem anderen Bericht geht hervor, daß Königsberg auch eine Tanz- und Musikschule für Kinder hat. Etwa 200 Mädchen

Das war einmal die Stadthalle.

Aus angemessener Entfernung wirkt die Stadthalle zwischen den Bäumen fast wie in alten Zeiten.

und Jungen würden dort betreut. Die jüngsten seien sechs, die ältesten näherten sich der Volljährigkeit.

Die Schloßteichbrücke ist immer noch zerstört. Betonpfeiler, zum größten Teil mit den erhaltenen Querverstrebungen, blicken als traurige Ruinen aus dem Wasser. Lange Jahre standen sie in einer stinkenden, verlassenen Sumpflandschaft, in der das Unkraut meterhoch wucherte. Die beliebte und gepflegte Gegend war zu einer ungewöhnlich trostlosen Stätte geworden. So wie das Schloß ausgelöscht wurde, ließ man den Schloßteich verwahrlosen. Die kultivierte Idylle mit den ansehnlichen hohen Häusern aus der Gründerzeit hinter aufragenden, breiten, kronigen Laubbäumen, den belebten Promenaden und den fröhlichen Bootspartien scheint für alle Zeit dahin.

Die neuen Einwohner mieden den armselig gewordenen Ort der Verödung mit den kümmerlichen Resten versunkener Herrlichkeit, den leeren Flächen und dem immer kleiner werdenden versandenden Gewässer, dessen fauliger Geruch wie die Verwesung der abgetöteten Vergangenheit anmutete. Nie wäre ihnen in den Sinn gekommen, daß hier einmal die Perle Königsbergs geglänzt hatte.

Erst im Jahre 1977 begannen Versuche, diesen einst besonders schönen Teil der Stadt wieder ansehnlicher zu gestalten. Er wurde von der Schloßseite her gesäubert. Doch man kam nur bis hinter den früheren Überweg, knapp die Hälfte schaffend.

Versumpfende, übel riechende Gewässer waren wie der Schloßteich so auch Teile des Oberteiches. Hier ein Ausläufer in Maraunenhof mit den Brückenpfeilern der Oberteichbrücke.

Dann wurde der kleine See geflutet. Nun sieht man zwar den abstoßenden Grund nicht mehr. Doch immer noch ist das Wasser verschlammt. Und zum Oberteich hin ragt das verbliebene Unkraut heraus. Dort verbreiten sich auch nach wie vor üble Gerüche, vor allem, wenn die Sommer trocken sind. Immerhin wurden zur Schloßseite hin Wege angelegt, auf denen auch wieder Spaziergänger zu sehen sind.

Das war einmal der Schloßteich, eine kultivierte Idylle, links die Brücke.

Über die Hochstraße Richtung Hauptbahnhof

Dieses Bild aus dem Jahr 1969 zeigt, daß damals in Börsennähe noch Ruinen, Trümmerberge, verbogene Schienenstränge und unebene Straßen deutlich die Spuren des Krieges verrieten. Erst im letzten Jahrzehnt hat der Wiederaufbau im größeren Ausmaß eingesetzt und zum Teil einen beachtlichen Umfang angenommen.

Fährt man über die von den neuen Bewohnern gebaute Hochstraße »Esplanadny most« (eine Brücke, die auf zwei Fundamenten — auf dem Südufer und am Nordufer des Kneiphofs — ruht) vom Hotel »Kaliningrad« in Richtung Süden, so liegen zur Linken zunächst die Grünanlagen; dann schließlich, vor allem zur Rechten, blickt man auf alte deutsche und neue sowjetische Bauten, die zum Teil erst in den letzten Jahren entstanden sind. So geht es etwa parallel zur früheren Kantstraße, Kneiphöfschen Langgasse, bis zum Beginn der Vorstädtischen Langgasse. Dort, wo auch das Neubauviertel ist, endet die 568 Meter lange Hochstraße an der Börse, die erhalten geblieben ist.

Auch die beiden Löwen, die im Volksmund »Gebrüder Löwenstein« genannt wurden, sitzen noch

Ein Blick vom ehemaligen Kaiser-Wilhelm-Platz auf die freie Fläche zwischen Börse, Krämerbrücke und Hundegatt.

Einsam steht die Domruine auf der von Trümmern geräumten, leeren Insel. Türen und Fenster im Untergeschoß wurden zugemauert. Ein Zutritt ist nun nicht mehr möglich. Der Vordergrund hat sich inzwischen verändert. Jetzt hält kein Bus mehr (Haltestelle links). Gärtnerische Anlagen und schnurgerade Wege, auf denen hohe Tafeln mit Parolen der neuen Herren stehen, haben die Umgebung verändert. Ganz nahe führt die Hochstraße vorüber, die vom ehemaligen Kaiser-Wilhelm-Platz bis zur Börse reicht. (Siehe auch Foto auf der nächsten Seite)

Ein Bilddokument besonderer Art: Sowjetische Soldaten im zerstörten Dom zu Königsberg. Das war 1969. Heute darf er nicht mehr betreten werden. Wie es heißt, soll er als eine Art „Preußisches Museum" erhalten bleiben. Der Dom ist die bekannteste Ruine Königsbergs, das Ziel der Kaliningrader, wenn sie sich in den Anlagen des leeren Kneiphofs ergehen, das meistfotografierte Objekt der Besucher aus nah und fern. Niemals aber können sie mehr solche Bilder machen wie dieses. Neben den neuen Kritzeleien in kyrillischen Buchstaben, die Namen oder Worte wie: „Ich liebe dich!" enthielten, standen vereinzelt noch die alten deutschen Bibeltexte. Nichts mehr aber blieb sonst von der Herrlichkeit, die Jahrhunderte überdauert und von der Frömmigkeit wie auch dem Kunstsinn der Königsberger gezeugt hatte.

Das ist die Dominsel heute. Gepflegte Grünanlagen, wo früher sich Haus an Haus reihte.

Das war der Dom – ein majestätisches Gotteshaus in einem Meer von Häusern.

auf ihren Podesten. Das Gebäude heißt heute »Kulturhaus der Seeleute«. Dort ist eine Art Klub untergebracht. Für eine bedeutende Hafenstadt eine nicht unwesentliche Einrichtung. An diesem beliebten Treffpunkt für die Jugend spielen jeden Abend die besten Kapellen der Stadt zum Tanz.

Völlig ausgelöscht ist die Dominsel. Inmitten einer riesigen Gartenanlage, die das gesamte ehemalige Altstadtgelände des Kneiphofs zwischen den Pregelarmen bedeckt, sieht man nur die Überreste des Doms.

Zerbombt, verbrannt, zerschossen, verwittert — dahin die ganze Herrlichkeit, die Jahrhunderte überdauert und von der Frömmigkeit wie auch dem Kunstsinn der Königsberger gezeugt hatte. Nichts mehr blieb von den sehenswerten Altären, an der Spitze der prächtige Hochaltar, den Epitaphien, der steineren Kanzel, der Taufkapelle, der Holzfigur des Hochmeisters Luther von Braunschweig, den Bildern der Hochmeister und den Fahnen. Das Grabmal des Herzogs Albrecht und die Büste der Herzogin Dorothea sowie das Wandgrab des Kanzlers von Kospoth hatten die verheerenden Bombenangriffe überstanden — wozu?, mußte man später fragen.

Zerstört wurden auch die Räume der Wallenrodtschen Bibliothek im südlichen Domturm; Palmen, Putten und Wandfiguren, die gesamte Dekoration zerstob in Staub und Asche. Weit schlimmer war, daß die Schätze von Folianten, Globen und Reiseandenken des Landhofmeisters v. Wallenrodt für alle Zeit verloren schienen. Doch wenigstens Teile davon wurden Jahrzehnte später in Wilna aufgespürt. Und man darf hoffen, daß sie nicht die einzigen sind, daß die unersetzlichen Schriften nicht völlig dahin sind.

Als die Bomben explodierten, verstummten auch die vier Glocken des Südturms über der Bibliothek. Zwei hatten die Stunden geschlagen, zwei das Geläute. Die Viertelstundenglocke trug die Aufschrift: »Deo Gloria in Excelsis« — Gott sei Ruhm in Ewigkeit, und die große Glocke im Geläute, die sogenannte Silberglocke, war beschriftet mit den Worten: »Soli Deo Gloria« — Gott allein sei Ruhm. Sollten sie nie mehr davon künden, war gar die böse Zeit vor die Ewigkeit getreten, hatte der schreckliche Krieg den Ruhm geerntet? Auf wundersamen Wegen fand die »Silberglocke« den Weg in die Freiheit und ruft nun im Bergischen Land in die westlichen Provinzen unseres Landes hinaus, was ihr in der östlichen verwehrt wird: Soli Deo Gloria — Gott allein sei Ruhm!

Heute ist der Dom die bekannteste Ruine Königsbergs. Ziel der Kaliningrader bei ihren Sonntagsspaziergängen, wenn sie sich in den Anlagen des leeren Kneiphofs ergehen; meistfotografiertes Objekt der Besucher aus nah und fern. Vor wenigen Jahren konnten sie noch einen Blick in das trostlose Innere der einst bedeutendsten Königsberger Kirche werfen, die wenigen Inschriften zu entziffern versuchen — Bibeltexte in deutsch. Jetzt ist sie nicht mehr zu besichtigen; denn seit einiger Zeit ist die Ruine vernagelt. Sie soll, so hört man, als »Preußisches Museum« erhalten bleiben. Daneben, an der Dommauer, ruht Immanuel Kant, der größte Sohn der deutschen Stadt. Der Sarkophag ist erneuert, die Grabstätte (Stoa Kantiana) gepflegt.

Dahinter weist noch ein Findling mit einer deutschen Inschrift auf frühere Zeiten hin, der Gedenkstein für Julius Rupp.

Der letzte Turm, vermutlich von der Lutherkirche, wurde erst 1977 abgetragen, so wird von Augenzeugen berichtet.

Gegenüber ankert im neuen Pregel ein Flußschiff mit einem gern besuchten Restaurant. Es hatte früher seinen Platz an der Gasanstalt. Auch zwei Klappbrücken sind dort in Betrieb. Eine dritte, vermutlich die Honigbrücke im Verlauf der Domstraße, existiert noch, wird aber nicht mehr geöffnet.

Blickt man über den Pregel (Pregolja) und sucht das einmal so reizvolle und bekannte Speicherviertel, so findet man nichts mehr von den alten malerischen Straßen und Gassen an der Lastadie. Nicht ein einziger Speicher hat das Inferno überstanden. Auch dort ist heute ein weites Gelände, dessen Mittelpunkt ein Eislaufstadion ist. Dort geben sich oft die in dieser Disziplin führenden Sportler der Sowjetunion ein Stelldichein.

Erhalten sind hingegen die großen Speicher am neuen Hafen weiter westwärts den Pregel hinab, unter den ebenfalls unzerstörten Reichsbahnbrücken hindurch. Dort steht auch immer noch der einstmals größte Getreidesilo Europas. Mauern, zum Teil noch aus der alten Zeit stammend, durchziehen das Gelände. Die sowjetischen Unternehmen schirmen sich gern gegen neugierige Blicke wie auch Zudringlinge aller Art ab.

Die Reichsbahnbrücke, eine zweistöckige Drehbrücke, ist in Betrieb. Die Eisenbahnbrücke etwas weiter stadteinwärts steht zwar noch; doch sie wird

Ein Eislaufstadion beherrscht das Hundegatt. Früher standen dort die malerischen Speicher.

19

Der Hauptbahnhof, heute Südbahnhof genannt, hat fast sein altes Gesicht. Nur die kyrillische Aufschrift „Bahnhof" zeigt, daß sich die Zeiten geändert haben. Darauf deuten auch die Kandelaber und das Kalinin-Denkmal hin.

nicht mehr genutzt. Die Gleise nördlich davon — sie führen am Hauptzollamt vorbei — wurden abmontiert.

Schon in Hauptbahnhofsnähe — unweit der katholischen Kirche auf dem Haberberg — macht ein alter Anker vor einem großen Haus darauf aufmerksam, daß dort ein Museum untergebracht ist. In dem Gebäude aus deutscher Zeit wird die Geschichte der Stadt und ihrer Umgebung seit dem Jahre Null dargestellt. Wie man hört, werden die historischen Daten recht korrekt wiedergegeben. Auch die Deutung, soweit vorgenommen, ist nicht so, daß sie unbedingt Widerspruch hervorrufen müßte.

Die katholische Kirche und die Baptistenkapelle am Haberberg haben den Krieg überstanden; aber man sieht es ihnen an, daß sie über 30 Jahre nicht gepflegt wurden.

Der Hauptbahnhof hat sein altes Gesicht. Nur über dem Eingang steht oben in großen kyrillischen Buchstaben das Wort »Bahnhof«. Auf dem Vorplatz erinnert ein Denkmal an den Mann, der dieser Stadt den neuen Namen gab: Michael J. Kalinin, führender Politiker und zweites Staatsoberhaupt der UdSSR, der 1946 verstarb, in dem Jahr, da die Stadt nach ihm benannt wurde.

Unter dem hohen Dach der Bahnhofshalle, die überwiegend nicht mehr mit Glas, sondern mit

Der Bahnsteig mit dem Gleis für den Zug nach Moskau, der hier kurz vor der Abfahrt ist. Links wurden die Gleise aufgenommen.

Brettern bedeckt ist, enden oder beginnen die Breitspurgleise der zahlreichen Strecken im Nah- und Fernverkehr. Eine davon geht nach Moskau. Das war früher schon so. Die Schienen auf der anderen Seite des Bahnsteigs fehlen jetzt. Unkraut überwuchert den Streifen, wo einmal unablässig die Eisenbahnen dahindonnerten. Die Züge nach Moskau (über Insterburg, Gumbinnen, Kaunas und Wilna) fahren täglich, ebenso die nach Leningrad (über Insterbug, Tilsit, Riga). Insgesamt sollen die Eisenbahnlinien in Nord-Ostpreußen im Jahre 1970 eine Länge von 756 Kilometern gehabt haben. Fast alle davon hatten Königsberg als Ausgangspunkt oder Endstation.

Nur ein Gleis hat noch die alte, in Deutschland übliche Spurweite. Es führt nach Braunsberg im polnischen Teil, heißt es. Offiziell aber gibt es keine Verbindung dorthin.

Eine Besonderheit weist die Strecke nach Pr. Eylau auf. Sie wurde zwar auf die neue, breitere Spurweite erweitert; aber daneben liegt immer noch das Gleis für die alte Spurweite — bis hin in die Kreisstadt 40 Kilometer weiter südlich. Dort ist nun Endstation. Doch darüber wird noch zu reden sein ...

In unmittelbarer Nähe des Bahnhofs, auf dem Platz etwa 250 Meter südöstlich davon, liegt auch der moderne Busbahnhof, der erst 1975 eingeweiht wurde. Es ist ein zweistöckiges Gebäude mit auffallenden, durchbrochenen Fassaden, wie sie die fensterlosen Kaufhausneubauten westdeutscher Citys haben. Untergebracht sind dort Fahrkartenschalter, ein großer Wartesaal, ein Aufenthaltsraum für Reisende mit Kindern, ein Gepäckraum und ein Postamt. Nach den bereits 1966 aufgestellten Plänen ist es für die Abfertigung von 14 300 Reisenden täglich eingerichtet. 51 innerstädtische und 27 Überlandlinien haben auf dem 2,85 Hektar großen Gelände ihren Ausgangspunkt.

Die Kaliningrader sind im übrigen recht stolz auf ihre, wie sie betonen, modernen Verkehrseinrichtungen. Man sieht neben den großen Bussen, die in einem dichten Netz das ganze, weite Stadtgebiet bedienen, bis hin zu den entfernt gelegenen Endstationen im Samland und am Haff, auch schnittige kleinere Elektrobusse. Sehr flott sind die Straßenbahnen, die aus der Tschechoslowakei kommen. Ja, und sie fahren auch wie einst über den Kaiser-Wilhelm-Platz — genau genommen nun über die neue Hochstraße und die weite, vereinsamte Fläche, die statt des pulsierenden Mittelpunktes hier zu finden ist. Die staatlichen Taxen gehören dazu. Ihre Zahl ist allerdings begrenzt.

Weiter in Richtung Süden halten sich die Veränderungen in Grenzen. Die Stadtteile Rosenau, Ponarth und Speichersdorf stehen im großen und ganzen unverändert. Wie überall sieht man natürlich die Spuren der Zeit, nachdem mehr als drei Jahrzehnte über sie hinweggegangen sind. Der nur leicht in Mitleidenschaft gezogene Schlachthof in Rosenau arbeitet weiter. Ebenso ist die Branntweinbrennerei wieder in Betrieb. Die Ponarther Brauerei stellt Mineralwasser her. Das Bier kommt aus einer Brauerei in Devau.

Der moderne Busbahnhof vor dem Hauptbahnhof wurde 1975 eingeweiht.

Über den Steindamm zum neuen Zentrum

Die breite Durchgangsstraße vom Haupt- zum Nordbahnhof hat nicht nur einen anderen Namen. Der Lenin-Prospekt trägt ein völlig neues Gesicht. Hier im Bereich der früheren Vorstädtischen Langgasse.

Über dem ehemaligen Landesfinanzamt weht die Fahne der neuen Herren. Dort hat das Gebietskomitee der KP mit Parteichef N. S. Konowalow seinen Sitz.

Fährt man vom Park beim ehemaligen Kaiser-Wilhelm-Platz in umgekehrter Richtung, nach Norden, dann geht es auf der alten Hauptschlagader der Großstadt weiter, von dem einstigen Zentrum in das neue.

Der Steindamm, Königsbergs älteste Straße, heißt nun Prospekt Lenina (genau gesagt, ist er ein Teil der Leninstraße, die in Nord-Süd-Richtung die ganze Stadt durchquert, etwa vom Nordbahnhof bis zum Südbahnhof, wie der ehemalige Hauptbahnhof jetzt heißt, von der Vorstädtischen Langgasse bis zum Steindamm). Dort ziehen etwa am 1. Mai und am Revolutionstag, dem 7. November, die Kolonnen der Feiernden entlang. Die große Parade findet am alten Nordbahnhof statt. Vor dem gewaltigen Lenin-Denkmal nimmt dann auf dem Platz des Sieges (Ploŝêad' pobedy) der Parteichef des Kaliningrader Gebietes, Nikolai Semjonowitsch Konowalow, den Vorbeimarsch ab. Seinen Sitz hat er im Gebäude des Gebietskomitees der KP von Kaliningrad im ehemaligen Landesfinanzamt.

Das Theater in der Nähe befindet sich auf dem Platz des ehemaligen Schauspielhauses in der Hufenallee. Es ist ein 1960 fertiggestellter Neubau des Architekten P. V. Kuchtenkow mit neoklassizistischer Fassade, der auf den alten Grundmauern errichtet wurde und 950 Zuschauern Raum bietet. Ein Säulenportal im Stil des Moskauer Bolschoi-Theaters wurde davorgebaut. Es soll an die grundsätzliche Veränderung erinnern, die auch im Namen zum Ausdruck kommt: »Dramatisches Russisches Theater Kaliningrad«. Davor steht immer noch das Schiller-Denkmal aus deutscher Zeit.

Das Opernhaus am Paradeplatz (das einstige alte Stadttheater) wurde nicht wieder aufgebaut. An kulturellen Einrichtungen weist die Stadt im übrigen auf: Kulturhäuser des Waggonwerks (in der ehemaligen Ratshöfer Kirche), der Fischer, der Seeleute (in der Börse) und der Werftarbeiter (in der ehemaligen Ponarther Kirche).

Elf Kinos tragen Namen wie »Morgenröte« (vermutlich das frühere »Schauburg«-Kino auf den Hufen), »Barrikaden«, »Moskau«, »Sieg«, »Rußland«, »Bauarbeiter«, »Oktober«, »Heimat« und »Neuigkeiten des Tages«. Dort wurde im Jahre 1977 ein Filmfestival veranstaltet. Insgesamt sollen täglich 18 500 Besucher registriert worden sein.

Im Nordwesten der Stadt hat »Radio Kaliningrad« sein Quartier. Das Radio-Studio und die TV-Station sind in der ehemaligen Kunstakademie in den Ratslinden in Ratshof untergebracht. Der hohe Sendemast steht an der Stresemannstraße, Vorderhufen, beim früheren Neuen Schützenhaus, etwa Ecke Hans-Sagan-Straße. Die Radiostation sendet von der einstigen Funkstation beim Sportplatz von Rasensport Preußen, ebenfalls an der Stresemannstraße, mehr stadtauswärts. Königsberg wird als ein Hauptfernsehzentrum bezeichnet. Übrigens soll man das polnische Fernsehprogramm Danzig, jedoch nicht aus Allenstein empfangen können. Auch telefonisch scheint Königsbergs Kontakt mit der Umwelt zu klappen. Die Stadt wurde an das Selbstwählnetz angeschlossen. Man kann jetzt Gesprächspartner in Moskau, Minsk, Riga, Kalinin und anderen Städten automatisch anwählen.

Auf den Zoo sind die Kaliningrader besonders stolz. Er gilt als einer der besten des ganzen riesigen Landes. Sein Eingang wurde verändert. Nach Kriegsende schien auch das Leben im Tiergarten zu erlöschen. Die meisten Bewohner, die einst bewundert und bestaunt worden waren, verendeten in der Hungerzeit. Erst langsam bevölkerte sich die idyllische Anlage wieder. Zuerst kamen Braunbären, ganz allmählich füllten sich die Gehege wieder. Das ist in der Hauptsache ein Verdienst des Direktors. Er warb für sein Unternehmen auf findige Weise, holte sich bei den Betrieben Patenschaften, zapfte Geldquellen an, sorgte für Neuanschaffungen, Pflege und Modernisierung.

Heute ist wieder Gedränge auf den Wegen und an den Käfigen und Einzäunungen. Kinder mißachten die üblichen Verbotsschilder, und groß und klein rufen nach „Slon" (Elefant) wie einst die Königsberger nach »Jenny«, und die Ponys ziehen ihre Wägelchen, als sei nichts geschehen. Der Direktor kennt sich aus; er ist über den alten Tiergarten hervorragend informiert, und er will den neuen Zoo dahin bringen, wo sein Vorgänger war: auf Weltniveau.

In den Winkeln des Tiergartens kann man heute noch einige Besonderheiten aus der Vergangenheit entdecken. Nach der Einnahme der Stadt hatten die Eroberer verschiedene Figuren, Statuen, Standbilder und andere Kunstgegenstände aus Königsberg und der ganzen Provinz in den Zoo gebracht. Einige wurden abtransportiert, andere zerstört, manche bekamen einen Dauerplatz. So fanden sich dort auch Walther von der Vogelweide und der Elch aus Tilsit zusammen.

Um den überlebensgroßen bronzenen Schaufler aus der Stadt an der Memel hatten sich — ebenso wie um seinen Bruder aus Gumbinnen — allerlei Geschichten gerankt. Nun konnte er einwandfrei identifiziert werden. Er blickt nicht mehr auf das Grenzlandtheater, und er mußte herunter von

Der etwas veränderte Haupteingang des Tiergartens. Hier ist immer Betrieb.

In einem Winkel des Tiergartens entdeckte der Fotograf aus Hamburg Walther von der Vogelweide und den Elch aus Tilsit. Das von dem ostpreußischen Bildhauer Georg Fuhg geschaffene Denkmal war 1930 anläßlich des 700. Todestages des Minnesängers im Tiergarten enthüllt worden. Wie der Elch von der Stadt an der Memel dorthin kam, ist noch unbekannt.

seinem hohen Podest auf dem Anger, wo jetzt ein Panzer aufgebaut ist, doch er scheint die Kriegs- und Nachkriegswirren wie auch die Reise von Tilsit unbeschadet überstanden zu haben. Auf dem niedrigen Sockel, dicht bei dem Dickicht aus hohen Bäumen und niedrigem Gestrüpp, wirkt er fast wie ein lebendiges Tier, das soeben aus dem Wald hervorbricht, den Kopf leicht geneigt die neue Umgebung witternd. Nur die nahe Straße stört die Idylle.

Wenige Meter davor sitzt Walther von der Vogelweide und spielt auf der kleinen Harfe, so wie der ostpreußische Bildhauer Georg Fugh ihn geschaffen hatte. Nur die Inschrift auf dem Block unter ihm hat nun kyrillische Buchstaben. In ihr heißt es: „Walther von der Vogelweide, 1170—1230. Dichter und Minnesänger, der Gedichte und kurze Strophen schuf, die in der Volkstradition stehen."

Sie kennen ihn also, die neuen Herren der Stadt, und sie ehren ihn auf diese Weise. Der große Minnesänger und bedeutendste Lyriker des deut-

schen Mittelalters war auch ein treuer Freund seiner geliebten Heimat. Fast scheint es, als ob er mit trauriger Miene dieses Lied vorträgt, das er vor fast 800 Jahren geschaffen hatte:

O weh, wohin verschwunden ist mir Jahr um Jahr?
Ist all mein Leben ein Traum nur, oder ist es wahr?
Wovon ich wähnte, daß es wäre, war das nicht?
Nun bin ich erwachet, und mir ist unbekannt,
Was mir hiervor war kundig wie die eigne Hand.
Leute und Land, da ich von Kind an bin erzogen,
Die sind mir fremd geworden, als wär es all
gelogen.

Die meine Gespielen waren, die sind träg und alt.
Verwildert ist das Feld, verhauen ist der Wald,
Nur das Wasser fließet, wie es einstens floß,
Fürwahr, ich denke, Unglück ist nun mein Genoß.
Mich grüßet mancher träge, der mich einstens wohl
gekannt,

Die Welt ist allenthalben in des Unheils Hand.
Wenn ich gedenk an manchen sonnelichten Tag,
Der mir ist entfallen wie in das Meer ein Schlag,
Immer mehr o weh!

Das waren die beiden ostpreußischen Elchstandbilder. Oben der Tilsiter Elch. Er hatte seinen Platz vor dem Grenzlandtheater. An dieser Stelle steht jetzt ein Panzer. Der Schaufler kam in den Königsberger Tiergarten.
Unten: Der Elch von Gumbinnen auf dem Magazinplatz mit dem historischen Magazin und dem neuen Rathaus. Dort ist nun ein Denkmal für Podpolkownik Gussow, den Mann, nach dem die Stadt umbenannt wurde. Über den Verbleib dieses Elches ist bisher nichts Verläßliches bekannt.

Zum neuen Zentrum am Nordbahnhof gehört auch das Verlagsgebäude der »Kaliningradskaja Prawda«. Sie ist in das Gebäude des ehemaligen Staatsarchivs eingezogen. Als weitere Gebietszeitung erscheint seit 1948 die »Kaliningradskij komsomolec«. Jeder Rayon (Kreis) hat eine eigene Zeitung. Insgesamt sollen 14 Rayonzeitungen und zehn Zeitungen verschiedener Einrichtungen im ganzen Bereich herauskommen.

Die Rayon-Zeitungen haben folgende Titel: »Banner der Arbeit« (Angerapp), »Lenins Banner« (Cranz), »Dörfliches Neuland« (Ebenrode), »Der wahre Weg« (Friedland), »Für heldenmütige Arbeit« (Gumbinnen), »Rotes Banner« (Haselberg), 25

Die Grünanlage am Prospekt Mira. Links die frühere Oberpostdirektion, jetzt Stabsgebäude der baltischen Flotte.

»Der Leninsche Weg« (Heinrichswalde), »Kommunist« (Insterburg), »Kolchos-Leben« (Labiau), »Morgenröte des Kommunismus« (Neuhausen), »Neues Leben« (Pr. Eylau), »Banner Lenins« (Tapiau) und »Der Leninist« (Tilsit-Ragnit).

Alte und neue repräsentative Bauten stehen nebeneinander. Dort fallen die großen Häuser des »Technischen Instituts der Fischindustrie« ins Auge. Es sind die aus deutscher Zeit stammenden Gerichtsgebäude des ehemaligen Land- und Amtsgerichts. Davor stehen sich die erzenen »Kämpfenden Wisente«, im Volksmund Staatsanwalt und Verteidiger genannt, noch streitlustig gegenüber.

Dieses Institut ist nach sowjetischen Angaben die größte Lehranstalt dieser Art in der Welt. Es wurde 1958 von Moskau nach Königsberg verlegt. In sechs Fakultäten mit 37 Lehrstühlen wird auf den Gebieten Mechanik, Technologie, Ingenieurwissenschaft, Schiffbau, industriemäßiger Fischfang und Ichthyologie (Fischkunde) gelehrt. Im Jahre 1968 waren 9 000 Studenten immatrikuliert. Ihre Zahl dürfte sich inzwischen nicht unerheblich erhöht haben. Unter ihnen sind viele Ausländer. Dazu gehören Kubaner, Araber und Vietnamesen.

An Hansaplatz und Hansaring finden wir auch das Polytechnische Institut und die Bezirksregierung im früheren Stadthaus. Der Staatssicherheitsdienst zog passenderweise ins ehemalige Polizeipräsidium an der Stresemannstraße. Nach sowjetischen Angaben gibt es in der Stadt ferner folgende Institutionen: eine Hochschule für Schiffsingenieure, das Atlantische Wissenschaftliche Forschungsinstitut für Fischwirtschaft und Ozeanologie (diesem vermutlich im Gebäude der früheren Universitätsklinik Ecke Alte Pillauer Landstraße — Balkestraße untergebrachten Institut wurde 1977 ein Museum der Fauna des Atlantiks angeschlossen; in Königsberg wird die gesamte sowjetische Forschung über diesen Ozean koordiniert), ein Observatorium des Instituts für Erdmagnetismus, ein Institut für Lehrerfortbildung, eine Pädagogische Lehranstalt (weitere zwei sind in Insterburg und Tilsit) und acht Fachmittelschulen. Insgesamt hat das Gebiet nach einer Statistik aus dem Jahr 1968 570 Schulen, davon 113 Mittel- und Oberschulen, von denen 66 in Städten und 47 im ländlichen Bereich stehen.

Bemerkenswert in Nordbahnhofsnähe auch das moderne Fischgeschäft »Ozean« an der Ecke Leninstraße/Platz des Sieges (also ganz am oberen Ende des alten Steindamms), direkt neben der Bierhalle aus deutscher Zeit, die besonders während der Deutschen Ostmesse ein beliebter Treffpunkt war, auch weil es dort bayerisches Bier gab. Die »Ozean«-Installation besorgten westdeutsche Experten. Sie kamen überwiegend von Hamburg nach Kaliningrad herüber.

Die übrigen sechs großen Geschäfte wurden in den nördlichen oder südlichen Außenbezirken eingerichtet. Eines davon hat den schwungvollen Namen »Sputnik«.

Dort, wo sich Steindamm (Lenin-Prospekt) und Kniprodestraße (Theatralnaja) gabeln, beginnt eine ausgedehnte Grünanlage mit Springbrunnen, die sich bis zu den Gebäuden von Postscheckamt und Stadthaus hinzieht. Zeitungsberichte sprechen von einem „großen Blumenfeld am »Platz des Sieges«" (Hansaplatz).

In der Nähe des »Ozean«, auf dem früheren Trommelplatz, macht die riesige Statue von »Mutter Rußland« auf sich aufmerksam, gewissermaßen als Symbol: Kommt her, meine lieben Kinder, ich habe euch gerufen. Hier seid ihr jetzt zu Hause.

Nicht uninteressant ist, daß auf dem Sockel vorher Josef Stalin stand. Auch in Kaliningrad wurden die Denkmäler des Diktators gestürzt, als Chruschtschow die Entstalinisierung verkündete. Gerüchte, vorher habe Adolf Hitler darauf residiert, entsprechen nicht der Wahrheit. Ein solches Denkmal gab es in Königsberg nicht.

Der Walter-Simon-Platz am »Prospekt Mira«, Straße des Friedens, der früheren Hufenallee, gegenüber dem Neuen Schauspielhaus heißt jetzt »Triumphator Stadion Baltika«. Früher trug er zuletzt den Namen Erich-Koch-Platz, und die »braunen Verbände« hatten dort ihr Aufmarschgelände; heute „triumphieren" da die neuen Herren, deren Parteigebäude direkt daneben steht. Darüber weht die Fahne der Russischen Föderation.

Die Säulen zu dem Stadion stammen aus der Altstädtischen Kirche. Dies ist auch der Sportplatz für den Fußballverein »Baltika«, der im Mittelfeld der

Das Monument „Mutter Rußland"

Das Eingangstor zum Stadion „Balitka", früher Walter-Simon-Platz. Die Säulen stammen aus der Altstädtischen Kirche.

Der Nordbahnhof: Das Abfertigungsgebäude wurde hinter den alten Bahnhof verlegt.

B-Liga rangiert. Der VfB Königsberg gehörte einst neben Hindenburg Allenstein zu den bekanntesten Fußballvereinen des Ostens und ganz Deutschlands. Als eine Art „Abonnementsmeister" nahm er 16mal an den Endrundenspielen teil. Insgesamt war er 28mal in Wettbewerben des Deutschen Fußball-Bundes dabei. Nach dem Kriege versuchte fast die geschlossene Mannschaft beim Itzehoer SV einen neuen Anfang. Man schaffte sogar den Aufstieg in die Oberliga Nord. Etliche Spieler fanden den Weg in die ersten Ligen, oder sie wurden — wie Kurt Baluses, dessen Name schon im berühmten Notizbuch von Sepp Herberger gestanden hatte —

und Kurt Krause prominente Trainer. Wäre man in der Heimat geblieben, dann hätte der VfB Königsberg einen Platz in der Reichsliga (vergleichbar mit der heutigen Bundesliga) gefunden. Das sahen die seinerzeit weit gediehenen Planungen vor.

Der Nordbahnhof selbst dient jetzt unter dem Namen »Internationales Haus der Seeleute« als Hotel. Zu der Zugabfertigung kommt man etwa 70 Meter hinter dem alten Bahnhof. Dort wurde ein moderner Neubau errichtet. Der einstige Bahnsteig 3 ist nun eine Tunnelunterführung unter dem alten Stationsgebäude mit Durchgangsgleis zum Hauptbahnhof.

Moderne Züge verkehren ständig zwischen Nordbahnhof und Samlandküste. „Svetlogorsk" (Rauschen) heißt hier der Zielort.

Kindertheater
in der Luisenkirche

Fährt man die frühere Hufenallee in Richtung Nordwesten weiter, dann stößt man, unweit von Tiergarten und Hotel »Moskau«, auf einen der letzten erhalten gebliebenen Kirchenbauten der Stadt. Es ist die Luisenkirche, nach der legendären Königin Luise benannt, die dem großen Napoleon die Stirn bot und so ihr Land vor dem Schlimmsten bewahrte. Heute ist dort ein Kindertheater untergebracht, wo Puppen und Marionetten ihr Reich haben. Im Jahre 1977 sollen 149 500 junge Besucher die Aufführungen von 16 verschiedenen Stücken gesehen haben. Der Bau ist Mittelpunkt eines großen Spielzentrums, in das auch die Anlagen von Luisenwahl einbezogen wurden.

Hier erging sich damals die Königin, für die der vornehm-stille Park, einst Gutspark des Stadtpräsidenten von Hippel, Lieblingsaufenthalt war. Generationen von deutschen Kindern haben dann darin herumgetollt, im Winter bis in die einbrechende Dunkelheit gerodelt. Heute heißt er Park für Kultur und Erholung »Kalinin«, und es vergnügen sich sowjetische Jungen und Mädchen darin. Ein Teil der angrenzenden Friedhöfe wurde dem Gelände hinzugetan. So drehen sich auf dem einstigen III. Altstädtischen Friedhof heute Karussells. Luft-

Der Botanische Garten in der Stadtgärtnerei Palve, Maraunenhof

schaukeln und Fallschirmtürme gehören ebenso zu der Anlage. Auch die Limonaden-, Bier- und Wodkabuden fehlen nicht.

Der ehemalige Haberberger Neue Friedhof wurde zum »Gagarinpark« umgestaltet. Die zahlreichen alten Parks der Stadt im Grünen werden weiter gepflegt und zum größten Teil in hervorragendem Zustand gehalten. Etwa ein Drittel der Stadt wird — so heißt es in sowjetischen Berichten — von Parks, Alleen, Gärten, Grünanlagen und Wasserbecken eingenommen. Nach einem polnischen Zeitungsbericht gibt es 100 „Schmuckplätze" mit großen Blumenfeldern. Insgesamt machen sie etwa 110 000 Quadratmeter Blumenbeete aus. Königsberg führe nicht umsonst die Bezeichnung „Gartenstadt". Auf jeden Einwohner entfielen etwa 100 Quadratmeter Grünfläche. Die Parks, Boulevards, Gärten und Alleen nähmen eine Fläche von rund 200 Hektar ein. Fast eine halbe Million Rubel werden jährlich dafür ausgegeben.

Was nicht notiert wird: Königsberg war immer eine „Stadt im Grünen". Allerdings weist im Botanischen Garten, der Mitte der fünfziger Jahre in der früheren Stadtgärtnerei auf der Palve eingerichtet wurde, ein Gedenkstein aus deutscher Zeit auf diese große Tradition hin. Er erinnert heute, so wie er es

Das neue Gewächshaus für tropische Pflanzen im Botanischen Garten

damals tat, an den Gründer dieser ausgedehnten, wunderschönen Anlagen. Auch jetzt werden sie mit viel Liebe gehegt und gepflegt. Tausende von Besuchern ergehen sich auf kleinen und größeren Wegen und erfreuen sich an der Blüte. Ein neues, hohes Gewächshaus für tropische Pflanzen ragt aus der farbenfrohen Umgebung heraus.

Seit 1968 gehört der Botanische Garten zur Universität. Direktor ist F. Dedkowskij. Auch bei dieser Gelegenheit betonen die Kenner der Stadt, die jetzt erst von dort zu uns kamen: „Ganz Königsberg ist in den siebziger Jahren zu einem sauberen, gepflegten Ort mit herrlichen Erholungszonen geworden." Und niemand kann übersehen, was und wieviel die Vergangenheit zu diesem ansehnlichen Bild beigetragen hat.

Wie die Luisenkirche, so wurden auch die wenigen restlichen Kirchen, die den Krieg wenigstens zum Teil überstanden haben, zweckentfremdet. Klubhäuser wurden die Ponarther Kirche, die Rathshöfer, die Rosenauer und die Kalthöfer Kirche. Die neue Tragheimer Kirche in Maraunenhof wurde in ein Kino umgewandelt. Ihr gegenüber am Bismarck-Platz wurde ein Denkmal für den deutschen Kommunistenführer Ernst Thälmann aufgebaut.

Die Kirchen der Innenstadt gibt es nicht mehr. Lediglich die katholische Pfarrkirche am Oberhaberberg ist noch vorhanden, aber verwahrlost.

Von den übrigen bekannten Bauten aus deutscher Zeit blieben erhalten oder wurden wiederher-

Ein Denkmal für den deutschen Kommunistenführer Ernst Thälmann steht auf dem Bismarck-Platz in Maraunenhof unweit der Kirche, die in ein Kino umgewandelt wurde.

Der Oberteich sieht fast unverändert aus. Angler, Wassersportler und Badende beleben das friedliche Bild.

gestellt: Neue Universität (1861 eingeweiht), Reichsbahndirektion, Börse, Kunstakademie, Landeshaus,
Regierungsgebäude sowie die Krankenhäuser und
Schulgebäude. (Allerdings ist zu beachten, daß der
Zustand der Gebäude teilweise beklagenswert ist).
Restlos beseitigt wurden: Alte Universität (1544),
an der Kant gelehrt hatte, Schloß, Kneiphöfsches
und Altstädtisches Rathaus, die historischen Häuser in der Altstadt, Speicherviertel, Giebelhäuser
auf dem Kneiphof und Gelber Turm.

In der nordwestlichen Ecke ist Königsberg am
besten erhalten. Obwohl auch dort Bauten — die
Schätzungen bewegen sich zwischen 30 und 50 Prozent — überwiegend durch Brände zerstört wurden,
hat ein beachtlicher Wiederaufbau die Lücken
meist geschlossen. Die vornehme Villengegend der
Hufen und von Maraunenhof ist auch heute die
bevorzugte Wohnlandschaft der Bessergestellten.

Ob man deswegen Karl Marx und Ernst Thälmann dort einen Platz zuwies oder weil man die —
neben Engels — bekanntesten deutschen Vertreter
der marxistisch-kommunistischen Linie nicht so
nahe am nun sowjetischen Zentrum haben wollte,
ist nicht bekannt. Die frühere Hagenstraße heißt
Karl-Marx-Straße. An ihrer Kreuzung mit der
einstigen Schrötterstraße steht sein Denkmal. Das
für Thälmann — wie gesagt — am Bismarck-Platz
in Maraunenhof.

Weiter im Osten sind die gewohnten Neubau-
blöcke dazugekommen, etwa in der Gegend von

*Kosmonaut Alexej Leonow, Generalmajor, wird nach seiner
Rückkehr vom Weltraum-Rendezvous zwischen dem sowjetischen Raumschiff Soljut und der amerikanischen Apollo in
seiner Heimatstadt Kaliningrad stürmisch gefeiert.*

Neubauten auf dem Tragheim – Gaider-Straße

31

Das beschädigte Königstor mit Neubauten rechts im Hintergrund.

Devau, das heute noch so heißt. Der alte Flugplatz dient dem Nahverkehr. Für die Flüge nach Moskau, Leningrad (die es früher schon von Devau aus gab) sowie Minsk, Swerdlowsk (über Gorki), Odessa (über Kiew) und Archangelsk steht seit einem guten Jahrzehnt der neue Flugplatz Chrabrowo (Powunden), schon in der Nähe von Cranz, zur Verfügung. Insgesamt sollen von dort 30 Städte der Sowjetunion zu erreichen sein.

Daß die Königsberger und übrigen Nord-Ostpreußen von heute ganz hoch hinauswollen, unterstreicht auch die Tatsache, daß drei sowjetische Kosmonauten aus dem Gebiet stammen. Dazu gehört Alexej Leonow, der erste frei im Weltraum schwebende Mensch. Die Namen der beiden anderen: Viktor Pacaev und Jurij Romanenko.

Das Königstor hat keine Fürstenköpfe mehr

Das Königstor an der Straße nach Neuhausen blieb zwar nicht unbeschädigt, ist aber im wesentlichen erhalten. Die Häupter der drei Figuren Ottokar von Böhmen, Friedrich I. und Herzog Albrecht im Mittelteil, die sogenannten Fürstenköpfe, wurden abgeschlagen, vielleicht auch abgeschossen, immerhin waren sie zehn Meter über dem Boden angebracht. Das altersschwache Holzhaus daneben ist noch vorhanden.

Hier ist eines der großen neuen Wohnviertel. „Zündholzschachteln" nennt der Volksmund die hohen, glatten Einheitsbauten, die bis zu neun Stockwerken hoch sind. Oft recht gepflegte Grünanlagen sollen das monotone Bild auflockern. Die bedeutendsten Neubaugebiete sind östlich der Straße Hinterroßgarten, am Hintertragheim sowie zwischen Vorstädtischer Langgasse und Altem Pregel.

Neue Siedlungen entstehen auch auf dem Platz, wo früher die Friedenskirche war. Das benachbarte Gebäude, in dem bis Kriegsende die Feuerwache Ost ihr Quartier hatte, beherbergt auch jetzt wieder eine Feuerwehr. Ebenso ist die alte Eisfabrik wieder in Betrieb. Dem riesigen Gelände des größten Friedhofkomplexes von Königsberg daneben sieht man es an, daß sich jahrzehntelang niemand darum gekümmert hat.

Auf dem Luisenfriedhof zwischen Hammer- und Zwillings-Teichen wurde ein sowjetischer Friedhof

Hier weitere zwei historische Stadttore, die erhalten blieben und als Architekturdenkmäler eingestuft wurden. Oben das Brandenburger Tor (1969 aufgenommen), unten das Roßgärter Tor, stadteinwärts gesehen (Aufnahme aus dem Jahre 1978).

eingerichtet. Alte deutsche Grabsteine wurden zum Teil als Einfassungen verwandt. Auch als Wegeplatten — so auf dem Flughafen Devau — wurden sie gebraucht. Andere wurden abgeschliffen, mit kyrillischer Inschrift versehen und wieder benutzt. Man kann die Inschriften heute noch lesen. Erhal-

Das Sackheimer Tor sah einen besonderen Schicksalstag. Hier mußten sich die Gefangenen versammeln, ehe es einem ungewissen Los entgegenging. Ihre Zahl wurde von den Sowjets mit 42 000 angegeben. Oben die gleiche Stelle – Vorderseite des Tores – im Jahre 1978.

tene deutsche Grabstätten mit Steinen gibt es — soweit feststellbar — auf den Friedhöfen nicht mehr.

Wie das Königstor, so stehen auch Brandenburger (mit dem Preußenadler), Roßgärter und Friedrichsburger Tor — so nennt der sowjetische Stadtplan das alte Fort Friedrichsburg —; ebenso Friedländer und Sackheimer Tor. Sie wurden als Architekturdenkmäler eingestuft, das gilt auch für Domruine, Wrangelturm und Bastion Sternwarte.

Die Hauptstraßen verlaufen fast alle so wie früher, auch in der zerstörten Innenstadt. Oft wurden sie verbreitert. Die Tapiauer Straße wurde 1979, wie Augenzeugen berichteten, vierspurig ausgebaut. Vereinzelt tragen sie sogar noch den alten Namen, so die Litauer Wallstraße sowie die Händelstraße und die anderen nach Komponisten benannten Straßen in Nordbahnhofsnähe. Seit 1977 gibt es auch eine Allensteiner und eine Elbinger Straße. In der »Olsztyner Straße« sollen moderne Wohnbauten entstanden sein, berichten die Zeitungen. Dort steht auch das „Denkmal, das die sowjetisch-polnische Freundschaft symbolisiert".

Kehren wir in die Stadt zurück, zum Paradeplatz. Die neue Universität ist wieder hergerichtet, besser gesagt neu aufgebaut und mit einem blauen Anstrich versehen. Nun hat sie ein völlig anderes Gesicht. Die Arkaden, die ihr Beschwingtheit und Leichtigkeit verliehen, sind nicht mehr da. Hauptportal ist der frühere linke Seiteneingang. Dieser sogenannte Liebenthal-Flügel, der Ende der zwanziger Jahre angebaut wurde, beherbergt auch das neue Auditorium maximum. Das in großen Lettern angebrachte Wort »Universität« kann für den Kenner nicht darüber hinwegtäuschen, daß all der Schmuck des früheren Baues dahin ist. Dazu gehören auch die zwei marmornen Kolossalstatuen von 3,20 Meter Höhe »Forscher und Lehrender«, die Professor Hermann Brachert geschaffen hatte. Am Hauptbau, der in wesentlichen Teilen, besonders in der Mitte, erhalten blieb, wurde die reiche Reliefverzierung abgeschlagen.

Nachdem seit 1948 ein Pädagogisches Institut bestanden hatte, wurde 1967 die »Kaliningrader Staatliche Universität« gegründet. Für 1972 wurden 27 Lehrstühle und 4300 Studenten gemeldet. Die Fakultäten lauten: Physikalische-mathematische, historisch-philologische, Wirtschaft und Recht, Geographie, Chemie, Biologie. 350000 Bände zählt die Bibliothek in der Nachbarschaft der einst größten Buchhandlung Europas, Gräfe und Unzer.

Die Königsberger Gebietsbibliothek beherbergt sogar 570000 Bücher. 14970 Bände gibt es „vornehmlich in englischer, deutscher und polnischer Sprache". Diese größte Bücherei Nord-Ostpreußens betreibt auch landeskundliche und landesgeschichtliche Arbeit. Dazu gehören Vortragsveranstaltungen, Ausstellungen und Buchbesprechungen im Rahmen der Erwachsenenbildung. Außerdem sind in Königsberg ein rundes Dutzend umfangreiche Fachbibliotheken zu Hause. Sie führen besonders technische Werke, so der Fischindustrie, medizinische und auch politische Literatur. Ferner gehört die Gebietskinderbibliothek „Gajdar" dazu.

Schon frühzeitig hatte sich in Königsberg auch literarisches Leben gerührt. Der Lese- und Bildungshunger der Russen ist bekannt. Die polnische Allensteiner Zeitschrift »Warmia i Mazury« (Ermland und Masuren) berichtet in Heft 11/1977

darüber: Bereits 1951 erschien die Erzählung »Budet gorod« (Es wird eine Stadt sein) von Pavel Vedin. Der Obersleutnant der Sowjetarmee Vedin hatte als einer der Führer am Sturm auf Königsberg teilgenommen. In seiner Schilderung verbinden sich historische Erinnerungen mit modernen Betrachtungen über das gegenwärtige Königsberg.

Acht Jahre später wurde die Königsberger Abteilung des sowjetischen Schriftstellerverbandes unter der Leitung von Pjotr Vorob'ev organisiert. Vorob'ev war Veteran des Bürgerkrieges und Teilnehmer des »Großen Vaterländischen Krieges«. Zur Königsberger Literarischen Gesellschaft gehören etwa 40 Personen. Viele von ihnen sind Mitglieder des sowjetischen Schriftstellerverbandes. Zu ihnen zählt auch der deutsche Altkommunist Rudolf Jacquemien, der in der Uliza Krasnaja, der früheren Schrötterstraße, auf den Hufen sein Domizil hat. Er beschäftigt sich überwiegend mit Übersetzungen von DDR- und litauischer Literatur. Außerdem arbeitet er an der in Kasachstan erscheinenden sowjetdeutschen Zeitschrift »Freundschaft« mit. 1932 war der aus Köln stammende Jacquemien in die UdSSR emigriert und hatte 1936 die sowjetische Staatsbürgerschaft angenommen.

Viele Kurzgeschichten hat er geschrieben und veröffentlicht. Die beste aber ist jene, die er seltenen Besuchern aus dem Westen erzählt. Es ist die Geschichte seines bewegten Lebens. Und manchmal erklingen dann rheinische Lieder in der geräumigen Wohnung, dort in dem Haus, wo die Uliza Krasnaja — die Rote Straße — fast noch so aussieht wie einst die Schrötterstraße. Wie aber sieht es im Herzen des mittlerweile über 70jährigen aus? Ein Emigrant, der in eine deutsche Stadt heimkehrte, die nun einen russischen Namen trägt, deren Dom eine Ruine ist, während der Dom seiner Heimatstadt Köln in alter Pracht und Größe über den Rhein blickt. Dieser Mann gehört zu den

Nur wenige alte Schulgebäude blieben erhalten. Eines davon ist die Königin-Luise-Schule. Sie macht auf diesem Foto aus dem Jahre 1978 einen recht gepflegten Eindruck. Nach Augenzeugenberichten wurde die Schule schwer beschädigt, offenbar aber wieder aufgebaut.

35

„Universität" lauten die kyrillischen Buchstaben an der Fassade des blau gestrichenen Neubaus auf der Stelle der alten Albertina.

wenigen, die beide Stätten kennen, in ihrer heutigen Gestalt.

Die Empfindungen, die sein Kollege Sergej Smirnow hatte, drückte er in seinem 1968 in der Zeitschrift »Moskwa« veröffentlichen Gedicht so aus:

Der Dom von Königsberg
(Katedral'nyj sobor Kenigsberga)

Er stand in ganzer Pracht.
In ihm unter Lärm und Geschrei
wurden gekrönt alle
deutschen Herrscher.
Ein geschlagener Riese.
Reihen kolossaler Säulen.
Hier ist bestattet Kant,
der idealistische Philosoph.
Er rasselte nicht mit dem Säbel
er war gütig wie Myrrhe.
Der Philosoph leugnete
die Materialhaftigkeit der Welt.
Aber die Menschen dieses Landes
nannten sich eine höhere Kaste,
und an Stelle von Kant zog man
die grausame Geistesverfassung Nietzsches vor.
Und so konnte es zu
Raubzügen und Gewalttätigkeiten kommen.
Und nun steht der Dom

im Westen Rußlands.
Er steht, sich selbst nicht froh,
durch den Krieg entstellt.
Es brodelt Kaliningrad
an der Stelle von Königsberg.
Es wird jetzt aufgebaut.
Es ist ein Bereich des Neuschaffens.
Aber auf Kosten seiner Verluste.
Und es geht dahin der Sonnenuntergang.
Über den Klumpen der Ruinen.
Siehst du jetzt, Kant,
daß die Welt
materiell ist?

In der Literatur, vor allem der in dieser Stadt, kommt auch zur Geltung, daß Königsberg als westlichste Großstadt ein Begriff geworden ist — so wie sie einst unsere östliche war. In einem Gedicht von S. Simkin heißt es:

Dumpf die Trennung ertragend,
dreht sich dennoch das Land.
Ihm wend' ich mein Ohr zu
und höre dein Herz.
Aber weit, weit
pocht es, wohl wie
von Wladiwostok
bis Kaliningrad.
Und zwischen uns sind sieben Stunden...
sieben Erdkreise....

Das alte Stadttheater, das 1944 bei einem Luftangriff bis auf die Grundmauern niedergebrannt war, wurde nicht wieder aufgebaut. Das neue Leben erblüht jedoch aus den Ruinen und Kratern ringsum. So gibt es neben der Universität jetzt ein Café, an das sich andere Neubauten reihen. Alte erhaltene Gebäude stehen dort nicht mehr. An die letzten Tage und Stunden Königsbergs erinnert aber unter der Erde der ehemalige Befehlsstand von General Lasch, dem Verteidiger der Stadt. Erst am 9. April 1945 unterzeichnete er im Dohnaturm die Kapitulationsurkunde. Zu dieser Zeit hatten die Russen bereits zum letzten Sturm auf Berlin angesetzt.

Für die Sowjets war das ein großer Sieg, der bedeutendste neben der Eroberung der Reichshauptstadt. Sie haben im Befehlsbunker, den sie im Stadtplan »Blindasch«, Unterstand, betiteln, eine Filiale des Landeskundlichen Museums eingerichtet. (Das Museum selbst soll in der alten gotischen Kirche von Juditten untergebracht sein. Nach anderen Berichten hat es seinen Platz in einer früheren Schule an der Samitter Allee.) Schreibtisch, Schreibmaschine und Telefon des Generals sind im »Blindasch« zu besichtigen. Die Inschrift »Wir kapitulieren nie« wurde erneuert.

Am 9. Juni 1946 stiftete der Oberste Sowjet einen Orden für die »Eroberung von Königsberg«. Die Erstürmung der östlichen Metropole des Deutschen Reiches war ihm mehr wert als nur eine rühmende Erwähnung im Feldzugsbericht.

Drei Monate hatten die dezimierten Truppen, mühsam durch den Volkssturm aufgefüllt, dem vehementen Angriff eines weit überlegenen Gegners standgehalten, nicht im Sinne eines falschen Heroismus, sondern um Hunderttausenden von Menschen den Fluchtweg freizuhalten.

Schließlich war die Stadt bereits eingekreist. Der Gegner stieß schon vom Westen her, nördlich über Juditten und südlich über Ponarth, in das brennende Häusermeer vor. Vom 6. bis zum 9. April dauerte noch der Kampf um die letzte Festung. Heute stehen an den Vormarschwegen die hochragenden oder breiten Denkmäler der Sieger.

Eines davon — am Deutschordenring, südlich des Ausfalltors, der jetzt passenderweise Gwardeiskij (Garde)-Prospekt heißt — erinnert an die beim Sturm auf Königsberg gefallenen 1 200 Gardesoldaten. Die Gesamtzahl der Toten der mit 300 000 Soldaten gegen knapp 35 000 Verteidiger angreifenden sowjetischen Truppen ist nicht bekannt.

Die 1200 Opfer gehörten der 11. russischen Garde-Armee an, die eine besonders schlagkräftige Elite-Einheit war. Unter Marschall K. N. Galitzky hatte sie bereits im Oktober 1944 bei Goldap in Ostpreußen als erste feindliche Truppe deutschen Boden betreten. Sie gehörte zur 3. Weißrussischen Front, die unter dem Oberbefehl von Marschall A. M. Wassilewskij Königsberg eroberte. Die Einheit soll heute noch Kaliningrad als Standort haben.

An mehreren Stellen wird an den Kampf um Königsberg erinnert. Bekannt ist auch das »Fort 5« am nordwestlichen Stadtrand in Tannenwalde an der Chaussee nach Rauschen. Dort, so berichtet eine Ausstellung, überwanden schließlich zwölf Rotarmisten die Verteidiger dadurch, daß sie Handgranaten durch die Belüftungsschächte war-

Das war die Albertina, Königsbergs Universität mit der großen Tradition am Paradeplatz

Als die Stadt unterging: Panzer und Soldaten der Roten Armee in den Trümmern von Königsberg.

Stadt, Umgebung und dem übrigen Land. Manche tun das an Stelle einer kirchlichen Trauung — oder auch zusätzlich. Die Anteilnahme der Bevölkerung ist echt. Schmerz über die Verluste, aber auch Stolz über den größten Sieg in der Geschichte des Landes sind unverkennbar. Die offizielle Propaganda hat es da nicht schwer, die Erinnerung an den »Großen Vaterländischen Krieg« und sein erfolgreiches Ende wachzuhalten.

Überall begegnet man den stummen Zeugen der jüngsten Vergangenheit. So stößt man an dem gleichen Deutschordenring, an der Ecke Kniprodestraße, auf zwei kolossale steinerne Rotarmisten in Siegerpose, der eine die Maschinenpistole schwingend, der andere die rote Fahne vorstoßend. Am Schloßteich erinnert ein weiterer Obelisk an die Gefallenen, am Trommelplatz eine Büste an den Zaren-Generalissimus Alexander Suworow. Auf dem Hof der Schule Alter Garten (Bagrationstraße)

Das Ende am Paradeplatz. Tote und Trümmer dort, wo bis zum 9. April letzter Widerstand geleistet wurde.

fen. Mit der Erstürmung dieses Forts war der Weg für die Einkreisung frei. Das ist heute eine der meistbesuchten Stätten in der Umgebung. Gepflegte Anlagen gehören dazu.

Ein riesiges Monument mit der Aufschrift »Kaliningrad« steht in der Nähe. Es ist das Ortseingangsschild. Drei Felsbrocken tragen einen Ring, den wiederum drei Flügel überragen. Sie symbolisieren die drei Waffengattungen, die von drei Seiten den Verteidigungsring von Königsberg durchbrachen.

Die Gedenkstätte am Deutschordenring ist das erste Ehrenmal, das die Sowjets unmittelbar nach dem Krieg in Königsberg schufen. Die Namen der 1200 Gefallenen sind auf stilisierten marmornen Grabhügeln eingraviert, und am Sockel des Obelisken steht: »Für den Sieg über Deutschland«. Diese Worte stehen auch auf der Medaille, die allen Kriegsteilnehmern verliehen wurde. Darüber ist Stalins Ausspruch zu lesen: »Unsere Sache war gerecht. Wir haben gesiegt«.

Eine ewige Flamme lodert. Brautleute werfen Münzen hinein. Die Frischgetrauten wallen dorthin wie die Angehörigen der Opfer und Besucher aus

Die Erinnerung an den Kampf um Königsberg wird auch in den Anlagen des Forts 5 wachgehalten. Mit seiner Erstürmung war der Ring um Königsberg geschlossen. Dies ist heute eine der meistbesuchten Stätten der Umgebung.

— Komplex der Haberberger Mittelschule — befindet sich eine Gedenkstätte »Massengrab« für die sowjetischen Krieger, die beim Sturm auf Königsberg umgekommen sind. Dann gibt es ein »Ehrenmal zur Beendigung der Einkreisung Königsbergs«.

Der Stadtplan verzeichnet weitere sieben Gedenktafeln oder Ehrenstätten. Wer aus Richtung Cranz kommt, stößt fünf Kilometer vor der Stadtgrenze auf ein Panzerdenkmal. Ein T 34 steht auf einem Betonpodest. Die Inschrift berichtet, daß an dieser Stelle am 7. April 1945 die Panzerbesatzung Borisso beim Sturm auf Königsberg gefallen ist. Elf Kilometer weiter draußen ist ein kleines Haus zu einem Museum geworden. Von hier aus, so heißt es, leitete Marschall Wassilewskij den Angriff auf Königsberg.

An der alten Dampferanlegestelle am Neuen Pregel an der Hamannstraße, nahe der Holzbrücke, wurde Ende 1978 ein Schnellboot aufgedockt. Es soll an den Einsatz der Boote erinnern, die vom Pregel aus in die Kämpfe eingriffen.

Die Gedenkstätte am Deutschordenring war das erste Ehrenmal, das die Sowjets in Königsberg schufen. Eine stets mit Blumen geschmückte Tafel trägt die Namen der 1 200 Garde-Soldaten, die beim Sturm auf die Stadt gefallen sind.

Bedeutender Hafen — wichtiges Industriezentrum

Wichtiger für die Stadt als die Zeugen der Vergangenheit mögen die Institutionen einer lebendigen Gegenwart sein. Die Betriebe, alte und neue, arbeiten auf Hochtouren: Eisengießereien, Maschinen- und Waggonfabriken, Sägewerke, Brauereien und besonders alles, was mit der Schiffahrt zusammenhängt, Werften, Ausrüster, Fischkonservenfabriken.

Kaliningrad nimmt nach Murmansk und Wladiwostok den dritten Platz in der langen Liste der sowjetischen Fischereihäfen ein und liefert mehr als zehn Prozent der gesamten Anlandungen in dem riesigen Reich. Sie sollen größer sein als im gesamten Bereich der Bundesrepublik Deutschland. Über 600 Fischfangschiffe haben dort ihren Heimathafen. Fischereifabrikschiffe gehören dazu.

Nach der Kapazität steht der Königsberger Fischereihafen an zweiter Stelle in der Sowjetunion. Hierin kommt auch die geographische Lage zum Ausdruck. Während die ostpreußische Hauptstadt früher für Deutschland in dieser Hinsicht nicht so wesentlich war — denn die günstiger gelegenen Häfen im Westen des Reiches liefen ihr den Rang ab —, ist es heute für das sowjetisierte Kaliningrad genau umgekehrt. Der westlichste Hafen genießt eine außerordentliche Vorzugsstellung. Wie jedermann weiß, mit seinem Vorhafen Pillau im militärischen Bereich, aber auch, was Handelsschiffahrt und den Fischfang betrifft.

So kam nach Kriegsende die Fischerei als erster Gewerbezweig wieder in Gang. Schon 1948 startete eine Fischfangexpedition von dort aus nach den isländischen Gewässern. Heute gehören zu dem Bestand mittlere Fischfang- und größere Gefriertrawler, gewaltige kombinierte Fischfang- und fischverarbeitende Kühlschiffe, „schwimmende Basen" und Schiffe für die Bedienung, Instandhaltung und Versorgung der Trawler. Königsberg ist Heimathafen für die Trawlerflotte. Dort war auch bis 1978 die bekannte Walfangflotte »Jurij Dolgorukij« stationiert, die vor allem in der Antarktis ihre Fanggründe hatte. Das Mutterschiff wurde zum Verschrotten nach Skandinavien verkauft, die übrige Flotte nach Wladiwostok verlegt.

Die ganze Umgebung profitiert von dieser Entwicklung. So wurde Neukuhren (Pionerskij) als wichtige Basis der Hochseefischerei ausgebaut. In mehrjähriger Arbeit wurden die Hafenanlagen erheblich erweitert. Der »Kaliningrader Fischerei-Kolchosenverband« umfaßt sechs Fischfang-Genossenschaften in der »Oblastj«. Die bekannteste davon ist die Kolchose »Za Rodinu« (»Für die Heimat«) in Zimmerbude (Swetlyj). Dieser Ort hat insgesamt einen gewaltigen Aufschwung erfahren. Der Anteil der Genossenschaften am gesamten Fischfang im Königsberger Gebiet beträgt aber nur zehn Prozent.

Die Fische, hauptsächlich Hering, Seebarsch, Sardinen, Thunfisch und Dorsch, werden in Königsberg und Umgebung verarbeitet. Nach sowjetischen Angaben gibt es „Fischkonservenkombinate" in Heiligenbeil, Königsberg, Pillau (in den jüngsten Unterlagen allerdings nicht mehr aufgeführt) und in Zimmerbude. Der dortige Betrieb wird als „Musterkombinat" ausgewiesen und als größter fischverarbeitender Betrieb des Gebietes bezeichnet. Als Standorte für „fischverarbeitende Betriebe" werden Königsberg und Labiau genannt. Die Jahresproduktion 1970 betrug nach sowjetischen Angaben 125 Millionen Konservendosen.

Diese Betriebe gehören zu der 1962 geschaffenen Hauptverwaltung der Fischindustrie des Westlichen Seengebietes (»Zapryba«). Ihr sind ferner die Fischereien Litauens, Lettlands, Estlands und des Leningrader Gebietes unterstellt.

Aus den Veröffentlichungen geht auch hervor, daß in diesem staatlichen Industriezweig nicht immer alles nach dem gewünschten Plan verläuft. So war bereits im Jahre 1966 das stolze Fangergebnis von insgesamt über zwei Millionen Tonnen Fisch gemeldet worden. Später fand man dann heraus, daß tatsächlich nur 930 000 Tonnen angelandet worden waren — der Rest, also mehr als noch einmal soviel, waren Schlamm und Geröll, die bei Baggerarbeiten aus der Fahrrinne hervorgeholt und beim Ausladen im Hafen einfach dazugerechnet worden waren. Angeprangert werden auch in sowjetischen Publikationen die stark differierenden Fangergebnisse (1961 beispielsweise habe mehr als die Hälfte der Schiffe den Plan nicht erfüllt) sowie die langen Reparatur- und Wartungsfristen. So seien die Königsberger Schiffe kürzere Zeit auf See als die aus Murmansk, und im Hafen hätten sie längere Löschzeiten.

Eng verbunden mit diesem führenden Wirtschaftszweig sind Werften, Schiffsmontage- und Schiffsreparaturbetriebe sowie ein Werk für Fischfang-Ausrüstung. Insgesamt nehmen Maschinenbau und Metallverarbeitung den zweiten Platz in der Industrieproduktion des Königsberger Gebietes ein. Nach sowjetischen Angaben sind in Königsberg selbst (die übrigen Einrichtungen werden wir bei der Schilderung der anderen Orte nennen) beheimatet: zwei Schiffbau- und Schiffsreparaturbetriebe, eine Fabrik für Fangausrüstung, ein Blechdosenwerk und ein Werk für Verpackungsmaterial.

Der Königsberger Hafen ist für die Sowjetunion selbstverständlich auch die natürliche Operationsbasis für Unternehmungen aller Art. Seine günstige

Hochbetrieb herrscht im Königsberger Hafen. Hier ein Blick in den Seefischhafen, Hafenbecken IV. Im Hintergrund der Komplex des Gruppen- und Turmspeichers aus der deutschen Zeit.

Lage prädestiniert ihn dafür. So war einem Zeitungsbericht zu entnehmen, daß von dort technische Hilfe für die »Volksrepublik Angola« geleistet wird. (Diese ehemalige portugiesische Kolonie erregte 1976 weltweites Aufsehen, als sich dort mit Hilfe kubanischer Truppen und allgemeiner massiver östlicher Unterstützung die kommunistischen Kräfte gegenüber demokratisch-westlich orientierten Gruppierungen durchsetzten). In Königsberg werden auch, so heißt es in der Meldung weiter, von sowjetischen Fischereifachleuten entsprechende angolische „Kader" ausgebildet.

So wie im Schiffbau wohl die Tradition der altrenommierten Schichau-Werft fortgesetzt wird, geht auch in der früheren namhaften Waggonfabrik Steinfurt die Arbeit weiter. Bereits 1963 machte das Werk von sich reden, als es sogenannte Dumperwagen konstruierte. Dabei handelt es sich um selbstentladende Waggons mit 180 Tonnen Hebekraft. Ferner sind metallverarbeitende Betriebe zu nennen für Bau- und Wegemaschinen, Elektroschweißanlagen, Baukräne, Autoersatzteile, Maschinenbau für den Handel, zwei Stahlbetonkombinate (vermutlich für Fertigbauelemente) sowie eine Maschinenfabrik für Anlagen der Papier- und holzverarbeitenden Industrie.

Die Zelluloseproduktion spielt in der Stadt, die nun Kaliningrad genannt wird, eine ebenso große Rolle wie damals, als noch keiner daran dachte, sie anders als Königsberg zu rufen. Heute liefern ihre Betriebe rund die Hälfte des gesamten in der So-

wjetunion hergestellten Offsetpapiers und zwei Drittel des Tiefdruckpapiers. Ein erheblicher Teil davon wird exportiert, fast ausschließlich auf dem Schiffswege vom Königsberger Hafen aus. Ebenso wie früher sind in Königsberg wieder zwei Zellulosewerke (in Liep und gegenüber Contienen) in Betrieb, weitere drei im übrigen Gebiet, so in Tilsit und Ragnit Zellulose-Papierkombinate und in Wehlau eine Papierfabrik. Sowjetische Fachleute waren bald nach Beendigung der Kampfhandlungen dorthin entsandt worden, um die Arbeit in den fünf Fabriken wieder in Gang zu setzen.

Nach der Statistik wurden folgende Produktionszahlen ermittelt: 273 000 Tonnen Zellulose (1970), 139 000 Tonnen Papier (1975) und 44 000 Tonnen Karton (1975). Das bedeutet einen Anteil an der gesamten sowjetischen Produktion von 3,2 Prozent bei Papier und 1,8 Prozent bei Karton (für Zellulose liegen nach 1970 keine Angaben vor). Die Entwicklung zeigt einen Rückgang der Zahlen im Königsberger Gebiet, wo das Holz zum größten Teil über weite Entfernungen herangeschafft werden muß, während die günstiger gelegenen Regionen wie der Nordwesten, das Uralgebiet und Ostsibirien den umgekehrten Trend aufweisen.

Das ist eine der Ursachen, daß die Königsberger Zellstoffkombinate, wie zu hören ist, mit Verlust arbeiten. In einer Verlautbarung von 1966 heißt es: „Früher gehörten sie (die Betriebe) einem deutschen Fabrikbesitzer und arbeiteten mit Gewinn. In 20 Jahren haben wir alle wirtschaftlichen Merkmale verbessert: Auf jede Tonne Zellulose verwenden wir weniger Rohmaterial, Wasserdampf und Elektrizität als die Deutschen ... und trotzdem gelten die Kombinate als verlustreich ... Das Bewußtsein, daß es von seiner Arbeit gleichsam keinen Nutzen, sondern Schaden gibt, ist bedrückend." Ein bemerkenswertes Eingeständnis wohl vor allem für die Überlegenheit der freien Martwirtschaft gegenüber der staatlich gelenkten Planwirtschaft, was auch den Unterschied zwischen Königsberg und Kaliningrad sichtbar macht.

Mit Stolz verweisen die Verlautbarungen der jüngsten Zeit auf die neueste Errungenschaft im Königsberger Firmenwesen. Dabei geht es um ein „Kombinat für Molkereiprodukte". Diese Großmolkerei wird offiziell zu den bedeutendsten Butterfabriken des Gebiets gezählt. Vermutlich ist sie die größte überhaupt. Innerhalb von drei Jahren habe man auf einer öden Fläche (vielleicht war das ein Trümmergebiet) das riesige Gebäude erstellt. Es ermöglicht die Verarbeitung von 200 Tonnen Milch zu gleicher Zeit. 20 verschiedene Milchprodukte werden dort, so heißt es weiter, hergestellt. Die Produktion werde in Läden der Stadt, der Erholungsorte (vermutlich der Ostseebäder) und der Rayonstädte angeboten.

Zur Abrundung noch die übrigen wichtigeren Gewerbebetriebe, soweit sie in sowjetischen Verlautbarungen genannt wurden: Brauerei, Koks-Gas-Werk, Böttcherei, Spulenwerk, Möbelfabrik, zwei fleischverarbeitende Betriebe (einer davon im

früheren Schlachthof Rosenau), Trikotagefabrik und Schneiderei.

1971 wurde Kaliningrad mit dem »Orden des Roten Arbeitsbanners« ausgezeichnet. Den Lenin-Orden hatte die Stadt bereits am 14. April 1966 erhalten.

Zahlreiche Neubauten — viele Kahlflächen

Was die Größe der Stadt betrifft, so hat sich nicht viel geändert. 1939 umfaßte der Stadtkreis Königsberg — nach einer erheblichen Erweiterung in Richtung Westen und Nordwesten — 192,8 Quadratkilometer. Aus dem Jahre 1970 ist die letzte Zahl von 178,1 Quadratkilometern bekannt. Demnach sind Berichte über eine beträchtliche weitere Ausdehnung der Stadt nach Westen und Nordwesten nicht zu bestätigen.

Königsberg wurde in fünf städtische Rayons (Kreise) aufgeteilt. Diese sind: Baltischer Rayon (Baltijski rajon), Südwesten der Stadt südlich des Pregels, Leningrader Rayon (Leningradskij rajon), Nordosten einschließlich des früheren historischen Stadtkerns, auch des Kneiphofs, Moskauer Rayon (Moskovskij rajon), Südosten, Oktober-Rayon (Oktjabŕskij rajon), Westen nördlich des Pregel bis etwa zur Hufenallee, Zentraler Rayon (Centralnyj

Mit Papier aus Königsberg wird ein erheblicher Teil der Sowjetunion versorgt. Dies ist eine der Produktionshallen.

rajon), der gesamte Nordwesten einschließlich des heutigen Stadtzentrums am Hansaplatz und Hansaring. Der Oktober-Rayon hieß bis 1961 Stalingrad-Rayon.

Insgesamt gesehen hat sich im letzten Jahrzehnt viel getan. Die beachtliche Leistung des Wiederaufbaus fällt fast ausschließlich in diese Zeit. Die rund zehn Millionen Kubikmeter Trümmerschutt sind zum erheblichen Teil fortgeschafft. „Es ist gewaltig, was in den letzten Jahren aufgeräumt und gebaut wurde", berichtet ein Beobachter.

Dennoch gibt es im Innenstadtbereich, dort wo sich früher Haus an Haus drängte, mehr kahle Flächen als bebautes Gelände. Dazu gehören Altstadt-Kneiphof-Löbenicht, der westliche Sackheim, die Laak, große Teile auf dem Tragheim, auf dem Roßgarten und in der Vorstadt zwischen Pregel und ehemaliger Vorstädtischer Langgasse sowie die gesamte Plantage. Die Tatsache, daß die Neubürger — unter ihnen auch Volksdeutsche aus Rußland — ihre Stadt wieder ansehnlich finden, kann gewiß nicht bedeuten, daß die Königsberger von einst dieses Urteil über ihren Heimatort teilen. Ihr Herz würde bluten bei dem Anblick der vernichteten Innenstadt, der Umgestaltung vor allem in der Gegend des neuen Zentrums am Nordbahnhof, der weithin erhaltenen, dann auch wieder völlig veränderten Außenbezirke, der entstellenden Restau-

rationen an verschont gebliebenen bekannten Bauwerken, der fremdartig wirkenden neuen Wohnsilos neben den beschaulichen Villen und einfachen Mietshäusern aus alter Zeit, des teilweise immer noch versumpften Schloßteichs, aber auch der weithin gepflegten alten und frisch angelegten Parks, des Rummels auf Luisenwahl, der verwitterten Kirchenreste und der Leere im einstigen Schloßbereich — dennoch, Königsberg gibt sich noch zu erkennen. Es ist noch nicht untergegangen in Kaliningrad. Es ist mehr davon vorhanden, als mancher glaubt, andere wahrhaben wollen. Das gilt nicht nur für das äußere Erscheinungsbild.

Die Augenzeugen sind sich darin einig, daß seit Anfang der siebziger Jahre eine Großstadt aus dem Trümmerhaufen des Untergangs von 1945 erwachsen ist, die sich durchaus sehen lassen kann. Wird sie sich wieder einmal sehen lassen?

„Aber gewiß doch", beteuert einer, der von dort herübergekommen ist. „Vielleicht noch sieben oder acht Jahre, dann wird sie sich bestimmt wieder Besuchern öffnen; womöglich sogar noch eher. Es wird doch alles für den kommenden Touristenstrom getan".

Kann man es glauben, soll es wirklich wahr werden, worauf wir schon mehr als drei Jahrzehnte warten? Wird die Sperre zur letzten unzugänglichen Großstadt beseitigt? Werden wir Königsberg wiedersehen?

„H. Gronau 1928" steht auf dem Stein mit dem Löwenkopf, und neben dem Hauseingang ist noch „Dau 47" zu lesen. Die Spuren, die lange Jahrzehnte an Hausfassade und Treppen hinterlassen haben, und der sowjetische Offizier zeigen, daß dies nicht mehr ein Foto aus dem alten Königsberg ist.

Andere Beobachter sind skeptischer. „Jedesmal, wenn ich dort war", meint jener Mann aus Westdeutschland, der — vielleicht als einziger — das Glück hatte, in den letzten Jahren schon zweimal Königsberg besuchen zu dürfen, „wurde mir ein anderer Termin für die Zulassung von Touristen genannt. Zuerst sollte das im Kantjahr geschehen; doch 1974 ging vorbei, ohne daß etwas passierte. Dann wurde gesagt, 1980 zu den Olympischen Spielen in Moskau, dann dürfen auch Gäste in die Kaliningrader Oblastj. So mag das vorerst weitergehen. Nach meiner Beobachtung sind auch noch nicht genügend Hotelplätze vorhanden, die man den Besuchern aus dem Westen anbieten könnte. Denn das würden nicht wenige sein, die dorthin reisen würden."

Nein, das gewiß nicht, Tausende und Abertausende warten darauf. Sie können es nicht verstehen, daß sie ihre Heimatstadt nicht wiedersehen dürfen, nicht nach so vielen Jahren der Trennung, auch jetzt nicht, da sich fast überall die Tore öffnen. Sollen sie die letzten auf dem Erdenrund bleiben, die draußen vor der Tür stehen müssen, ausgeschlossen von dem Wiedersehen mit der Heimat?

Erntedankfest im heutigen Königsberg

Es klingt fast unglaublich und ist doch wahr. Ein Augenzeuge berichtet: In Kaliningrad, dem sowjetisierten Königsberg, wird ein christliches Erntedankfest gefeiert. Die Gemeinde sind: „Lobe den Herren, den mächtigen König der Ehren!", Chor und Instrumentalbegleitung umrahmen die Andacht, die Predigt preist die Wohltaten des vergangenen Arbeitsjahres — alles in deutsch.

Mehr als 100 Gäste versammeln sich jedes Jahr an diesem Tag zusammen mit den Baptisten in deren Gemeinschaftsraum. Alle Konfessionen sind vertreten; denn an dieser Stätte ist der letzte Gottesdienst, zu dem sich dem Glauben treu gebliebene Menschen in der westlichsten Großstadt der atheistischen Sowjetunion treffen, Orthodoxen, Katholiken, Lutheraner und Freikirchler.

Es sind mehr Russen als Deutsche, alle Bürger dieser Stadt mit der deutschen Vergangenheit und der russischen Gegenwart. Darum wird auch abwechselnd in der einen und in der anderen Sprache gepredigt. Weihnachten, natürlich, das ist

44 *Die Kirche im südlichen Stadtteil Rosenau gehört zu den wenigen Sakralbauten, die den Krieg überstanden haben. Sie alle wurden zweckentfremdet, dieser zu einem Kulturhaus.*

Schiller steht immer noch in den Anlagen zwischen Schauspielhaus und Staatsarchiv. Der Denkmalssockel trägt seinen Namen auch in kyrillischer Schrift.

mehr ein deutsches Fest, da hört man die Worte von der Geburt Christi aus dem Lukas-Evangelium in deutsch. Ostern, höchster Feiertag des gläubigen Russen, da spricht man dessen Sprache; beides von einem Laienprediger. Der letzte Berufsgeistliche ist schon vor längerer Zeit in den Westen umgesiedelt.

Die hohen Feste feiert man gar zweimal; denn der alte russische Kalender hinkt 14 Tage hinterher. Da werden beide Gelegenheiten genutzt. So war das schon immer bei den Deutschen, die oder deren Vorfahren früher einmal nach Rußland ausgewandert waren.

Die bekennende Kirche der Baptisten, die auch früher in Ostpreußen stark vertreten war, spielt in der Sowjetunion eine bemerkenswerte Rolle. Oft haben sich die Gläubigen gegenüber den Behörden behauptet und durchgesetzt. Das gilt wohl auch für die Kaliningrader.

Nachdem sie sich jahrelang immer wieder in anderen Räumen treffen mußten (die alten Kirchen — soweit sie den Krieg überstanden hatten — durften nicht benutzt werden), bekamen sie schließlich die Genehmigung, ein eigenes Gebäude zu errichten. Der Bau begann im Jahre 1978. Alle gesunden Gemeindemitglieder halfen dabei mit. Bibeln und Gesangsbücher besitzen sie noch aus der alten deutschen Zeit.

Glocken klingen nicht mehr in Königsberg; aber es wird noch gebetet dort!

„Es hat sich viel geändert in den letzten Jahren", hören wir. „Das Deutsche ist nicht mehr verpönt.

Die schlimme Epoche, da wir Faschisten und Verbrecher geschimpft wurden, ist vorüber."

Deutsch, zeitweilig in den Schulen hinter Englisch und Französisch zurückgedrängt, ist wieder zur beliebtesten Fremdsprache geworden. Im Schauspielhaus, das jetzt Dramatisches Gebietstheater heißt, werden die Stücke von Schiller vor allem, aber auch von Goethe und natürlich von Brecht gespielt.

„Ich selber habe 'Kabale und Liebe' und 'Die Räuber' gesehen. Selbstverständlich in russischer Sprache, aber immerhin." (Zeitungsberichten ist zu entnehmen, daß das Königsberger Theater 1977 mit Schillers „Maria Stuart" in Allenstein gastiert hat. Die „Maria Stuart", einer der größten Erfolge des Theaters, gehört zum ständigen Repertoir). Ohne aufzufallen, können wir auf der Straße und wo immer wir wollen deutsch sprechen. Zu Hause machen wir das sowieso.

Und unsere Kinder tragen natürlich deutsche Vornamen. Niemand hat etwas dagegen. Dieses ist doch ein Land, in dem viele Völker wohnen. Darunter auch schon lange, lange die Deutschen. Im Fernen Osten, beispielsweise in Karaganda, gibt es sogar deutsche Schulen, deutschen Rundfunk."

Das Schillerdenkmal vor dem Theater, das der Bildhauer Stanislaus Cauer einst schuf, ist zum beliebtesten Treffpunkt der Kaliningrader Studenten geworden. Nicht nur für diejenigen, die das nahegelegene Fischerei-Institut besuchen, sondern auch für die vielen Hörer an der allgemeinen Uni- 45 versität am früheren Paradeplatz, wo die Albertina, die Neue Universität mit der großen Tradition, stand. Die Inschrift auf dem Denkmal verrät in lateinischer und kyrillischer Schrift, wer auf diese ungewöhnliche Weise geehrt wird.

Friedrich Schiller genoß in der Sowjetunion seit eh und je hohes Ansehen; Sänger der Freiheit und Menschlichkeit, wird er in einer offiziellen Würdigung betitelt. Nun wird er auch von den Russen auf heimatlichem Boden anerkannt — nachdem dieser Platz dem eigenen Reich zugeschlagen wurde.

Außerdem gibt es als Erinnerung an die deutschen Geistesgrößen der alten Krönungsstadt noch das Grabmal Kants an der Domruine. Russische Künstler und Schriftsteller haben sich mit Erfolg dafür eingesetzt, daß die von Friedrich Lahrs geschaffene Stätte unter Denkmalschutz gestellt wurde. Die neuen Bürger der Stadt, meist Studenten, sorgen dafür, daß fast immer Blumen auf dem Grab sind.

Wie durch ein Wunder blieb die Gedenkstätte des größten Sohnes der Stadt erhalten; denn ringsum ging alles verloren. Lediglich die schönen Gitter waren verschwunden. Jetzt sind dort Eisenketten gespannt. Der Mann des „Kategorischen Imperativs" und des „Sittengesetzes in uns und des gestirnten Himmels über uns" — was lehrt er über

Tod und totale Veränderung hinaus die neuen Bewohner seiner Heimatstadt? Es scheint, daß mehr als historische Verehrung einer weltberühmten Geistesgröße die Kaliningrader — besonders die jüngeren — an das Grabmal zu Füßen der Domruine pilgern läßt.

War es ein Wunder, ein Zeichen, was damals geschah, als Königsberg in Schutt und Asche sank, auch das Ende des Doms gekommen war? Fast 400 Menschen waren Zeugen. Zusammengekauert, verängstigt, vom Bombentod bedroht, hockten sie im Turmremter des Domes. „Und dabei geschah es", so berichtet einer von ihnen, Professor Herbert Wilhelmi, letzter Domorganist, „daß mitten im Feuersturm die Eingeschlossenen plötzlich die Marienglocke im Nordturm sieben Mal anschlagen hörten; darauf ein dumpfer Fall auf die Betondecke. Nach drei Tagen fanden wir nur den zentnerschweren Klöppel. Besucher der Domgottesdienste wissen, daß beim ‚Vaterunser' der alte Glöckner Lenk die Marienglocke sieben Mal (= die sieben Bitten im Vaterunser) anzuschlagen hatte. So hat die Marienglocke bis zum letzten 'Atemzuge' ihre Gottesdienstpflicht erfüllt."

Seit Jahren hatte die 1492 gegossene Glocke mit der Aufschrift „Marie est omen" geschwiegen, denn ihre Schallwellen gefährdeten das Mauerwerk.

Das Grabdenkmal Immanuel Kants an der Dommauer blieb wie durch ein Wunder erhalten. Fast immer – wie hier schwach auf dem Foto aus dem Jahr 1978 zu erkennen – schmückt es ein Blumenstrauß. Auch die Namenstafel – oben – wird gepflegt.

Hoch ragen die Pfeiler der Stoa Kantiana, der Gedenkstätte Kants, an der Mauer der Domruine.

Einmal noch redete sie, ehe sie für immer verstummte. Anders war das Schicksal einer ihrer „Schwestern", der sogenannten Silberglocke im Geläut des Südturms. Professor Wilhelmi fand sie nach dem Krieg auf dem „Glockenfriedhof" im Hamburger Hafen wieder. Auf Schloß Burg an der Wupper, an der Gedenkstätte des deutschen Ostens, fand sie einen neuen Platz. „Das 'Soli Deo Gloria' (diese Inschrift trägt die Glocke) der Königsberger Domglocke", so notiert der letzte Domorganist, „klingt nun jeden Tag (seit der Einweihung am 21. Oktober 1951) weit in die Täler des Bergischen Landes; Trost und Hoffnung für die, die noch wissen, daß der Herr der Geschichte das letzte Wort hat."

Alle Kreise, die sie schwingend schrieb,
schlingen sich um alte Bilder, die Vergangenheit
geworden
– doch die Glocke blieb –,
ruft mit ihrer tiefen Stimme unser müdes Herz
zurück,
und auch hier, dem neuen Leben,
gibt sie Klang und Wärme wieder, gibt sie Heimat
und ihr Glück.
Bette dich mit allen Sorgen
in den Ton der alten, weiten, heimatlichen Glocke
ein:
dort bist du geborgen. G. W.

Doch zurück nach Königsberg, zurück zu dem größten Sohn der Stadt und seinem Erbe. Seit 1974 wird Immanuel Kant nicht nur an seiner Grabstätte zu Füßen des zerfetzten Domes geehrt. Seit dem Frühling jenes Jahres des Kant-Jubiläums gibt es im Universitätsgebäude ein „Immanuel-Kant-Museum". Dort werden, so ist zu erfahren, 300 Ausstellungsstücke aufbewahrt. Darunter sind Erstauflagen der Werke Kants, Briefe, Schriften sowjetischer Kant-Forscher, Fotos, Zeichnungen, Dokumente sowie eine Sammlung seltener Erstausgaben der Werke von Fichte, Herder und Hamann.

Auch eine Büste von Kant ist ausgestellt. Bei ihr soll es sich „sehr wahrscheinlich" um das Originalwerk von Gottfried Hagemann handeln, der den Philosophen 1801 modellierte. Die Büste war 1945 von dem Königsberger Chirurgen Professor Oskar Ehrhardt aus der zerstörten Universität gerettet worden. Bis zu seiner Ausweisung im Jahre 1948 hatte der Arzt das wertvolle Kunstwerk im St.-Elisabeth-Krankenhaus aufbewahrt.

Jährlich gibt es auch Kant-Kongresse in Königsberg. Gelehrte aus der ganzen Sowjetunion treffen sich dort zu Referaten und Diskussionen, die mehr und mehr von einer Hinwendung zu Sachlichkeit und ehrlichem Bemühen um rechte Deutung des großen deutschen Philosophen geprägt sind. Kant-Freunde aus anderen Staaten, so aus seinem Heimatland Deutschland, haben dort keinen Zu-

47

tritt, ausgenommen beim Jubiläumskongreß 1981 aus Anlaß des 200. Jahrestages der „Kritik der reinen Vernunft" — in Riga, wo das Werk erschienen ist.

Dieser Kant-Verehrung und den damit verbundenen Kongressen ist es auch zu verdanken, daß — soweit bekannt — 1977 erstmals ein deutsches Dokument im Königsberg von heute veröffentlicht wurde. Es handelte sich dabei um ein Grußwort des ersten Vorsitzenden der Kant-Gesellschaft e.V. in Bonn und des Präsidenten des 4. Internationalen Kant-Kongresses in Mainz, des dortigen Ordinarius Gerhard Funke, an die Teilnehmer des Kant-Kongresses in Kaliningrad. Der Inhaber des Lehrstuhls für Philosophie in Königsberg, D. M. Grinischin, hatte darum gebeten. Das Mainzer Wort nach Königsberg lautete:

„Den Teilnehmern an der diesjährigen wissenschaftlich-theoretischen Konferenz über Immanuel Kants Philosophie und an den Kant-Lesungen in Königsberg erlaube ich mir, im Namen der Internationalen Kant-Gesellschaft besondere Grüße zu übermitteln.

Dabei gilt der Wunsch der Gesellschaft einem erfolg- und ertragreichen Verlauf der Veranstaltungen und dem Wohl ihrer Teilnehmer.

Die Kant-Gesellschaft ist mit mir der Überzeugung, daß die Forschung im Sinne und im Geiste Kants einen wesentlichen Beitrag zum besseren wechselseitigen Verständnis der Völker, auch bei sonst vielleicht unterschiedlichen Verhältnissen und Auffassungen, leisten kann. Jede Möglichkeit wahrzunehmen, die uns der Erreichung eines solchen Zieles näherbringt, liegt in unser aller Interesse.

In dieser Überzeugung begrüßt die Gesellschaft jede ehrliche Bemühung um die Vertiefung der wechselseitigen Beziehungen und verfolgt Ihre Arbeiten mit wachem Interesse und großer Anteilnahme.

Möge die Tagung durch Ihren Einsatz die hochgespannten Erwartungen erfüllen, die man in sie setzen darf, und möge sie für die Zukunft die von uns gemeinsam gewünschten Ergebnisse zeitigen!"

Hier wurde eine Verbindung geknüpft, von der man nur hoffen kann, daß sie zu noch weit besseren Kontakten führen möge.

Als die Sowjets in Königsberg einmarschierten, war auch Immanuel Kant ihr Feind. Damals, solange Stalin den Ton angab, war der Philosoph als Vertreter der preußischen Reaktion verfemt. Heute wird er als „Begründer der klassischen deutschen Philosophie" vorgestellt. Die Zeiten haben sich geändert. Kant darf wieder verehrt werden, auch in seiner Heimatstadt, wenn auch dort nicht von seinen Landsleuten.

Gepflegte Gedenkstätten namhafter Deutscher gibt es auch von Dr. Friedrich Wilhelm Bessel (1784—1846), dem bekannten Astronomen und Direktor der Königsberger Sternwarte, sowie von Julius Rupp, dem Großvater der bedeutenden Bildhauerin und Graphikerin Käthe Kollwitz. Der ehemalige Geistliche der Evangelischen Kirche war der Begründer der ersten Freien Evangelischen Gemeinde (1846), nachdem er sich 1844 auf der Kanzel von der Kirche losgesagt hatte und aus dem Amt entfernt worden war. Sein eigenwilliges Wesen hatte bestimmenden Einfluß auf die heranwachsende Käthe Kollwitz, deren Werk zeitlebens geprägt war von kritischem sozialem Engagement. Eine Straße wurde nach ihm benannt. Der erhaltene Granitfindling mit dem Bronzerelief stammt von Käthe Kollwitz. Sein Gedenkstein trägt die Inschrift: „Wer nach der Wahrheit, die er bekennt, nicht lebt, ist der gefährlichste Feind der Wahrheit selbst — Julius Rupp 1809—1884." Ein Vermächtnis weit über die Zeit dieses Mannes, auch seines Heimatorts hinaus. Was wissen diejenigen, die die Schrift jetzt stockend zu entziffern suchen, mit diesen Worten anzufangen?

„Auch die lebenden Deutschen im heutigen Kaliningrad werden geschätzt", wird uns berichtet. „Sie sind bekannt als fleißige und disziplinierte Arbeiter. Wir hatten da beispielsweise in einer alten Brauerei noch lange Jahre einen deutschen Braumeister. Von dort kam das beste Bier, nicht nur von Kaliningrad, sondern der ganzen Sowjetunion. Das ist bis heute so geblieben."

Das Ponarther Bier hatte schon im alten Königsberg einen hervorragenden Ruf. An vielen Stellen arbeiten heute noch Deutsche an verantwortlichen Plätzen. Niemand fragt mehr danach, woher sie kamen, wer sie sind.

Natürlich, keiner stammt mehr aus Königsberg. Sie alle, Deutsche und Russen, zogen unter den neuen Machthabern aus dem Osten in die westliche Stadt.

Die ersten Neubürger waren die Eroberer

Was ist aus den früheren Bewohnern geworden? Von den insgesamt etwa 380 000 Bürgern waren fast 280 000 geflüchtet oder evakuiert worden. Etwas über 100 000 waren noch in der Stadt, als sie am 9. April erobert wurde.

Bei der einzigen Volkszählung im Juni 1945 wurden nur noch 73 000 registriert. Hunger und Epidemien forderten viele Opfer, so daß im Sommer

1947 lediglich noch 20 000 bis 25 000 Deutsche existierten. Der Rest wurde im Jahre 1948, teilweise auch schon im Herbst 1947 oder auch erst 1949 ausgesiedelt. Zahlen, die das grausame Schicksal der Menschen, den Opfergang der ostpreußischen Bevölkerung nur andeuten können.

In der gleichen Zeit, da die angestammten Bewohner zugrunde gingen, die wenigen Überlebenden in den Westen gelangten, kamen die Neubürger. Die ersten waren die Eroberer. Sie waren nach der Erstürmung der Stadt gleich dageblieben. Es wird geschätzt, daß 80 Prozent der siegreichen Soldaten Königsberg zur neuen Heimat machten.

„Bleibt hier und sucht euch euer Haus selbst aus!" hatte man ihnen gesagt. Zuerst waren sie nur zögernd diesem Appell gefolgt. Zu neu war der Gedanke, daß diese Stadt, die sie immer noch „Kenigsberg" nannten, nun ihnen gehören sollte. Einige konnten sich jahre-, ja jahrzehntelang nicht daran gewöhnen. Sie kümmerten sich wenig um ihre Geschenke; die Wohnungen wurden vernachlässigt, die Bauten verfielen. Bis die Verträge mit der sozialliberalen Koalition in Bonn kamen. Da begann nicht nur der umfangreiche Aufbau der Stadt, sondern da fingen auch die neuen Bewohner an, sich endgültig darin einzurichten.

Heute ist Kaliningrad eine Veteranenstadt; der Anteil der pensionierten ehemaligen Soldaten ist ungewöhnlich groß. Aber längst ist dort eine Einwohnerschaft zusammen- und auch schon herangewachsen, die aus allen Teilen, vorrangig aber aus dem Zentralgebiet der russischen Sowjetrepublik stammt. Seit 1948 bemühen sich die Behörden ver-

Der Gedenkstein für Julius Rupp, ein Granitfindling mit einem Relief von Käthe Kollwitz, der Enkeltochter des eigenwilligen Kirchenmannes.

Das gepflegte Grabmal von Dr. Friedrich Wilhelm Bessel, dem bekannten Astronomen und Direktor der Königsberger Sternwarte. 49

stärkt um Neusiedler. Sie erhielten ein besonderes Dokument und waren somit Bürger der Region.

Wer im Krieg sein Haus verloren hat, bekommt dort ein anderes! So warb die Regierung für das neue Gebiet. Zuerst kamen sie zögernd und nicht immer freiwillig. Dann aber wurde die „Kaliningradskaja Oblastj", die der Russischen Sozialistischen Föderativen Sowjetrepublik (RSFSR) angegliedert ist, eine begehrte Zone.

Die Wohnungen waren größer, die Häuser schöner, die Straßen sauberer, die Gärten ansehnlicher, das Klima angenehm, die Versorgung besser. Alles das ließ oft den Schmerz um die eigene Heimat vergessen.

Nach der (letzten) Volkszählung von 1970 setzt sich die Bevölkerung der Stadt wie folgt zusammen: 77,5 Prozent Russen, 9,6 Weißrussen, 7,9 Ukrainer und 5,5 andere Gruppen. Vereinzelt sieht man auch Asiaten. Nach der Nationalitätenkarte der Sowjetunion von 1977 wird das Königsberger Gebiet von Russen bewohnt. Ein geschlossenes Siedlungsgebiet von Ukrainern scheint die Grenzregion zu Polen — etwa zwischen Alle und Angerapp — zu sein. Interessant ist, daß auch der gegenüberliegende, allerdings hermetisch abgetrennte polnische Grenzbereich vorwiegend von Ukrainern bewohnt ist. Sie kommen aus dem früheren Ostpolen. Zufall oder höhere Planung?

Sowjetischen Veröffentlichungen ist zu entnehmen, daß in Nord-Ostpreußen außerdem wohnen: Litauer (vorwiegend in den Nachbarbezirken der litauischen Sowjetrepublik und in den größeren Städten), Mordwinen, Mari, Tschuwaschen, Polen, Juden und Tataren.

Als Zahl der Gesamtbevölkerung werden 1976 insgesamt 785 000 angegeben. Das sind 71,3 Prozent der Vorkriegszahl von 1 165 800. Die Bevölkerungsdichte macht danach 52 Einwohner je Quadratkilometer aus, während es vor dem Krieg 77 waren. Dabei ist besonders zu beachten, daß 77 Prozent in den Städten wohnen, 40 Prozent allein in Königsberg. Auf dem Lande leben nur zwölf Menschen durchschnittlich auf dem Quadratkilometer. Lediglich die Kreise Neuhausen, Ragnit und Pr. Eylau sind dichter besiedelt. Konzentration auf die Städte, besonders auf die Hauptstadt, und Landflucht sind offenbar ein ernstes Problem. Das Anwachsen Königsbergs von 188 000 Einwohner 1956 auf 370 000 im Jahre 1979 spricht Bände. (1939 waren 372 146 Einwohner registriert. Die Vorkriegszahl wurde also inzwischen erreicht.)

In den anderen größeren Städten war die Entwicklung nicht so stürmisch. Hier die entsprechenden Zahlen: Tilsit 1959: 31 900, 1970: 38 500 (1939: 59 300), Insterburg 1959: 29 100, 1970: 33 400 (1939: 48 700), Gumbinnen 1959: 14 100, 1970: 22 100 (1939: 24 600), Pillau 1957: 26 000, 1959: 17 600, 1967: 17 000 (1939: 12 400).

Für die einzelnen Kreise (Rayons) — ohne Städte — gibt es Zahlen aus dem Jahre 1968. Sie lauten: Pr. Eylau 34 100, Neuhausen 31 800, Tapiau 27 200, Heinrichswalde 25 900, Cranz 22 800, Friedland 22 400, Insterburg 16 800, Angerapp (Darkehmen) 16 000, Ebenrode (Stallupönen) 15 400, Haselberg (Lasdehnen) 14 500, Ragnit 12 000, Gumbinnen 9 300. Die Hälfte der Bewohner soll — nach sowjetischen Angaben von 1968 — bereits dort, in der „Kaliningradskaja Oblastj" geboren sein. Dieser Hinweis wird gern — dort wie auch gelegentlich hier — als Argument für das Heimatrecht der Neubürger und zugleich gegen die Ansprüche der vertriebenen angestammten deutschen Bevölkerung benutzt. Das ist menschlich verständlich, wenn auch absolut einseitig und rechtlich nicht haltbar.

Deutsche kamen aus dem Osten

Ein besonderes Kapitel ist, was die Bevölkerung betrifft, das Los der Rußlanddeutschen in Königsberg und Umgebung. Seit etwa 15 Jahren siedeln sie sich in vermehrter Zahl dort an.

Trieb sie die Sehnsucht nach einem Stück Deutschland? Meinten sie, von dort eher in die Bundesrepublik Deutschland ausreisen zu können? Hofften sie gar auf ein neues eigenes Territorium, nachdem ihnen die Wolgadeutsche Republik verlorengegangen war? Schon früher hatte es entsprechende Gerüchte gegeben. Angeblich hatte die Gruppe Seydlitz des Nationalkomitees Freies Deutschland, das gegen Kriegsende in sowjetischer Gefangenschaft gegründet worden war, an die Bildung einer kommunistischen deutschen Regierung in der Stadt am Pregel gedacht.

Es gibt auch Berichte, nach denen die Rote Armee nach dem Einmarsch „deutsche Bürgermeister" eingesetzt habe. Von März bis Dezember 1946 habe der Rundfunk auch deutsche Programme ausgestrahlt. Im Samland habe es einige deutsche Schulen gegeben. Unter den Titeln „Tägliche Rundschau" und „Die neue Zeit" erschienen sogar Zeitungen in deutscher Sprache für Kriegsgefangene beziehungsweise die Zivilbevölkerung.

In der ersten Nachkriegszeit sprachen, so heißt es, auch sowjetische Stellen davon, eine „Deutsche Verwaltung" im besetzten Königsberg einzurichten. Der mutige und angesehene Pfarrer Hugo Linck, der in preußisch-christlicher Pflichtausübung 1945 bei seiner Gemeinde geblieben war, sollte angeblich zum Bischof einer ostpreußischen Kirche gemacht werden.

Was von alledem stimmt, was nur erdacht war, was Wunsch, was befürchtet wurde, was Taktik und was Realität, das wird vielleicht nicht einmal eine spätere Geschichtsschreibung deuten können.

Die Entwicklung nahm einen konsequenten, offenbar auch vorgezeichneten Verlauf. Wieweit dazu die Ansiedlung Rußland-Deutscher paßt, bleibt vorerst ungeklärt. Fest steht, daß schließlich zum ersten Mal nach 20 Jahren wieder Deutsche nach Königsberg kamen. Sie stammten vornehmlich aus der Ukraine. Einer von ihnen war Gustav B., 65 Jahre alt, ehemals Bauer.

Der Ur-Urgroßvater war aus dem Schwäbischen in das große Reich im Osten ausgewandert, um 1820, als der Zar die Deutschen dazu aufrief. Der Ur-Urenkel schwäbelt immer noch, sein eigener Enkel nicht minder.

Sie lebten und waren glücklich in ihrer neuen Heimat im Odessa-Kreis, nicht weit vom Schwarzen Meer entfernt. Bis 1938 waren sie amtlich ein „Deutsches Dorf", Gustav besitzt noch Geburts- und Heiratsurkunde mit solchen Stempeln und in deutscher Sprache.

Im gleichen Jahr — es war die Zeit nach der berüchtigten Tuchatschewski-Affäre (Stalin ließ den stellvertretenden Kriegsminister wegen angeblicher verräterischer Beziehungen mit dem Deutschen Reich hinrichten) — wurde die deutsche Eigenart verboten.

Der Jubel im August 1941 nach dem Einmarsch der deutschen Truppen, die den Bauern wieder ihr von den Sowjets verstaatlichtes Land zurückgaben, währte nur kurze Zeit. Zweieinhalb Jahre später wendete sich das Kriegsglück. Am 18. März 1944 verließen sie alle ihr Zuhause, das sie nie wiedersahen.

Bis zum 18. Juni 1944 waren sie in einer unvergleichlichen Odyssee unterwegs. Ein Treck der Tausende, der sich, geteilt in eine Süd- und eine

Pfarrer Hugo Linck war von 1945 bis 1947 im besetzten Königsberg Trost und Zuflucht für viele Deutsche. Der ehemalige Seelsorger der Löbenichtschen Kirche verstarb 1976 in Hamburg.

Nordgruppe, durch die Ukraine quälte, durch Bessarabien, die Dobrudscha, Bulgarien (wo sie besonders freundlich behandelt wurden), Rumänien und die Tschechoslowakei bis in den Warthegau, die angebliche neue Heimat.

Schon im nächsten Winter vertrieb sie der Krieg weiter bis nach Brandenburg. Dort holte die Rote Armee sie endgültig ein. Von Mai bis Oktober 1945

Der Name „Kaliningrad" lockte die Menschen aus vielen Teilen des Riesenreiches Sowjetunion an – auch Volksdeutsche. Hier das Ortsschild an der Straße von Cranz.

waren sie — nun wieder sowjetische Staatsbürger — im Lager. Dann ging es zurück in das östliche Siegerland. Alle Deutschen kamen für zehn Jahre in die Verbannung.

Gustav und seine Leute arbeiteten im Wald, mitten in der Unendlichkeit der asiatischen Taiga.

„Das war nicht so schlimm, wie man vielleicht denkt", erinnert er sich. „Gewiß, die Arbeit war sehr hart. Doch wir bekamen unser Essen, wohnten in Baracken und wurden sogar recht gut bezahlt." Nach den ersten drei Jahren wurde die Bewachung immer lockerer. Ein Entkommen gab es ohnehin nicht.

1956 waren sie wieder freie Menschen. Sie erhielten ein Dokument. Danach konnten sie überall hin — nur nicht in ihr Heimatdorf. Sie zogen in den Ural. Nahe bei einer größeren Stadt fanden sie Arbeit und Unterkunft.

War es ein Zufall, war es Schicksal? Der Sohn eines Freundes mußte in Kaliningrad seinen Wehrdienst ableisten. Die Eltern besuchten ihn (für Sowjetbürger ist der sonst völlig von der Außenwelt abgesperrte Bezirk zugänglich, ausgenommen die Grenzbereiche), und sie fanden die große Stadt im neuen Westgebiet so schön, daß sie beschlossen, dorthin zu ziehen.

Ihnen folgte 1967 Gustavs Schwiegersohn. Gustav selbst besuchte seine Kinder und entschied sich, es ihnen baldmöglichst nachzutun.

Ein Eigenheim in Königsberg

Als er 1971 nach Königsberg kam — er sagt jetzt wieder Königsberg und nicht mehr Kaliningrad —, hatte der Schwiegersohn schon am Rande der Stadt ein eigenes Haus gebaut.

„Ist das denn möglich dort?"

„Aber natürlich, das Land bekamen wir vom Staat umsonst. Das Baumaterial kauften wir uns. Man muß nur das Geld dazu haben, fleißig sein und sparen."

Immer noch der alte Schwabengeist — „Schaffe, schaffe, Häusle baue", selbst in Kaliningrad?

Allerdings — eine Portion Tüchtigkeit auch im Umgang mit den Behörden, Findigkeit im Ausnutzen der begrenzten Möglichkeiten einer reglementierten Wirtschaft mit den kontingentierten Materialien gehörten unbedingt dazu.

Die ganze Verwandtschaft und Freunde halfen mit. 13 x 7 Quadratmeter maß der Bau, war zweistöckig mit einem Untergeschoß und hatte eine Garage. Im voll ausgebauten Tiefparterre war Platz für Gemüse, Kartoffeln und die Heizung.

„Ja, ja, wir hatten Zentralheizung, mit Steinkohle befeuert. Sie kam aus Schlesien. Die war besser als die aus dem Donezbecken, obwohl es da auch gute Sorten gibt."

Deutsche Kohlen für ein Haus von Deutschen in Deutschland? Fast möchte man meinen, es habe sich nichts geändert. Aber nein, dieser Brennstoff kommt jetzt aus der Volksrepublik Polen, und das Haus steht in Kaliningrad, das zur Sowjetunion gezählt wird. Die darinnen wohnten, bekannten sich zum Deutschtum, obwohl sie in Rußland zu Hause waren und fast nur dort gelebt hatten. Die Welt von heute ist oft fast nicht zu verstehen.

Kann man sich wirklich drüben als Arbeiter ein eigenes Haus leisten?

„Warum nicht? Der Staat fördert den Bau sogar. Schließlich ist die Wohnungsnot unverändert groß."

Obwohl in Königsberg emsig gebaut wird — die neungeschossigen Mietshäuser gehören untrennbar zum neuen Stadtbild —, haben ständig über 70 000 Familien keine eigene Unterkunft. Nach offiziellen Angaben wurden allein bis 1967 insgesamt 4,5 Millionen Quadratmeter Wohnfläche bebaut. Dennoch hat (nach einer Meldung aus dem Jahre 1977) jeder Einwohner — statistisch gesehen — lediglich 11,9 Quadratmeter Wohnraum.

Die jahrelange Wartezeit ist nur zu verkürzen, wenn der Anwärter Eigenhilfe leistet, das heißt, er — meistens ist es ein junges Paar — muß auf die staatliche Zuteilung verzichten und dafür bei einer Baugenossenschaft eine „Wohnung mit Selbstbeteiligung" kaufen — oder selbst bauen.

Eine „Eigentumswohnung" kostet rund 5000 Rubel (fast 15 000 DM — ein Rubel gleich knapp drei DM, wobei jedoch zu beachten ist, daß dieser offizielle Kurs wegen der völlig unterschiedlichen Voraussetzungen nur sehr bedingt angewandt werden kann). 2800 Rubel müssen angezahlt werden. Knapp sieben Prozent aller neuen Wohnungen werden auf diesem Wege erstellt.

„Da kann man sich gleich ein eigenes Haus bauen", erzählt der ehemalige Eigenheimbesitzer von Kaliningrad.

Bei etwas mehr als 200 Rubel Monatsverdienst war das nicht einfach. Aber er teilte sich Haus und Kosten mit der Familie seines Bruders. So schafften sie es und waren glücklich.

Es reichte sogar zum Auto. Das war zwar ein Gebrauchtwagen; aber 2 000 Rubel muß man auch dafür auf den Tisch legen, mindestens. Diese Autos sind oft Re-Exporte aus Finnland. Eine staatliche Kommission legt grundsätzlich den Preis fest, kassiert dafür eine Provision von zehn Prozent und genehmigt den Kauf. Hat man mit dem Verkäufer, sofern er ein Privatmann ist, eine höhere Summe vereinbart, so wird die Differenz anschließend (privat) dazugelegt.

Im allgemeinen macht man das gern. Denn Autos sind Mangelware. Vier bis fünf Jahre muß man auf ein neues Fahrzeug warten. Die Preise: 4 500 Rubel für den Kleinwagen Saparoschetz, 5 000 für den Moskwitsch 412, 9 099 für den Lada und über 10 000 Rubel für den Wolga. Benzin (Super): 18 Kopeken (54 Pfennig).

In Kaliningrad wird relativ gut verdient. Ein Fischer bekommt mehr als das Doppelte vom üblichen Durchschnitt, nämlich 500 Rubel, ein Pilot gar 600. Die Putzfrau muß mit 60 zufrieden sein.

Der Lebensstandard ist nicht ganz so hoch wie in den baltischen Städten, aber höher als in der russischen Provinz. Die Lebenshaltungskosten sind vergleichsweise gering, gemessen aber an den niedrigen Einkommen dennoch nicht zu unterschätzen.

Für Miete müssen etwa 22 Rubel veranschlagt werden. Ein Brot kostet 16 Kopeken (48 Pfennig), Fleisch bis zu drei Rubel je Kilo. An die fünf Rubel muß der Bürger für einen halben Liter Wodka aufbringen. Bier kostet 22 Kopeken für einen halben Liter.

Zu trinken gibt es genug. (In Oberteichnähe steht eine große Schnapsbrennerei, ebenso in Rosenau.) Und auch in Kaliningrad sind die Ausnüchterungszellen stark besetzt. Die Rechnung für die „Unterkunft" muß gleich bei der Verabschiedung beglichen werden. Alkohol am Steuer ist grundsätzlich verboten.

Die allgemeine Versorgungslage ist indessen nicht gut. Seit einigen Jahren gibt es Schwierigkeiten, jedoch wohl nicht so groß wie in Polen.

Fleisch ist knapp und teuer — auch in Kaliningrad sieht man allenthalben die Schlangen vor den Schlachterläden. Mit der Butter muß man ebenfalls sehr sparsam umgehen. Milch ist im Winter schlecht zu bekommen. Der Bohnenkaffee ist sehr selten geworden. Schokolade und andere Süßigkeiten sind hingegen keine Mangelware. Die Versorgung mit Obst und Gemüse sowie Südfrüchten ist im allgemeinen ausreichend. Auch Brot gibt es genug.

„Unser Brot war sehr gut, besser als hier."

„Da haben Sie vielleicht nicht das richtige gegessen", meinen wir. „In manchen Geschäften werden hier bald hundert Sorten Brot angeboten."

„Hundert Sorten! — Aber wozu?"

Andrang, oft Schlangen gibt es drüben, wenn begehrte Kleidung eingetroffen ist. Jeans, Statussymbol aus dem Westen, sind auch im Königsberg von heute sehr gefragt.

„Die besten bekommt man natürlich auf dem Basar."

So etwas gibt es dort auch?

„Natürlich, auf dem großen Platz zwischen den beiden Pregelarmen" (gegenüber dem Dom, wo noch die Reste des ehemaligen jüdischen Waisenhauses stehen, das als einziges mühsam zusammengeflicktes Gebäude in dem Gebiet noch erhalten ist) „wird tüchtig gehandelt. Jeder verkauft, was er hat, gebrauchte Kleider, auch neue, die besten Jeans eben, Autoersatzteile. Mancher hat seine Waren auf der Zeitung ausgebreitet. Andere bieten vom Auto aus feil."

Betrieb ist immer auf dem Basar in Nordbahnhofnähe mit seinen „Palatkes", den überdachten Verkaufsständen.

Angler, die in der Nähe der Honigbrücke ihr Glück versuchen, blicken dann und wann auf das bunte Treiben herüber. Sie wissen ebensowenig wie die beschäftigten Käufer und Verkäufer, daß dort einmal eine Synagoge stand.

Einen zweiten Basar, der weitaus komfortabler wirkt, gibt es am neuen Zentrum beim Nordbahnhof. Dort, im und am ehemaligen Tattersall zwischen Wallring und Wrangelstraße, wo nebenan früher das Haus der Technik war und die Deutsche Ostmesse abgehalten wurde, werden nun an über-

Das Verlagsgebäude der „Kaliningrader Prawda", der größten Zeitung des Gebiets, an der Ecke Luisenallee-Hagenstraße gehört zu den modernen Hochhäusern im Norden des heutigen Königsberg.

dachten Ständen Waren aller Art angeboten. Der Andrang ist beachtlich.

Dieser sogenannte „Rinok" hatte seine Anfänge bereits in den ersten Jahren nach Kriegsende. Zuerst handelte man unter freiem Himmel, und das ganze hatte einen echten Basaranstrich. Gedränge und Gewühle, schreiende Verkäufer, die ihre Ware anpriesen, und stille Männer mit gesenktem Blick, die raunend und heimlichtuend „Gelegenheitskäufe" anboten. Zu haben war fast alles, was sonst nicht zu ergattern war: Butter, Eier, Milch und Quark, Wurst, Brot, sämtlich zu horrenden Preisen, dann uralte und neuere Möbelstücke, Ersatz-

54

teile und Trödel jeglicher Art. Schuster besohlten die Schuhe, während die Kunden Sonnenblumenkerne knabberten, die sie in hohem Bogen durch die Gegend spuckten, an einem Hering, Käse oder einem Stückchen Wurst kauten oder den scheußlichen Holzsprit (er kam als Abfallprodukt von den Papierfabriken) herunterkippten, als sei er der schönste Wodka. Ausgeschenkt wurde er und was es sonst noch an Trinkbarem gab in Holzbuden, den Palatkes, die den Basar ebenso zierten wie die Straßenecken. Heute hat alles eine gewisse Ordnung. Die Palatkes sind zu langgezogenen, überdachten Verkaufsständen geworden, die das Feld beherrschen.

Man sieht sie auch noch an den Straßenecken, besonders an den Bushaltestellen und Bahnhöfen. Im allgemeinen wird dort Limonade verkauft. Bier gibt es nicht jeden Tag, und Wodka bekommt man nur unter dem Ladentisch.

Ein Stückchen freier Wirtschaft mitten in Kaliningrad. Es ist nicht das einzige (siehe oben: Autokauf, Hausbau). Mit Westgeld, das in anderen Ostländern fast schon so etwas wie die eigentliche Währung geworden ist, kann man allerdings im Sowjet-Reich kaum etwas anfangen, jedenfalls da nicht, wo keine ausländischen Touristen hinkommen. Doch vom normalen Arbeitsverdienst allein lebt auch der Mensch dort nicht.

Von besonderer Art ist die Praxis im handwerklichen Gewerbe, das seit eh und je in den östlichen Ländern wegen der oft hanebüchenen Unzulänglichkeiten bespöttelt wird. Offensichtlich um dem allgemeinen Mangelzustand zu begegnen, wurde in Königsberg ein „Haus der Dienstleistungen" eingerichtet. 200 Arten von handwerklichem Beistand werden dort, wie es heißt, angeboten. 650 Fachleute aus allen möglichen Branchen bearbeiten jährlich etwa 2 500 000 Anfragen aus sämtlichen Bereichen. In der Umgebung sind 159 „weiterführende Einrichtungen" im Einsatz.

Aus dieser verschlüsselten Sprache ist unschwer herauszulesen, daß es sich dabei um Handwerker, vermutlich organisiert in Kollektiven, handelt, die zu Reparatur- und Installations-Arbeiten herangezogen werden. Über den Erfolg dieser Form eines Dienstleistungsunternehmens ist nichts bekannt.

Trotz einer ungewöhnlichen Abkapselung sind die Kaliningrader recht aufgeschlossen und geistig lebendig. Das mag an der Verbindung zur großen Welt liegen, die jede Hafenstadt besitzt, selbst wenn sie gewissermaßen unter Quarantäne gehalten wird; vielleicht trägt aber auch eine Tradition dazu bei, die selbst aus einer derart bis ins Mark zerstörten Stadt nicht zu vertreiben ist.

Kommen auch Fremde in das Königsberg von heute?

„Aber ja. Das ist doch eine hochinteressante Stadt. Überall sieht man sie herumfahren und spazierengehen — wenn auch nicht soviel wie in den Ostseebädern."

Die Allensteiner Zeitung »Gazeta Olsztynska« (Nr. 253 vom 7. 11. 1977) schreibt zu diesem Thema in einem Sonderbericht über Königsberg: „Autobusse mit der Aufschrift ‚touristisch' verwundern in Königsberg schon niemanden mehr. An arbeitsfreien Tagen gibt es sie hier -zigmal. An Samstagen und Sonntagen sieht man Touristenbusse aus Odessa, Moskau, Saratow, Libau und Memel auf den Straßen Königsbergs. Seit Anfang des Jahres besuchten bereits etwa 400 000 Touristen Königsberg. Das Touristikbüro des Gebietes schlägt 50 touristische Routen vor. Aber auch die Königsberger lieben das Reisen. In diesem Jahre besuchten 280 000 Personen verschiedene Städte und abgelegene Orte des Landes. An arbeitsfreien Tagen fahren Tausende von Königsbergern in die nähere Umgebung mit Autobussen, Zügen und Autos. Wieder hat sich das Sprichwort bestätigt: Es ist besser, einmal (selbst) zu sehen als siebenmal (nur) zu hören."

Ein Aussiedler aus Königsberg ergänzt: „Es stimmt. Allerdings sind Touristenbesuche erst in den allerletzten Jahren üblich geworden. Meistens handelt es sich dabei um Urlauber in den Ostseebädern, die Ausflüge in die Großstadt machen. Sie kommen daher auch fast alle in Bussen. Touristenzüge gibt es kaum."

Für den Beschäftigten gilt offiziell die 40-Stunden-Woche. Was macht er in der Freizeit?

Eine Großstadt hat Abwechslung genug. Die vielen Parks, die herrliche Landschaft ringsum, die nahen Ostseebäder bieten vielfältige Erholungsmöglichkeiten.

Weihnachten allerdings wird nicht gefeiert. Nur in den Familien, die noch oder schon wieder daran festhalten. Sie machen das nicht mehr im Geheimen. Ihre Tannenbäume sieht man durch die Fenster, wenn die Lichter abends brennen.

Zu Neujahr wird auf dem Platz des neuen repräsentativen Zentrums am Nordbahnhof, direkt neben dem Lenin-Monument, eine hohe Tanne aufgestellt. Sie ist geschmückt wie bei uns zu Weihnachten. Zwei Wochen etwa bleibt sie stehen, zur Freude der Einwohner. In der Neujahrsnacht tanzen Maskierte um sie herum, tollen den Steindamm herunter, der nun Prospekt Lenina heißt

Und sonst? „Ja, dann gehen wir auf den Sportplatz, kegeln, spielen Billard, Domino..."
„Wer ist wir — Deutsche, Russen?"

„Da gibt es keinen Unterschied. Niemand fragt mehr danach. Schon gar nicht die Jugend. Ja, die müßten Sie einmal sehen, die jungen Leute in Kaliningrad! Sie haben lange Haare, tragen Bärte, haben ihre Beat- und Rocklokale, hören und spielen westliche Musik — genau wie hier. Da ist kein Unterschied."

Die Jugend von Kaliningrad trägt wie überall lange Haare, hört westliche Musik und ist nicht ganz problemlos.

55

Das ist der Steindamm heute, aufgenommen etwa dort, wo früher die Steindammer Kirche stand, einmal in Richtung Nordbahnhof (oben – das Gebäude vorne links ist ein Modehaus) wie zum Kaiser-Wilhelm-Platz zu (unten). Dies ist ein Teil des Lenin-Prospekts, der erheblich verbreiterten Straße vom Hauptbahnhof bis zum Nordbahnhof. Von Königsbergs ältester Straße blieb so gut wie nichts übrig. Hier ziehen an Feiertagen die Marschkolonnen entlang. Neujahr tummeln sich da die Maskierten.

Ein Vergünungsplatz für die Jugend ist auch dieser „Kulturpalast der Fischer" an der Lawsker Allee. Vom lehrreichen Vortrag bis zum Tanz nach Popmusik können die jungen Leute hier (fast) alles haben.

„Und was sagen Schule, Partei, Komsomolzen, Eltern dazu?"

„Na, die schimpfen; aber das hilft nichts. Wir haben das ja selber mitgemacht. Unser Stefan trug die Haare bis auf die Schultern. Wir konnten gar nichts machen!"

Gar nichts machen kann man offenbar auch gegen ein anderes, ernsteres Problem: die Jugendkriminalität. „Es gab einmal eine Zeit", berichtet ein anderer erfahrener Beobachter, „da konnten wir sorglos in jeden, auch den verlassensten Winkel gehen. Heute wagt sich niemand allein beispielsweise in einen Park. Oft genug wurden Leute, die auf einer Bank lagen und sich sonnten, überfallen und ausgeplündert. Manchmal geschah ihnen noch Schlimmeres. Die Täter kommen immer wieder aus einer Schicht: aus den von der Armee entlassenen Jahrgängen. So lange sind sie, von Kindesbeinen an, unter strengster Kontrolle. Dann aber bleiben sie oftmals sich selbst überlassen. In vielen Fällen noch ohne Arbeit, besorgen sie sich das Geld für die begehrten Einkäufe auf diese Weise."

Auch der streng autoritär operierende Staat ist offenbar machtlos gegenüber einer Erscheinung, die, wie man sieht, keine Grenzen kennt. Alles in allem Bilder, die uns nicht fremd sind.

„Davon abgesehen — seit wann spürt man, im besseren Sinne, das Aufbegehren der Jugend, die Zeichen einer Auflockerung allgemein?"

„Nun, so acht bis zehn Jahre schon. Die sehen heute alle im Fernsehen, was im Westen modern ist. Von dort kommen doch auch Übertragungen. Und dann gibt es kein Halten. Und niemand kann etwas dagegen tun.

Große Änderungen im letzten Jahrzehnt

Ja, es hat sich überhaupt viel geändert. Es hat sich sehr gebessert in den letzten Jahren.

Dieses Urteil eines Menschen, der sein Leben lang in Rußland wohnte und den Sowjetstaat von Anfang an kannte, hat Gewicht, auch oder gerade wenn Beobachter aus dem Westen, die andere Verhältnisse gewohnt sind, die politische Situation dort nicht so positiv einschätzen mögen.

„Seit wann ist diese Besserung zu bemerken?"

„Es begann für uns schon mit Adenauers Besuch im Kreml. Als schließlich Brandt nach Moskau fuhr, wurde es ganz anders. Diese zehn Jahre haben alles geändert."

Das bedeutet: Königsberg bekam sein neues Gesicht. Das Verhältnis zwischen Deutschen und Russen normalisierte sich. Das heißt auch:

„Bis dahin haben wir immer wieder gehört: Warum sollen wir hier etwas tun? Die Deutschen kehren ja doch wieder zurück, und dann haben wir nichts davon. Sie werden es nicht glauben: Wir haben unser Haus gebaut, weil wir dachten, wenn unsere Landsleute wiederkommen, haben wir schon unser Häuschen in Königsberg. Die anderen müssen es sich erst schaffen. Oder denken Sie, wir hätten uns für zehn Jahre diese Last aufgeladen?"

Nein, man kann es nicht glauben!

Und jetzt? Spricht man dort noch vom alten Königsberg? Weiß man überhaupt, daß die Stadt deutsch war, seit ihrer Gründung vor mehr als 700 Jahren?

„Oft hört man noch den alten deutschen Namen 'Kenigsberg' (zuerst hieß das Gebiet noch 'Kenigsbergskaja Oblastj') aus russischem Mund, allerdings oft nur als Spaß, beispielsweise wenn jemand gefragt wird: Woher kommst du? Jedermann aber weiß, was damit gemeint ist. Von allen Städten kennt man noch die alten Namen. Sie werden oft auch mit dem Stolz des Eroberers genannt, der damit die Erinnerung an schwere, erfolgreiche Kämpfe verbindet."

Bemerkenswert ist in diesem Zusammenhang auch, daß die sowjetischen Behörden bei Angaben über die Städte das deutsche Gründungsjahr ebenso notieren wie das Jahr der Einrichtung der sowjetischen Stadtverwaltung. Für Königsberg heißt das zum Beispiel: 1255 und 1946. Für die Zeit bis 1945 wird im allgemeinen der deutsche Name notiert, von da an der sowjetisierte.

„Also weiß man um die Vergangenheit?"

„Gewiß, sie wird nicht geleugnet, wenn sie auch nicht gerade hervorgehoben wird. Es gibt sogar ein Archiv, in dem sämtliche erhalten gebliebenen Unterlagen aus deutscher Zeit fein säuberlich aufbewahrt werden." (Selbst Westdeutsche haben bereits um Auskunft gebeten).

Ein erheblicher Teil des Archivmaterials hat sich in Litauen wiedergefunden. So wurden in der Zentralbibliothek der Hauptstadt Wilna Handschriften aus dem Staatsarchiv Königsberg nachgewiesen. Auch einige Inkunabeln (Frühdrucke) aus der Wallenrodtschen Bibliothek im Dom nahmen den Weg in das nördliche Nachbarland. Das geht aus einem litauischen Inventarverzeichnis hervor. Noch vor wenigen Jahren hatte man gemeint, daß alles verbrannt und verschollen sei.

Aus einem Bericht der litauischen Zeitung »Literatura ir Menas« im Jahre 1964 geht hervor, daß bereits im September 1945 eine litauische „Expedition" unter Leitung von Andrius Bulota und Professor Povilas Pakarklis in das zerstörte Ostpreußen entsandt worden war, um Kulturgüter zu sichten und zu retten. Ziel war vor allem die Ruine der Ordensburg Lochstädt. Vermutlich wurden in der folgenden Zeit mehrere solcher Unternehmungen gestartet, deren Ergebnis aber noch weithin unbekannt ist. Die Versuche der Litauer, insbesondere national gesinnter, einen Anteil

58 *Das Hotel „Moskau" wurde im Nordsterngebäude gegenüber dem Tiergarten-Haupteingang eingerichtet.*

Hier begegnen sich Königsberg und Kaliningrad auf besonders dramatische Weise. Die Neubauten stehen dort, wo die alte Stadt unterging. Das Schild weist auf den „Blindasch" (links) hin, den Befehlsbunker von General Lasch. Heute ist dort eine Filiale des Landeskundlichen Museums untergebracht. Die Räume sind so eingerichtet, wie sie der Verteidiger der Stadt 1945 verlassen hat.

an dem Erbe des untergegangenen Ostpreußen zu erlangen, waren beachtlich.

Noch besteht auch kein hinreichender Überblick, wieviel Kulturgüter aus dem nördlichen Ostpreußen ihren Weg in die übrige Sowjetunion und nach Polen nahmen. Anzunehmen ist, daß offizielle sowjetische Stellen noch einen großen erhaltenen Teil von Bibliotheks- und Archivbeständen in Königsberg und dem übrigen Gebiet vorgefunden und abtransportiert haben. Darunter sind gewiß viele wertvolle Stücke, die als zerstört oder verschollen galten. Ein Teil des Museumsinventars hatte nach der Auslagerung in Gutshäusern den Krieg überstanden.

„Und welchen Eindruck macht die Stadt?" wollen wir weiter wissen.

„Bis dahin" — gemeint ist die Zeit vor zehn Jahren — „wirkte sie noch weitgehend deutsch. Durch die vielen Neubauten und die anderen Straßenführungen wird diese Empfindung mehr und mehr zurückgedrängt."

Auch das wird als eine relative und subjektive Ansicht zu werten sein. So kommt ein Kenner aus anderer Sicht zu einem ganz anderen Ergebnis. „Im Erscheinungsbild der Stadt drückt sich das Bemühen aus, die Vergangenheit vergessen zu lassen", urteilt ein Königsberger, der seine Heimat 1948 verlassen und die folgende Entwicklung mit größter Aufmerksamkeit verfolgt hat. „Man hat sie (die Stadt) vom Baulichen her bis auf das, was in das Konzept der Sieger paßte (Festungswerke, die keinen historischen Wert als Baudenkmäler haben),

versucht zu beseitigen. Konkret gesagt zeigt es sich, daß man sämtliche wirklich historische Bauten bis auf die Domruine völlig beseitigt hat. Gebäude aus deutscher Zeit, die sich im Gebiet der einstigen Umwallung befinden und die man wieder instand gesetzt hat (Börse, Reichsbahndirektion, St. Georgen Hospital, Kgl. Waisenhaus), sind vom Architektonischen her bis auf die Börse völlig entstellt worden und kaum mehr als deutsche Gebäude erkenntlich. Daß die Stadt noch ‚deutsch' gewirkt hat, kann nur jemand behaupten, der Königsberg vor 1945 nicht gekannt hat. Selbst in den Stadtteilen, die außerhalb der Umwallung lagen, die auch zu mehr als 50 Prozent zerstört waren, hat man durch den Wiederaufbau dieser Gebäude deren Aussehen total verändert. Allein die flachen, oft mit Blech oder Dachpappe gedeckten, typisch ’russischen' Sattel- und Walmdächer sowie die Bemalung der Häuserfassaden in Weiß, Orange, Blau oder auch Grün geben den Häusern ein völlig fremdes Aussehen."

Der Neu-Königsberger wiederum, der aus dem fernen Asien in die ostpreußische Hauptstadt kam, findet: „Trotz aller Veränderungen ist die deutsche Stadt immer noch zu erkennen. Das gilt besonders für die erhaltenen Stadtteile. Im Norden sind vielleicht 70 Prozent der Bauten stehen geblieben. So auf den Hufen, in Amalienau und Rathshof. Juditten hat mehr gelitten. Die relativ wenigen Neubauten haben das alte Bild nur unwesentlich beeinträchtigen können, zumal sonst an den Häusern kaum etwas getan wird."

Wo soll man die objektive Wahrheit suchen, angesichts so engagierter und verschiedener Blickwinkel, wie sie finden ohne eigene Anschauung? Vermutlich wird sie, wie so häufig, zwischen diesen beiden Ansichten liegen. Selbstverständlich muß das neue Bild dem angestammten Sohn der Stadt gänzlich verändert vorkommen, ihn irritieren, ja, schockieren — zuviel wurde vernichtet oder in ganz anderer Weise wieder aufgebaut. Gewiß wirkt Königsberg auf den zugereisten Volksdeutschen immer noch wie die einstige Metropole seiner Landsleute — zu stark unterscheidet sie sich trotz allem auch heute noch von den Großstädten Rußlands und der übrigen Sowjetunion. Immer noch genug beherbergen die Mauern, selbst wenn viele von ihnen eingestürzt sind und andere immer wieder fallen, von dem, was die Stadt in 700 Jahren geschaffen und bewahrt hat, und sei es auch nur das Gefühl, hier ist ein Stück gemeinsamer Vergangenheit, deutscher Heimat.

Und solange noch ein Stein aus alter Zeit dort liegt, wird er reden von dem, was wirklich war. Und selbst wenn man auch ihn noch fortbrächte, wird der Boden, der ihn trug, zeugen von der einstigen Größe und Schönheit dieser deutschen Stadt. Man kann Städte auslöschen; doch ihr Name, ihr historischer Rang, die Erinnerung an sie, ist unaustilgbar. Die Geschichte ist voll von Beispielen dieser Art.

Auch heute noch gilt für die Empfindungen des vertriebenen Königsbergers, wenn er an seine Stadt denkt, was Charlotte Wüstendörfer schon damals, wenige Tage nach dem vernichtenden Bombenangriff, in der notgedruckten „Königsberger Allgemeinen Zeitung" veröffentlichte:

Wird vielleicht einst eine schönere Stadt
aus den Trümmern von heute erstehn –
Wird mein Erinn'rung doch nimmersatt
die Straßen der Heimat gehn.

Nein, schöner ist sie bislang gewiß nicht wiedererstanden, und die Hoffnung darauf ist fast aussichtslos. Sie wird auch, nach den bisherigen Erfahrungen, nicht wieder das werden, was sie einmal war. Doch sie ist auch noch nicht vollends untergegangen, die alte deutsche Metropole. Blickt man heute auf die Stadt, so wird man sagen müssen: Königsberg schrumpft, Kaliningrad wächst.

Noch leben wohl auch mehrere hundert Deutsche dort. Allerdings entspricht diese Angabe lediglich privaten Schätzungen. „In meiner Nachbarschaft waren allein fünf deutsche Familien", hören wir.

Aber es gibt nun keine gebürtigen Königsberger mehr da. Sie stammen alle aus den früheren Dörfern und Städten deutscher Siedlungen in Rußland.

Der Briefkontakt mit den Verwandten und Freunden in der Bundesrepublik klappt. Die Post ist etwa acht Tage unterwegs.

Auch Paketversand ist — wie im gesamten Machtbereich der Sowjetunion — möglich. Es wird aber allgemein kaum Gebrauch davon gemacht, weil die Vorstellung existiert, er sei unzweckmäßig. Das ist so nicht ganz richtig.

Es stimmt, daß meistens der drüben erhobene Zoll so hoch ist, daß ihn der Empfänger nicht be-

Wer noch Häuser aus dem alten Königsberg sehen will, muß suchen in der Stadt von heute. Ganz selten sind erhaltene Straßenzüge wie hier in der Händelstraße. Vorne rechts das Gebäude des früheren Ostpreußischen Konsitoriums.

Das neue Bild der Stadt wird geprägt von breiten Straßen, an deren Rändern hohe, nüchterne Zweckbauten stehen. Hier der Moskauer Prospekt, der den früheren Straßen Sackheim, Münchenhof, Altstädtische Langgasse, Oberlaak, Unterlaak folgt.

zahlen kann oder daß ein Versand überhaupt aus Kostengründen sich nicht lohnt. Indessen gibt es Möglichkeiten und Ausnahmen, die zu beachten sind. So kann beispielsweise eine Geschenksendung vorverzollt werden, das heißt, der Absender entrichtet hier die Gebühr, so daß der Empfänger nicht mehr damit belastet wird.

Erlaubt sind Pakete in beliebiger Zahl bis zu einem Höchstgewicht von 20 Kilogramm an Einzelpersonen. Zugelassen sind Lebens- und Genußmittel sowie Bekleidung, Gebrauchsgegenstände, Kosmetika und so weiter. Dabei sind jedoch Einzelvorschriften und Mengenbegrenzungen zu beachten. So ist es nicht gestattet, gebrauchte Kleidung zu schicken. Auch darf beispielsweise nur ein Mantel eingepackt werden. Grundlebensmittel sind bis zu zwei Kilogramm zugelassen.

Nicht erlaubt sind getragene Textilien und Schuhe, Kofferradios, Zeitungen, Bücher, Kaugummi und Medikamente aller Art. Seit Oktober 1977 ist auch der Medikamentenversand in lebensbedrohlichen Fällen über das Rote Kreuz nicht mehr möglich.

Da sind also viele Schwierigkeiten; doch sind die Voraussetzungen für Geschenksendungen durchaus gegeben. Es gibt auch Versandunternehmen, die jede damit verbundene Arbeit übernehmen. Für den Absender gilt die Faustregel, daß ein Paket etwa die Hälfte der Kosten verursacht, die der Inhalt wert ist. Dem Empfänger aber bedeuten sie in jedem Fall mehr als nur eine materielle Unterstützung...

In ganz seltenen Ausnahmefällen hat es in den letzten Jahren sogar Besuch aus Königsberg in Westdeutschland und umgekehrt gegeben.

Nein, auch gegen die Bürger der Bundesrepublik Deutschland hat man nichts mehr. Immer noch steht die deutsche Leistung hoch im Kurs. Die deutschen Fabrikate gelten als die besten auf der Welt.

„Freilich, in den Respekt mischt sich manchmal auch ein bißchen Furcht: Wer die besten Autos baut, kann auch die besten Panzer produzieren. Doch ich meine nicht, daß das noch ein ernstes Problem ist."

„So glauben Sie an eine wirkliche Verständigung?"

„Ich bin kein Politiker, sondern nur ein einfacher Mensch. Und ich kann auch nur vom einfachen Menschen reden. Der aber will drüben genauso den Frieden wie hier. Wir alle haben doch nur eine Zukunft, wenn wir uns im Guten einigen. Dann könnten wir auch wieder nach Königsberg zurück, selbst wenn es dann immer noch Kaliningrad heißt. Ich habe es selbst erlebt, daß es jetzt im Guten vorangeht."

Und zum Schluß sagt der Heimkehrer aus Kaliningrad, der aus dem Odessa-Kreis stammt, etwas, worüber nachzudenken sich lohnt: „Der Streit zwischen uns ist etwas Unnatürliches. Das haben wir vorher nicht gehabt, und das muß nun auch ein Ende haben. Deutsche und Russen haben sich immer gut verstanden. Ich weiß das doch; denn ich habe es erlebt."

Das sind die Worte eines Mannes, der so viel durchgemacht und gelitten hat, der fast sein ganzes Leben Opfer des Konflikts dieser beiden Völker war, dessen ganzer Besitz nun eine klobige Holzkiste ist mit den wenigen Sachen, die er von drüben mitbringen konnte — Bilanz eines 65jährigen arbeitsreichen Lebens!

Vier Jahre hatte er auf die Aussiedlung gewartet, nachdem er 1974 den ersten Antrag gestellt hatte. Als er im September 1978 endlich den Paß im Ministerium für Innere Angelegenheiten ausgehändigt bekam, sagte der Beamte zum Abschied: „Ich wünsche Ihnen viel Glück. Vergessen Sie das Schlechte und behalten Sie das Gute."

Die Worte waren wohl auch anders gemeint; aber er hat sie ernst genommen, der Mann, der nach Kaliningrad gefahren war und Königsberg entdeckte, die Stadt, die doch nur eine weitere, wohl die sechste Zwischenstation war auf seiner lebenslangen Reise in die Heimat Deutschland.

Begehrte Ziele:
Cranz und Rauschen

Wo fuhren früher die Ostpreußen hin, wenn sie ihren Familien einen besonders guten Tag gönnen wollten? An die Ostsee, deren Bäder an der Samlandküste sie jetzt noch für die schönsten in der Welt halten. — Was machen die neuen Einwohner vom heutigen Kaliningrad, wenn sie einmal ins Freie wollen? Sie besuchen die gleichen Badeorte, von denen sie sagen, so etwas Herrliches gibt es nicht noch einmal.

Welchen Schmuck rühmten die alten Einwohner? Den Bernstein, das Samland-Gold, das bekannt war in aller Herren Länder. Von welchem Kleinod berichten stolz die Neubürger, wenn es um die Schätze ihres Landes geht? Vom Jantar, der immer noch von den Wellen ans Land gespült, im Tagebau gewonnen und nach nah und fern verkauft wird.

Welche Tiere nannten die alten Ostpreußen, wenn sie von dem unvergleichlichen Wildbestand in ihrer Heimat schwärmten? Den mächtigen Elch, dessen Schaufel ihr Abzeichen nach der Vertrei-bung bildet, das Trakehnerpferd, mit der Elchschaufel als Brandzeichen, das ein Begriff auf dem ganzen Erdenrund war und ist, und den Storch, der als Adebar die feuchten Wiesen und die roten, oft strohbedeckten Dächer der Ställe und Scheunen bevölkerte wie ein Haustier. Wen nennen die Russen und die Volksdeutschen aus den Weiten des östlichen Landes, wenn sie von den Lebewesen in ihrer neuen Zuflucht erzählen? Den gewaltigen Schaufler, das edle Pferd, das allerdings sehr selten geworden ist, und den klappernden Storch, der wie eh und je durch das froschreiche Grün stelzt.

Hier hat sich wenig geändert, obwohl doch alles anders geworden ist. Während Königsberg allmählich Kaliningrader Züge annimmt, blieb die Natur, wie sie war, schmiegen sich die alten Dörfer weithin erhalten in die heimelige Landschaft, tragen die kleineren Städte ihr bekanntes Gesicht, wenn auch hier in den letzten Jahren der Wiederaufbau eigene Merkmale geprägt hat.

Schon wenn man Kaliningrad in Richtung Norden verläßt, nimmt einen wie einst der sanfte Zauber des grünen, hügeligen Samlands gefangen. Die Dörfer sehen deutsch aus, so wie sie im Laufe von sieben Jahrhunderten gewachsen sind. Sogar — das ist nach den bisherigen Informationen nicht

Die Königsberger Straße im Cranz von heute ist kaum verändert. Auch die Post residiert wieder im alten Gebäude. Nur die Aufschrift hat kyrillische Buchstaben (vorn rechts). Der Anbau links daneben ist neu, vielleicht aber auch nur frisch verputzt. Ebenso stehen wie einst die Apotheke und die weiteren Häuser, die jeden Besucher gleich beim Einfahren aus Richtung Königsberg begrüßten.

Auch das „Große Logirhaus - Neue Kurhaus" steht noch in der Königsberger Straße. Im Erdgeschoß des linken Gebäudes war das Kaufhaus Karstadt. Gegenüber war die „Kurische Zeitung", bis Januar 1945 Ausweichbetrieb der ostpreußischen Verlagsdruckerei Rautenberg (heute Leer/Ostfriesland).

ohne weiteres zu erwarten — die wuchtigen Ordenskirchen stehen noch fast überall. Allerdings „arbeitet", wie es in dem dortigen Sprachgebrauch heißt, nicht eine einzige mehr. Die neuen Herren benutzen sie als Getreidesilos, Ersatzteillager, sonstige Magazine, Verkaufsläden oder lassen sie einfach leer stehen.

Sieht man genauer hin, dann erkennt man, daß die Zeit ihre Spuren hinterlassen hat. 35 Jahre fast ohne Pflege, das verträgt kein Mauerwerk, selbst wenn es mit derber Hand und klotzigem Gestein für die Ewigkeit gebaut schien.

Das gilt für Kirchen, noch mehr für die alten Herrschaftssitze, die modernen Villen der wohlhabenden Kaufleute aus der Großstadt Königsberg wie auch für die kleineren, doch so gemütlichen Häuser der Bauern, Handwerker, der Instleute und der Altenteiler.

Und viele Dörfer verfallen, gleichen Gespenstersiedlungen, weil sie nicht mehr bewohnt werden. Nach der Umorganisation der Landwirtschaft wurden auch die Beschäftigten der Kolchosen und Sowchosen zentral angesiedelt, und statt der altvertrauten Häuser, die das Bild des Landes mit prägten, wuchsen die ungefügen Zweckbauten der riesigen Staatsbetriebe aus dem Boden. In ihrer auffälligen Fremdartigkeit wirken sie wie aufgepfropft auf ein natürliches Gewächs. In anderen Orten wiederum scheint die Zeit tatsächlich stehengeblieben zu sein.

Keine halbe Stunde ist Cranz, das größte und meistbesuchte Ostseebad Ostpreußens, von Königsberg entfernt. Auch heute ist das städtische Bad das nächste und am häufigsten angesteuerte Ziel der Kaliningrader. Es heißt nun Selenogradsk, Stadt im Grünen.

„Ich kenne Cranz nicht von früher; aber ich bin sicher, es ist noch schöner geworden", meint unser Gesprächspartner. Er war unzählige Male dort. Seine Augen strahlen. „Ich denke, so etwas Wunderbares finde ich nicht wieder."

Die Promenade, der „Corso", wurde verlängert, eine Begrenzungsmauer an der Seeseite hochgezogen. Blumen und gärtnerische Anlagen schmücken den kilometerlangen Zierstreifen. Der hölzerne Bootssteg ist verschwunden. Ein Jachthafen hat dort seinen Platz gefunden. Gegenüber wurde ein repräsentativer Neubau errichtet. Auch viele Erholungsheime sind dazugekommen.

Aus ganz Rußland kommen die Gäste. Zum größten Teil verleben sie ihre Ferien in den Betriebsheimen, die nach sozialistischem Muster auch dort unterhalten werden. Große Speisekarten laden zum Schmaus ein, was allerdings nicht garantiert, daß auch alles serviert werden kann, was dort zu lesen ist. Die Preise sind nicht gerade niedrig; doch gibt es keine Aufschläge. Sie sind im ganzen Land einheitlich festgezetzt.

63

Cranz ist in den Rang einer Rayonstadt (Kreisstadt) erhoben worden. In nüchterner Amtssprache, die angesichts der Schönheit der Natur nicht so leicht über die Lippen kommt, heißt das, hier ist die Zentrale für den mit 2 109,6 Quadratkilometern größten Kreis Nord-Ostpreußens, zu dem sechs Dorfsowjets — Großgemeinden — gehören. Die Stadt selbst hat eine Ausdehnung von 3,5 Quadratkilometern. Als einziger namhafter Betrieb wird eine Butterei angeführt. Nach früheren Angaben war dort auch ein Wissenschaftliches Forschungsinstitut für Fischwirtschaft angesiedelt. Es ist nicht bekannt, ob es jetzt noch dort seinen Sitz hat.

Die „Große Sowjetenzyklopädie" (zweite Auflage) schreibt über den Badeort: „Selenogradsk ist ein 'Heilklimatischer Kurort', in dessen Nähe sich ein Park mit reicher Pflanzenwelt befindet. Von Anfang Juni bis Mitte September kann man im Meer baden. Weicher Sandstrand erstreckt sich über zwei Kilometer. In Cranz befinden sich Sanatorien für allgemeine Therapie und Knochentuberkulose sowie Erholungshäuser. Die Saison dauert das ganze Jahr über."

Nach wie vor liegt die Stadt im Scheitelpunkt der Verbindungslinie zwischen den Badeorten der Samlandküste im Westen und der Kurischen Nehrung in Nordosten.

Superlative lagen dem schlichten Gemüt des Ostpreußen nicht; doch in der heutigen Sprache dürfte man diesen einzigartigen Weg wohl eine „Traumstraße der Welt" nennen. In der einen Richtung die grüne, baumbestandene Steilküste, auf der anderen die weißen, hochragenden Dünen der Nehrung. Und immer vor Augen der feinsandige helle Strand und das mit tänzelnden Schaumkronen besetzte Meer, dessen tiefblaue Färbung nicht nur einen Kenner wie Alexander von Humboldt italienische Ähnlichkeiten in einer ostdeutschen Einmaligkeit entdecken ließ.

Die Fahrt geht über Neukuhren, das jetzt Pionerskij (Stadt der Pioniere, der Jugend bis zu zwölf Jahren) heißt. Immer noch fahren vom alten Hafen aus die Fischer zum Fang auf die Ostsee hinaus. Doch sie sitzen nicht in ihren eigenen hölzernen Seglern, die sie liebevoll pflegten, sondern in den neuen Motorbooten eines Kollektivs.

Neukuhren wurde als wichtige Basis der Hochseefischerei innerhalb der Königsberger Fichereiflotte ausgebaut. Die Hafenanlagen wurden in den letzten Jahren erheblich erweitert.

Nach der „Sowjetenzyklopädie" wird Neukuhren auch als Kurort an der Samlandküste genannt. Dort habe man sich vor allem auf die Heilung von Knochen- und Gelenktuberkulose erkrankter Kinder und Jugendlicher spezialisiert. Erwähnenswert seien ein drei Kilometer langer Sandstrand und ein Kiefernwald.

Dann kommt Rauschen (Svetlogorsk — Stadt an den hellen Bergen). Für viele Ostpreußen ist dieser Badeort inmitten einer nahezu verzaubert wirken-

Blumenanlagen zieren diesen Straßenteil mit den Häusern aus dem alten Cranz.

KÖNIGSBERG HEUTE IN FARBE: *Dunkel ragt die Domruine in den Himmel. Die düstere Gestalt wirkt im Gegenlicht wie ein Symbol für die untergegangene alte deutsche Stadt. Im Vordergrund beugen sich die Besucher über den Gedenkstein für Julius Rupp. – Unten: Ganz im Gegensatz dazu zeigt sich der helle Bau der Börse, von der neuen Hochstraße aus gesehen, in alter Gestalt. Er ist jetzt ein „Kulturhaus der Seeleute".*

Die Stadthalle am Schloßteich ist nur noch ein von Unkraut und Gestrüpp überwucherter Trümmerhaufen. Das Gebäude soll aber erneuert werden und die Philharmonie aufnehmen. – Das Schauspielhaus in der Hufenallee wurde nach dem Wiederaufbau bereits 1960 in Betrieb genommen. Auch das Denkmal Schillers, dessen Stücke wieder gespielt werden, steht weiter dort auf dem Platz davor.

Während der Hauptbahnhof fast unverändert ist, haben der Platz davor und die Umgebung ein völlig neues Gesicht erhalten. Hier blickt M. J. Kalinin, der Mann, dessen Namen die Stadt jetzt trägt, auf die Neubauten und Anlagen. – Dagegen erhebt sich der gewaltige Komplex des Gruppen- und Turmspeichers nicht weit von hier am Pregel in den Himmel, als sei die Zeit stehengeblieben.

Neues Zentrum ist jetzt der Hansaplatz, heute Siegesplatz. Er dient auch für Paraden an Feiertagen. Das Bild zeigt mit teilweise veränderten Fassaden Stadthaus, Amtsgericht und Nordbahnhof. – Die Luisenkirche auf den Hufen gehört zu den wenigen erhaltenen Sakralbauten. Dort ist nun ein Puppentheater untergebracht. Auf dem Gelände der früheren Friedhöfe stehen die Karussells eines riesigen Spielplatzes (Vordergrund).

NORD-OSTPREUSSEN HEUTE IN FARBE: *Von der unveränderten Schönheit der samländischen Ostseebäder zeugen diese beiden Fotos. Oben Rauschen, das die jetzigen Besucher „Sotschi des Nordens" nennen. Unten Cranz mit der neuen Uferpromenade und der Mauer. Burgen und Strandkörbe gibt es nicht mehr. Vereinzelt sieht man Liegen und Sonnenschirme auf den gelegentlich eingezäunten Strandteilen.*

Die zwei Gesichter des Nidden von heute. Oben links Neubauten, die zunächst befürchten ließen, daß dort eine Betonwüste entstehen würde. Dieser „Fortschritt" wurde glücklicherweise gestoppt, so daß die Häuser von einst – rechts daneben – noch weithin das Bild bestimmen. – Unten ein Foto mit Seltenheitswert: Ein Pferdefuhrwerk vor den Insthäusern des früheren Gutes Wohnsdorf im Kreis Friedland.

Der Marktplatz von Ragnit bietet einen recht erfreulichen Anblick. Neues und Altes verbinden sich zu einem harmonischen Ganzen. Links die hohe Glasfront eines Kaufhauses. Mitte und rechts Kirchenstraße und Zinkenteich mit den Bauten von einst. – Unten: Die Idylle am Großen Mühlenteich mit dem van Setten'schen Haus blieb erhalten. Zur traurigen Ruine wurde dagegen die trutzige Ordensburg.

Memel wurde zur zweitgrößten Stadt des alten Ostpreußen ausgebaut. Überall zeugen Hochhäuser und Neubauten von der veränderten Zeit. Wahrzeichen – die alten Kirchtürme gibt es nicht mehr – ist das Kulturhochhaus am Alexanderplatz. Schon aber wird ein noch höheres Kulturhaus in der Südstadt gebaut. – Rund um den Kern sind Stadtteile entstanden. Das Bild unten zeigt die Siedlung am Steintor.

Dieser Kinoneubau in Cranz heißt Jantar = Bernstein

den Landschaft mit ihren Hügeln, Schluchten, Wäldern, Wiesen und Heideflächen immer noch der schönste Platz der Welt. Und auch unser Kenner der heutigen Szene sagt: „Es ist wie ein Märchen, ja, wie ein Märchen!"

Die Drahtseilbahn, die in abenteuerlicher Fahrt das 43 Meter hohe Steilufer überwand, rasselt nicht mehr über den Hang zwischen Oberland und Strand. Als neue Attraktion wurde 1973 unmittelbar am Strand, dort, wo früher die Zahnradbahn ankam, ein hochragender Aussichtsturm errichtet. Mit einem Lift kommt der Besucher rasch in die schwindelerregende Höhe, wo er einen atemberaubenden Blick über das blaue Meer, den belebten Strand und die bewaldete Steilküste hat.

Damals, als die Zahnradbahn hinunterfuhr, glitt der beglückte Besucher mit klopfendem Herzen der weißblauen Herrlichkeit entgegen, kam ihm das wie auf einem Tisch ausgebreitete, leuchtende Meer mit den weißen Tupfern der Segelboote und dem fröhlichen Getummel der Badenden und der Strandbewohner näher. Heute trägt ihn der moderne Fahrstuhl in die entgegengesetzte Richtung. Doch das Entzücken und das prickelnde Abenteuer sind keineswegs geringer geworden. Es gibt nur wenige Plätze auf der Welt, die das zu bieten haben. Rauschens unvergängliche Schönheit strahlt auch in Svetlogorsk.

Gebaut hat den Turm die Armee, die dort ein besonderes Hausrecht hat. Seitdem sie den bezau-

bernden Ort an der Küste am 14. April 1945 erobert hatte, weiß sie ihn auch zu nutzen und zu genießen. Mit die besten Häuser bewohnt sie. Und mancher Soldat, der als Verwundeter auskuriert wurde, blieb gleich dort und lebt heute noch da.

Im übrigen unterscheidet sich der schlanke Aussichtsturm wohltuend von den vielen anderen, meist verrosteten Stahltürmern, die in regelmäßigen Abständen am ganzen ostpreußischen Ostseestrand stehen, auch im polnischen Teil. Das ist die übliche Wache an den sozialistischen Grenzen. Wer dort badet, kennt sich aus mit den Sitten, die uns hier fremd sind.

Größter Bauherr in den Ostseebädern sind die Gewerkschaften. Immer neue, überwiegend recht ansehnliche Ferienheime wachsen aus dem sandigen Boden. Dennoch reicht die Zahl bei weitem nicht aus, um den steil ansteigenden Besucherstrom zu bewältigen. Viele Wochenendgäste, aber auch länger verweilende Urlauber müssen mit beengten Privatquartieren vorliebnehmen. Sie zahlen einen Rubel (knapp drei D-Mark) je Nacht dafür. Diese Raumnot dämpft wohl hier wie auch in Königsberg alle zu großen Hoffnungen auf eine baldige Öffnung der Provinz für Touristen aus dem Westen.

Ganz selten glückt es Einzelpersonen, dorthin zu kommen. Einer davon war der Reporter Heinz Schewe aus Hamburg. Über seinen Besuch in Rauschen im Jahre 1959 berichtete er: „Einige hundert 65

Auch wenn man in das Rauschen von heute hineinfährt, scheint sich nicht viel verändert zu haben.

Meter vor der Ortseinfahrt Rauschen plötzlich ein großes Schild. Es zeigt eine trompetenartige Autohupe. Ein Milizionär legt ruheheischend seine Hand auf die Öffnung des Hornes. 'Hupen verboten!' bedeutet diese sprechende Bildwarnung. 'Swetlogorsk' ist Kurort. Es beherbergt zur Zeit 3 600 Urlauber und Erholungssuchende. Sie alle besitzen eine 'Putjowka', einen Erholungsschein für ein Heim oder für ein Sanatorium. Beim Bürgermeisteramt muß man sich noch einen Extraschein holen. Erst dann ist der Weg zum Strand frei... Es wimmelt von Menschen. Rauschen- 'Swetlogorsk' hat Hochsaison. Die Sonne scheint. 20 Grad warm ist die Ostsee. Weiß und weich ist der Strand. Menschenleiber braten in schattenlosem Sand. Strandkörbe und Sonnenschirme gibt es nicht... Langsam leert sich der Strand. Viele drängen ins Bierzelt. Es steht am oberen Ende der asphaltierten Serpentine, die zum Wasser hinabführt. Rauschens Hauptstraße heißt heute 'Kaliningrader Allee'. Durch das Grün der Bäume leuchtet ein blendendes Blau: Baracken eines Pionierlagers. Plötzlich ein rotes Schild: Kontrollpunkt. Selbst der höchste Funktionär einer benachbarten Sowjetrepublik soll kürzlich hier angehalten worden sein, weil er keinen Sonderausweis bei sich führte."

Die Zeiten haben sich geändert. Fast 20 Jahre später erzählt ein anderer Besucher aus Westdeutschland: „Ich war 1973 und 1978 an der herrlichen Samlandküste. Cranz und Rauschen fand ich so schön, so belebt und so unbeschwert wie die berühmtesten Mittelmeerbäder. Von Kontrollen habe ich dort nichts gemerkt. Die gibt es bestimmt nicht mehr. Allerdings ist es für einen Ausländer nicht immer einfach, von Königsberg dorthin zu kommen. Letztes Mal mußte ich einige Tage warten, bis man mir die Fahrt gestattete. Warum das so war, weiß ich nicht.

Dann fuhren wir vom Nordbahnhof mit dem Zug an die Küste. In der Hochsaison muß man um einen Platz kämpfen, obwohl die Züge alle 45 Minuten verkehren. Sie sind total überfüllt, besonders in der Zeit von morgens 8 bis 11 Uhr und dann wieder von 14 Uhr bis zum Abend. Immer noch geht es die Strecke der alten Samlandbahn entlang; aber die Züge sind modern, elektrifiziert und auf Breitspur umgestellt.

In Cranz und Rauschen setzt morgens um sieben Uhr eine regelrechte Völkerwanderung an den Strand ein, und dort ist ein Betrieb wie in Spanien und Italien. Strandkörbe und Sonnenschirme gibt es nicht. Nur vereinzelt sah ich auf reservierten Plätzen verschiedener Fremdenheime ein paar Liegen, recht einfache Holzgestelle. An Holzbuden, unseren Kiosken gleich, gibt es Eis, kleine Imbisse, Kaffee und andere Getränke. Ich war auch auf dem Aussichtsturm. Dort hat man einen herrlichen Fernblick. Ich habe nur einen Wachturm entdeckt. Er steht ziemlich abseits, wo kein Mensch hinkommt, und ist kaum zu sehen.

66

In den Restaurants kann man alles bekommen. Besonders aufgefallen ist mir in Cranz der Neubau am Strand, der mit der Brüstung über die Promenade reicht. Dort ist auch eine Bar nach westlichen Maßstäben untergebracht. Eine Kapelle spielt zu Unterhaltung und Tanz auf. Aus der ganzen Sowjetunion kommen Menschen in die Ostseebäder. Ich habe auch Mongolen gesehen. Meistens sind es verdiente Arbeiter, Pioniere, Mutter und Kind, überwiegend bevorzugte oder ausgezeichnete Männer und Frauen. Privatreisende wie bei uns gibt es dort kaum.

Ich habe auch das Schild mit dem Hupverbot gesehen. Das ist aber fast überflüssig. Denn es gibt dort nur geringen Autoverkehr. Es fahren fast ausschließlich Wagen für die Zulieferung und Versorgung. Private Pkw sind Mangelware. Insgesamt gesehen gibt es nur Qualitätsunterschiede. Alles das, was wir mit dem Begriff Luxus verbinden, fehlt; doch sonst ist es dort genauso wie bei uns in den Urlaubsgegenden, auch so frei — nur schöner als in den meisten Orten."

Tatsächlich scheinen die Verhältnisse in den Bädern der Samlandküste noch etwas anders zu liegen. Dazu stellen Kenner der Szene fest; es handelt sich dabei um Menschen, die unzählige Male Cranz, Rauschen und alle die anderen schönen Orte besucht haben, zuletzt 1978, und ungewöhnliche Einblicke in die heutigen Gegebenheiten hatten:

„Ohne eine besondere Erlaubnis kommt niemand in die Bäder; denn sie liegen sämtlich innerhalb der Grenzzone. Entweder muß man einen Ausweis haben, aus dem hervorgeht, daß man dort wohnt, oder einen Erlaubnisschein. Er wird im allgemeinen mit der Fahrkarte ausgegeben. Wenn der hier zitierte Besucher davon nichts berichtet, dann liegt das sicher daran, daß ein anderer — vermutlich sein Gastgeber — die Fahrkarten geholt oder daß er selbst den zusätzlichen Schein gar nicht bemerkt hat. Vielleicht mußte er auch deswegen — wie er berichtete — so lange auf die Erlaubnis zur Fahrt warten.

Richtig ist, daß es in den Orten selbst keine Kontrollen mehr gibt und daß man sich nicht mehr behelligt zu fühlen braucht. Wer allerdings genau hinsieht, der wird die Wachtürme in gleichmäßigen Abständen überall entdecken. Es gibt sie schließlich an der gesamten Küste der ‚sozialistischen Länder'. Dem häufigen Besucher entgeht sicherlich auch nicht, daß ständig Schiffe vor der Küste liegen. Es handelt sich dabei um Zerstörer oder andere Marine-Fahrzeuge. Es ist offensichtlich, daß sie auf eventuelle Fluchtversuche zu achten haben. Das ist jedenfalls auch die Meinung der Badegäste.

Solchen Abenteuern soll anscheinend ebenso eine allabendliche Aktion am Strand vorbeugen.

Der markante Bau des Wasserturms fällt auch im Rauschen der Gegenwart auf.

Ab 24 Uhr darf dieser Bereich nicht mehr betreten werden. Dann fahren Traktoren über den Sand; früher wurden Pferde dazu benutzt. Sie glätten und harken das gesamte Gelände mit penibler Sorgfalt. Dann ist er glatt und sauber für den nächsten Tag. Vor allem aber hinterläßt er klar erkennbare Spuren in der Nacht, falls jemand flüchten will. Meistens leuchten auch Scheinwerfer den ganzen Strand ab."

Ein übergroßes Mißtrauen, so will es aus dieser Entfernung scheinen. Oder gibt es einen Grund dafür? Übrigens sieht es damit in anderen Badeorten, soweit sie im Grenzbereich liegen, nicht viel anders aus. Auch von der Krim wird ähnliches berichtet.

Des Lobes voll sind indessen alle, die von Cranz, Rauschen und den anderen Bädern an der einzigartigen Samlandküste erzählen. „Malerische Kaliningrader Heilstätten", nennt sie der sowjetische Autor Lopatin. Die Allensteiner Zeitschrift »Warmia i Mazury« weiß in Heft 11/1977 zu berichten, daß Rauschen einer der bezauberndsten Orte im Königsberger Gebiet sei. Überall in der Sowjetunion kenne man es als „Sotschi des Nordens". (Sotschi ist das berühmte Prominentenbad am 67

Schwarzen Meer. Dorthin dürfen auch Besucher aus dem Westen). Nach Angaben von Pavel Alekseevic Sumakov, dem ersten Sekretär des Rayonkomitees der KPdSU in Rauschen, so berichtet die Zeitschrift weiter, wurde 1973 eine große, 481 Meter lange Promenade angelegt. Jetzt sollen noch ein Hotel, eine Post, ein Krankenhaus, eine Schule, ein Sanatorium für 1 000 Plätze und zwei auf jeweils 500 Plätze berechnete Pionierlager gebaut werden. Rauschen soll jetzt 10 000 Einwohner haben. Es sei nur ein kleines Städtchen, könne sich aber als Satellit von Königsberg nicht über mangelnden Besuch beklagen. Ein halbes Jahr lang verkehren Elektrozüge zwischen Rauschen und Königsberg, die die Königsberger nach ihrer Arbeit an den Samlandstrand bringen.

Die Promenade, so weiß man inzwischen, zieht sich fast den ganzen Hauptstrand entlang. Sie liegt etwas erhöht zu ihm und wird von ihm durch einen Gitterzaun getrennt. Helle Steinplatten belegen den Weg. Gegenüber dem Hauptzugang zum Strand wurde auf einem größeren Platz eine farbige, leuchtende Sonnenuhr eingearbeitet. Die ganze Anlage sieht sauber und gepflegt aus.

Die »Gazeta Olstynska« (Allensteiner Zeitung) notiert unter dem 12/13. 11. 77: „Einige Kilometer von Königsberg entfernt liegt am Meer der Ort Rauschen (Svetlogorsk). Er ist in der ganzen Sowjetunion als Erholungsort bekannt. Es gibt hier vier Sanatorien für Erwachsene und vier für Kinder. 3 000 Plätze stehen in den Sanatorien zur Ver-

fügung. Das Personal in Rauschen beläuft sich auf 2 000 Angestellte. Im Sommer kommen noch einige Pionierlager hinzu."

Aus diesen Zeitungsberichten geht weiter hervor, daß sich in jeder Saison in Rauschen 26 000 Kurgäste und Touristen aus verschiedenen Teilen der russischen Sowjetrepublik erholen. Von Jahr zu Jahr werde mehr in den Ausbau investiert. Beispielsweise seien 1973 2,6 Millionen Rubel für die Entwicklung Rauschens ausgegeben worden. 1975 sollen es bereits 8,7 Millionen gewesen sein. Im Laufe von zwei Jahren seien vier neue Pensionen mit Mitteln Königsberger Industriebetriebe errichtet worden. Außerdem habe man eine Trinkhalle für Mineralwasser, eine Orangerie, einen zentralen Abstieg vom Steilufer zum Strand und eine elektrische Kleinbahn angelegt. Nach und nach sei der Bau von Sanatorien mit einer Kapazität von jeweils 1 000 Betten und von Erholungsheimen mit einer Kapazität von 5 000 Plätzen geplant.

Die „Große Sowjetenzyklopädie" berichtet schließlich über Rauschen: „Die Stadt liegt 40 bis 60 Meter über dem Ufer der Ostsee. Es ist ein überaus malerisch gelegener Kurort. Die Badesaison dauert drei Monate. Rauschen hat einen sehr schönen Strand. Es gibt eine Wasserheilanstalt, wo auch Schlammbäder verabreicht werden. Im Kurort gibt es mehrere Sanatorien und Erholungshäuser. Behandelt werden in Rauschen vor allem Herz- und Gefäßerkrankungen, Stoffwechselbeschwerden, Knochen- und Gelenktuberkulose."

Das Eisenbahnerheim, eines der modernen Sanatorien in Rauschen.

Die Idylle am Mühlenteich blieb erhalten.

Trotz vieler, vor allem baulicher Veränderungen ist Rauschen weithin noch der alte schöne Badeort. Manche Winkel sehen aus, als sei die Zeit, diese total, oft brutal umstürzlerische Epoche, spurlos an ihm vorübergegangen. Dazu gehört die Idylle am romantischen Mühlenteich. Wer sich dort auf eine der alten hölzernen Bänke setzt, die so wie damals schon die bis zu acht Meter dicken Stämme der berühmten Linden umspannen, der braucht nicht die Augen zu schließen, um zu träumen von einst, der Jugend, den warmen Sommern, da die Welt noch in Ordnung war. Wie früher, als sei nichts geschehen, überdachen die riesigen über 20 Meter weiten Kronen den Sitzplatz an den mächtig ausladenden Riesenbäumen, plätschert der Katzebach in den aufgestauten Teich, versuchen Angler allenthalben ihr Glück, ergehen sich die Älteren und treffen sich die Jüngeren zum abendlichen Stelldichein. Und immer noch kommt der dichte grüne Wald bis an den kleinen See herunter, als treibe ihn die Neugier, was wohl dort passiere, oder auch nur, um die eigene Schönheit im ruhigen Wasser spiegeln zu sehen.

Wie viele Generationen mögen hier noch zusammenkommen, und wohin mögen sie gehören? Und wie lange mögen wir anderen nur träumen müssen von unserem Rauschen, das wir wie einen kostbaren Schatz im Herzen tragen, dessen Schönheit uns erfreut wie der unvergeßliche Anblick eines Kronjuwels vor langer, langer Zeit. Wir durften in

die Schatzkammer der herrlichen Gottesnatur schauen; wir waren darin zu Hause. Ein Reichtum für das Leben, den uns niemand nehmen kann.

Außer Cranz und Rauschen wird — seit 1955 — in sowjetischen Veröffentlichungen immer wieder ein dritter bedeutender Kurort genannt. Sein Name ist „Otradnoje". Nördlich des Kaukasus gibt es eine Stadt, die Otradnaja heißt. Das läßt vermuten, daß Neusiedler aus dem Gebiet an diesen Teil der Samlandküste gekommen sind. Doch um welchen Ort es sich genau handelt, wurde bisher nicht exakt ermittelt; denn während in den anderen beiden Fällen oft auch die deutsche Bezeichnung erwähnt wird, fehlt sie hier stets. Es scheint sich dabei entweder um Warnicken oder Georgenswalde zu handeln. Rückkehrer meinen, es eindeutig als Georgenswalde ausgemacht zu haben.

Nach der Großen Sowjetenzyklopädie findet man dort Sandstrand, Kiefern- und Laubwald. Die Saison dauert das ganze Jahr. Luft-Sonnen-Therapie, Schwimmen im Meer und Torfkuren werden als Heilmittel empfohlen. Behandelt werden Erkrankungen der Nervensysteme, der Organe des Blutkreislaufes und der Atemwege, der Knochen, Gelenke und Muskeln. Es gibt Sanatorien und Erholungshäuser. Besonders erwähnt werden zwei allgemein therapeutische Sanatorien für Erwachsene, ein Kindersanatorium für Knochentuberkulose und ein Badehaus.

69

Ansehnliche Neubauten gehören zum jetzigen Bild der Strandbäder im Samland. Hier das Restaurant „Rif" in Rauschen.

Palmnicker Bernstein in aller Welt

Weiter geht es über Gr. Kuhren (Primorje, Ort am Meer) bis nach Brüsterort (Mys Taran) am äußersten Nordwestzipfel. Die Fahrt ist vorläufig zu Ende. Denn die gesamte Westküste ist verschärftes Sperrgebiet.

Man weiß aber, daß in Palmnicken, das beziehungsvoll Jantarny — (Jantar = Bernstein, also Bernsteinstadt) heißt, das Bernsteinwerk in Betrieb ist und das „samländische Gold" wie vordem im Tagebau gewonnen wird. Es gehört weiter zu den beliebtesten Geschenk- und Erinnerungsstücken der Gegend und des ganzen Landes.

Immer noch kündet der leuchtend-gelbe Stein von den Einzigartigkeiten Ostpreußens in aller Welt. Wie zu alter Zeit wird der größte Teil der Schmuckproduktion exportiert. „In Kaliningrad treffen die Bestellungen von Firmen aus den USA, aus Japan, England und Polen, aus Ungarn, der BRD, DDR, Dänemark, Jugoslawien und Finnland ein", berichtet stolz die sowjetische Presse. Eingeweihte wissen auch, daß der Bernstein zu den begehrtesten Objekten auf den schwarzen Märkten im heutigen Ostpreußen, im nördlichen sowjetischen wie im südlichen polnischen Teil, gehört, daß er überall auch in anderen Teilen dieser Länder auftaucht, daß er auf geheimnisvollen Wegen nach

Schweden kommt, daß der schwunghafte Handel nicht nur offiziell abgewickelt wird.

Die Nutzung des Palmnicker Tagebaus hatte schon in der Stunde Null begonnen. Am 15. April 1945 besetzten sowjetische Truppen Palmnicken. Ihr Anführer war Major Kerif Navrusevic Rizaev. Er wurde auch erster Direktor des Bernsteinkombinats. Die planmäßige Produktion begann 1947, nachdem die durch Kriegseinwirkung verursachten Schäden beseitigt worden waren. Zuerst wurden die vorgefundenen Maschinen weiterbenutzt. Später kam sowjetisches Gerät dazu, darunter Bagger aus dem Ural. Der Tagebau, der einzige dieser Art in der Welt, wurde mehrfach erweitert. Die Zahl der Beschäftigten — Arbeiter in der Grube, Angestellte der Verarbeitungsbetriebe, Steinschleifer und Künstler — wuchs auf 2000 und mehr Personen gegenüber etwa 700 zur deutschen Zeit. Sie kamen von den entsprechenden Lehranstalten in Moskau, Leningrad und Reval und füllten nach und nach die zunächst spürbaren Lücken im Facharbeiterbestand.

Trotz dieses Ausbaus wurde die frühere Produktionsleistung nicht erreicht. Jährlich zwischen 500 und 600 (1937 waren es sogar 650) Tonnen Rohbernstein wurden damals gefördert, größtenteils rund 80 Prozent industriellen Zwecken zugeführt oder in den Bernsteinmanufakturen von Königsberg, Danzig und Berlin zu Schmuckstücken verarbeitet. 1960 wurden an die 380 Tonnen abgebaut, 1970 etwa 400 und 1976 rund 450. Das Ziel von 1 000 Tonnen, seit 1965 in der sowjetischen Presse genannt, wurde — soweit bekannt — bisher nicht erreicht. Wie ehedem wird der größte Teil industriell genutzt. Der Rest geht in die Schmuck produzierenden Betriebe Palmnicken und Königsberg. Auch in Litauen und Lettland gibt es solche Fabrikationen. Zum Königsberger Kombinat, als dessen Direktor 1966 V. N. Rozkov genannt wurde, soll auch ein Museum gehören; das im Wrangel- oder im Dohna-Turm untergebracht ist.

Rätsel gibt immer noch der Verbleib des legendären Bernsteinzimmers auf. Deutsche Dienststellen hatten das Geschenk König Friedrich Wilhelm I. an Peter den Großen (1716) aus dem Katharinenpalast in Zarskoje Zelo 1942 nach Königsberg gebracht. Dort wurde es in einem Raum des Schlosses aufgebaut. Das letzte, was man von ihm weiß, ist, daß der Verantwortliche für die städtischen Kunstsammlungen, Alfred Rohde, die einzigartige Schmucksammlung vor den Bombenangriffen zerlegen und in Kisten verpacken ließ. Wurde sie ein Raub der Flammen? War es noch gelungen, sie auszulagern? Ein Amateurforscher aus dem Landkreis Harburg erregte im Jahre 1977 mit der Behauptung Aufsehen, der Schatz sei in einem 660 Meter tiefen Schacht des ehemaligen Salzbergwerks Volpriehausen (Kreis Northeim) deponiert, dort allerdings nach einer Explosion am 29. September 1945 überflutet worden. Einer ernsthaften Nachprüfung hielt diese Vermutung jedoch nicht stand.

Die Sowjets bemühten sich seit der Einnahme der Stadt um den Verbleib der Sammlung. Sofort bildeten sie zu dem Zweck eine Spezialistengruppe.

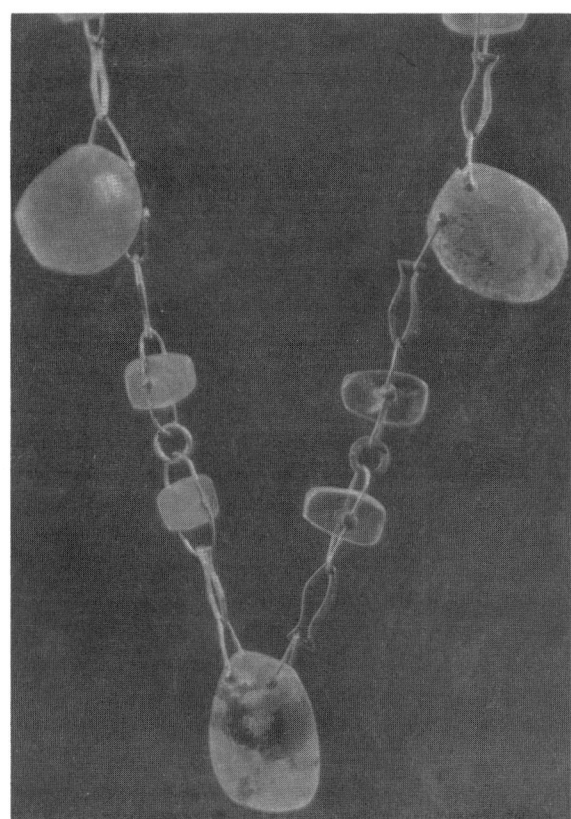

Bernsteinschmuck aus Palmnicken heute. So preist ihn das Königsberger Bernstein-Kombinat an.

Doch bisher war — soweit bekannt — jeder Einsatz vergeblich. Der Mann, der noch am ehesten das Schicksal des Bernsteinzimmers hätte klären können, lebt nicht mehr. Noch 1945 starb Alfred Rohde im besetzten Königsberg.

In Zarskoje Zelo, dem heutigen Puschkin, wird das alte Bernsteinzimmer restauriert. Ein Modell im Maßstab 1:5 und im Grundriß von zwei mal drei Metern soll dem Königsberger Bernsteinmuseum zur Verfügung gestellt werden.

Immer noch aber spült das Meer den gelben Stein an den weißen Strand der Samlandküste; wieder holen die Greifer der Bagger den seltenen Fund aus der wachsenden Grube von Palmnicken. Seit 6 000 Jahren schon wird das kostbare Harz aus der Vorzeit künstlerisch verarbeitet. 45 Millionen Jahre, so schätzen die Wissenschaftler, ruht es bereits in der samländischen Erde. Was sind da 30 oder auch 40 Jahre! Selbst 700 Jahre bekommen eine andere Dimension. Der Sendbote der Ewigkeit, den wir liebten, den wir besaßen, macht auch aus der unerreichbaren Ferne aufmerksam auf die Vergänglichkeit des menschlichen Wesens, die Flüchtigkeit selbst des Werks von Generationen, den Wechsel von Durchzug und Seßhaftigkeit verschiedener Völker und Rassen, die Freuden und Leiden der jeweiligen Bewohner, den vergeblichen Kampf des Lebewesens gegen die Natur. Er ist mehr als nur ein Schmuckstück — unser Bernstein.

Die Steilküste des Samlands wirkt weithin noch unberührt.

Die Kurische Nehrung – fast unverändert.

Hinter dem Schlagbaum: das Paradies der Nehrung

Wer das Glück hat, noch dort zu sein — ist es ein Glück, oder haben, hatten nicht gerade wir es, die wir nun hier sind? —, wer jedenfalls jetzt dort ist, der kehrt in dieser Gegend spätestens um, damit er auf der „Traumstraße" das andere Ostsee-Paradies erreicht. Mit dem eigenen Auto allerdings darf man zur Hauptreisezeit nicht auf die Kurische Nehrung, die die Russen in ihrer blumigen Sprache treffend und liebevoll „Kurschskaja kosa" nennen, was Kurische (Mond-)Sichel oder auch Zopf bedeutet. Nur ein Bus fährt im Sommer diese Strecke. Auch außerhalb der Saison verkehrt er zweimal am Tag zwischen Königsberg und Memel (Klaipeda).

Wie man auch immer anreist, ohne Erlaubnisschein gibt es dort kein Weiterkommen. Kurz hinter Cranz, in der Nähe des alten Friedhofs, versperrt ein Schlagbaum die Weiterfahrt. Und nur nach der Kontrolle darf man auf die Nehrung. Dort ist die Bewegungsfreiheit auch deswegen schon eingeschränkt, weil der schmale Landstreifen unter Naturschutz gestellt ist. Kurz vor Nidden steht ein weiterer Grenzposten; denn dort beginnt die „Sowjet-Republik Litauen".

Über Sarkau (Lesnoje) geht die Fahrt durch Kiefernwälder hinein in die unvergleichliche, gelbleuchtende Dünenlandschaft. Naturfreunde, Künst-

ler, Erholungssuchende, Fischer und Jäger hatten seit Jahrhunderten ihr Herz an dieses Juwel zwischen Ostsee und Haff verloren.

„Wir liebten Haff und See und den schmalen Streifen aus Sand und magerer Ackerkrume dazwischen. Das Rascheln des Schilfes und das Rauschen des hohen Waldes sangen uns in den Schlaf, und wenn wir frühmorgens aufwachten, waren sie wieder da. Stürmte es ordentlich von Westen, dann hörte man über den Wald hinweg auch die Brandung des Meeres..." Diese Worte über den Zauber der Kurischen Nehrung fand ein Mann, der diese Landschaft wie kaum ein zweiter kannte und zu schildern weiß: Martin Kakies.

Ernst Wiechert, der ostpreußische Dichter aus Kleinort im Kreis Sensburg, kleidete seine Empfindungen angesichts der Nehrung in die Worte: „Dieser rätselhafte Streifen weißen Sandes trägt auf ergreifende Weise die Züge der Ewigkeit. Es erfüllt das Herz mit einem unvergeßlichen Schauer, auf dem Grat dieser weißen Gebirge zu sitzen und den Sand lautlos neben sich in den Abgrund rieseln zu sehen, der wie ein Abgrund der Zeit ist."

Und Wilhelm von Humboldt fand: „Wenn einem nicht ein wundersames Bild in der Seele fehlen soll, dann muß man die Kurische Nehrung gesehen haben." Unauslöschlich hat sich jedem dieser Anblick ins Gedächtnis gebrannt, dem es vergönnt war, einmal die Dünenlandschaft zu erleben. Und die anderen, die ihr so nahe waren und sie dennoch nicht sahen — wird ihnen dieses „wunderbare Bild ewig in der Seele fehlen"?

Besucher gibt es indessen genug. Doch sie kommen aus der anderen Richtung. Wie überall in der Region reisen sie nur aus dem Osten und dem Norden heran, soweit sie nicht aus dem nahen Königsberg stammen. Der schmale Landstrich kann die Scharen der staunenden und sicher kaum weniger beglückten Gäste kaum fassen.

In Rossitten (Rybatschij, zu deutsch Fischerstädtchen) drängen sich die alten und die neuen Holzhäuser, Villen, Erholungsheime und Betriebsferien-Unterkünfte um die wenigen Plätze.

Obwohl hier auffällt, daß die neuen Bewohner den Ehrgeiz entwickelt haben, dem alten deutschen Ort ein neues, russisches Bild zu verleihen, konnten Behaglichkeit und Wärme nicht vertrieben werden. Da mag Lenin von seinem Platz vor dem Kulturhaus, dem »Dom Kultury«, noch so streng blicken und die Fischereikolchose sich gar „Morgenröte des Kommunismus" nennen.

Der Weltrekord-Segelflieger Ferdinand Schulz hat keine Nachfolger gefunden; aber die berühmte Vogelwarte Rossitten unter ihrem Begründer Professor Johannes Thienemann, die nach dem Krieg in Radolfzell am Bodensee ihre Arbeit wiederaufnahm, ist unter neuer Leitung in Betrieb. Wie

Erholungsheime gibt es in Nidden in Neubauten, wie hier das „Ruta".

damals kann man beobachten, wie die Vögel beringt und registriert werden. Der große Vogelzug nach Afrika nimmt hier unverändert seinen geheimnisvollen Weg, den heute Russen wie vordem Deutsche zu enträtseln versuchen.

Es ist auffällig und verdient besondere Hervorhebung, daß das Werk der Deutschen nicht verschwiegen, sondern in ungewöhnlicher Weise herausgestellt wird. Ausdrücklich wird davon gesprochen, daß die Arbeiten „fortgesetzt" werden. „Die deutschen Ornithologen, die besten Kenner des Vogelfluges, bestätigen, daß es in Europa keinen zweiten Ort gibt, über den so viele Vögel fliegen wie über die Kurische Nehrung; nirgendwo versammeln sie sich so gedrängt wie hier", heißt es in einer Veröffentlichung.

Darum hatte Johannes Thienemann 1901/02 dort die erste deutsche Vogelwarte gegründet, und darum begannen sowjetische Forscher 1956 mit der Fortsetzung seines Werkes. Ihre Einrichtung heißt Ornithologische Station des Zoologischen Instituts der Akademie der Wissenschaften der UdSSR. Sie wohnen in dem ein wenig erweiterten Bau aus deutscher Zeit, der früher als Gästeheim diente. 20 Mitarbeiter gehören zu der Station. 1957 wurde zwölf Kilometer südlich von Rossitten ein Beobachtungspunkt „Fringilla" eingerichtet. 1965 wurde die Vogelwarte sogar mit einem kleinen Expeditionsschiff „Ladoga" ausgestattet. 1969 wird als führender Wissenschaftler, vermutlich Leiter, Lev Osipovič Belopol'skij erwähnt.

Es wird kein Geheimnis daraus gemacht, daß die Arbeiten noch nicht so erfolgreich verlaufen wie 1945. So berichtet man, daß Rossitten über 400 Korrespondenzpartner gehabt habe, während Rybatschij nicht annähernd so viele habe. Im übrigen wird der alte deutsche Name viel häufiger gegenüber der neuen sowjetischen Bezeichnung genannt als bei anderen Orten. Gewiß ist das darauf zurückzuführen, daß die „Vogelwarte Rossitten" weltbekannt war.

Dabei wird das Andenken an Johannes Thienemann hochgehalten. Sein Grab wird gepflegt. Besucher werden oft dort hingeführt. Man stellt seine Verdienste heraus und betont, daß die von ihm mitherausgegebene Zeitschrift „Der Vogelzug" für alle Forscher auf dem Gebiet außerordentlich wichtig sei.

Rossitten existiert also in seinem wichtigsten Anliegen weiter. Der erfahrene Besucher spürt auch wieder den beizend-prickelnden Geruch von räuchernden Flundern (Schollen) in der Luft. Nur daß die Räuchereien verstaatlicht sind und ihr köstliches Produkt auch „russisches Huhn" genannt wird.

Nach der jetzt dort gültigen Kommunalordnung gilt Rossitten als „Siedlung städtischen Typs", auch „Arbeitersiedlung" betitelt.

Die nächsten bekannten Orte, Nidden (Nida) und Schwarzort (Juodkrante), liegen schon hinter der Grenze, das heißt, sie wurden entsprechend der damaligen Aufteilung des Memellandes im Versailler Vertrag der Sowjetrepublik Litauen zugeschlagen, mit der die „Oblastj Kaliningrad" in einem gewissen Konkurrenzverhältnis lebt.

„Sozialistische Sowjet-Republik Litauen" steht auf einem Schild in kyrillischen und lateinischen Buchstaben. Man nimmt die Trennung ernst. Straßenpatrouillen der Polizei, lautet eine andere Beschriftung. Dann heißt es wieder: Sperrgebiet, Naturschutzgebiet, Grenze — als ob man in ein anderes Land fährt! Nach Nidden kommen Tou-

Auch alte Häuser werden in Nidden als Erholungsheime gebraucht. Dieses heißt „Jurate".

Nidden, Blick vom Ephaberg – so haben wir es in Erinnerung.

risten nur mit einer Reisegenehmigung, der Putjowka, es sei denn, man gehört einer geschlossenen Reisegruppe an. Scharfe Kontrollen überall. Man darf nicht einmal allein in den herrlichen Wäldern spazieren gehen.

In Nidden sind viele Neubauten aus dem Dünensand emporgewachsen, unter ihnen leider auch die grauen Betonsilos. Es gibt sogar eine Fischverwertungsfabrik. Daneben aber stehen unverändert die Fischerhäuschen, die dem Ort ein so trautes, anziehendes Wesen verliehen.

Der nun Nida genannte Ort gilt als einer der schönsten, vor allem gepflegtesten in der ganzen Sowjetunion; nach Meinung mancher Leute steht er damit sogar an der Spitze überhaupt. Die Behörden achten darauf, daß dieser Ruf nicht gefährdet wird. Zimmer vermieten darf nur, wer sein Haus in Ordnung hält — sonst entzieht ihm der Stadtarchitekt die Konzession. Auch Zäune duldet der gestrenge Beamte nicht — man findet nicht einen einzigen in der heimeligen Siedlung, deren blumenreiche Vorgärten einst von windschiefen Staketenzäunen eingerahmt waren. Unverändert nehmen Hohe Düne, Italienblick und Tal des Schweigens das Auge des Besuchers gefangen.

Nidden ist auch ein Künstlerdorf geblieben. Interpreten des sozialistischen Realismus verherrlichen die Nehrung, ihre „Kurschskaja kosa“. Ehe-

dem priesen Agnes Miegel, Hermann Sudermann und Ernst Wiechert diese Einzigartigkeit der Schöpfung; die Künstlerkolonie hatte weltweiten Ruf.

Lovis Corinth, der große Impressionist aus Tapiau, malte hier den Fischerfriedhof mit den altertümlichen Grabtafeln — heute werden sie erneuert und nachgeahmt. Thomas Mann hatte da sein Sommerhaus und arbeitete an seinem Roman „Joseph“ — jetzt wurde das Gebäude unter Leitung eines Gelehrten aus Wilna wieder instand gesetzt und mit Gesamtausgaben der Werke des Dichters in deutscher, russischer und litauischer Sprache ausgestattet. Die sehenswerte Bibliothek mit einem Lesesaal ist eine Filiale der Staatsbibliothek in Wilna.

In der Dorfkirche wurde ein heimatkundliches Museum eingerichtet. Wenn diese Kirche erzählen könnte... Geredet hat sie, so daß es alle, die das hörten, bis ins Mark erschütterte, damals, als auch diese kleine wunderbare Welt untergegangen war. Die Einwohner hatten die Nehrung verlassen müssen. Nur ein paar Fischer fristeten noch ein kümmerliches Dasein. Soldaten der Siegermacht patrouillierten durch den vereinsamten Ort. Es war still, totenstill geworden in jenem Sommer des Jahres 1945.

Da, es war ein Sonnabend im September, abends 6 Uhr, plötzlich Glockenklang. Es waren die Glocken ihrer Kirche, die monatelang geschwiegen hatten und nun mit einem Male wieder läuteten, so wie es immer gewesen war, wenn der Sonntag angekündigt wurde.

Anna Schekan, die Frau des Glöckners, war heimlich in den Turm gestiegen und hatte mit Hilfe des Schülers Reinhold Rademacher den Strang in Bewegung gesetzt. Beim vierten Versuch war es ihr gelungen, vom gegenüberliegenden Festland aus mit dem Kahn über das zwölf Kilometer breite Haff in den Heimatort zu gelangen und die rote Kirche zu erreichen.

Das Unglaubliche geschah: Die Glocken erklangen weiter über Nidden. Sie durften gar zu Gebet und Andacht rufen. Der Fischer Hans Sakuth predigte in deutscher Sprache.

Nun aber sind die Glocken wieder verstummt. Anna Schekan und Hans Sakuth reisten in den letzten fünfziger Jahren aus. Mit ihnen fast alle Deutschen.

Nun fahren auch keine Kurenkähne mehr hinaus. Die schweren Boote mit den geschnitzten, farbenfrohen Wimpeln existieren nicht mehr. Die letzten der rund 100 Fahrzeuge dienen als Museumsstücke.

Als sei nichts geschehen, hängen immer noch die Netze zum Trocknen im Wind; doch an die Stelle der Kurenwimpel sind rote Fahnen mit Hammer und Sichel getreten.

Jetzt verrichten Fischer des Kombinats die eintönig gewordene Tätigkeit. Sie arbeiten in „Kette". Ein kleines Motorboot schleppt eine ganze Reihe von Kähnen an die Fangstelle. Denn zu fischen gibt

Kurenfischer heute, Motorboote eines der Kombinate.

es mehr als genug. Schon früher war das 1 700 Quadratkilometer große Kurische Haff das fischreichste Gewässer des Deutschen Reiches. Die Aale, Zander und alle die anderen Sorten haben sich indessen noch vermehrt.

Besonders die Aale spielen heute eine wichtige Rolle in der Versorgung des Landes. Aus sowjetischen Veröffentlichungen geht hervor, daß in den beiden Haffs, also im Kurischen und im Frischen, die Hälfte aller im ganzen Staat gefangenen Aale an Land gebracht wird. 3 799 Zentner wurden Mitte der sechziger Jahre — neuere Daten liegen nicht vor — durchschnittlich allein aus dem Kurischen Haff gefischt. Aus der deutschen Zeit ist die Zahl von etwa 2 700 Zentnern in den dreißiger Jahren bekannt. Im Frischen Haff waren es damals zwischen 5 852 (1936) und 7 830 (1934) Zentner. Jetzt landen die sowjetischen Fischer nur 1 650 Zentner an. Dabei ist aber zu beachten, daß ihre polnischen Kollegen ihnen Konkurrenz machen.

Erheblich zurückgegangen ist dagegen der Plötzefang. Registrierten die deutschen Fischer 1936 im Kurischen Haff ein Ergebnis von 17 000 Zentnern, so kamen die sowjetischen Kolchosenfischer bis 1965 jährlich nur auf 3 300 und dann auf 5 000 Zentner. Dieser Rückgang hat die zuständigen Stellen veranlaßt, eine Untersuchung einzuleiten. Das Königsberger Fischereiinstitut soll die Plötzebestände ermitteln und feststellen, wie die Fangquoten wieder erhöht werden können.

Der Stichlingsfang setzte im größeren Umfang erst 1962 ein. Für 1967 wurde ein Ertrag von 2 738 Zentnern gemeldet. Früher war es nicht viel anders. Lediglich die Stichlingsfischerei im Pillauer Tief war bekannt. Im Herbst gingen dort die Fischer auf Jagd und fingen größere Mengen für die Trankochereien. Einen besonderen Rang hatten indessen

Das Thomas-Mann-Haus in Nidden ist jetzt der Staatsbibliothek in Wilna unterstellt.

75

Stint und Zander. Den einen fing man in riesigen Mengen (1936: 176 000 Zentner) im Kurischen, den anderen in noch größerem Umfang (1936: 500 590 Zentner) im Frischen Haff.

Die Männer, die heute im Kurischen Haff ihre Netze auswerfen, kommen aus allen Teilen der Sowjetunion, bis vom fernen Sibirien her. Die meisten von ihnen waren Hochseefischer und liefen von Königsberg zum Fang auf den Meeren aus. Heute brauchen sie nicht mehr so weit und so lange von den Familien fort zu sein. Ob sie sich aber zu Hause fühlen, dort am Kurischen Haff, das ihrer Heimat viel ferner liegt als etwa Kiel von Rossitten oder Cuxhaven von Nidden?

... und wieder ziehen Elche ihre Fährte

So wie die Fische im Haff wieder gefangen werden, erfreut sich der Elch auf der Nehrung erneut besonderer Schonung und Obhut. Jahrelang war er verschwunden, vertrieben aus seiner Heimat, getötet, verendet — ein Opfer der schrecklichen Jahre. Nun aber bricht er wieder durch das Gehölz. Einstmals wurden mehr als 100 der kräftigen Tiere mit dem eindrucksvollen Geweih gezählt; heute sind es immerhin wieder um die 60. Sie werden gehegt und gepflegt. Niemand darf mehr bedenkenlos Jagd auf sie machen.

Auch in anderen Gegenden Ostpreußens begegnet man wieder diesem urtümlichen Tier — angeblich sogar im Meer. So notiert jedenfalls die „Kaliningradskaja Prawda" am 20. Juli 1977 unter der Überschrift „Ein Elch in den Wogen der See„: „Unweit der Fischereibasis Neukuhren (Pionerskij) wurden die dortigen Arbeiter Zeugen des ungewöhnlichen Verhaltens eines Elches. Sie bemerkten ihn, als er friedlich in Richtung des Hafens schwamm. Auf dem gleichen Kurs kamen die Schiffe in die Bucht. Der Elch steuerte die Seite der Fischerei-Einrichtungen an. Als er Boden unter den Füßen spürte, überwand er mit einigen Sprüngen die Einzäunung des Hafens und verschwand im Buschwerk am Ufer. Die Bewohner von Neukuhren verwunderten sich, was den Elch wohl zu einem so verwegenen Vorstoß zum Hafen veranlaßt hatte."

Fast möchte man solch eine ungewöhnliche Nachricht nicht glauben. Einen an der Spitze der Kurischen Nehrung in der Brandung der Ostsee tobenden Elchschaufler hatte am 17. August 1935 Martin Kakies erlebt und fotografiert. In seinem Buch „Elche am Meer" (Verlag Gerhard Rautenberg in Leer) schildert er diesen Vorgang, wie er nach seinen Worten niemals sonstwo auf der Welt beobachtet worden ist, wie folgt:

„Ist das ein Tag, dieser 17. August!

Zunächst zeigt nichts, daß er anders verlaufen soll wie mancher andere. Elk äst, und dann, am Nachmittag, schreitet er an den Strand.

Aber jetzt scheint sich etwas Besonderes vorzubereiten. Elk geht nicht sofort in das Meer, er zieht erst eine Strecke auf dem Strand entlang. Einmal und noch einmal, als sammle er alle Kraft für eine bestimmte Handlung. Erst dann kehrt er sich gegen die Brandung, und nun kommt das Schauspiel, das mir immer unvergeßlich bleiben wird: die beschwingte Gelöstheit, ja die leidenschaftliche Entfesselung eines Geschöpfes, das von manchen Menschen für stumpf und plump gehalten wird.

Elk steigt in das Meer, einige Schritte nur, und er hebt das Haupt gen Himmel. So, als wolle er danken, daß er immer noch zwischen Wald und Meer friedlich seine Fährte ziehen kann. Ein stummes Dankgebet, denn nicht ein Laut ist von ihm zu hören. Aber das Meer, das tagelang dagelegen hatte wie ein silberner Spiegel, als sei es von dem Atemholen ermüdet, ist nun stürmisch bewegt, die Brandung donnert, und so gibt sie dem Tier ihre ewige Stimme zu diesem Dankgebet an die Kraft, die es geschaffen und stark gemacht hat.

Ein Fachmann, der sich viel auf sein Wissen einbildet, würde sagen, der Schaufler habe nichts anderes getan als nur 'geflämt', habe nur die Haltung eingenommen, die man bei Elchhirschen in der Brunftzeit beobachten kann, wenn sie der Elin folgen. Wer weniger vom Elch weiß, wird vielleicht der Ansicht sein, der Schaufler 'röhre', weil er das Haupt emporgeworfen hat, wie eben der Rothirsch beim Röhren. Aber es war kein Flämen, denn eine Elin, die nun einmal dazu gehört, war weit und breit nicht zu erblicken, und es war auch kein Röhren. Wenn man schon das dumpfe Stöhnen des Elches in der Brunftzeit Röhren nennen will, so wirft der Elchhirsch das Haupt beim Röhren nicht in die Höhe, wie es der Rothirsch tut.

Auf diese feierliche Handlung folgt nun ein Spiel toller Ausgelassenheit, eine Generalprobe der Kraft. Aber nicht ohne Übergang. Elk zieht erst eine Strecke die Schälung entlang, als wolle er sich überzeugen, daß er heute, bei Sturm, den Strand allein für sich hat, als wolle er niemand neben sich im Meer dulden.

Dann steigt er in die Brandung. Er zieht der Sonne entgegen. Das Meer glitzert und gleißt in ihrem Schein, als werde Gold über schäumendes Silber gegossen. Eine Überfülle des Lichts, die Augen können sie kaum ertragen. Elk schreitet weiter hinein, im Gegenlicht. Nichts weißer als diese schäumende Brandung, nichts schwärzer als Elk.

Elk, der Schaufler vom Meer, so wie ihn Martin Kakies an der Nehrungsküste beim Bad beobachtete

Ist das noch ein Tier, das mit uns lebt? Ist das nicht ein Geschöpf aus Urzeiten, das sich zu uns verirrt hat und nun ins Meer steigt, weiter und tiefer, bis auf den Grund der Wälder, aus denen die Stürme den Bernstein aufwühlen und an den Strand werfen?

Elk bleibt für einen Augenblick stehen, und dann läßt er einen Trommelwirbel von Läufen und Sprüngen folgen. Nun zeigt er, daß er nicht ein Gespenst ist, einer phantastischen Märchenwelt aus Urwelttagen entstiegen, sondern ein Geschöpf aus starkem Fleisch und heißem Blut und voller Freude am Dasein.

Er rast wie ein Ungewitter durch die Brandung, um plötzlich mitten im Lauf das Wasser mit den Läufen zu peitschen oder mit allen Vieren zugleich hochzuspringen. Der Gischt, von der Kraft der Läufe und dem Fall des Körpers emporgewirbelt, spritzt nach allen Seiten, und manchmal ist Elk eingehüllt in Millionen sprühender und sonnenglänzender Wassertropfen.

Bald darauf ist Elk am Strand, wirft das schaufelbewehrte Haupt wie ein rassiges Pferd auf und nieder und stampft Wasser und Sand mit den Läufen. Dann wieder wirft er sich den anrollenden Wogen entgegen, daß er von ihnen fast bedeckt wird. Wäre er ohne Schaufeln, dann würde man in solch einem Augenblick denken können, ein dunkler Fels liege da in der weißen Brandung des Meeres.

Mit jedem Satz läßt Elk das geruhige Leben hinter sich; der Drang nach Äsen und Wiederkäuen, der ihn bisher beherrschte, ist versunken. Denn in seinen Adern singt jetzt das Blut das Lied der brunftigen Unruhe und der urigen Stärke.

Die Krone des Hauptes ist fertig, breit und stark. Sie hat viel Nährstoff verbraucht, aber der Körper ist trotzdem zum Bersten geladen mit Kraft, eine einzige Sehne, und nun schnellen die Läufe, und der Körper fliegt, und die Kraft will spüren, wie stark sie ist. Elk rast. Es dauert lange, bis er wieder aus dem Meer steigt.

Nur wenige Male zieht Elk auf dem Strand hin und her. Nicht einen Augenblick ruht er aus, und es hat auch nicht den Anschein, daß er ermüdet ist. Aber Elk schreitet nicht über die Vordüne in sein Revier wie nach einem gewöhnlichen Bade. Er setzt sich in Troll und zieht nach Süden, meilenweit fort, das Haupt hoch erhoben und mit weit ausholenden Läufen, und der Sand stiebt um seine Schalen.

Es ist die Zeit gekommen, in der die Liebe viel mächtiger ist als der Hunger."

Nun also sind sie wieder zurückgekehrt, die Herrscher im Tierreich auf der dünenreichen Nehrung. Noch ist ihre Zahl klein; doch die Nachfahren des königlichen Elk nehmen das Land ihrer Vorgänger wieder ein, zu dem sie passen, als habe die Schöpfung sie dort hineingeboren: urwüchsige, aber majestätische Lebewesen in einer Landschaft von unvergleichlicher Schönheit.

77

Unverändert ragt die Hohe Düne südlich von Nidden in den stahlblauen Himmel. Nein, sie ist inzwischen wohl um die 100 Meter weiter nach Osten gewandert. Was wird noch geschehen, was wird sein, wenn sie vielleicht in 300 Jahren am Haffufer enden wird? Denn hier ist alles anders.

Mögen im übrigen Ostpreußen die dunklen Wälder ewig rauschen; auf der Nehrung weiß niemand, wo der Treibsand der Natur und des Geschicks den Menschen und sein Werk hinträgt.

Zwölf Kilometer vor Pillau: Stopp für alle!

Früher hieß es, fährt man von Palmnicken aus weiter südlich, so erreicht man über die idyllische Kreisstadt Fischhausen am Frischen Haff und das beliebte Ostseebad Neuhäuser das Hafenstädtchen Pillau. Heute ist es nicht ohne weiteres möglich, nach Primorsk oder gar bis Baltijsk zu gelangen. Diese Zone ist ein schwer zugängliches Sperrgebiet.

Etwa zwölf Kilometer vor Pillau, bei Lochstädt, heißt es grundsätzlich: „Halt! Kontrolle!" Züge, Busse, Autos, Pferdewagen, Radfahrer und Fußgänger müssen anhalten. Nur wer in der Zone dahinter wohnt, beschäftigt ist und einen Erlaubnisschein vorweisen kann, darf weiter.

Pillau gehört zu den geheimsten und abgeschlossensten Bezirken im Machtbereich der UdSSR. Sogar der Hafen, das Tor zur Welt, das seit 300 Jahren weit geöffnet war, wird — so hört man —im wahrsten Sinne des Wortes zugesperrt. Ein riesiges eisernes Netz, dessen elektronische Fühler bis auf den Boden reichen, verschließt die schmale Einfahrt. Nur wenn ein Schiff kommt — jede Stunde etwa ein Fahrzeug — wird es aufgezogen und gleich danach wieder verschlossen. Ein Schlepper besorgt die ungewöhnliche Arbeit. „Es klingt unglaublich", berichtet ein Augenzeuge. „Aber ich habe es selbst gesehen. Ich war lange genug in Pillau."

Bei so viel Heimlichkeit wuchern die Gerüchte. „Das Netz wurde ausgelegt, weil ein deutsches U-Boot in der Einfahrt beobachtet worden war", lautet eines. Ein anderes, das glaubhafter und auch eher zu bestätigen ist: Dort war ein Fluchtversuch mit einem Torpedoboot unternommen worden. Das sollte sich nicht wiederholen. Daher die Netzsperre.

Die freundliche Stadt nannte der Große Kurfürst einmal sein »kleines Amsterdam«. Er hat nun sein Recht dort verloren. Sein Denkmal sucht man vergebens; doch der Leuchtturm dahinter weist noch immer den Seefahrern den Weg, auch wenn ihre Flaggen jetzt meist eine andere Nationalität anzeigen.

Es gab einmal eine Zeit, da war die kleine Stadt am Tief der Zufluchtshafen für Heimatlose. 1732 waren dort 66 Schiffe mit Glaubensflüchtlingen aus Salzburg gelandet. Sie fanden in Ostpreußen, wo liberales Denken und Handeln allezeit zu Hause waren, eine neue Heimat. 50 Jahre vorher hatte Friedrich Wilhelm, der Große Kurfürst, in Pillau die brandenburgisch-preußische und damit schließlich auch die deutsche Marine begründet, als er 1679 den Bau einer Handels- und Kriegsflotte befahl.

Schließlich war Pillau wieder ein Fluchthafen. Doch da ging es in die andere Richtung; da mußten die Ostpreußen ihr angestammtes Land verlassen. Das war im Winter und sogar noch im Frühjahr 1945, als Tausende und Abertausende sich mit dem Schiff aus der untergehenden Provinz zu retten versuchten. Viele von ihnen, wie diejenigen auf der übersetzten „Wilhelm Gustloff", die allerdings zuletzt von Danzig ausgelaufen war, fuhren in den Tod.

Die meisten aber entkamen, reisten einem neuen Leben, ihrer zweiten Heimat entgegen, dem »Reich«, wie die seit dem Versailler Vertrag abgetrennten Ostpreußen das übrige Deutschland nannten. Später als irgend ein Ort in Ostpreußen fiel Pillau erst am 25. April in die Hände der Eroberer. Bis zuletzt hatte die Stadt, wie immer in ihrer bewegten Geschichte, alles getan für die bedrohten Menschen.

Der Große Kurfürst war unter den Geflüchteten, korrekt gesagt, gehörte er wohl zu den Evakuierten. Schon zwei oder drei Jahre vorher hatte er seine geliebte Hafenstadt im Osten verlassen müssen — allerdings befehlsgemäß nicht zu seiner rechtzeitigen Rettung, sondern zu einem vorbestimmten Ende. Er sollte eingeschmolzen werden, um zu einem Sieg beizutragen, der damals schon zu entschwinden drohte. 1942 oder 1943 hatte man ihn von seinem Sockel gelöst, auf den er 1913 gestellt worden war. Am 19. Juli dieses Jahres vor dem Beginn des ersten Weltkrieges hatte Bürgermeister Dr. Konrad Haberland das Denkmal vor dem Leuchtturm eingeweiht.

Dann verschwand es im Dunkel einer immer finsterer werdenden Epoche. Angeblich soll es noch längere Zeit auf dem Schrottplatz der Reichsbahn nahe beim Holländerbaum in Königsberg gestanden haben. Dann verlor sich seine Spur für fast zehn Jahre.

Erst 1954 entdeckte der Pillauer Stadtbürodirektor Hugo Kaftan den Kurfürsten auf dem Hof der Norddeutschen Affinerie in Hamburg wieder. Ein metallener Koloß, verstaubt und vergessen, trauriger Ritter von immer noch stolzer Gestalt. Ein wenig lädiert, aber sonst noch heil und einem bösen Schicksal entgangen.

Der Große Kurfürst vor dem Leuchtturm in Pillau. Das einzige Denkmal, das in den Westen gerettet wurde.

Schnell machten sich die Retter ans Werk. Die Affinerie verzichtete auf eine Entschädigung. Das Land Schleswig-Holstein stellte den Betrag für einen neuen Sockel zur Verfügung. Der frühere Pillauer Stadtbaumeister Fritz Möller entwarf dieses Postament. Und die Patenstadt Eckernförde reservierte einen schönen Platz in den Kuranlagen des Ortsteils Borby.

Am 11. September 1955 war es soweit: Dr. Haberland konnte das Denkmal ein zweites Mal einweihen. 6 000 Menschen wohnten dem feierlichen Akt bei. Unter ihnen war Prinzessin Barbara von Preußen, eine Nachfahrin des Großen Kurfürsten. Schon bald hatten die Eckernförder ihren ungewöhnlichen Vertriebenen als einen der ihren aufgenommen. Sie nannten ihn den »Eisernen Flüchtling« und den Denkmalsplatz »Kurfürstendamm«. Am Sockel sind zwei Tafeln angebracht. Die eine gab es schon zu Hause. Ihr Text lautet: »Friedrich Wilhelm der Große Kurfürst 1640—1688«. Die zweite weist auf den verlorenen Stammplatz hin: »Der Seestadt Pillau, dem Kriegshafen der ersten brandenburgisch-preußischen Marine, widmete dieses Denkmal Kaiser Wilhelm II. 1913. Bis zur Heimkehr hier aufgestellt 1955«.

So steht nun der Große Kurfürst an seinem schönen, neuen Platz und erinnert an die Heimat und die Vergangenheit, die groß wurden durch ihn. Es ist das einzige in den Westen gerettete Denkmal aus Ostpreußen.

Dort, wo er stand, blieb nur der Leuchtturm. Ob er immer noch nach seinem verschwundenen, berühmten Nachbarn sucht, nach dessen Landsleuten? Ob er sich an die neuen Bewohner, die anderen Schiffe, denen er den Weg weist, schon gewöhnt hat? Das Leben geht jedenfalls weiter dort. Aber wie?

Soweit bekannt, hatte nur ein einziger Pillauer Gelegenheit, seine Heimatstadt nach dem Krieg auf abenteuerliche Weise wiederzusehen. Das war im Sommer 1946. Davon erzählen die folgenden Zeilen:

„Bei der Einfahrt von See aus machte unser liebes Pillau denselben Eindruck wie früher. Die Molen waren nicht zerstört. Am Strand badeten viele Menschen, da es sehr heiß war. Nur die schöne Strandpromenade fehlte. Diese haben die Russen verheizt. Die Einfahrt ist auch unbeschädigt. Auf der Nehrung in Neutief waren die großen Flugzeughallen zu sehen und die Dächer der Häuser. Die großen Beamtenhäuser am Seetief waren zerstört.

Das Schiff legte am Goldenen Anker an. Dieser steht nicht mehr. Ganz Pillau I ist zerstört. Es stehen nur der Leuchtturm, das Haus des Dentisten Lang, die Gastwirtschaft Eggert, die Jugendherberge, die Oberschule, das Pfarrhaus, das Amtsgericht, das Haus von der Papierhandlung Kühn, die Werkstatt von Tolkien — das Haus dazu ist ausgebrannt —, die Reformierte Kirche, in der ein Kino ist, das Artilleriezeugamt und das Zollhaus davor sowie das untere Stockwerk des neuen Lotsenhauses am Tief.

Die Hafenanlagen und das Kurfürstenbollwerk sind durch Bomben und Artillerietreffer nur wenig beschädigt. Die Zitadelle macht von außen den Eindruck, als ob nichts geschehen ist. Die Brücke nach Pillau I ist zerstört. Dort ist der Graben zugeschüttet, und es führt nun nur ein fester Weg nach Pillau I. Die Straßen sind aufgeräumt. Die alten Wohnungsbauhäuser sind ausgebrannt; das neue Wohnungsbauhaus ist durch Sprengbomben und Artillerietreffer ziemlich vernichtet. Die beiden Bahnhöfe, die Holzwiese sind zerstört. Das Offiziersheim, das Lazarett, die Kasernen, die Offiziershäuser gegenüber stehen fast alle.

In der Plantage blieben die meisten Häuser erhalten. Zerstört sind das Haus von Willamowski, die Villa Bordasch, das Verstärkeramt und das Zollhaus sowie das Offiziershaus gegenüber der Menzelschen Bude. Ebenfalls unbeschädigt sind die Marinehäuser vor dem Kirchhof und die Bahnhäuser an der Chaussee. Im Schützenhaus war ein 79

Kraftfuhrpark. Unsere Schule Pillau II steht auch; nur die Kuhnsche Wohnung hat Artillerietreffer erhalten. Von der Katholischen Kirche ist das Dach zerstört. Der Russendamm ist wenig zerstört, und das ehemalige Wasserstraßenamt arbeitet. Die Großen Schuppen an dem Hinterhafen und an den Hafenbecken sind zum größten Teil ausgebrannt.

In Pillau II stehen der Wasserturm, das Wasserwerk, die Gasanstalt und fast alle Häuser, die nicht durch die große Explosion zerstört worden sind. Weg sind das Baudecksche Haus an der Eisenbahnunterführung, die Häuser von Josutt, Fleischer Treptau und Bäcker Klingenberg. Die Siedlung und Marinesiedlung Camstigall haben kaum gelitten. Vor dem Offiziersheim ist ein Pavillon und eine Preistanzdiele; hier finden die Volkstänze und Feste statt.

Die Plantage macht einen waldähnlichen Eindruck, viele Kronen sind wohl von den Bäumen weg; aber neue Zweige sprießen aus den Bäumen, und die Nachtigallen singen wie früher dort im Vogelparadies. In der Plantage liegt noch viel Kriegsgerät, alte Panzer, Autos usw., herum. Im Hafen sah ich viele Schiffe, besonders Kleinfahrzeuge. Es herrscht ein ziemlich reges Leben. Pillau ist durch Drahtverhaue, die nur auf der Chaussee und Eisenbahnstrecke frei sind, bei Neuhäuser gesperrt. Täglich soll ein Zug nach Königsberg, jetzt Kaliningrad, fahren.“

Die exponierte Lage hat den nun Baltijsk genannten Ort für die jetzigen Herren besonders interessant gemacht. „Die eisfreien Häfen — Königsberg und sein Seevorhafen Pillau — sind wichtig für die gesamte Union, da über sie ein bedeutender Teil der Außenhandelstransporte der UdSSR an die Ostsee und Atlantikküste abgewickelt wird.“ So steht es in der »Großen Sowjetenzyklopädie«.

Daß viel mehr dahinter steckt, als dieses offizielle Nachschlagewerk begreiflicherweise festhält, ist längst ein offenes Geheimnis. Königsberg und Pillau sind die bedeutendsten Ostseestützpunkte der östlichen Supermacht. Das gilt für den zivilen und ganz besonders auch für den militärischen Bereich. Die Oberkommandos der Ostseeflotte wie auch der Seeflieger haben, wie man hört, in der Stadt am Pregel ihren Sitz. Man weiß ferner, daß die alten deutschen Anlagen auch in Neutief — wie übrigens fast überall im nördlichen Ostpreußen — weiter genutzt werden und teilweise erheblich ausgebaut wurden. Der militärische Haupthafen liegt auf der Haffseite, hinter einer Landzunge, geschützt vor Wind und Wetter und den Blicken Neugieriger. Die Fahrrinne zu dem ehemaligen Marinehafen wurde vertieft, so daß auch große Kriegsschiffe einlaufen können.

In diesem Zusammenhang wird der Königsberger Seekanal hervorgehoben, der die beiden Städte seit Anfang dieses Jahrhunderts miteinander verbindet. Wie meistens, so geben die sowjetischen Publikationen auch hier zu erkennen, daß er aus deutscher Zeit stammt. Allerdings wird in einer Veröffentlichung behauptet, er sei 1915 von russischen Kriegsgefangenen gebaut worden. Tatsächlich wurde der 42 Kilometer lange und 6,5 Meter tiefe Kanal bereits 1901 fertiggestellt. 1930 wurde er verbreitert und auf 8 Meter vertieft.

So wie damals wird er auch heute mit größter Sorgfalt instandgehalten. Im Winter sorgen Eisbrecher in ständigem Einsatz dafür, daß er ununterbrochen benutzt werden kann. Wir sprachen jemand, der auf einem solchen Fahrzeug Dienst gemacht hat.

„Sie können sich darauf verlassen“, berichtete er, „der Seekanal ist in bestem Zustand. Und das Eis hat dort keine Chance, obwohl die ostpreußischen Winter hart sein können. Mit ihm hatten wir weniger Probleme als mit dem Alkohol, der Kapitänen und Steuermännern auslaufender Schiffe schwer zu schaffen machte. Da war meistens ʼhoher Seegangʼ, und die Sorge war groß, daß die Schiffe nicht heil aufs offene Meer hinauskamen. Zu verstehen war es schon, daß sie den Abschied in Königsberg so kräftig feierten. Immerhin fuhren sie oft monatelang, manchmal sogar für ein ganzes Jahr hinaus zum Fischfang.“

„In Pillau selbst“, so hören wir weiter, „sieht man nur Militär. Die wenigen Zivilisten sind fast ausschließlich Beschäftigte der einschlägigen Anlagen.“ Dazu gehören ein Schiffsbau- und Schiffsreparaturbetrieb und ein Fischkonserven-Kombinat. Letzteres wird allerdings in einer Aufzählung aus dem Jahre 1973 nicht mehr genannt. Nach einer Notiz in der „Großen Sowjetenzyklopädie“ gibt es dort auch ein Museum der Baltischen Flotte.

Die Stadt selbst war vor allem im Zentrum schwer zerstört, durch Bombenangriffe und durch die Kampfhandlungen. Erst in den vergangenen Jahren wurden die noch verbliebenen Ruinen beseitigt. Dann begann auch dort der Wiederaufbau. Man sieht bereits einige der höhergeschossigen glatten Bauten, wie sie überall in der Gegend üblich sind.

Zum Stadtgebiet gehört der sowjetische Teil der Frischen Nehrung, der noch schwieriger zu betreten ist als Pillau selbst. Darum ist „Baltijsk“ mit 49,1 Quadratkilometern nach Königsberg (178,1) vom Gelände her die größte Stadt Nord-Ostpreußens. Nach der Einwohnerzahl jedoch rangiert der Ort unter den kreisfreien Städten, die also direkt der „Oblastj“ unterstellt sind, an letzter Stelle. Gegenüber 1957 (26 000) wurde sogar bereits 1959 (17 600) ein auffälliger und bis 1967 (17 000) ein

Pillau, das durch den „Seedienst Ostpreußen" (Mitte rechts) mit dem Reich verbunden war. Etwas rechts von der Leuchtturmspitze der Ausgang zur See zwischen Norder- und Südermole, heute auf geheimnisvolle Weise abgesperrt.

weiterer Rückgang notiert. Man wird dabei zu berücksichtigen haben, daß eventuell militärische Kontingente eine Rolle spielen. 1939 hatte Pillau 12 400 Einwohner.

Zwei Bahnlinien führen nach Pillau. Die kürzere — 47 Kilometer lang — geht nach Königsberg-Hauptbahnhof über Rathshof (Zapadnyj-Nov.), Sipovka (wohl Powayen) und Fischhausen (Primorsk-Nov.) dorthin. Die 101 Kilometer messende Strecke macht den Umweg über die Ostseebäder. Cranz wird in den sowjetischen Angaben nicht erwähnt, dürfte aber berührt werden. Im übrigen werden als Stationen aufgezählt: Kutuzova-Nov. (vielleicht Rothenstein im nördlichen Bereich von Königsberg), Neukuhren (Pionorskij Kur.), Palmnicken und Fischhausen. Als Fahrtzeit werden (1972) drei Stunden angegeben. Auf verschiedenen Karten wird auch noch die Strecke Königsberg-Hauptbahnhof — Neukuhren verzeichnet. Danach hält der Zug unterwegs in Drugehnen (Pereslavskoe).

Einen neuen Rang hat Zimmerbude erhalten, an der breiten Landzunge etwa auf der Hälfte zwischen Königsberg und Pillau gelegen. Es wurde im Jahr 1955 eine kreisfreie Stadt, offensichtlich erst, als die neuen Planungen eine solche Aufstockung ratsam erscheinen ließen. Denn alle anderen Städte, die direkt der „Oblastj" unterstellt wurden, hatten bereits 1946 oder 1947 eine entsprechende Verwaltung erhalten. Mit 17,3 Quadratkilometern hat Zimmerbude, das „Svetlyj" (Lichtort) getauft wurde, eine größere Ausdehnung als die gleichrangigen Städte Gumbinnen (16,3) und Ragnit (14,0).

Das nachbarliche Peyse (Komsomolsk — Stadt des kommunistischen Jugendbundes) und vermutlich noch anderes Gelände wurden der neuen Ortschaft hinzugeschlagen. Sogar die alte Kreisstadt Fischhausen unterstellte man der Stadtverwaltung von Zimmerbude.

In der neuen Stadt am Haff arbeitet nach sowjetischen Angaben ein Schiffsmontage-Betrieb. Er erregte in den sechziger Jahren mit einer ungewöhnlichen Neukonstruktion Aufsehen. In der Ostsee, vor der norwegischen Küste und im Nordatlantik tauchte damals ein Katamaran-Fahrzeug zwischen den Trawlern auf. Seine Erbauer gaben an, daß es eine besondere Manövrierfähigkeit besitze. Sein Name war »Eksperiment«. Ob dieses Experiment gelang, ist bislang nicht bekannt.

Ferner ist dort ein Fischkonserven-Kombinat angesiedelt, das als „Musterkombinat" und größter fischverarbeitender Betrieb des Gebietes, also ganz Nord-Ostpreußens, bezeichnet wird. Schließlich 81 gibt es in der Umgebung ein Wärmekraftwerk, das mit Kohle betrieben wird.

Ein Lenin-Denkmal und eine »Allee der Kühnheit« dahinter markieren die totale Umwandlung in Zimmerbude. Der »Vater des Kommunismus« begrüßt die Überseeschiffe, wenn sie ihre Fahrt durch den nahen Seekanal nehmen. Auf der anderen Seite wird der mit Platten ausgelegte und durch Grünanlagen aufgelockerte Platz durch einen »Kulturpalast« begrenzt. Eine Säulenreihe verlieh dem mit großen Bildplakaten behängten Bau das typische Gesicht. Zu den zahlreichen Neubauten gehört auch ein modernes Kaufhaus mit Glasfront und bis zum Dach reichenden Mosaiken, einer Fassade, wie sie viele neue Kaufhäuser im nördlichen Ostpreußen haben. Dahinter wurde eine Wohnsiedlung mit vierstöckigen Häusern errichtet, sämtliche Gebäude mit Flachdächern.

Spurlos verschwunden: Haffstrom

Große Veränderungen hat es auch auf der anderen Haffseite, jenseits der Pregelmündung, bis hinunter nach Brandenburg, Balga und Heiligenbeil gegeben. Vor allem im nördlichen Bereich wurden erhebliche Eingriffe in die Landschaft beobachtet. Die Bagger, die Sand für Fertigbauteile aus dem Boden holten, trugen Hügel ab, schaufelten ganze Seen aus und ließen Häuser, teilweise ganze Ortsteile und Dörfer verschwinden. Darüber gibt es mehrere Augenzeugenberichte.

Besonders aufschlußreich ist ein Brief, der Anfang 1979 hier eintraf. Der Absender nennt sich „sowjetischer Freund Wolfgang". Er gehört zu den sicherlich ganz wenigen Menschen, die — wie er selber schreibt — die Gegend von früher kennen, aber ebenso jetzt dort Bescheid wissen. Auch über Königsberg und andere Orte berichtet er Interessantes. An der Zuverlässigkeit braucht — vor allem wegen der zahlreichen Übereinstimmungen mit anderen Schilderungen — nicht gezweifelt zu werden. Hier der Wortlaut des Briefes:

„Sie werden gewiß sehr erstaunt sein, plötzlich ein Schreiben von solch einem Menschen zu erhalten, der sich in Ihrer ehemaligen Heimat auskennt und erst vor wenigen Monaten dort gewesen ist.

Tja, was kann nun ein Russe über Wangitt erzählen? Sogar ohne direkt dort gewesen zu sein? Ich bin in dieser Gegend nur auf Durchreise nach Ludwigsort gewesen, welches jetzt Stadt ist und Laduschkin heißt. Aber auch aus dem Busfenster

In Zimmerbude/Peyse hat sich die Welt total verändert. Lenin begrüßt jetzt in der aufstrebenden Stadt die ankommenden Schiffe, wenn sie den Weg durch den Seekanal nehmen. Dahinter ein „Kultur-Palast", der durch den Säulenvorbau sein typisches Gesicht erhielt.

Ein modernes Kaufhaus in Zimmerbude. Dahinter ein Wohnhaus mit einem Plakat, auf dem geschrieben steht: „60 Jahre Komsomol".

sieht man ziemlich viel. Vor allem muß man sagen, daß ausgerechnet das Stück Land so zwischen Brandenburg (Haff) und Königsberg solche Veränderungen gehabt hat, wie kaum ein anderes Stück Königsberger Vorstadt sich verändert hat. Das hat mit den Kriegsfolgen nichts zu tun, vielmehr ist alles durch die normale industrielle Entwicklung bedingt.

Vor allem: Aus der Gegend zwischen Brandenburg und Königsberg bezieht die Großstadt die meisten Rohstoffe für ihre Bauindustrie. Überall nördlich von Brandenburg und östlich von Wangitt werden Sand, Kies usw. aus der Erde gebaggert, auch direkt aus der Haffküste bei Kalgen. Das hat natürlich diese Gegend sehr geändert, geradezu entstellt: Wie in der DDR Braunkohlereviere sind, einer durchlöcherten Mondlandschaft gleich, so sind jetzt die Grundstücke zwischen der Eisenbahn nach Heiligenbeil und dem Haff.

Ganze Ortschaften und Gehöfte, die Ihnen bekannt sind, sind verschwunden, auf ihrer Stelle sind jetzt Tagebaue. Jede Stadt wächst, so hat auch Königsberg bzw. Kaliningrad sich immer weiter ausgedehnt, das ganze Territorium von Waldburg und Heide-Waldburg ist jetzt fast ein Stadtteil der nahen Stadt, und Kalgen gehört schon längst zu Königsberg — ist eingemeindet.

Auf dem Territorium von Waldburg beziehungsweise Heide-Waldburg, Maulen, Warthen und was da alles war, fast bis Brandenburg, hat sich diese große Siedlung gebildet — Industriegebiet des Betonbaus mit einem riesenhaften Kombinat für Häuserfertigungsteile aus Beton, für Betonkonstruktionen und andere Bauteile. Dieses Kombinat ist sehr weitgestreckt, hat also die meiste Gegend bei Waldburg verschluckt.

Was mit Wangitt jetzt ist, wie das jetzt heißt, und wie es aussieht, weiß ich noch nicht. Aber ich werde es bald erfahren. Dieses große Kombinat ist administrativer Betrieb von Königsberg und gehört zur Großstadt. Deswegen kann man jetzt auch diese ganze Gegend fast als Stadtteil bezeichnen. Nach Pribreschnje fahren Nahverkehrsbusse ungefähr jede Stunde. Und alle, die da wohnen, sind jetzt praktisch Königsberger, d. h. sind Kaliningrader. Viele, die dort arbeiten, kommen auch täglich aus der nahen Stadt. Schätzungsweise hat dieses Kombinat Waldburg, Heide-Waldburg und Wardienen verschluckt, ob mit Wangitt das gleiche passiert ist, kann man noch schwer beurteilen. Wangitt stand etwas abseits an der Haffküste.

Theoretisch genommen müßte Wangitt von den Werkbauten verschont sein und mit dahinter stehen. Aber, wie schon gesagt, haben die Bagger 83 die ganze Umgebung zerfressen, darunter auch die Haffküste. Besonders arg zerfressen wurde die Uferlinie, dort wo früher Haffstrom — das uralte Dorf mit der alten Kirche — lag. Auf dieser Stelle sind viele Gruben, Rinnen und kleine Buchten an der Küste entstanden. Das Dorf Haffstrom ist bis zum letzten Häuschen spurlos verschwunden. An dieser Stelle zwischen Haffküste und dem Gut Kalgen ist in den ehemaligen Tagebauen nichts als eine riesengroße Müll- und Abfallhalde. Aus dem Müll heraus ragen nur die alten riesigen Betonbunker der äußersten Befestigungslinie Königsbergs empor.

Direkt an der Küste arbeiten bis jetzt schwimmende Bagger und Kräne, sie schöpfen Kies vom seichten Haffboden und baggern neue Buchten in die Haffküste hinein. In der größten, schon fertigen Bucht, die am markantesten ins Land reingeschnitten ist, hat jetzt der Jachtklub Königsberg seinen Sitz. Das sieht sehr schön aus mit den weißen Segeln, Anlegestellen und Bootsschuppen. Auch auf dem Haff kann man deswegen beim schönen Wetter viele Boote und Jachten segeln sehen, noch von Kalgen aus.

Die Bagger arbeiten direkt neben den Schuppen und Helligen; aber diese unangenehme Nachbarschaft scheint keinen zu stören. Der Klub als solcher ist ein ziemlich breites, aber niedriges Haus mit Flaggenmast, gezimmert aus industriellen Holzplatten mit den Außenwänden aus den Holzplanken wie die Schiffe und ganz grün bestrichen.

In dieser ganzen Gegend, das heißt beim Jachtklub, an diesen Betonbunkern und in Kalgen bin ich selber gewesen, im vorigen Jahr.

Aber weiter zu den Wangitter Höhen bin ich nicht gegangen, deswegen kann ich nicht berichten, was z. B. mit Heide-Maulen oder Wangitt los ist. Es kann sogar passieren, daß die gefräßigen Bagger auch ganz Wangitt verspeist haben, so wie Haffstrom. Ich will hoffen, daß es nicht so geworden ist.

Aber es freut mich sehr, Ihnen mitzuteilen, daß Kalgen noch ganz gut erhalten geblieben ist und noch viele deutsche Häuser hat und aussieht, wie Sie Kalgen noch kennen. Nur Gut Kalgen mit dem großen Gutshaus sieht ganz anders aus. Das Gutshaus steht zwar, aber völlig umgebaut. Dort hat Stadtrand-Landwirtschaft das Kontor. Ihr gehören jetzt die Ställe am Gutshaus, wo Pferde drin sind, und die zahlreichen Treibhäuser an der Königsberger Ringstraße am anderen Rand von Kalgen.

Dieser Wirtschaft (Stadtwirtschaft natürlich so wie LPG in der DDR) gehört auch die ehemalige Festung Kalgen, genannt auch Fort N 8. Kennen Sie noch Fort Kalgen? Das ist sehr gut erhalten geblieben. Dort ist kein Militär drin. Die ganze mächtige Festung ist durchaus friedlich geworden: In ihren Kasernen und Kasematten lagert die Stadtwirtschaft Gemüse, vor allem Kartoffeln.

Kalgen selbst gehört jetzt zur Großstadt. Die Ringstraße, die ganz Königsberg umfaßt und an den 15 Festungen vorbeiläuft, bildet jetzt die Stadtgrenze. Aber auch der Teil von Kalgen, der draußen ist, mit Dorfanger und Gutshaus, gehört zur Stadt. Mitten auf dem ehemaligen Dorfanger steht ein hübsches, weißes Häuschen, schon in der sowjetischen Zeit erbaut, aber sehr hübsch und sauber. Darin ist die Post. Die Post hat Kalgen also, aber leider keine Kneipen; die sind aus diesem ganzen Land spurlos verschwunden. Nur Königsberg hat noch ein paar behalten; aber das sind die unglücklichen Überreste, kaum ein Prozent von dem, was in der deutschen Zeit war.

Die große Hauptstraße von Kalgen — die Ausfallstraße nach Ludwigsort — heißt jetzt Suworow-Straße. Am ehemaligen Dorfanger, an der schönen weißen Post, hat der Stadtlinienbus N 5 Endstation. Ich habe vergessen zu erwähnen, daß ganz Kalgen jetzt Chausseenoje (ausgesprochen Schossjenoje) heißt, was in der Übersetzung „Chausseedorf" ist. Die Kombinatsiedlung bei Waldburg heißt Ribresharje, also „Küstendorf". Ludwigsort und Brandenburg sind nach den Namen von gefallenen sowjetischen Helden benannt, wie auch die meisten Städte und Dörfer in diesem Bezirk.

Der Verlust von Kneipen ist natürlich sehr empfindlich, dafür ist aber die Verkehrslage in Kaliningrad (und in Kalgen) ganz einwandfrei. Sowjetische Großstädte haben überhaupt meistens ein ganz perfektes Verkehrssystem. Der Bus N 5 fährt fast alle 20 Minuten, durchquert die ganze Stadt, fährt durchs Zentrum, über den Hafen bis zum anderen Haffufer, also nach Metgethen, was jetzt auch ein Stadtteil ist (der weiteste) und Kosmodemjemski heißt (Nach einer Liste aus dem Jahre 1968 wird für Metgethen der Name Lesnoe angegeben). Ganz schöne Entfernung! Aber sehr bequem. In Königsberg haben überhaupt die meisten Buslinien ungeheure Entfernungen und durchqueren die ganze Stadt, die jetzt sehr groß ist.

Das ist alles, was ich selber über dieses Stück Land aus den eigenen Erlebnissen berichten kann. Jetzt zitiere ich, was darüber in dem Reiseführer ‚Baltenland und Weißrußland' (Pribaltika i Belorussija) erzählt wird. Sehr schade, daß dieses Buch nur in Russisch existiert. Das erzählt auch über Königsberg und diesen Bezirk sehr viel Interessantes. Ich übersetze nun die Seiten, die die Gegend von Waldburg, Brandenburg und Ludwigsort beschreiben.

Also: ‚Am südlichen Stadtrand von Kaliningrad liegt die Siedlung Pribreshnoje mit dem großen Kombinat für Eisenbetonkonstruktionen und Häuserteile. An der Haffküste, in den ehemaligen Tagebauen, wo früher Sand und Kies gebaggert wurden, glänzen jetzt Seen mit kristallklarem Wasser. Zwi-

In „Svetlyj", fast eine Stadt aus der Retorte, ist das alte Zimmerbude nicht mehr wiederzuerkennen.

schen den grünen Wiesen sind sie durch ihre recht-winklige Form den Schwimmbassins ähnlich. Diese Seen werden ‚blaue Seen' genannt: Das Wasser ist dort wirklich von sauberem Blau, und die Tiefe beträgt bis zu 16 Meter.

Das ist Erholungsgebiet für die Stadt, auch zahl-reiche Angler können hier fischen, denn in diese Seen werden regelmäßig Fische reingelassen. Auf dem Haff schwimmen viele Jachten mit weißen Segeln. Hier, neun Kilometer von der Stadt ent-fernt, liegt in der kleinen Bucht der Jacht- und Bootsklub. Die Chaussee läuft weiter über die mit Wald bewachsenen Hügel nach Uschakowo, ehe-mals Brandenburg. Im Frühling 1945 waren hier unerhört blutige Kämpfe.

Diese ganze Gegend um Brandenburg herum, an der Chaussee und bis zum Haff, bedeckten deut-sche Minenfelder. Auch die Brücke über den Fluß Frisching (jetzt Prochladuaja-Fluß: „die Kühle" oder „die Frische") wurde vermint. Die Faschisten konnten die Brücke glücklicherweise nicht mehr sprengen. Die sowjetischen Pioniertruppen haben die gefährlichste Arbeit durchgeführt, um Branden-burg, die Brücke und die Chaussee von Minen zu befreien. Die Kämpfe gingen weiter. Auch die Pan-zerkompanie, geleitet von Leutnant Laduschkin, kämpfte ununterbrochen.

Neben dem Dorf Deutsch-Thierau (jetzt Iwanzo-wo) erhielt der Panzer des Leutnants zwei Treffer, die Maschine brannte. Laduschkin war schwer ver-wundet, aber er konnte die Kompanie nicht ohne Kommando lassen. Er stieg in den anderen Panzer und brach vor seiner Kompanie in die deutsche Stellung ein. Er ist noch dazu gekommen, zwei Panzerabwehrkanonen zu zermalmen, die dritte Kanone aber konnte mit dem Panzergeschoß den

ganzen Turm bei der Kommandeursmaschine durchschlagen. So ist Held der Sowjetunion Laduschkin gestorben. Mit seinem Namen hat man Ludwigsort benannt. Im Zentrum dieser Stadt ist er begraben, auf seinem Grab steht das Denkmal von ihm.

Das heutige Laduschkin (Stadt seit 1960) ist eine bedeutende Eisenbahnstation. In der Stadt sind viele neue Häuser sowie das große Butter- und Käsewerk. Auf dem Werkgelände wächst eine riesenhafte Eiche, noch mit Spuren von Granat-splittern, 800 Jahre alt. In Laduschkin wachsen viele Pflanzen, die botanische Seltenheiten sind und sorgfältig bewacht werden: die gezüchtete Kastanie mit den eßbaren Früchten, Theiß, ‚Silberner Loch-baum', ‚Weinende Buche' und besondere Nuß-bäume.

Am Stadtrand auf der Straße nach der Haffküste (nach Patersort, das jetzt als Ortsteil zu Ludwigs-ort gehört) liegt eine große Pelztierzuchtfarm, wo Nerze, Nutria usw. gezüchtet werden.

Südwestlich von Ludwigsort beginnt der große Föhrenwald, der sich fast bis Mamonowo (Heili-genbeil) zieht. Hier ist das große Laduschkiner Jagdrevier, 2 300 Hektar groß; davon sind 1 500 Hektar Sümpfe, die zum NSG (Naturschutzgebiet) erklärt sind. In diesem Reich der Natur fühlen sich die aus den nördlichen Gebieten von Archangelsk eingeführten Ondatras (Bisamratten) sowie zahl-reiche würdevolle Störche und andere Vögel zu Hause. Die kleinen Flüßchen können auch was zum Angeln bieten!'

Das erzählt nun der Reiseführer über Ihre Gegend. Das ist alles wahr, was drin steht. Bei Patersort am Haff steht auch das große Erholungs-lager der Jugend mit einer Bootsstation, kann ich noch hinzufügen.

Ich kann noch sagen, daß dort, wo die Tagebaue bei Waldburg schon verlassen sind und mit dem klaren Wasser gefüllt, sie wirklich eine schöne Er-holungsgegend bilden. Denn gerade in den Kies-gruben ist das Grundwasser besonders rein und klar. Bloß die Gruben bei Kalgen und ehemaligem Haffstrom bilden peinliche Ausnahmen. Sie wer-den, wie schon gesagt, mit Müll gefüllt. Na ja, ist nichts zu machen, jede Stadt braucht leider auch Abfallplätze und ist Schmutzproduzent.

Ludwigsort und Brandenburg sehen jetzt fast ganz russisch aus, mit den neuen eintönigen Häu-sern bebaut. In Brandenburg steht an der Chaussee auf dem hohen Hügel der viereckige Rest vom Kirchturm wie ein hohler Zahn. Die Kirche selbst ist weg, noch vom Krieg wahrscheinlich. In Bran-denburg wohnen auch zahlreiche Arbeiter von dem riesigen Betonkombinat.

Nach den beschriebenen ‚blauen Seen' hat man auch die Eisenbahn von der Heiligenbeiler Bahn gezogen. Im Sommer fahren regelmäßig Vorortzüge vom Hauptbahnhof Königsberg fast bis nach Waldburg, im Winter natürlich nicht.

Von meinen alten Kartenskizzen kann ich noch viele Namen ablesen, so wie Wundlacken, Maulen, Bergan, Pinnau, Wardienen, Schoschen, Jäskeim, Warthen, Albehnen, Klein-Hoppenbruch. Aber ich habe noch keine entsprechende Ortschaften in der jetzigen Gegend gefunden. Das ist auch nicht so leicht, wo sich alles so geändert hat. Die Karten und Nachschlagewerke fehlen ja gänzlich, man kann nur aufs Geratewohl feststellen, wo was war.

Aber zumindest Wangitt wird leicht zu finden sein oder die Stelle, wo es war. Denn die Landzunge Wangitter Haken blieb auf jeden Fall vorhanden. Und ich weiß ja, daß Wangitt an ihrem Anfang lag. An einer Seite war Wangitt, an der anderen Heide-Waldburg, stimmt's? Es wird der herrliche Haffküsten-Spaziergang sein. Ich habe solche Spaziergänge an den beiden Haffs, am Frischen wie am Kurischen, sehr gerne.

Meine letzte Fahrt nach Ludwigsort und Patersort war auch wunderschön. Das finde ich viel interessanter, als Briefmarken oder Bierdeckel zu sammeln. Übrigens ist das Frische Haff viel ruhiger und freundlicher als das Kurische.

Was soll ich Ihnen noch erzählen? Ein bißchen über Königsberg? Darüber könnte ich wohl ein ganzes Buch schreiben; denn diese Stadt bildet den Hauptpunkt von meinem Hobby. Also nur ein paar

Sätze: Auch als neue sowjetische Stadt ist Kaliningrad höchst interessant und angenehm. Wenn man noch weiß, wie das früher war (und das weiß ich!), kann man überhaupt vor Interesse platzen. Was ist nun von den Ihnen bekannten Zeiten geblieben?

Auch die Reste bilden schön viel: Beide Bahnhöfe sind erhalten, Nord- und Süd(Haupt)bahnhof. Die Börse, die Domruine, die Kreuzkirche an der Lomse, der Hansaplatz, Justizpalast mit den beiden Auerochsen davor, die Hufen, die Luisenkirche, Polizeipräsidium, Zoo, Stadtwall und die Straße »Litauischer Wall«. Alle Stadttore sind noch da, Friedländer und Sackheimer, Königstor und Neuroßgärtner, auch das Brandenburger Tor in der Straße Alter Garten (jetzt Bagrationstraße) steht noch, sogar das schäbige und vernachlässigte Friedrichsburger Tor vom ehemaligen Fort Friedrichsburg ist noch vorhanden.

Alle Festungen sind noch da und ganz heil. Der Krieg konnte ihnen nichts antun: der Dohna-Turm und Wrangel-Turm, Bastion Sternwarte und die Kaserne Kronprinz am Königstor sind ganz unverändert. Alle 15 Festungen an der Ringstraße sind noch vorhanden, darunter Festung N 8 (Kalgen), und in der Festung N 5 (Chaussee nach Rauschen) hat man das Memorial zur Besichtigung eingerichtet.

Wenn Sie andere Bekannte aus der gleichen Gegend bei Königsberg, Tilsit oder Insterburg mit Memel haben, kann ich auch ihnen viel über ihre

86 *Haffdorf Brandenburg*

Die Ruine der Ordensburg Balga steht noch. Wer heute von dort herunterblickt, kann eine erschütternde Entdeckung machen.

ehemalige Heimat erzählen, denn ich habe wirklich das merkwürdige Steckenpferd: Landeskunde vom ehemaligen Ostdeutschland, vor allem ganz Ostpreußen und Königsberg. Es ist ein etwas komisches Gefühl, sich als fertiges Wörterbuch zu fühlen. Aber kein unangenehmes.

Dieses ganz winzige Stück Land, was jetzt bei uns ist (so ein Dreieck mit Seiten von 150 km Länge), habe ich kreuz und quer durchwandert und bin fast überall gewesen. Am interessantesten sind natürlich Königsberg, Tilsit und Insterburg. Nun, auch Friedland und Tapiau. Und Cranz mit Rauschen an der Bernsteinküste.

Ich liebe dieses kleine Stück Land und habe dort viel Schönes erlebt. Natürlich habe ich auch viele ungeklärte Fragen, die ich noch nicht lösen kann, z. B. wo das Schloß Waldburg stand und wie es aussah? Oder: Hatte Wangitt früher eine Kirche?

Ich könnte Ihnen auch erzählen über meine Wanderungen nach Tharau und Kreuzburg, und von Kreuzburg nach Sollnicken und Kobbelbude.

Kennen Sie noch das alte Liedchen „Ännchen von Tharau?" Tharau heißt jetzt Wladimirow. Dort steht noch die Kirche relativ heil. Auch Pfarrhaus und alte Kirchschule sind noch dabei..."

Das alte Pfarrhaus steht also noch, in dem die Hauptperson des wohl bekanntesten deutschen Volksliedes ihre Kindheit verlebte. Simon Dach, dem Lyriker aus Memel, schreibt man das zärtliche

Liebesgedicht zu. Weder er noch das begehrte „Ännchen", die liebenden Gatten oder die Millionen, die in vielen Generationen das innig verehrte Mädchen besungen haben, hätten sich träumen lassen, daß dort einmal kein Platz mehr für sie alle sein würde, daß aus dem „Ännchen von Tharau" womöglich eine „Anuschka von Wladimirow" werden sollte.

Übrigens war einige Zeit nach dem Kriege Tharau ein Rayonzentrum (Kreisverwaltung). Inzwischen ist der Ort wieder in die kommunalpolitische Bedeutungslosigkeit zurückgefallen. Nur der Zug hält dort weiter auf der Fahrt nach Pr. Eylau, und im Westen, im „Reich", das heißt in dem, was davon noch übrig geblieben ist, besingen sie immer noch das „Ännchen von Tharau", das nicht nur ihre Männer überlebt, sondern die Zeiten überdauert und die Räume überwunden hat.

Aus dem Haff taucht die Vergangenheit auf

Kehren wir noch einmal an das Haff zurück, in die Gegend, da der Krieg wohl am schlimmsten gewütet hat, wo er so tiefe Spuren hinterlassen hat, daß sie immer noch zu sehen sind, auf dem Land wie im Wasser. Vor Balga (Weselnoje) liegen 87

Das war einmal Heiligenbeil – von Südosten aus gesehen.

Dutzende von Panzern, Autos und Wagen auf dem Grund des Frischen Haffs. Und wenn man von der Anhöhe, wo unverändert die Ruine der alten Burg aus der ersten Ordenszeit zu finden ist, hinunterblickt und das Wasser niedrig steht, dann tauchen sie auf, gleichsam aus einer grausamen Vergangenheit. Mit Mann und Roß und Wagen hat sie der Herr geschlagen! verkünden sie der Nachwelt.

Dort hatte sich eine der Tragödien des Zweiten Weltkrieges abgespielt. Spätere Geschichtsschreiber berichteten vom „Stalingrad auf deutschem Boden" und meinten damit die Kesselschlacht um Heiligenbeil. Mit der letzten Verzweiflung hatten sich die deutschen Truppen in den steinhart gefrorenen Boden gekrallt — es war einer der besonders kalten Winter des Ostens —, um den erschütterndsten Treck des ganzen Krieges zu sichern. Auf der freien Breitseite des Haffes zogen die Nordostpreußen über das zugefrorene Haff in Richtung Nehrung, wo sie vorerst in Sicherheit waren.

Die Granaten der Stalinorgeln, der Werfer, Geschütze, Panzer und Flugzeuge schlugen vor und hinter, links und rechts neben ihnen ein, trafen oft genug die Elendslawine; kreischend brach das Eis unter der wildbewegten Last; Menschen, Tiere, Fahrzeuge versanken; Alte und Kranke verirrten sich, blieben zurück, wurden nie mehr gefunden. Und doch kam der größte Teil durch. Rette sich, wer kann, hieß es zum Schluß auch für die Solda-

ten; doch für die meisten war es zu spät. Für sie begann der Leidensweg erst, spätestens am 28. März, als mit Balga auch der letzte Ort des Kessels fiel.

Heute bietet das Haff längst ein friedliches Bild. Wenn die wenigen Spaziergänger im Sommer sich am Ufer erholen oder im Winter die jüngeren Kaliningrader ausschwärmen und mit dem Auto oft auf das dicke Eis fahren, Löcher hineinschlagen, um so, wie einst die Vorbewohner, Fische zu fangen, dann spricht kaum jemand von dem, was vor mehr als 30 Jahren geschehen ist; es sei denn, die stummen, verrosteten und verfaulten Zeugen ragen aus den Untiefen heraus und fordern Antwort.

War es eine logische Folge des Infernos, eine Strafe für den hartnäckigen Widerstand? Heiligenbeil und das dazugehörige Gebiet haben jeglichen Rang verloren. Es gibt keinen Kreis Heiligenbeil mehr, keine Kreisstadt, keinen Ort voller Leben, keinen Durchgangsverkehr. Hier in dieser Gegend ist alles zu Ende. Nur wenige Kilometer von Heiligenbeil entfernt zieht sich auch die wohl dichteste Grenze der Welt mitten durch Ostpreußen — dort, wo einst seine Mitte war.

Früher spottete man, Zinten liege im Ausland, und spielte damit auf die Zeit an, als die Protestanten sich nur ein Jahr lang im benachbarten katholischen und vorübergehend der polnischen Krone unterstellten Ermland aufhalten durften. Damals reisten sie, meist „über die Feiertage", ins nahe Zinten. Kamen sie nach Neujahr ins Ermland zurück, hatten sie wieder für ein Jahr Aufenthaltsgenehmigung. Jetzt ist aus dieser Erinnerung eine brutale neue Wirklichkeit geworden. Zinten liegt nicht nur im Ausland; es ist auch unerreichbar.

Am 25. Februar 1945 ging die freundliche Stadt hinter den grünen Hügeln des Stablacks unter. Seitdem ist sie nicht mehr aufgetaucht. Nicht nur für ihre alten Bewohner; sondern auch nicht mehr für ihre neuen, die spärlich und widerstrebend in das traurige Ruinenfeld einzogen. Jetzt heißt der vereinsamte Ort Kornewo. Seine Stadtrechte hat er verloren. Ein Dorfsowjet bestimmt seine Geschicke. „30 Häuser mögen dort noch stehen", berichtet einer, der in den siebziger Jahren da war. „Ich habe sie nicht gezählt; aber es können kaum mehr sein."

Heiligenbeil schien das gleiche Los bestimmt. 1951 wurde der nun Mamonowo genannte Ort wenigstens wieder als Stadt eingestuft. Die schweren Zerstörungen — das am 24. März 1945 eroberte Heiligenbeil war ein einziger Trümmerhaufen — wurden erst zum Teil beseitigt. Immerhin hat man allmählich versucht, den verödeten Ort ein wenig neu zu beleben. Aus sowjetischen Veröffentlichungen geht hervor, daß dort ein Fischkonservenkombinat angesiedelt wurde. In der Nähe der Stadt soll man auf Öl gestoßen sein.

Einzige Stadt in dem ehemaligen Kreisgebiet ist außerdem noch Ludwigsort. Seit 1961 gibt es dort ein Landsanatorium für Kinder. Von den 100 Betten sind 50 für traumatologische Fälle reserviert. Laduschkin, wie der Ort heute genannt wird und von dem hier schon die Rede war, hatte eine Zeitlang auch den Rayon-Sitz. Nun ist — wie in Heiligenbeil — nur noch ein Stadtsowjet in der recht geförderten Siedlung in der Nähe des Haffs. Der gesamte Kreis, bis auf eine winzige Ecke im Nordosten, gehört zum Rayon Pr. Eylau.

Hier ist zunächst einiges zur gegenwärtigen Verwaltungseinteilung in Nord-Ostpreußen zu sagen. Im wesentlichen richteten sich die Sowjet-Behörden nach den vorhandenen, in langen Jahrhunderten gewachsenen Gegebenheiten. Doch völlig konnten sie nicht darauf zurückgreifen; denn der Krieg hatte Ostpreußen weithin zerstört und vor allem geteilt zurückgelassen. Die Trennungslinie riß sechs alte Kreise auseinander, schlug, der willkürlich gezogenen Demarkationslinie folgend, eine Hälfte, meist die kleinere, zum südlichen, polnisch verwalteten Gebiet, den überwiegend größeren Rest zum sowjetischen Machtbereich. Auch die Funktion Königsbergs, die fast von Anbeginn im Hauptstadtcharakter für die ganze Provinz lag, wurde dadurch grundlegend verändert und beschnitten. Hier zunächst die Erläuterung der Begriffe Königsberg und Nord-Ostpreußen:

Königsberg

Königsberg, Hauptstadt von Ostpreußen, wurde im Jahre 1255 gegründet. Es war von 1457 bis 1525 Sitz des Hochmeisters des Deutschen Ordens, nach der Umwandlung des Ordensstaates in ein weltliches Herzogtum von 1525 bis 1618 Sitz der preußischen Herzöge, seit 1701 (damals hatte Königsberg mehr Einwohner als Berlin) Krönungsstadt der preußischen Könige. Seit 1772 war Königsberg Hauptstadt der Provinz Ostpreußen. Am 9. April 1945 wurde es von sowjetischen Truppen besetzt. „Vorbehaltlich der endgültigen Bestimmung bei der Friedensregelung" wurden auf der Potsdamer Konferenz „Stadt Königsberg und das anliegende Gebiet" mit Zustimmung der Alliierten an die Sowjetunion übergeben. Am 17. Oktober wurde das Gebiet — trotz der Vorbehalte der Potsdamer Konferenz — formell der Sowjetunion eingegliedert. Am 4. Juli 1946 wurde Königsberg in Kaliningrad umbenannt. Im Moskauer Abkommen vom 12. August 1970 stimmte die Regierung der Bundesrepublik Deutschland der Grenzziehung zu. Mit Urteil vom 7. Juli 1975 stellte das Bundesverfassungsgericht klar, daß laut Grundgesetz eine endgültige Grenzziehung einer Friedensregelung unter Beteiligung Gesamtdeutschlands vorbehalten bleibt.

Nord-Ostpreußen

Der Begriff Nord-Ostpreußen tauchte erst nach dem Kriege auf, als die Potsdamer Konferenz die sowjetischen Ansprüche auf dieses Gebiet „vorbehaltlich der endgültigen Bestimmung der territorialen Fragen bei der Friedensregelung" billigte. Im polnisch-sowjetischen Abkommen vom 16. August 1945 sowie einem Demarkationsprotokoll vom 7. Mai 1947 wurde die Grenzlinie zwischen diesen beiden Staaten festgelegt. Sie verläuft quer durch Ostpreußen, etwa von Narmeln auf der Frischen Nehrung im Westen bis Goldap im Osten. Das sowjetische Gebiet umfaßt eine Fläche von 15 100 Quadratkilometern. Dort lebten früher nach der letzten Volkszählung 1 165 873 Einwohner. Nach sowjetischen Angaben wohnen jetzt 785 000 Menschen dort. Am 17. Oktober 1945 wurde das Gebiet — trotz der Vorbehalte der Potsdamer Konferenz — formell der Sowjetunion eingegliedert und im Juli 1946 als „Kaliningradskaja oblastj" der Russischen Sowjetrepublik (RSFSR) zugeordnet. Im Moskauer Abkommen vom 12. August 1970 stimmte die Regierung der Bundesrepublik Deutschland der Grenzziehung zu. Mit Urteil vom 7. Juli

1975 stellte das Bundesverfassungsgericht klar, daß laut Grundgesetz eine endgültige Grenzziehung einer Friedensregelung unter Beteiligung Gesamtdeutschlands vorbehalten bleibt. Der Name Ostpreußen war 1772 eingeführt worden, als West-Preußen an Friedrich den Großen fiel und eine Verwechslungsgefahr ausgeschlossen werden sollte. Vorher hatte es seit der Besiedlung durch den Deutschen Orden (ab Anfang des 13. Jahrhunderts) in Anlehnung an den Namen Pruzzen für die dortige Bevölkerung Preußen geheißen. Dieser Name ging dann auf das Königreich über. Nach dem Ersten Weltkrieg wurde Ostpreußen im Versailler Vertrag durch den Polnischen Korridor vom übrigen Reich getrennt, im Norden durch das schließlich von Litauen okkupierte Memelland verringert und im Süden durch Teile Westpreußens vergrößert.

Die früher übliche Einteilung in Regierungsbezirke kennt man heute nicht mehr. Jedoch folgt die Kreisgliederung im großen und ganzen der alten Ordnung. Insgesamt gibt es 13 Land- und fünf Stadtkreise, die Rayons genannt werden, sowie acht Städte, die direkt der Oblastj-Verwaltung unterstehen.

Die 13 Landrayons, geordnet nach der flächenmäßigen Größe und nach der Zahl der Dorfsowjets (also eine Art Großgemeinden), heißen nach ihrem Rayonzentrum:

Cranz (Selenogradsk) 6 Dorfsowjets;	2 109,6 km² —	
Neuhausen (Gurjewsk),	1 436,6 —	10;
Heinrichswalde (Slawsk)	1 350,8 —	7;
Friedland (Prawdinsk)	1 283,8 —	9;
Haselberg (Krasnoznamensk)	1 281,1 —	7;
Insterburg (Tschernjachowsk)	1 240,6 —	7;
Pr. Eylau (Bagrationowsk)	1 146,1 —	11;
Ebenrode (Nesterow)	1 062,1 —	7;
Angerapp (Osersk)	881,4 —	6;
Labiau (Polessk)	833,3 —	6;
Tapiau (Gwardeisk)	784,2 —	7;
Gumbinnen (Gussew)	626,0 —	7;
Ragnit (Njeman)	680,9 —	6.

Für die Bevölkerungszahlen liegt bisher nur eine Statistik aus dem Jahre 1968 vor. Danach sind diese Rayons (ohne Städte) mit folgenden Angaben genannt: Pr. Eylau 34 100, Neuhausen 31 800, Tapiau 27 200, Heinrichswalde 25 900, Cranz 22 800, Friedland 22 400, Insterburg 16 800, Angerapp 16 000, Ebenrode 15 400, Haselberg 14 500, Ragnit 12 000, Gumbinnen 9 300.

Die kreisfreien Städte, die also der Oblastj-Verwaltung direkt unterstellt sind, geordnet nach ihrer flächenmäßigen Größe (in Quadratkilometern): Königsberg (178,1), Pillau (49,1), Tilsit (45,9), Insterburg (45,0), Rauschen (22,6), Zimmerbude (17,3), Gumbinnen (16,3), Ragnit (14,0).

Zu den Rayons gehören folgende Städte, geordnet nach der flächenmäßigen Größe: Tapiau (11,5), Heinrichswalde (10,0), Labiau (9,3), Angerapp (8,7), Pr. Eylau (8,5), Friedland (8,3), Neukuhren, der Stadtverwaltung von Rauschen unterstellt, (7,6), Ebenrode (7,3), Heiligenbeil (6,4), Haselberg (5,5), Ludwigsort (4,6), Neuhausen (4,6), Neuhausen (4,6), Cranz (3,5), Fischhausen, der Stadtverwaltung von Zimmerbude unterstellt, (3,4).

Dabei wird noch unterschieden nach Städten mit eigenen Stadtsowjets, wie Heiligenbeil und Ludwigsort, sowie nach solchen, in denen „die Lösung von Fragen, die in die Kompetenz von Stadtsowjets und ihrer Vollzugskomitees fallen, den Rayonsowjets und den Vollzugskomitees der Rayons vorgelegt werden, zu denen diese Städte gehören." Das trifft auf die übrigen genannten Städte zu.

Schließlich gibt es noch Siedlungen städtischen Typs, die man auch „Arbeitersiedlungen" nennt. Dieses sind, geordnet ebenfalls nach der flächenmäßigen Größe: Wehlau (9,6), Palmnicken, der Stadtverwaltung von Rauschen unterstellt, (7,6), Gerdauen (5,9), Groß Kuhren, der Stadtverwaltung von Rauschen unterstellt, (1,6), Rossitten (unbekannt, vermutlich der Stadtverwaltung von Cranz unterstellt).

Einige Städte, die einst von der ostpreußischen Landkarte nicht wegzudenken waren, gibt es heute nicht mehr. Sie wurden zu Dörfern zurückgestuft oder gänzlich ihres Ranges beraubt. Es ist sicher kein Zufall, daß sie fast ausschließlich in der weithin abgeriegelten Grenzzone oder in den vom Krieg besonders schwer heimgesuchten Gebieten liegen.

So sind wie Zinten im Kreis Heiligenbeil auch Domnau (Domnowo), Kreis Bartenstein, Allenburg (Drushba), Kreis Wehlau, und Eydtkau (Tschernyschewskoje), Kreis Ebenrode, keine Stadt mehr, werden immerhin aber noch als Dorfsowjets weitergeführt. Dagegen findet man die alten Städte Kreuzburg (Slawskoje, später Enino), Kreis Pr. Eylau, und Schirwindt (Kutusowo), Kreis Schloßberg, auf den neueren sowjetischen Karten wie auch in den einschlägigen Büchern nicht mehr wieder. Zuletzt wurden sie 1953 als Dorfsowjets genannt.

Setzen wir unsere Reise durch die „Oblastj" fort. Sie ist nun erheblich schwieriger geworden. 20 Kilometer vor der neuen Grenze zur Volksrepublik Polen beginnt die Sperrzone. Sie darf nur mit einem Erlaubnisschein betreten werden. Hier, wo einmal die Mitte Ostpreußens war, ist nun das Ende, ganz gleich, ob man von Süden kommt, was früher Bartenstein, Allenstein, Elbing, Danzig oder Berlin bedeutete, oder vom Norden, meist aus Königsberg. Quer durch das Land zieht sich ein scharf bewachter, schier unüberwindlicher Streifen.

Schlagbäume, Durchfahrt-Verbotsschilder, Wachstuben und Schilderhäuschen, umgepflügte Grenzstreifen, zwei Meter hohe Drahtzäune, Beobachtungstürme. Man kennt das zur Genüge aus der Mitte unseres Vaterlandes. Daß es so etwas auch im Zentrum der östlichen Provinz gibt, zwischen den sozialistischen Bruderländern, wie sie sich selbst betiteln, macht kaum Schlagzeilen, ist aber gewiß nicht weniger bemerkenswert.

Wir sprachen jemand, der sich dort gut auskennt. Er berichtete: „Ich habe einige Zeit in der Gegend gewohnt. Einmal bin ich den ganzen Grenzstreifen zwischen Pr. Eylau und Heiligenbeil abgefahren. Ich hatte einen dienstlichen Auftrag. Sonst wäre das unmöglich gewesen. Das war eine deprimierende Reise. Ich sah fast keinen Menschen. Die Gegend wirkt verlassen, manchmal geradezu unheimlich. Man hat ständig das Gefühl: Gleich passiert etwas, oder es kommt jemand. Das kann doch nicht sein, daß man mutterseelenallein durch die Gegend fährt. Ich war froh, als ich wieder unter Leute kam."

Wochenmarkt in Pr. Eylau

Fahren wir nun einmal wenigstens in Gedanken in die schwer zugängliche Grenzzone. Früher kamen die häufigsten Besucher von Pr. Eylau oder Rückkehrer vom Einkauf und Ausflug aus Königsberg; heute gibt es in der Nord-Süd-Richtung nur noch die Zufahrt aus Kaliningrad. Auf der Ausfallstraße — früher Schönfließer Allee, jetzt Uliza Dscherschinskaja, wird angezeigt, wohin die Fahrt nach der Endstation Süd im jetzigen Nord-Ostpreußen geht: nach Bagrationowsk — so heißt heute Pr. Eylau.

Benannt wurde die alte Kreisstadt nach dem Zaren-General Fürst Bagration (1765—1812), dem aus Georgien stammenden Führer der russischen Nachhut in der Schlacht bei Pr. Eylau im Februar 1807, die den Namen des kleinen Städtchens weit über seine engen Grenzen bekannt gemacht hat und von der noch zu reden sein wird.

Bei der Umbenennung der deutschen Orte griffen die sowjetischen Behörden häufiger auf die Namen russischer Feldherren in den napoleonischen Kriegen zurück. Aber auch Offiziere des letzten Krieges, die sich bei den Kämpfen in Ostpreußen hervorgetan hatten und dort gefallen sind, wurden dabei berücksichtigt. Nicht vergessen wurden russische Dichter und Schriftsteller. Einige Namen verraten die Herkunft der Neusiedler oder die örtliche Besonderheit wie etwa Jantarnyj gleich Bernstein für Palmnicken. Schließlich kamen auch politische Persönlichkeiten des Sowjetstaates zu diesem Recht, so etwa Kalinin in Königsberg.

Die Polen nennen übrigens Pr. Eylau, die Stadt, in die sie von der Warschkeiter Höhe aus hineinsehen können, „Ilawka", im Unterschied zu Ilawa für Deutsch Eylau, das zu ihrem Gebiet gehört.

Noch bevor wir das Ortsschild „Bagrationowsk" erreichen, fahren wir — wie früher — an den hohen, grauen Verpflegungssilos vorbei; dort auf der immer noch schönen, alleeartigen Königsberger Straße in Karlshöfchen ... Halt! „Dieses Karlshöfchen gibt es nicht mehr! Dort steht nichts!" So hat es jedenfalls der Mann in Erinnerung, der noch in den siebziger Jahren in Pr. Eylau gewohnt und gearbeitet hat. Die Unterführung unter der Bahnlinie, dort, wo die Strecke die Straße kreuzt, steht dagegen immer noch im freien Gelände, das heißt auf einer grünen Wiese, so hören wir. Sie war für eine längst fällige, neue Straße nach Domnau geplant. Darauf wartet sie immer noch, mehr als 40 Jahre.

Nun geht es in die Stadt hinein. Ziemlich am Anfang, etwas abseits auf der rechten Seite liegt der Schlachthof. Er hat den Untergang der Stadt überstanden. Auch heute wird dort emsig gearbeitet. Ein „Fleischkombinat" hat in den alten Mauern jetzt Heimrecht. Nach sowjetischen Verlautbarungen wird der „fleischverarbeitende Betrieb" als „Unternehmen der wichtigeren Gewerbezweige im Gebiet" geführt.

Etwas weiter kommt das Gebäude des Kreiskrankenhauses in Sicht. Es dient aber nicht mehr als Hospital. Auch das Amtsgericht ist noch erhalten. In dem rotziegeligen Haus mit der turmartigen hohen Mittelfassade ist die Post untergebracht. Früher war sie nebenan zu Hause. Doch der flachere, zweistöckige Bau steht nicht mehr. So fällt die einsame, wuchtige Gestalt des Amtsgericht-Post-Gebäudes noch mehr aus dem Rahmen. Das Gericht wurde in der Scharnhorstschule einquartiert.

Gegenüber findet man das gradlinig gestaltete Kreisjugendhaus im schmucken Grün des Wohlfahrtsparkes wieder. Er reicht unverändert bis zu der im wesentlichen erhaltenen Lochmannstraße. Jung und alt erholen sich dort, treffen sich zu einem Plausch oder zum Stelldichein. Und sogar die Tennisplätze im hinteren Teil sind noch vorhanden.

Im Anschluß an den Park in Richtung Markt kommt an der Königsberger Straße nun ein wichtiger Komplex. Er wurde offenbar aus dem Landratsamt, dessen schlankes, hohes Türmchen wie eh und je weit in die Landschaft ringsumher blickt, und dem Saal des „Preußisch-Eylauer-Hofs" gebildet. Verbindungsbauten sind anscheinend hinzugekommen. Dort befinden sich ein Hotel, eine Schule und ein Kulturhaus. Gegenüber, auf der anderen Seite der Königsberger Straße, fast schon am Markt, ist ein Neubau.

Der Markt von Pr. Eylau damals. Der „Preußisch-Eylauer-Hof" wurde zerstört. Im Saal dahinter ist ein „Kulturhaus". Das Landratsamt mit dem Türmchen dient als Mehrzweckgebäude. Auf dem Sockel des Wegweisers vorn rechts steht das Denkmal für den Mann, nach dem die Stadt den Namen hat, Fürst Bagration.

Der Preußisch-Eylauer-Hof selbst ist zerstört. Auch seine Nachbarschaft ist fast vollständig vernichtet. Den alten, weiten, behäbig wirkenden Marktplatz gibt es nicht mehr. Die ganze Westseite ist nicht mehr vorhanden. Dort hat ein langgestrecktes, hohes Wohnhaus von der Art, wie man sie oft in den veränderten Zentren der nordostpreußischen Städte sieht, den angestammten Platz eingenommen. In einem der oberen von vier Stockwerken ist die Rayon-Verwaltung untergebracht. Dort residiert der Erste Sekretär des Parteikomitees, Oleg Wasilewitsch Tichonenko. Im Erdgeschoß gibt es eine Kantine. „Stolowaja" heißen diese einfachen Essenslokale mit Selbstbedienung.

Auf der Ostseite sieht es nicht viel anders aus. Allerdings wurde dort nicht alles zerstört. Am Nordende, wo kein altes Haus mehr steht, hat der Sockel des Wegweisers den Sturm der Zeit überstanden. Er trägt die Büste des Mannes, der dieser Stadt den neuen, fremden Namen gab, Fürst Bagration. Ein Wegweiser hat auf der ein wenig erweiterten Anlage ebenfalls seinen Platz — die Entfernung nach Königsberg stimmt noch; aber der Name wurde geändert. Nach Bartenstein und Landsberg weist kein Schild; denn dorthin, nach den Stätten im polnischen Teil, führt kein Weg, jedenfalls nicht für normale Bewohner. In Richtung Bartenstein, den Markt abwärts der Kirche zu, sind

in der Kirchenstraße einige Häuser stehen geblieben.

Das rauhe Kopfsteinpflaster in der Oberen Schloßstraße wie auch in der Domnauer Straße hat auch diese Zeit überdauert. Wo Generationen mit ihren Bauernwagen darüber hinweggepoltert sind, um dann bei Kohn und Langhans oder bei Groddeck auszuspannen, dann allmählich die Autos dahinschaukelten, erleiden jetzt die tuckernden Traktoren, die schweren Lastwagen und gelegentlich auch mal ein Personenwagen das gleiche Schicksal. Nur viel seltener sind die Geräusche geworden. Den lebhaften Verkehr von einst gibt es nicht mehr.

Fast am Anfang der Oberen Schloßstraße fällt auf der linken Seite ein größerer Neubau auf. Er ist ebenso wie das Haus am Markt vierstöckig. Unten ist ein Bekleidungsgeschäft. Im übrigen dient das große Gebäude als Wohnhaus.

Die Molkerei an der Domnauer Straße ist wie eh und je das vielbesuchte Ziel der Milcherzeuger aus den Landen rundherum. Sie wird als einzige aus dem ganzen Kreisgebiet und als eine von vierzehn milchverarbeitenden Betrieben im gesamten Gebiet in der offiziellen Statistik geführt und dort „Buttereibetrieb" genannt.

Nicht weit davon entfernt, die Bahnhofstraße hoch, reckt sich auch noch der schlanke Turm der

Tonnenfabrik Taulien in den Himmel. Fässer, die früher von dort oft einen weiten Weg nahmen, werden nicht mehr hergestellt. Ein kleines Betonwerk arbeitet auf dem Gelände. Auch ein riesiges Warenlager hat da seinen Platz.

Die Häuser in der Nachbarschaft sind meistens nicht mehr vorhanden. Auf dem freien Gelände, fast schon gegenüber dem Bahnhof, gibt es eine Besonderheit. Dort ist jeden Sonnabend Markt. Die ganze Stadt trifft sich hier mit den Bauern aus der Umgebung. Die Landleute kommen mit Traktoren, Motorrädern, auch mit dem Fahrrad, und bieten ihre Waren an.

Sie stehen in „Palatkes", den Holzbuden, hinter klobigen Tischen, neben Decken und Zeitungen. Die Käufer drängen sich in Scharen; denn sie wissen, hier könnten sie etwas ergattern, was kein staatliches Geschäft führt. Es ist das bewegte Bild, das in fast allen größeren Orten des Gebietes wie des Ostens überhaupt zu beobachten ist.

Immerhin gehört der Rayon Pr. Eylau mit 69 000 Hektar Nutzfläche (das ist ein Zwölftel der gesamten Nutzfläche von 840 000 ha) in der Oblastj zu den in dieser Beziehung größten Kreisen des Gebietes. Nur Friedland (69 100 ha) und Insterburg (72 000 ha) haben eine noch ausgedehntere Fläche.

Außerdem ist zu beachten, daß die private Bewirtschaftung, die für die Belieferung der Wochenmärkte fast ausschließlich in Frage kommt, eine bedeutendere Rolle spielt, als man annehmen mag. Im Königsberger Gebiet sind zwar nur 17 400 ha, das sind zwei Prozent, in Privathand (mehr als 5 000 Quadratmeter werden pro Haushalt nicht gestattet); doch ihr Anteil an der Versorgung ist ungleich größer.

Allein die staatlichen Aufkäufer beziehen daher (im Verhältnis zu den gesamten Ankäufen): Kartoffeln 10,8 Prozent, Gemüse 0,4 Prozent, Vieh- und Geflügel 17,9 Prozent und Milchprodukte 8,9 Prozent, Eier 0,4 Prozent und Wolle 79,5 Prozent. Insgesamt wird ein Produktionsanteil der Privatwirtschaft am Gesamtertrag des Gebietes angegeben von: 26,4 Prozent bei Fleisch, 28,1 Prozent bei Milch, 49,4 Prozent bei Eiern und 86,7 Prozent bei Wolle. Dabei ist noch zu berücksichtigen, daß der persönliche Verbrauch, die Belieferung der Märkte und die Abgabe an andere Institutionen und Personen schwer zu erfassen sind und meist einen weit bedeutenderen Umfang haben.

Einen besonderen Rang nimmt dabei die Viehhaltung ein. Obwohl je Haushalt nur eine Kuh und ein Kalb gehalten werden dürfen — woher soll auch das Futter bei einer so winzigen eigenen Nutzfläche kommen! —, nimmt der Kuhbestand in Privatbesitz 18,6 Prozent ein. 16,5 Prozent ist der Anteil in der Schweinezucht. Zehn Tiere erlaubt der Staat

hingegen je Privatwirtschaft bei Schafen und Ziegen. Daher sind hier auch 88 Prozent der Gesamtmenge zu finden.

Überall meckern die Ziegen und blöken die Schafe. Auch in der Großstadt Königsberg. Selbst in den Neubaugebieten wie am Litauer Wall spazieren sie, nach Futter suchend, durch die Gegend, auch in den Grünanlagen und auf dem ehemaligen Friedhofsgelände auf der anderen Straßenseite. Die Zeit allerdings, da — wie es in alten Berichten einmal hieß — Viehherden in der Innenstadt grasten, ist vorbei. Die traurigen Weiden auf den von Unkraut und Gras überwucherten Trümmerstätten gibt es nicht mehr.

Seltsamste Lokomotiven-Schau der Welt

Bleiben wir ein wenig in Bahnhofsnähe. Das relativ neue Stationsgebäude steht fast unverändert da. Sogar die Linde vor dem Eingang gibt es noch. Nur größer ist sie geworden. Sie überragt jetzt das Dach des gradlinigen Bahnhofsbaus.

Wenn man dahinterblickt, dann entdeckt man eine außergewöhnliche Sehenswürdigkeit, wobei allerdings zu bezweifeln ist, ob das, was dort zu beobachten ist, einem solchen Zweck dienen soll. Die Rede ist von einer wohl einmaligen Lokomotiven-Schau auf der Welt. Schätzungsweise an die 100 deutsche Dampfloks stehen dort auf den alten Gleisen in Dreier- und Viererreihen, die vom Übergang an der Domnauer Straße bis hinter den Bahnhof reichen.

Daneben lagern Hunderte von Waggonachsen, ebenfalls in der früheren Spurweite und auf den entsprechenden Gleisen. Alles sorgfältig eingefettet und fein säuberlich gepflegt, „eingemottet", wie man sagt. Eine Hebeanlage kann in kürzester Frist auch die Waggons wieder auf die einstige Spurweite bringen, die in Richtung Süden unverändert weiter existiert.

Die ganze Strecke zwischen Pr. Eylau und Königsberg ist „dreispurig", das heißt neben dem neuen Gleis in der breiteren Spur liegt immer noch das alte, schmalere. Für alle Fälle...?

Es ist nicht zu verhindern, daß sich die Reisenden und die Einwohner ihre eigenen Gedanken darüber machen. Eine ähnliche, wenn auch nicht so große Lokomotiven-Ansammlung soll es auch in Königsberg geben. Und in Insterburg will man so etwas ebenfalls gesehen haben.

Auf der anderen Seite des Bahnhofsgebäudes hat zwischen den Straßen nach Domnau und Abschwangen oder auch nach Kl. Sausgarten bezie- 93

Das relativ neue Bahnhofsgebäude steht fast noch so da, wie dieses Bild es zeigt.

hungsweise Gr. Sausgarten die Siedlung aus den dreißiger Jahren den Krieg heil überstanden. Sie wird längst wieder voll bewohnt. Auf dem Gelände der Obstverwertungsanstalt Densdorf ist eine Schule für schwachentwickelte Kinder mit Internat stationiert. Die Anlagen für die Oberverwertung werden noch genutzt. Es ist aber nicht bekannt, ob in dem Ausmaß wie früher, als die Bauern ihre Äpfel und Johannisbeeren in Hülle und Fülle ablieferten und im Tausch »Kopskiekelwein« entgegennahmen, das wohlschmeckende, aber schnell berauschende Getränk.

Die Straße nach Auklappen und weiter in Richtung Bönkeim, Abschwangen (Tischino) scheint in gutem Zustand zu sein. Die Dörfer haben teilweise bei den Kämpfen schwer Schaden genommen, teilweise gar nichts abbekommen. Wir sprachen jemand, der zu Besuch in Kutschitten war. Er berichtet:

„Das kleine Dorf heißt nun Nadezhdino. Ich kenne es nicht von früher; aber ich glaube, dort hat sich nichts geändert. Die scharfe Kurve ist immer noch nicht begradigt. Die Häuser haben natürlich in der ganzen Zeit gelitten — wie überall. In ihnen wohnen Arbeiter, die zum Teil in der nahen Stadt beschäftigt sind. Einige natürlich auch auf der Kolchose, zu der nun das Land gehört...“

Geht man vom Pr. Eylauer Marktplatz aus die Landsberger Straße herunter, vorbei an einem seltsamen Gemisch von Alt- und Neubauten, dann kommt man nach einigen hundert Metern links zur Scharnhorstschule. Von dem weiten Komplex scheint nur noch das Hauptgebäude übriggeblieben zu sein. Wenn dieses alte, rotbraune Gemäuer mit den abgerundeten Fenstern reden könnte! Gebaut für ein Lehrer-Seminar — das älteste in der Provinz —, wurde es schließlich Aufbau-Schule, Oberschule für Jungen in Aufbauform, wie sie offiziell hieß.

Nach dem Krieg waren dort eine Zeitlang die in der Heimat gebliebenen Frauen aus Stadt und

Umgebung untergebracht. Schräg gegenüber, in der Volksschule, saßen die Männer gefangen. „Wenn wir morgens zur Arbeit geführt wurden“, erzählt eine, die dabei war, „winkten wir uns zu. Es war wie ein verzweifelter Zuspruch. So als ob wir uns gegenseitig Trost spenden wollten: Seht, ihr seid nicht ganz verlassen, und wir auch nicht.“ Dabei hatten sie es dort nicht so schlimm wie in dem Straflager in der Infanteriekaserne, wo der Tod unter den kranken, ausgemergelten Gestalten reiche Ernte hielt, tausendfach.

„Doch der Mensch kann mehr ertragen, als er glaubt“, berichtet eine der Überlebenden. „Ich war ein ganzes Vierteljahr in dem schrecklichen Winter 1945 im Wald gewesen, dort im Pr. Eylauer Forst. Habe mich versteckt, weil ich Angst hatte vor den einrückenden Soldaten. Ich war damals 17 Jahre alt, und ich war hübsch und blühend. Sie werden das nicht glauben“, sagt sie, und sie weist auf ihr gerötetes, entstelltes Gesicht — Erfrierungen. „Andenken an damals“, erklärt sie, schwach lächelnd. „Nur abends wagte ich mich gelegentlich an unser Haus in dem kleinen Dorf am Stadtrand. Das war noch nicht das Schlimmste. Als ich mich wieder in die Wohnung traute, fand ich nur noch meinen kleinen Bruder vor. Sie hatten ihn dumm geschlagen, weil er eine Uhr nicht abgeben wollte. Noch heute wohnt er bei mir. Er ist ein Kind geblieben.“

Sie lebt jetzt nicht mehr in der Stadt. Aber sie kann sie immer noch sehen. „Schauen Sie, da hinten, das schwarze Türmchen. Das ist das Landratsamt. Genau davor ist der Preußisch-Eylauer-Hof. Da war ich sogar einmal zum Tanzen. Wie lange das her ist! Und da, ein bißchen mehr nach links, steht die Aufbauschule.“

Sie sieht alles, aber sie weiß nichts mehr von ihrer Heimatstadt seit jenem Jahr, da die Trennungslinie gezogen wurde und sie auf die andere Seite der undurchdringlichen Grenze geriet. So ist es ihr auch unbekannt, daß im Amtsgebäude nun eine

Schule ist, in dem früheren Tanzsaal ein „Kultur-haus" und in der Schule, die einmal den stolzen Namen eines der großen Erneuerer in der Befrei-ungszeit — Gerhard von Scharnhorst — trug, jetzt die Polizei und das Gericht ihr Quartier haben. Außerdem ist dort eine Bibliothek untergebracht.

Der erste und der letzte Direktor, Adolf Sievers, hatte den Aufstieg, die Blüte und den Untergang seiner Schule miterlebt, mitgenossen und mitge-litten. Als alles zu Ende war und er im Westen hörte, wie seine Schule besetzt worden war, wie die Soldaten auch vor seiner geliebten Bücherei nicht haltgemacht, sondern die wertvollen Folianten, sel-tenen Drucke und erlesenen Schriften durchs Fenster geworfen hatten, sagte er mit Tränen in den Augen: „Hätten sie nicht wenigstens meine Bücher schonen können, diese schöne und seltene Samm-lung, das Werk meines Lebens! Und wenn sie alles nach Moskau gebracht hätten...."

Nun ist dort wieder eine Bücherei. Vielleicht stehen in ihr gar einige Bände aus den Regalen seiner Bibliothek.

So mag denn trotz des vermeintlichen Endes manches fortbestehen und künden von der versun-kenen, in den Abgrund gestürzten Welt. Gewiß die herrliche Landschaft und unvergänglich der weite Himmel über ihr. Aber auch die baumbestandenen Straßen, die weiten Plätze und noch viele, viele Häuser, oft gar mit dem, was darinnen war.

Zu den erhaltenen Gebäuden in der Gegend gehören auch Volksschule und Schülerheim. Das eine dient weiter als Schule, während in dem anderen eine Kinderkrippe untergebracht wurde.

Gar nicht mehr weit ist es von dort zu der früheren Artilleriekaserne. Dort ist jetzt eine Offi-ziersschule untergebracht. Spezialisten für Sicher-heitsaufgaben werden da ausgebildet. Sie werden meistens im östlichen Ausland eingesetzt. Kenner behaupten, diese Aussicht sei es, die die „Schönen von Bagrationowsk" in Scharen auf die Lands-berger Straße bringe. Sie hoffen sich dort mit weib-licher List einen Mann zu angeln, der ihnen die er-sehnte Auslandsfahrkarte beschafft. Besonders wenn Bälle auf dem Programm stehen, soll es munter zugehen. Und man versteht zu feiern! Diese Jungmädchen-Parade ist ein Stadtgespräch im Pr. Eylau von heute.

Hinter der Kaserne sind wir nun auch am Ende des ohnehin beschwerlichen Weges angelangt. Die Zone in unmittelbarer Grenznähe ist völlig abge-sperrt. Auch von der anderen, der polnischen Seite. Dort, etwa beim alten Gut Grünhöfchen, steht nur ein Einfahrt-Verbotsschild. Aber etwas weiter stadteinwärts, in der Senke, ist die Straße aufge-rissen, so hört man. Undurchdringlich.

Bei Schewecken wogen die gelben Kornfelder friedlich im Wind; doch hoch über sie hinaus ragt ein Wachturm. Und unten im Tal stehen Schorn-stein und Gebäude des Sägewerkes Harwardt ganz nahe dem umgepflügten, breiten Grenzstreifen. Doppelposten patrouillieren die Grenze, als sei sie in besonderer Gefahr. Wer jedoch wollte sich an sie heranwagen!

Ruhig liegt der Warschkeiter See da. Lupinen blühen an seinen hügeligen Ufern. Vieh weidet auf den fetten Wiesen, die schon zum polnischen Teil gehören, und noch weiter im Süden, wo sich hinter dem Berg die verfallenen Häuser des verlassenen Dörfchens Warschkeiten verstecken, rattern Mäh-drescher über die Felder. Sie mögen aus dem nahen Landsberg kommen, das heute Gorowo Ilawecki genannt wird und für einige Zeit Kreisstadt des polnisch verwalteten Bereichs des früheren Kreises Pr. Eylau war. Dann übernahm Bartenstein diese Aufgabe. Schließlich hoben die Polen die Kreisein-teilung auf, und das Gebiet kam im wesentlichen zur Wojewodschaft Allenstein, im Westen sogar noch zur Wojewodschaft Elbing. Teilung ohne Ende!

Über die undurchdringliche Trennungslinie zwi-schen sowjetischem und polnischem Gebiet gibt es so gut wie keine Verbindung mehr. Ausgenommen die Fernsprechleitung zwischen den Grenzposten.

Beobachten etwa die Sowjets „verdächtige Per-sonen" — meist Besucher aus dem Westen, die einmal nach drüben blicken wollen —, dann klingelt bei der polnischen Miliz in Landsberg das Telefon. Es dauert nur Minuten, bis die Polizei er-scheint und im allgemeinen den Gast an der Grenze zum Verhör mitnimmt.

„Was suchen Sie dort?" heißt die Frage, und es ist nicht immer einfach, ihnen die naheliegende Antwort verständlich zu machen: Ich wollte noch einmal meine Heimat sehen!

Im Warschkeiter See stehen noch die Stege der Badeanstalt. Nur der Sprungturm ist nicht mehr vorhanden. Alles sieht verlassen aus, dort, wo früher einmal den ganzen Sommer über Hochbe-trieb war. Vermutlich darf niemand dorthin — Sperrzone!

Gebadet wird jetzt am oberen Ende des Langen Sees. Man hat ihn gesäubert. Dort kühlen sich nun die neuen Bewohner in den warmen Sommern ab. Besonderen Spaß hat man mit einer schwimmen-den Insel, die immer wieder in Bewegung gehalten wird. Die Häuser gegenüber in der modernen kleinen Siedlung am Bärenwinkel-Weg sind unver-ändert eine Zierde der Umgebung.

Nur die Soldaten mögen noch im Warschkeiter See baden. Die Kasernenkomplexe sind besetzt. Die vielen Uniformen fallen auf in der Stadt, deren Bevölkerung nach privaten Schätzungen kaum mehr als 2 000 Einwohner ausmachen mag (7 500 zur deutschen Zeit). Auch früher war Pr. Eylau 95

Das L'Estocq-Denkmal wird – wie diese Aufnahme aus einem sowjetischen Bildband des Jahres 1978 zeigt – weiter auf dem Hügel bei Pr. Eylau gepflegt. Rechts ist eine der beiden übriggebliebenen Kanonen schwach zu erkennen. Im Text des Bildbands steht die alte Bezeichnung „Pr. Eylau" und nicht der heutige Name „Bagrationowsk".

Garnisonstadt. In jener abgelegenen, oft umkämpften Provinz waren Soldaten gern gesehen. Sie boten Schutz und Sicherheit.

Es ist heute kaum vorstellbar, daß sie einst Verbündete waren, jene Armeen, die heute ihre Truppen in Bagrationowsk stationieren, und diejenigen, die bis 1945 dort zu Hause waren. Dennoch stehen diese beiden Stadtnamen für ein einzigartiges Beispiel der erfolgreichen Gemeinsamkeit deutscher und russischer Verbände.

Am 7. und 8. Februar 1807 trotzten sie der unschlagbar gehaltenen Armee des großen Napoleon. Fast wäre es ein Sieg geworden, hätten die Russen nicht gezögert, sondern, wie die Preußen es wollten, die Gelegenheit ergriffen und das Schlachtenglück ausgenutzt. So kam der Kaiser aber noch einmal mit einem blauen Auge davon — und marschierte später nach Rußland hinein. Möglicherweise war jener Fürst Bagration, nach dem nun die Stadt benannt wird, mitverantwortlich für den Teilerfolg, aber auch für das Auslassen der einmaligen Chance.

Es ist nicht bekannt, ob er über die Namensgebung und die Büste auf dem Markt hinaus in der

96

Stadt verehrt wird. Unverändert aber wird das L'Estocq-Denkmal gepflegt, das am Ende der Allee auf dem Hügel zwischen Straße und Eisenbahnlinie nach Bartenstein steht. Es erinnert an den Mann und seine Soldaten, allesamt Ostpreußen, die dort Napoleons Nimbus der Unbesiegbarkeit zerstört hatten — auch an ein Bündnis, das andere Zeiten sah als die jüngste, böse Vergangenheit. Die Gedenkstätte sieht noch fast so aus wie früher. Nur von den einst vier Kanonen stehen jetzt lediglich noch zwei. Die anderen beiden gingen verloren, als man sie den Abhang hinunterstürzte. Jugendlicher Übermut, der dort belacht wurde. Nun, es ging mehr kaputt in Pr. Eylau als diese Requisiten eines anderen „unglücklichen Krieges".

Im Pariser Louvre hängt ein Gemälde von dieser Schlacht, die den Vormarsch der Weltmacht gestoppt hatte. Sie war eine der blutigsten in der napoleonischen Geschichte überhaupt. 55 000 Soldaten, 30 000 Franzosen sowie 25 000 Preußen und Russen, ließen ihr Leben. Der Mann, der das Kriegsglück gewendet hatte und unter den Klängen des Dessauer Marsches zum Gegenangriff antrat, die fast schon geschlagenen Russen befreite und die überlegenen Franzosen zurückwarf, war Gerhard von Scharnhorst, Stabschef L'Estocqs, der Mann, dessen Namen einmal die Oberschule dieser Stadt tragen sollte.

Die Napoleonskiefer, von der aus der Kaiser einen Teil der Schlacht geleitet haben soll, steht auf der den Polen zugeteilten Seite, völlig zugewachsen durch wildwucherndes Gestrüpp in unmittelbarer Nähe des Grenzstreifens. Eine dritte Stelle, die an jene dramatischen Stunden erinnerte, gibt es seit einigen Jahren nicht mehr: den Kirchturm. Auch dort soll Napoleon den Kampf beobachtet haben. Die Überlieferung berichtet von einem Pr. Eylauer Küster, der drauf und dran war, den Beherrscher seiner Epoche dort einzuschließen und den eigenen Truppen auszuliefern. Nur die Furcht vor einer zu frühen Entdeckung und die Rücksicht auf seine Familie haben ihn schließlich von der Ausführung dieser Tat abgehalten. Läßt sich die Geschichte durch solche Zufälle bestimmen?

Sicher war es auch ein Zufall, daß die letzte Schlacht um Pr. Eylau an einem 9. Februar tobte und damit genau den Tagen folgte, da am 7. und 8. Februar die historische Bataille gegen Napoleon tobte. Jetzt aber, im eisigen Winter 1945, ging die deutsche Stadt unter, vernichtet von den Truppen jenes Landes, das 1807 mit ihr Retter gewesen war.

Warum die Sowjets den Kirchturm abgerissen haben, ist nicht bekannt. Ob sie es wohl getan hätten, wenn sie um seine Bedeutung in der ersten Schlacht bei Pr. Eylau gewußt hätten, die doch auch ihre Schlacht gewesen war? Die Kirche selbst hatte ohnehin an jenem 9. Februar 1945 ausgedient.

Sie wurde, wie alle Sakralbauten in Nord-Ostpreußen, zweckentfremdet und als Magazin benutzt. Besonders Getreide wurde dort gelagert, aber auch Brauereiprodukte kamen schon dorthin.

Eine weitere Gedenkstätte wird in der Stadt in Ehren gehalten. Es handelt sich dabei nach der Beschreibung offenbar um das mehr als zwei Meter hohe Denkmal für die Gefallenen des Ersten Weltkriegs. Es steht aber jetzt nicht mehr rechts vor der Auffahrt zur Kirche, sondern am Sportplatz. Einzige Veränderung, soweit feststellbar: Neben der deutschen gibt es eine Beschriftung in kyrillischen Buchstaben.

Der Sportplatz, der einmal den Namen Hindenburgs trug, wird weiter benutzt. Die Pappeln an seiner Seite, die schon damals eine stattliche Höhe erreicht hatten, fallen jetzt sofort jedem Besucher ins Auge; denn nach weiteren drei Jahrzehnten sind daraus riesige Bäume geworden.

In dieser Gegend ist eine Art neues Zentrum entstanden. Denn neben den bereits geschilderten Einrichtungen wie Schule, Kinderkrippe, Bibliothek, Gericht und Polizei gibt es dort auch ein Kino. Vielleicht tragen die Kasernen dazu bei, daß hier besonders viel Betrieb ist. Dies dürfte die belebteste Zone überhaupt im Grenzbereich Nord-Ostpreußens zum polnischen Teil sein.

Die neuen Bewohner haben ihren Friedhof am Ende des Mühlen-Bruchs, etwa dort, wo an der »Freiheit« das kleine Wäldchen war. Nur ein kleines Stückchen weiter liegt das einst renommierte Gut Henriettenhof; auch heute beherbergt es eine Besonderheit. Früher machte Besitzer Valentini mit seiner erfolgreichen Pferdezucht weit über die Grenzen des Kreises hinaus von sich reden. Jetzt spricht man von der dortigen Maschinen-Traktoren-Station.

Die alten Gebäude stehen wohl noch wie in alten Zeiten; auch das Gutshaus. Dort ist die Verwaltung untergebracht. Das Herzstück aber ist ein Neubau etwa gegenüber auf der anderen Straßenseite. Es handelt sich dabei um eine riesige, vier Meter hohe Reparaturhalle für Traktoren, Mähdrescher und andere landwirtschaftliche Maschinen.

Bei der Gelegenheit sei darauf hingewiesen, daß, wie überall im sowjetischen Machtbereich, die Motorisierung gerade in der Landwirtschaft sehr forciert wird. Der Traktor beherrscht daher das Bild. Der „gummibereifte Panjewagen", wie er dagegen noch ein paar Kilometer weiter südlich, im polnischen Teil Ostpreußens, überall auf den Straßen und Höfen anzutreffen ist, wurde mehr und mehr zu einer Seltenheit. Das hängt auch mit der unterschiedlichen Struktur zusammen; im nördlichen Teil gibt es fast nur Kolchosen und Sowchosen, im südlichen wurden im wesentlichen lediglich die früheren Güter verstaatlicht, während

die kleineren Höfe noch weitgehend in Privatbesitz sind.

Um so wichtiger ist es, daß die Maschinen auch einsatzbereit sind. Und daran hapert es oft. Die Reparatur-Anfälligkeit ist ein Erbübel revolutionärer Staaten. Die Henriettenhofer Traktoren-Station soll ein Mittel gegen diesen Mißstand sein, ein neuartiges. Einer, der dort längere Zeit gearbeitet hat, berichtet darüber:

„Bei uns wurde am Fließband repariert und inspiziert. Da hatten wir unsere Normen. In zehn Minuten mußte ein Traktor zerlegt sein; in drei Stunden hatte er wieder draußen zu sein. So betreuten wir etwa 100 Traktoren aus dem ganzen Rayon. 500 Leute wurden bei uns beschäftigt, natürlich nur ein Bruchteil davon in der Halle. Wir waren, glaube ich, der größte Arbeitgeber von Bagrationowsk. Die meisten Leute kamen aus der Stadt selbst, aber auch aus ihrer Umgebung.

Von überall her erschienen immer wieder Gäste zur Besichtigung. Wir waren so etwas wie eine Berühmtheit. Einmal kam sogar eine Delegation aus Polen. Sie bestaunten alle unsere Fließband-Reparatur. So etwas gab es noch nicht. Konstruiert hatte diese Anlage übrigens ein Deutscher, ein deutscher Bürger der Sowjetunion, meine ich."

Ein Gut Henriettenhof, oder doch wenigstens eine Landwirtschaft nach der früheren Ortseinteilung, gibt es, wie wir hören, nicht mehr. Das Land gehört verschiedenen Sowchosen und Kolchosen.

Fährt man ein paar Kilometer weiter bis in den Stablack hinein, dann scheint sich nicht viel geändert zu haben. Auch der alte Truppenübungsplatz wird wieder benutzt. Die Schießstände für Kanonen ragen allerdings vereinsamt aus dem Gelände. Dem Versuch einer Demontage hatten sie widerstanden. Eine modernisierte Armee mit Raketengeschützen braucht sie nicht mehr.

Dort, wo die traurigen Stätten der Gefangenenlager waren, fanden auch französische Kriegsgefangene ihre letzte Ruhe. Sie wurden nach dem Kriege auf Grund eines sowjet-französischen Abkommens ausgebettet und nach Frankreich übergeführt. Darunter waren auch einige Belgier, die entsprechend einer besonderen sowjetisch-belgischen Abmachung ebenfalls in die Heimat zurückgebracht wurden. Über den Bestatteten war bereits ein Gemeindefriedhof entstanden, und erst nach jahrelangen Verhandlungen, geleitet von Generalinspektor LIS, hatten die Russen gestattet, die Toten, unter den Gemeindegräbern weg, herauszuholen.

Ein Augenzeuge berichtet, wie vorher versucht worden war, die Grabstätten wiederherzurichten, bevor die Franzosen eintrafen. Ein anderer Friedhof mit verstorbenen französischen Kriegsgefangenen befand sich in Hohenstein im polnischen Teil 97

Das ist Pr. Eylau heute. Hinter dem Warschkeiter See die Kasernen. Etwas rechts, wo das schwarze Türmchen des Landratsamtes schwach zu erkennen ist, liegt der Marktplatz. Ganz rechts Molkerei und Wasserturm. Am Bildrand links der umgepflügte Grenzstreifen. Dort in der Nähe ist auch das Massengrab.

Ostpreußens. Er war bereits eingeebnet und sollte Bauland werden, wie auch die in dieser Gegend vermuteten deutschen Friedhöfe, so daß die Ausbettung in letzter Sekunde kam.

„Wenn andere Staaten das erreicht haben, warum fordern dann nicht auch die Deutschen das gleiche, die doch Tausende und Abertausende Gräber in Ostpreußen haben?" fragte einer, der den Friedhof im Stablack gesehen hatte. Und er verwies auf die zerstörten Friedhöfe überall, die glattgewalzten Hügel, die zertrümmerten Steine, die als Einfassungen für eigene Ruheplätze benutzt werden, manchmal auch für eine neue Inschrift, als Wegeplatten, wie beispielsweise auf dem Flughafen in Devau — nicht ein einziges Grab aus deutscher Zeit ist, soweit feststellbar, noch erhalten im nördlichen Ostpreußen, ausgenommen die wenigen Gedenkstätten berühmter Persönlichkeiten in Königsberg und in Ausnahmefällen Friedhöfe von Gefallenen aus dem ersten Weltkrieg.

Wir haben diese Frage dem Vorsitzenden des Volksbundes Deutscher Kriegsgräberfürsorge, Dr. Josef Schneeberger, vorgelegt. Er beantwortet sie so:

„Der Volksbund Deutsche Kriegsgräberfürsorge e. V. bemüht sich schon seit vielen Jahren darum, die Gräber der deutschen Gefallenen in Ostpreußen herzurichten, wobei allerdings bisher nur geringe Erfolge erzielt werden konnten.

Unablässig war und ist er bemüht, auch in den Ländern Osteuropas seine der Humanität und dem Frieden dienende Aufgabe zu erfüllen. Er weiß um das ungeheure Leid, das gerade die Menschen in jenen Ländern im letzten Krieg erdulden mußten, und um die daraus resultierenden politischen Probleme. Er bedauert, daß auf Grund dieser geschichtlichen Tatsachen — die Verluste an Menschenleben in diesen Staaten betrugen 29,3 Millionen Kriegstote — seinen Bemühungen, sich der deutschen Soldatengräber in diesen Ländern annehmen zu können, noch immer Vorbehalte entgegengebracht werden.

Doch sind mehr als 30 Jahre seit Beendigung des Krieges vergangen. Eine neue Generation ist herangewachsen, die den Krieg nicht mehr erlebt hat. Gegenwärtig wächst unter den Völkern die Einsicht, der Wille und das Bemühen, ihrem Zusammenleben eine neue Ordnung zu geben und in friedlicher Existenz miteinander auszukommen. Der Friede ist das Gebot der Stunde, und allein diesem Ziel dient der Volksbund.

Wir meinen deshalb, es sei an der Zeit, daß die bisher noch ungelöste Frage nach den deutschen Kriegsgräbern in den Ländern des Ostens in aller Öffentlichkeit gestellt wird und möglichst als selbständige Position im Katalog der Verhandlungen der Bundesrepublik Deutschland mit den Ländern Osteuropas erscheint.

Es muß daran erinnert werden, daß über drei Millionen Angehörige der ehemaligen deutschen Wehrmacht während der Kampfhandlungen im Zweiten Weltkrieg in den Ländern Ost- und Südosteuropas den Tod gefunden haben, ohne daß ihre Angehörigen wissen, ob ein Grab vorhanden und nachweisbar ist. Diese Ungewißheit nach über 33 Jahren nach Kriegsende bedrückt und quält Millionen von immer älter werdenden Angehörigen dieser Gefallenen in der Bundesrepublik, deren Hoffnung es nach wie vor ist, einmal zumindest ein Foto von dem Grab ihres Gefallenen erhalten zu können.

Als Sprecher dieser Angehörigen appelliert der Volksbund an die Bundesregierung, die politischen Parteien in der Bundesrepublik und an die Regierungen und Völker der ost- und südosteuropäischen Staaten, sich diesem humanitären Anliegen nicht länger zu verschließen und die Voraussetzungen zur Herrichtung und Pflege der deutschen Soldatengräber in diesen Ländern zuzulassen.

Das Anliegen des Volksbundes betrifft die deutschen Kriegsgräber in den Staaten Albanien, Bulgarien, Jugoslawien, Polen, Rumänien, Sowjetunion, Tschechoslowakei, Ungarn.

Die Gesamtzahl der in der Sowjetunion im Zweiten Weltkrieg gefallenen und in Kriegsgefangenschaft verstorbenen deutschen Soldaten wird auf 2,2 Millionen geschätzt. Hiervon sind 1,88 Millionen namentlich erfaßt. Die Grablagen dieser erfaßten deutschen Kriegstoten verteilen sich auf 118 000 Orte.

Die Zahl der deutschen Gefallenen aus dem Ersten Weltkrieg beläuft sich auf 115 000. Hierüber liegen jedoch kaum Angaben vor.

Dem Volksbund ist es über den Botschafter der UdSSR in Bonn gelungen, die Namenslisten und Belegungspläne der bei Moskau in Ljublino (476) und Krasnogorsk (211) verstorbenen und in besonderen Abteilungen auf den dortigen Zivilfriedhöfen bestatteten deutschen Kriegsgefangenen zu erhalten. Die Gräber dieser Gefallenen konnten durch den Volksbund mit Namenstafeln aus Metall gekennzeichnet werden.

Der Volksbund hat inzwischen eine Anzahl weiterer Friedhöfe, auf denen deutsche Kriegsgefangene bestattet sind, benannt und um Überlassung der Namenslisten gebeten.

So dankbar diese Ansätze vermerkt werden, so stellen sie doch nicht die Lösung unserer Aufgabe dar. Sie können nur ein erster hoffnungsvoller Anfang sein. Zweifellos wachsen in den Staaten Ost- und Südosteuropas auch Einsicht und Verständnis für unser Anliegen. Deshalb hofft der Volksbund Deutsche Kriegsgräberfürsorge, daß der Zeitpunkt nicht fern ist, wo die Feindschaft überwunden ist und die Opfer einer unseligen Zeit die ihnen zustehende Achtung erfahren.

Ihre Gräber verherrlichen nicht den Krieg, sondern mahnen zum Frieden! Sie sind die großen Prediger des Friedens."

Das Massengrab am Grenzstreifen

In Ostpreußen sieht man diese Gräber nicht, auch nicht jenes in Pr. Eylau. Längst ist Gras darüber gewachsen, aber nicht über seine schreckliche Geschichte. Niemand weiß mehr, wie es jetzt aussieht, auch nicht jene, die in dieser Zeit aus Pr. Eylau gekommen sind. Sie ahnen nichts von einem der größten Massengräber, vielleicht dem größten aus der Nachkriegszeit in Ostpreußen. Nicht einmal seinen Platz kennen sie, die schaurigen Gräben dort ganz nahe am umgepflügten Grenzstreifen, dicht bei der früheren Infanterie-Kaserne. Damit man es nicht so weit hatte mit den Toten, die sie zu Hunderten wegschaffen mußten, damals in den furchtbaren ersten Jahren nach dem Kriege.

Zwei, die dabei waren, berichteten. Die Königsbergerin Frau E. L. war von Mai bis Oktober 1945 in dem Lager: „Es war die ehemalige Infanterie-Kaserne, bestehend aus acht großen Blocks. Hohe Wachtürme befanden sich an allen Ecken und Enden, außerdem ringsum Stacheldraht. In Block vier und fünf waren die Männer untergebracht. Als ich am 16. Mai 1945 nach Pr. Eylau kam, faßte das Lager etwa 14 000 Personen, und bereits Ende Juli waren wir nur noch 6 000. Die übrigen 8 000 waren inzwischen gestorben, die meisten an Hungertyphus. Täglich fuhren mehrere Hehl-(Kasten-) und Rollwagen mit Leichen zu den in der Nähe befindlichen Splittergräben. Die nackten Leichen wurden in die Gräben geworfen, mit Chlor begossen und vergraben. Es ist kaum anzunehmen, daß die Russen diese Todesfälle registriert haben, über deren Schicksal niemand etwas weiß."

Zu dieser Angabe über die Lage der Gräber ergänzt ein Ortskundiger: „Die Toten sind wohl hauptsächlich in den Panzergräben verscharrt worden. Auf dieser Seite von Pr. Eylau war durchgehend ein großer, breiter und tiefer Panzergraben angelegt worden. Ich habe ihn noch selbst bei meinem kurzen Aufenthalt in Pr. Eylau im 99

Dezember 1944 gesehen. Viele Berichte sprechen davon, daß die Leichen in den Panzergraben gekippt wurden. Splittergräben sind schmal und nicht sehr tief; sie eignen sich schlecht zur Beseitigung so vieler tausend Leichen."

Aus Königsberg wurde auch R. Sch., der jetzt in Hamburg wohnt, in das Pr. Eylauer Lager gebracht: „Als ich 1946 dort eintraf, waren 7 500 Personen dort untergebracht. Als ich 1947 wieder herausdurfte, waren es keine 1 500 mehr. Ich kann mich an einen Tag erinnern, an dem allein über 300 Leichen abtransportiert wurden. Immer auf die gleiche Weise. Ich habe selber oft dabei mithelfen müssen."

Gewiß handelt es sich dabei um Schätzungen von Gefangenen. Immerhin aber waren gerade diese beiden Zeugen als Aufsichtsposten eingeteilt, so daß sie wohl eine gewissen Übersicht besaßen. Auch weitere zwei Stimmen erhärten diese Angaben. Ein evangelischer Pastor aus Königsberg schrieb in einem Bericht vom 28. Juli 1949 an das Evangelische Hilfswerk in Stuttgart: „Im Lager Pr. Eylau starben von 12 000 Insassen 8 000 im ersten Jahr." Frau K. L. aus Rastenburg notierte in einem Bericht vom 20. Februar 1949: „Schätzungsweise befanden sich in diesem Lager 10 000 bis 12 000 Gefangene, von denen ungefähr die Hälfte verstorben ist. Die Todesursache war hauptsächlich Hungertyphus und Wasser."

Fast 35 Jahre später ist die Zeit gekommen, da man die Toten ruhen lassen sollte. Aber auch ihr Grab, dieses riesige Massengrab von Pr. Eylau, kann nur zum Frieden mahnen, Prediger des Friedens sein, wenn man es auf menschenwürdige Art wiederherrichtet. Es gehört zur besonderen Trauer derjenigen, die nicht mehr in ihrer Heimat sein können, daß sie nicht die letzten Ruhestätten ihrer Angehörigen besuchen dürfen. Dabei erinnern sie sich daran, daß sie einst auch die Gräber der Soldaten Rußlands in der ostpreußischen Erde bis zuletzt in Ehren gehalten hatten.

Das Zehlau-Bruch wurde Manövergelände

Früher endete im Stablack der Kreis Pr. Eylau. Heute reicht der „Rayon Bagrationowsk" weit darüber hinaus bis an das Frische Haff. Gingen auch 46,7 Prozent des damaligen Bestandes, nämlich 574 Quadratkilometer, „verloren", das heißt, sie wurden dem polnischen Teil angegliedert, so wurde die Restfläche von 654,4 Quadratkilometer oder 53,3 Prozent um 491,7 Quadratkilometer aus dem ehemaligen Kreis Heiligenbeil vergrößert, so daß mit 1 146,1 Quadratkilometern fast das alte Ausmaß von 1 228,4 Quadratkilometern wieder erreicht wurde.

Begrenzt wird der Rayon im Westen vom Haff, im Norden etwa durch eine Linie hart nördlich von Ludwigsort, Kobbelbude (Swetloje), Wittenberg (Niwenskoje) und Uderwangen (Tschechowo), im Osten etwa im Verlauf der alten Kreisgrenze, wobei jedoch im nördlichen Bereich der Zipfel mit dem verwunschenen Naturschutzgebiet des Zehlau-Bruches an den Nachbarkreis Friedland ging und weiter südlich etwa der Bereich von Genditten, Guwöhnen und Gallitten hinzugenommen wurde. Das bedeutet eine Art Grenzbegradigung.

Gewonnen hat der Kreis Friedland mit dem Zehlau-Bruch nun nicht viel; aber ein kleines Paradies ging dort verloren. Wo einst nur der einsame Gesang der Lerche zu vernehmen war, das knakkende Gehölz, das königliche Elche brachen, seltene Gäste vor Staunen stumm wurden, krachen nun Granaten, hämmern Geschosse von Maschinenpistolen und laufen Meldegänger durch das Unterholz — das Naturschutzgebiet ist, mit seiner Umgebung, zum Truppenübungsplatz geworden.

Es war einmal als einziges noch wachsendes Hochmoor Deutschlands gepriesen worden. 1910 war das 24 Quadratkilometer große Zehlau-Bruch unter Naturschutz gestellt worden. Viele Schüler, die mit ihrem Lehrer in die seltsam berührende Einmaligkeit geradelt waren, haben erst viel später, zu spät, begriffen, was für ein Schatz da in ihrer Heimat existiert hatte.

„Davon habe ich auch nichts gewußt", meinte staunend der Mann, der vor wenigen Jahren dort im Manöver gewesen war und uns nun gegenübersaß. „Ich hatte damals allerdings auch andere Sorgen. Meine Truppe hatte mich auf Posten in der Einsamkeit zurückgelassen. Ich sollte unbedingt ausharren. Offenbar hatte man mich vergessen. Als ich nach Tagen von einer anderen Einheit fast verhungert aufgegriffen wurde, verhaftete man mich — unter Spionageverdacht. Ich fürchtete schon das Schlimmste. Ja, in der Gegend können einem die seltsamsten Gedanken kommen."

Weiter wächst nun das Moor, so wie seit Jahrtausenden, unbeschadet aller Zeitläufte, ob sie nun darüber hinweggebraust waren oder daran vorbeigegangen waren — seine herbe Schönheit blieb ihm erhalten, wird ihm auch jetzt nicht verlorengehen, selbst wenn die Kriegsspiele kleine Narben zurücklassen. Dieses ist eine Landschaft, da Wunden zum Schmuck werden.

Der Rayon hat — ohne die Kreisstadt Pr. Eylau — 34 100 Einwohner —, mehr als jeder andere. Mit elf Dorf-Sowjets weist der Kreis auch in dieser Beziehung die höchste Zahl auf. Die Namen der Orte sind nicht genau bekannt. Es ist aber anzunehmen, daß es sich dabei handelt um: Heiligenbeil (Mamonowo), Bladiau (Pjatidoroshnoje), Ludwigsort (Laduschkin), Zinten (Kornewo), Wittenberg,

Gr. Lauth (Jushnyj), Mühlhausen, (Gwardejskoje), Uderwangen (Tschechowo), Abschwangen (Tischino), Althof (Orechowo), Stablack (Dolgorukowo). Von den Flüssen sind folgende Bezeichnungen bekannt: Majskaja für Pasmar, Prochladnaja für Frisching und Kornewka für Stradick.

Nach wir vor ist Pr. Eylau mit Königsberg durch die Eisenbahn verbunden. Der Zug hält an den Bahnhöfen Dzerzinskajy-Novaya (vermutlich Wickbold), Tharau (Wladimirow), Schrombehnen (Strel'naja novaya). Für diese Strecke gibt der Fahrplan 36 Kilometer an. Neun Kilometer sind für die Weiterfahrt bis Stablack (Schlauthienen) verzeichnet.

50 Kilometer lang ist die Bahnlinie von Königsberg nach Heiligenbeil über Kobbelbude (Swetloje), Wolittnick (Primorskoe-novoe). Früher ging hier die Fahrt nach dem nur zwölf Kilometer entfernten Braunsberg im jetzt polnischen Teil weiter, ebenso wie von Pr. Eylau über Bartenstein nach Korschen. Es ist nicht bekannt, daß diese Strecken noch genutzt werden. Für den planmäßigen Verkehr trifft das auf keinen Fall zu. Es ist aber bemerkenswert, daß — wie hier schon bemerkt — im Königsberger Hauptbahnhof das Gleis in Richtung Braunsberg noch als einziges die alte Spurweite hat, — ein Hinweis darauf, daß die Strecke auch über die Grenzlinie hinaus in den polnischen Teil befahren wird?

Kaum in Betrieb ist die verlassen daliegende Linie zwischen Pr. Eylau und Bartenstein. Überlegungen, ob sich das nicht ändern könnte, hat der Bau einer großen Getreidespeicher-Anlage bei Bartenstein an der Bahnstrecke nach Pr. Eylau ausgelöst. Hier soll auch ein Breitspuren-Anschluß geplant sein. Vom Süden her wird die Strecke über Bartenstein hinaus bis Glommen (Glomno), kurz vor der Grenze, fahrplanmäßig benutzt. Nach Augenzeugenberichten sollen Güterzüge, zum Beispiel mit Kohlen, auch in Richtung Pr. Eylau weiterfahren. Während die Straßenverbindung von Pr. Eylau nach Landsberg im polnischen Teil unpassierbar scheint, existiert immerhin ein Übergang auf der Strecke nach Bartenstein bei Perscheln (Piersele), das bereits auf der polnischen Seite liegt. Sie dürfte gelegentlich von offiziellen Delegationen befahren werden; dies trifft wohl auch für die Strecke zwischen Heiligenbeil und Braunsberg zu.

Über einen solchen Ausnahmefall berichtete die „Gazeta Olstynska" (Allensteiner Zeitung) am 31. 10./1. 11. 77 unter der Überschrift „Freundschaftliche Manifestation in Pr. Eylau": „Vor einigen Tagen fand in der Gegend von Bartenstein im polnisch verwalteten Teil Ostpreußens ein Treffen der Jugend Polens und der Sowjetunion statt. Es handelte sich um Teilnehmer aus der Wojewodschaft Allenstein und ihre Altersgenossen aus der Umgebung von Königsberg. Es fand eine Freundschaftsdemonstration unter der polnischen und der sowjetischen Flagge statt. Die Jugendabordnung aus Allenstein — etwa 150 Personen — wurde danach in Pr. Eylau" (im sowjetisch verwalteten Teil Ostpreußens) „vor dem Kulturhaus von einem Orchester der Eisenbahner und des sowjetischen Jugendverbandes begrüßt. Auf der sich anschließenden Kundgebung sprachen die jeweiligen Funktionäre des sowjetischen Komsomol und der polnischen Staatsjugend. Beide unterstrichen die Bedeutung der Oktoberrevolution für die Völker der Sowjetunion und Polens und der 'brüderlichen Zusammenarbeit der Jugend beider Völker'. Später besuchten die Jugendlichen aus Allenstein Betriebe der fischverarbeitenden Industrie in der Nähe von Königsberg."

Bei dem hier zitierten „Kulturhaus" handelt es sich, wie schon notiert, ganz offensichtlich um den Saal des früheren Hotels „Preußisch-Eylauer-Hof" mit entsprechenden Umbauten. Die Kundgebung hat demnach wohl auf dem Markt oder im früheren Wohlfahrtspark stattgefunden.

Auf der alten Reichsautobahn von Königsberg nach Elbing gibt es keinen Grenzübergang. Die Fahrt endet auf der einbahnig gebliebenen Schnellstraße einige Kilometer vor der neuen Trennungslinie, ganz gleich, aus welcher Richtung man kommt. Auf beiden Seiten wird die Autobahn kartenmäßig kaum erfaßt. Weiß man nicht so recht, was man mit diesem Erbe anfangen soll?

Gut erschlossen ist das Land durch den Busbetrieb, der fast überall die Kleinbahnen ersetzt hat. In diesem Bereich führt eine Linie von Königsberg nach Pr. Eylau und von dort über Domnau — Abschwangen — Uderwangen wieder zurück, also ein Rundverkehr mit einer beachtlichen Entfernung. Von Königsberg geht es auch über Kreuzburg — Zinten — Ludwigsort und wieder zurück in die Hauptstadt. Schließlich existiert noch die Busverbindung von Pr. Eylau nach Heiligenbeil über Stablack und Ludwigsort. Wie man hört, geben sich die Unternehmen größte Mühe, den Betrieb in dem meist sehr ungemütlichen Winter aufrechtzuerhalten. Oftmals werden „freiwillige" Arbeitskolonnen zur Schneeräumung herangezogen.

Der »Messias«
im Friedland von heute

Durch den Ringverkehr hat Domnau (Domnowo) wenigstens nicht ganz den Anschluß verloren. Schon immer ein wenig abseits, liegt es nun im verlassenen Westwinkel des neuen Kreises Friedland. Für die Ostpreußen war Domnau eine Art Schilda. Der Spruch »Quer wie die Domnauer« war ein geflügeltes Wort für Unbeholfenheit. Und man lachte darüber, daß dort der Bürgermeister nach der Zahl der Splitter im Allerwertesten ausgewählt wurde, die er sich beim Herunterrutschen auf einer Holzbohle holte, oder daß die Bewohner das Licht in Scheffeln ins neue Rathaus tragen mußten, weil man die Fenster vergessen hatte.

Mit dieser Einschätzung tat man den Domnauern bitter Unrecht; denn sie nannten nicht nur ein idyllisches Städtchen ihr eigen, sondern auch besonders gescheite Söhne (und gewiß auch Töchter). Einer davon war Georg Weißel (1590—1635). Er schenkte der Welt das Lied »Macht hoch die Tür, die Tor macht weit!« und korrigierte lange vor der Zeit die Mär von den Domnauern, die nicht den rechten Weg durch das Stadttor wüßten. In seinem — dem wohl bekanntesten Adventslied überhaupt — heißt es auch »O wohl dem Land, o wohl der Stadt, so diesen König bei sich hat!... Er ist gerecht, ein Helfer wert... All unsre Not zum End' er bringt«. Ein Trostwort auch für seine Domnauer, die fast 400 Jahre später ihre Stadt verlassen mußten? Auch seine anderen bekannten Lieder wie »O Tod, wo ist dein Stachel nun?» und »Such, wer da will, ein ander Ziel...« könnte man so verstehen. Übrigens wirkte Georg Weißel später in Friedland als Rektor und in Königsberg als Pfarrer, den beiden Städten, die auch heute für seinen Heimatort die wichtigsten sind.

Der Kreis Friedland (Prawdinsk) ist mit 1 283 Quadratkilometern der viertgrößte im Gebiet, und mit 69 100 Hektar Nutzfläche steht er an zweiter Stelle in der Landwirtschaft. Zu ihm gehören neun Dorfsowjets, also Großgemeinden.

Eine weitere Stadt nach der jetzt dort üblichen Ordnung gibt es nicht mehr. Allerdings wird Gerdauen (Shelesnodoroshnyj, Eisenbahnort) noch als »Siedlung städtischen Typs« oder »Arbeitersiedlung« geführt. Den Stadt-Status haben außer Domnau auch Allenburg (Drushba) und Nordenburg (Krylowo) verloren. Hier im Bereich der Alle (Lawa — polnisch: Lyna) ist ein Siedlungsgebiet der Ukrainer, das sich bis zur Angerapp (Angrapa) hinzieht.

Auch dort ist überall die Grenznähe zu spüren. Ein trauriges Beispiel dafür ist Schönbruch, etwa zur Hälfte zwischen der jetzigen Kreisstadt, Friedland, und der früheren, Bartenstein, gelegen. Durch das einst schöne, große Dorf geht nun die Trennungslinie zwischen den beiden sozialistischen Staaten. Sie zerreißt den Ort in zwei ungleiche Teile, die Shirokoje (sowjetisch) und Szczurkowo (polnisch) genannt werden. Nur eines haben sie gemeinsam: Sie sind zum Sterben verurteilt.

Fast genau auf der Demarkationslinie, jedoch noch auf sowjetischem Gebiet, lag die alte, wuchtige Ordenskirche mit dem imposanten viereckigen Turm. Für die Schönbrucher war sie der nicht wegzudenkende Mittelpunkt des Ortes. Nachdem der Bau lange leergestanden hatte und, wie üblich, zweckentfremdet worden war, wollten die gläubigen Polen ihn wieder zum Gotteshaus machen. Sie stellten ein entsprechendes Ansinnen an die Sowjets. Die Antwort: Die Kirche wurde zerstört.

Das geschah noch im Jahre 1974, als die Welt nach den Ostverträgen und Helsinki auf ein besseres Zusammenleben hoffte! Die Polen bauten sich eine neue Kirche im nahen Siddau. Schönbruch aber wurde ein noch deprimierenderes Mahnmal für die zerstörerische Kraft der widernatürlichen Teilung unserer Welt.

Die Menschen, die von Schönbruch in ihre Kreisstadt wollen, fahren 15 Kilometer auf der gut erhaltenen Reichsstraße 142 — allerdings nur die, die in Szczurkowo wohnen — in südwestlicher Richtung nach Bartenstein, so wie es immer war (neuerdings gibt es keine Kreisstädte mehr im polnischen Teil, und dieses Gebiet gehört direkt zur Wojewodschaft Allenstein, Olsztyn). Wer nun ein paar Schritte weiter auf der anderen Seite lebt, der muß die gleiche Straße in nordöstlicher Richtung nehmen, um in 15 Minuten in der Kreisstadt Friedland zu sein.

„Prawdinsk", wie die Stadt an der Alle nun genannt wird, hat sich erheblich verändert. Als Rayon-Zentrum wird es in beachtlicher Weise gefördert. Der Name des Parteisekretärs lautet: Jurij Machabajskij. Ein Reisebericht aus dem Jahr 1978

Der beschädigte Kirchturm an der Grenze mitten in Schönbruch. Im Vordergrund Grenzzaun und -pfahl.

Friedland: Ein Denkmal der Sieger steht jetzt vor der St.-Georg-Kirche.

schildert die Stadt so: „Die Glocke der spätgotischen St.-Georg-Kirche in Prawdinsk (früher Friedland) läutet nicht mehr zum Gottesdienst. Die 200 Menschen, die sich in der Abendstunde in Sonntagskleidern hier eingefunden haben, sind zu einem Konzert gekommen. Das Programmheft kündigt Händels »Messias«-Oratorium an. Die bekannte, unzerstört gebliebene Pfarrkirche ist kein Gotteshaus mehr. Der Staat hat sie übernommen und in einen Konzertsaal umgewandelt. So ist es vielen Kirchen ergangen, die heute zum Kaliningrader Gebiet gehören.

Prawdinsk, wo heute 3 550 russische Einwohner leben (1939: 4 417 Deutsche) hat viele Neubauten und eine große Arbeitersiedlung erhalten. Die Reste der Stadtbefestigung und alte deutsche Fachwerkbauten am Markt fielen dem Krieg zum Opfer."

So hat der »Messias«, so hat der Deutsche Georg Friedrich Händel immer noch einen Platz in der Kirche der alten deutschen Stadt Friedland, obgleich sie nun Prawdinsk genannt und als sowjetische Kreisstadt gezählt wird und die altehrwürdige Pfarrkirche kein Gotteshaus mehr ist — eine seltsame Vorstellung. Bedrückend, tröstlich...?

Gewiß nicht uninteressant wäre es auch zu wissen, ob das Oratorium in englischer Sprache gesungen wurde, also der Originalfassung (denn das Werk entstand während der Londoner Zeit Händels), in deutsch, der Heimatsprache des Komponisten und auch der Menschen, die zu seiner Zeit in Friedland lebten, oder in russisch, das die jetzt dort Wohnenden sprechen — jede Sprache hätte dort ihre besondere Bedeutung.

Übrigens, „Prawdinsk" heißt Stadt der Wahrheit, ein ebenso beziehungsvoller Name wie früher Friedland. Welche Wahrheit, welcher Friede wird dort verkündet?

Friedland war am 28. Januar gefallen, als die sowjetischen Truppen mit Macht in Richtung Haff vorstießen, alles überrollten und erst am Heiligenbeiler Kessel zum Stoppen gebracht werden konnten. Viele Zerstörungen in den eroberten Städten kamen bei diesem stürmischen Vormarsch nicht durch Kampfhandlungen zustande, sondern durch Siegesfeuer nach dem Einzug. Auch die Laubenhäuser gibt es nicht mehr am Markt. Dort steht jetzt ein Lenindenkmal. Der Platz trägt seinen Namen.

Das Stadtgebiet von Friedland hat eine Größe von 8,3 Quadratkilometern. Als wichtige Gewerbebetriebe nennt die sowjetische Statistik ein Asphalt- 103

Kolchosenwohnungen in Wohnsdorf an der Straße zwischen Friedland und Allenburg. Gegenüber verfällt das einst weitbekannte Gutshaus des Freiherrn von Schrötter. Die Aufnahme stammt aus dem Jahr 1978.

Beton-Werk, eine Schuhfabrik und eine Käserei. Eines der vier Wasserkraftwerke im Gebiet ist danach ebenfalls in Friedland angesiedelt. Dabei handelt es sich zweifellos um das Werk, das bis 1945 das ganze nördliche Ostpreußen mit Strom versorgte. Es hatte seine Wasserreserve im künstlich angelegten Reihersee, der 30 Kilometer lang war und durch den Stau der Alle entstand.

In der einzigen stadtähnlichen Siedlung des Kreises, Gerdauen, gibt es als erwähnenswerte Betriebe nach sowjetischen Angaben eine Brauerei, eine Ziegelei und eine „industrielle Forstwirtschaft." Auch dieser Ort liegt in dem schwer zugänglichen Grenzgebiet, keine fünf Kilometer von der Demarkationslinie entfernt, dort, wo einmal Ostpreußens Mitte war. Soll das auch das Ende dieser ehemaligen Kreisstadt sein, die zu den ältesten Gründungen der Ostprovinz gehörte und schon im 9. und 12. Jahrhundert entstand? Sie wurde nach dem preußischen Edlen Girdaw benannt und 1398 zur Stadt erhoben. 1939 hatte sie 5 100 Einwohner.

Noch dichter liegt Nordenburg an der neuen Grenze, so unmittelbar etwa wie Pr. Eylau. Allenburg dagegen hat seinen Platz im Norden, ungefähr in der Mitte des neuen Kreises. Es wurde vom angestammten Kreis Wehlau abgetrennt und Friedland

hinzugeschlagen. Von dort — ebenso auch wie von Friedland — gibt es ein bemerkenswertes Stichwort: Öl. Davon wird noch zu reden sein.

In einem Punkt kommt Gerdauen heute eine erhebliche, in gewissem Sinne größere Bedeutung zu: als Endstation der Bahnlinie von Tilsit über Insterburg. Früher ging sie bis zu dem bekannten Knotenpunkt Korschen.

Er liegt bereits im heutigen polnisch verwalteten Teil und hat seine einstige Bedeutung verloren. Denn aus dem Norden kommen keine Züge mehr. Allerdings wird in sowjetischen Veröffentlichungen gelegentlich noch Korschen als erster Bahnhof einer grenzüberschreitenden Linie notiert. Jedoch kann es sich dabei nur um Sonderfahrten, etwa von offiziellen Delegationen, wie auch um den Gütertransport handeln; denn planmäßige Fahrten gibt es seit Jahrzehnten nicht mehr. Weder in Königsberg noch in Tilsit existiert auf den Bahnhöfen eine Anzeigetafel, auf der „Korschen" oder auch Korsze, wie es jetzt genannt wird, steht.

Die mit 99 Kilometern bemessene Strecke von Tilsit nach Gerdauen führt über die Orte Pamletten (Barsunowka), Argenhof (Artemowka), Schillen (Zilino-Novoe), Honigberg (Wisnewoje, Grünheide (Kaluzskoe), Blumenbach (Ovraznaja—Novaja), Insterburg (Tschernjachowsk), Rehfeld (Krasnovka), Mattenau (Ugrjumovo-Novoe), Bokellen (Frunzenskoe), Klein Gnie (Mozyr-Novyi), Gerdauen.

Die früheren Nebenstrecken Gerdauen, Friedland, Tapiau sowie Wehlau, Allenburg, Friedland, Domnau, Almenhausen, Uderwangen, Löwenhagen, Königsberg werden in den sowjetischen Publikationen nicht mehr aufgeführt. Vermutlich haben dort Busse den Dienst übernommen.

Darkeym — Darkehmen — Angerapp — Osersk

Weiter nach Osten schließt sich der Kreis Angerapp an. Mit 881,4 Quadratkilometern gehört er zu den kleineren Rayons. Auch er ist ein geteilter Kreis; denn nur etwa vier Fünftel blieben noch in der überkommenen Ordnung, ein Fünftel wurde abgetrennt und gehört jetzt zum polnischen Bereich. Der Restkreis wurde im wesentlichen beisammen gelassen. Allerdings wurden seine Grenzen rundherum etwas hinausgeschoben, am weitesten im Westen — bis in die Nähe von Nordenburg im Kreis Friedland — und im Osten, dort bis nahe an die Rominter Heide heran.

Die alte Kreisstadt an der Angerapp (Angrapa) hat damit zum dritten Mal einen anderen Namen erhalten. 1539 wurde sie erstmals als Darkeym

erwähnt. Bis 1938 hieß sie Darkehmen. Dann wurde sie in Angerapp umgetauft. Die neuen Herren gaben ihr die Bezeichnung Osersk. Die etwas mehr als 250jährige Stadt — 1725 waren ihr diese Rechte verliehen worden — zählte bei Kriegsbeginn 4 200 Einwohner. Heute kennt man nur ihre Größe, 8,7 Quadratkilometer.

In Angerapp steht ein weiteres Wasserkraftwerk. Es handelt sich dabei ebenso wie in Friedland um die aus deutscher Zeit stammende Anlage. Sie wurde im Krieg nicht beschädigt und von den neuen Behörden sofort in Betrieb genommen. Der Kreis war folglich einer der ersten, die gut mit Strom versorgt wurden.

Angerapp gehört landwirtschaftlich zu den bedeutendsten Kreisen. Obwohl er zu den kleinsten Rayons gerechnet wird, steht er in der Tabelle der landwirtschaftlichen Nutzflächen mit 67 300 Hektar an vierter Stelle. Seine 16 000 Einwohner sind fast ausschließlich in der Landwirtschaft beschäftigt. Der wichtigste Betrieb in der Kreisstadt zählt ebenfalls zu diesem Bereich. Es ist eine Käserei, die in der sowjetischen Bewertung eine der vier größten Butterfabriken der Oblastj ist und offenbar nur noch von dem »Kaliningradskij molocnyj kombinat«, der neuen Königsberger Großmolkerei, übertroffen wird.

Auch die Schweinezucht ist mit dem Namen dieses Rayons verbunden. Dort — der genaue Ort ist nicht bekannt — gibt es die Mustersowchose

Die Kreisstadt Gerdauen - unser Archivbild - ist nun eine „stadtähnliche Siedlung" an der Grenze.

Das war einmal Angerapp, die alte Kreisstadt mit dem mächtigen Marktgeviert.

»Trudowik«, die sich darauf spezialisiert hat und in mehreren Schriften gerühmt wird. Insgesamt erhöhte sich nach den vorliegenden Zahlen der Schweinebestand im Gebiet von knapp 200 000 im Jahr 1961 auf 247 000 im Jahr 1973.

Weitere zwei Einrichtungen sprechen dafür, daß die Landwirtschaft in der Gegend eine besondere Rolle spielt. So gibt es in Angerapp ein landwirtschaftliches Technikum und auf der Kolchose „Dscherschinskij" im Rayon ein Jugendlager des Königsberger Zellstoffwerkes Nr. 2, das als vorbildlich herausgestellt wird. Denn dort sei es optimal möglich, die Arbeit auf dem Felde zu verbinden mit Sport, Baden, Kulturpflege, Ausflügen und so weiter. Insgesamt wurden nach sowjetischen Angaben 29 Lager auf dem Land eingerichtet. 36 existieren in städtischen Bereichen. 10 000 Jugendliche arbeiten danach in Industrie und Landwirtschaft.

Schloß Beynuhnen im Kreis Angerapp gehörte zu den bekanntesten und meistbesuchten Herrschaftssitzen in Ostpreußen. Es bag Kunstschätze, vor allem antike Statuen und Gemälde der Hochrenaissance, von unschätzbarem Wert. Sie sind seit 1945 verschwunden. Der Flügel mit der Koremhalle brannte nach der Besetzung aus. Das weitere Schicksal der einzigartigen Kunstschöpfung im gesamten Osten ist unbekannt. Beynuhnen liegt nur etwa vier Kilometer jenseits der Grenzlinie zum polnischen Teil.

Die Kirche steht nicht mehr in Ebenrode

Gehen wir noch weiter nach Osten, dann kommen wir anschließend in den einstigen Grenzkreis Ebenrode. Der jetzige Rayon Nesterow ist ein Inlandskreis geworden und mit 1 062,1 Quadratkilometern erheblich größer als sein traditioneller Vorgänger. Im Süden wurde er um rund ein Viertel des alten Kreises Goldap erweitert, im Westen um ein erkleckliches Stück aus dem Kreis Gumbinnen. Im Norden gab es gegenüber dem Kreis Schloßberg — jetzt Haselberg — einige Grenzbegradigungen. Dabei schnitt allerdings der Nachbar besser ab. Auch hier haben Stadt und zugehöriger Kreis mehrfach den Namen wechseln müssen; denn bis 1938 hießen sie Stallupönen. Die Stadt hatte 1939 etwa 6 600 Einwohner.

Der Kreis umfaßt sieben Dorfsowjets, also „Großgemeinden". Darunter ist die alte Grenzstadt Eydtkau, bekannt auch als Endstation für die Bahn. Heute halten die Züge von Königsberg nach Kaunas, Wilna und Moskau nicht einmal in dem Tschernyschewskoje genannten Dorf. Mit dieser Namensgebung wurde ein weiterer Feldherr aus den napoleonischen Kriegen geehrt.

Einzige Stadt ist nun Ebenrode. Ihre Einwohnerzahl ist nicht bekannt. Nur die Größe, 7,3 Quadratkilometer, wurde bisher veröffentlicht. Der Kreis (ohne Ebenrode) hat laut der Statistik von 1968 15 400 Bewohner. In Ebenrode arbeitet ein Butter- und Käsebetrieb, den die sowjetischen Stellen — ebenso wie in Angerapp — zu den vier größten Butterfabriken des Gebiets rechnen.

Soweit die nüchternen amtlichen Angaben. Lassen wir nun einen Augenzeugen sprechen, der den Kreis Ebenrode im Jahre 1964 bereiste. Es handelt sich dabei um den litauischen Altkommunisten Pranas Stiklius, der längere Zeit in den USA lebte und jetzt seinen Lebensabend in Sowjet-Litauen verbringt. In seiner Schrift »Die Ernte meines Lebens« (1971) schildert er die Eindrücke einer Reise, deren Ziel zuerst Tollmingen (Tollmingkehmen) war, etwa auf der Hälfte zwischen Ebenrode und Goldap gelegen. Dort hatte der Dichter Kristijonas Donelaitis gelebt, der unter diesem Namen von den Litauern sehr verehrt wird.

Auch den Deutschen war und ist er ein Begriff. Für sie heißt er Christian Donalitius. Er lebte von 1714 bis 1780, lange Zeit in Tollmingkehmen, und stammte aus Lasdinehlen bei Gumbinnen, wo er als Sohn eines Kölmischen Bauern geboren wurde. Er studierte in Königsberg und wurde Pfarrer und Schriftsteller. Der vielseitige Mann stellte auch optische Gläser, Thermometer und sogar Klaviere her. Noch vor Klopstock dichtete er in Hexame-

ter. Er übersetzte unter anderem Äsops Fabeln ins Litauische. Die Sprache hatte er erst während des Studiums gelernt. Er war ein Brückenbauer zum litauischen Nachbarvolk, vor allem zu dessen Sprache. Da er außerdem aus dem damals als Preußisch-Litauen bezeichneten Regierungsbezirk Gumbinnen kam, beanspruchten die Litauer ihn als einen Landsmann und nannten ihn Donelaitis.

„Das Preußenland gab uns den großen Sänger, den Begründer der litauischen schönen Literatur Kristijonas Donelaitis. Das Preußenland kann man mit Recht als die Wiege unserer Schriftsprache bezeichnen", hieß es darum in dem Reisebericht von Pranas Stiklius. Und weiter:

„Dieses Jahr (1964) wird Donelaitis-Jahr genannt; es sind 250 Jahre seit der Geburt des Dichters vergangen... Es fanden sich Leute, die den Wunsch hatten, nach Tollmingkehmen (Tolminkiemis — russisch: listye prudy; es fällt auf, daß die Litauer meist die traditionellen Ortsnamen in ihrer Sprache benutzen, also nicht die neuen offiziellen sowjetischen Namen), wo der berühmte Dichter lebte und schuf, zu fahren.

Weiter jenseits des Baches liegt die ehemalige Grenzstation Deutschlands — Eydtkuhnen (Eitkunai) jetzt Tschernyschewskoje. Die Stadt, während des Krieges fast völlig zerstört, zeigt auch jetzt wenig Leben. An der Stelle der früheren Häuser — Hügel von Schutt, auf denen schon junge Bäumchen sich erheben, Sträucher, Unkraut und Brennnesseln, aus denen manchmal die Ziegelstückchen hervorstehen. Das sind die Reste der ehemaligen Behausungen...

Der Autobus rollt auf der glatten Fernstraße durch das Preußenland. Ringsherum grünende Ebenen, die von blühenden Fliederbüschen und erhaltenen Obstbäumen — es sind Überreste der früher bestehenden Gehöfte — belebt werden. Andere Zeichen, die bezeugen würden, daß hier Menschen lebten, sind nicht zu sehen, nur noch die aus roten Ziegeln gemauerten, jetzt verfallenden Pfeiler der Hoftore ragen hie und da heraus.

Wir stiegen aus dem Autobus in Stallupönen (Stalupénai — Ebenrode, russisch heute: Nesterow), wo Donelaitis drei Jahre lang gelebt haben soll (1740—1743). In der Stadt haben sich unbeschädigte Häuser erhalten, die bewohnt sind; hier befinden sich Behörden und Geschäfte. Die Straßen sind nicht schlecht gepflegt und sauber. Die Häuserruinen sind hinter den gemauerten Zäunen versteckt.

Unser Ausflugsleiter wollte uns die Kirche zeigen, in der Donelaitis als Kantor die Kinder singen lehrte und den Chor leitete und wo er auch Organist war. Aber da gab es nichts, was man zeigen konnte, da an der Stelle der Kirche bloß ein leerer Platz auf der Anhöhe geblieben war, die wir,

Dieses Ebenrode gibt es nicht mehr. Wer die Kirche sucht, findet nur einen leeren Platz auf der Anhöhe.

eine Treppe aus Zementstufen aufsteigend, erreichten...

Weiter hinter Stallupönen haben sich die Ansichten der Landschaft etwas verändert: Wir beobachteten mehr bebaute Äcker, weidendes Vieh, heil gebliebene Gehöfte und auch sich bewegende Menschen...

Verfolgt von neugierigen Blicken der heutigen Einwohner von Tollmingkehmen, fuhren wir durch das Dorf, über die Brücke und hielten zwischen blühendem Flieder und grünenden Ulmen unter einer Anhöhe an. Als wir den ziemlich steilen Abhang aufgestiegen waren, fanden wir einen kleinen, ebenen Platz an der Stelle, wo, wie man annimmt, zur Zeit von Donelaitis das Pfarrhaus gestanden hat; jetzt ist hier nichts.

Noch etwas höher auf der Anhöhe stehen verfallene Mauerwände, wachsen weißstämmige Birkchen... Das sind die Überreste der ehemaligen Kirche von Tollmingkehmen. Also, hier zwischen diesen Wänden hat Donelaitis seinen Gemeindemitgliedern gepredigt. Betrachtet man diese Wände, die aus runden Feldsteinen in Verbindung mit Kalkmörtel gemauert sind, glaubt man, daß dies eine sehr alte, in die Kreuzritterzeit (Deutschordenzeit) reichende Bauweise ist, wie die von der Burg in Kaunas...

Indem wir uns so umgesehen und unsere Gedanken ausgetauscht haben, kamen zwei Männer in Eisenbahnermützen zu uns und sprachen uns litauisch an. Sie erzählten, daß sie hierselbst an der

Bahn arbeiten. Wir stürzten alle zusammen, um sie auszufragen, was sie über diesen Ort wissen, über Donelaitis, der hier lebte und begraben wurde.

Die beiden erzählten, daß sie hier seit 1950 lebten. Von Donelaitis hätten sie gehört und wüßten zwar, daß er hier lebte, aber wo er begraben ist, sei ihnen nicht bekannt — ob unter der Kirche oder unter dem unweit von hier gelegenen Keller.

Die an der Kirchentüröffnung befestigte Tafel besagt, daß der Begründer der litauischen Literatur Kristijonas Donelaitis hier gelebt hatte. Und ein paar Schritte abseits, zwischen vier Ulmen auf bloßer Erde, liegt eine aus Holz gefertigte Buchattrappe mit dem Gänsekiel — ein Geschenk der Schüler aus Kaisiadorys an Donelaitis.

Angenehm ist zu vermerken, daß ein Teilnehmer unserer Exkursion auch ein wertvolles Geschenk mitgebracht hat, nämlich eine von ihm selbst geschlagene Reliefmedaille von Donelaitis, die er selbst unter Zustimmung aller an der Wand oberhalb der Türöffnung der Kirche befestigte."

Ein anderer Bericht stammt von dem 1937 in Memel geborenen litauischen Dichter und Dozenten für westeuropäische Literaturgeschichte an der Universität Wilna, Tomas Venclova. Der Sohn des Vorsitzenden des sowjetlitauischen Schriftstellerverbandes, Antanas Venclova, gehörte zu der Gruppe, die die Durchführung der Beschlüsse von Helsinki hinsichtlich der Menschenrechte in der Sowjetunion überwachen sollte. Während eines Aufenthaltes in den USA wurde ihm im Juni 1978 die Staatsangehörigkeit der UdSSR entzogen. In seiner Schrift »Die heutige Lage in Klein-Litauen« schreibt er:

„In Tollmingkehmen wird auf Kosten Litauens das Kirchlein von Donelaitis wiederaufgebaut, in dem ein Donelaitis-Museum eingerichtet werden soll. Ich war dort vor einem Jahr (1976). Dort arbeiten litauische Architekten und Baufachleute, und sie arbeiten ganz gut. In der Kirche hat man auch die Überreste gefunden, die, wie man meint, von Donelaitis sind. Etliche von der litauischen Intelligenz haben das Projekt hervorgehoben, nach dem Tollmingkehmen Litauen angegliedert werden sollte.

In einem solchen Falle könnte man dem Ort seinen alten Namen — Tolminkiemis — zurückgeben und dort auch eine litauische Schule gründen. Jetzt heißt der Ort Cistye prudy, das heißt russisch die sauberen Teiche, weswegen alle empört sind. Aber die Moskauer Regierung war mit diesem Vorschlag nicht einverstanden. Trotzdem hofft man im stillen noch, daß man dies irgendwann in der Zukunft zu erreichen imstande sein wird."

Über andere Orte schreibt Tomas Venclova: „Eydtkuhnen, Stallupönen, Gumbinnen und Insterburg (er benutzt ebenfalls die litauischen Bezeichnungen Eitkunai, Stalupenai, Gumbine, Isrutis) sind teilweise demoliert und nur sehr geringfügig wiederaufgebaut."

Ein anderer Besucher, ein ehemaliger Königsberger, der im Herbst 1970 dorthin kam, schildert seine Eindrücke so: „Von hier aus führt die Straße nach Nesterow (früher Stallupönen). Wo früher dichtgedrängte Häuser standen, sieht man weitläufige Plätze und vereinzelt von Gras überwucherte Fundamente zerstörter Gebäude. Entlang der Hauptstraße sind einige alte Häuser wieder hergerichtet worden. An einer nur notdürftig übertünchten Wand kann man noch ‚Kolonialwaren' entziffern. Es wird an Neubauten gearbeitet."

Die schweren Zerstörungen und Verwüstungen dieses Grenzbereiches, zu dem auch der Kreis Schloßberg (Pillkallen) nördlich davon gehört, sind eine Folge der besonders harten Kämpfe in diesem Raum. Hier betraten die vormarschierenden sowjetischen Truppen zum ersten Mal deutschen Boden. Das war bereits im Oktober 1944, als die meisten Reichsbewohner es sich noch nicht vorstellen konnten, daß dieses Schicksal — Besetzung durch alliierte Truppen — ihnen allen bestimmt war.

In der zweiten Oktoberhälfte trat die 3. Weißrussische Front unter ihrem General Iwan Danilowitsch Tschernjachowsk zum Angriff an. Am 17. Oktober nahm sie Wirballen, am 18. Oktober Eydtkau, am 20. Tollmingen, am 21. Trakehnen, am 22. Goldap und am 25. Ebenrode. Am 21. Oktober waren die schlagkräftigen Einheiten bereits bis an die Angerapp vorgestoßen. Das von ihnen besetzte Nemmersdorf, das die Deutschen nach verlustreichen Kämpfen zurückgewannen, wurde zum Symbol dafür, daß diese Soldaten nicht nur Helden auf dem Schlachtfeld waren, sondern sich auch zu unbeschreiblichen Grausamkeiten gegenüber der Zivilbevölkerung hinreißen ließen.

Noch einmal wurde die Offensive gestoppt, die Rote Armee zurückgedrängt. Die Kreisstadt Goldap wurde am 3. November zurückgewonnen. Aber am 22. Januar ging sie endgültig verloren. Zu diesem Zeitpunkt waren Gumbinnen, Insterburg, sogar Allenstein schon erobert. Der Gegner stand bereits in Wehlau und vor Elbing. Er schickte sich zum großen Sturm auf Königsberg und die Haffküste an.

Der Befehlshaber, General Tschernjachowsk, erlebte den letzten Triumph seiner Einheiten, die Eroberung ganz Ostpreußens, nicht mehr. Am 18. Februar 1945 fiel er nahe der zwei Tage vorher eingenommenen Stadt Mehlsack. Dort, wo sich der Heiligenbeiler Kessel zusammenzog, tobten blutige Schlachten. Die Stadt Insterburg trägt heute nach dem Willen der Sieger seinen Namen. 20 Kilometer davon entfernt liegt Nemmersdorf; es heißt nun Majakowskoje. Den Oberbefehl über die 3. Weißrussische Front übernahm Marschall A. M. Wassilewskij.

Goldap hat seinen Namen behalten, übrigens als einzige Stadt Ostpreußens. Doch sonst blieb kaum etwas übrig von dem bereits während der Oktober-Offensive zu 90 Prozent zerstörten Ort im nun polnisch besetzten Teil. Es ist, als ob die in Trümmer gelegte Stadt blind werden sollte für all das Elend ringsum. Ihre Bewohner sind geflüchtet, vertrieben von dem doppelten Schlag, später der Rest der Bevölkerung von den neuen Machthabern. Diese bauten sich ihre Häuser, die keine Ähnlichkeit mehr mit denen der gewachsenen, schönen Grenzsiedlung haben.

Wie ein anklagendes Mahnmal gegen alle, die für dieses Unheil verantwortlich sind, steht die vereinsamte Ruine der Alten Kirche neben dem Markt. Der Platz selbst, das einstige lebendige, wirtschaftliche und kulturelle Zentrum dieser Kleinstadt, liegt trotz der Neubauten und Grünanlagen verlassen da. Wie zum Hohn gestatten die weiten Lücken, die der Krieg gerissen, Blicke auf die unerreichbar gewordene Nachbarschaft im Norden. Nur drei Kilometer entfernt — Goldap liegt dichter zu ihr als jede andere Stadt im polnischen Gebiet — zerreißt die Trennungslinie seit mehr als drei Jahrzehnten das Land, das seit Urzeiten zusammengehörte.

Auch der Blick vom schönen Goldaper Berg verliert sich, oft tränennaß, in der grünen und immer blauer werdenden Unendlichkeit einer einzigartigen 109

Das Jagdschloß Rominten (Archivfoto) liegt nun hart an der Grenze.

Landschaft. Dort, hinter dem Goldaper See, durch den quer die Grenze verläuft, breitet sich die Rominter Heide aus, einst Jagdrevier für Kaiser, Könige, Herrscher verschiedenster Art. Dichter aller Zeiten haben sie besungen und als Landschaft von besonderem Reiz gepriesen. Die Statistiker nennen das 25 000 Hektar messende Gelände das größte zusammenhängende Waldgebiet. Der Hauptteil befindet sich heute im sowjetischen Bereich.

Das berühmte Jagdhaus Rominten, im Herzen der Heide gelegen, wird nun hart von der Grenze bedrängt. Es ist nicht bekannt, was sich dort abspielt, wer da residiert, wer zur Jagd auf das prächtige Wild einlädt — Deutschlands stärkste Hirsche hatten dort ihr Revier. Zur Ordenszeit wurde sogar Jagd auf Auerochsen, Wisente und Bären gemacht.

Nun scheint die Welt, auch vom Norden aus gesehen, vor dem Eingang zur Heide zu enden. Die neuesten sowjetischen Karten weisen keine Straßen mehr dort auf. Ebenso wie die Unionsstraße von Gumbinnen nach Waltersdorf (Ol'chovatka) fehlt auch die „Republikstraße" von Ebenrode nach Schloßbach (Newskoje) und weiter in südlicher Richtung. Soll die Rominter Heide vom Durchgangsverkehr nicht mehr berührt werden — so wie es weiter südlich im polnischen Teil mit dem anderen großen und herrlichen Waldgebiet Ostpreußens, der Johannisburger Heide, geschieht?

Hat auch der Eisenbahnverkehr ein ähnliches Schicksal erfahren? Die Strecke Ebenrode — Schloßbach — Kassuben (Il'inskoje) — Tollmingen — Hardteck (Krasnoles'e) wird auf den neuesten

Atlanten und Fahrplänen nicht mehr erwähnt. Nur auf der Karte der „Großen Sowjetenzyklopädie" von 1973 ist sie eingezeichnet.

Unverändert ist indessen die Strecke Königsberg — Ebenrode in Betrieb. Sie ist die wichtigste des ganzen Gebietes; denn sie führt über den — allerdings nun nicht mehr erwähnten und als Station nicht benutzten — früheren Grenzort Eydtkau hinaus nach Kaunas, Wilna und Moskau. Die 140 Kilometer lange Verbindung zwischen Königsberg und Ebenrode hat ferner die Stationen Gutenfeld (Lugovoe-Novye) — Tapiau (Gwardeisk) — Wehlau (Snamensk) — Puschdorf (Puskaerevo) — Norkitten (Mevduree'e — Waldhausen (Pastucho-vo-Nov.) —Insterburg — Kanthausen (Veselovka) — Gumbinnen — Trakehnen (Divnoe-Novoe, Jasnaja Poljana) — Ebenrode; dann folgt als nächste Station Kibartaj, das bereits jenseits der litauischen Grenze liegt.

Den Namen Trakehnen gibt es nicht mehr, jedenfalls nicht als Heimatort für das wohl berühmteste Gestüt der Welt. Dort, wo seit dem 1. September 1732 auf Anordnung Friedrich Wilhelms I. diese Zucht betrieben wurde, hat man keine Pferde mehr. In Jasnaja Poljana ist heute eine Rindviehkolchose, nachdem eine Zeitlang ein Fleischkombinat angesiedelt war. Der Ort selbst war stark zerstört. Das lebensgroße Denkmal des „Tempelhüters", des bekanntesten Hengstes aus der Trakehner Zucht, wurde nach Moskau gebracht. Der neue freundliche Name — Jasnaja Poljana — Helle Wiese — kann nicht darüber hinwegtäuschen, daß es in Wahrheit dunkel geworden ist an der Stätte, die der Dichter Rudolf G. Binding, „Heiligtum der Pferde" genannt hatte.

Es ist nicht bekannt, fast unerklärlich, warum die Russen nicht nur die Geburtsstätte des Pferdes mit der siebenendigen Elchschaufel praktisch auslöschten, sondern auch im wesentlichen auf die Fortsetzung dieser ungewöhnlich erfolgreichen Zucht verzichteten. Nur am Don wurde ein Versuch gestartet, die Rasse am Leben zu erhalten. Mit welchem Erfolg, das ist nicht bekannt. Lediglich den Namen dieser Pferde kennt man: Rußland-Trakehner.

Die Polen zeigten sich da weitaus aktiver. Im alten Remontegut Liesken bei Bartenstein züchten sie mit viel Eifer und guten Ergebnissen die Trakehner weiter; aber auch sie gaben ihnen eine neue Bezeichnung: Masurenpferde. Im Gestüt Liebenthal bei Marienwerder und auf der einstigen kaiserlichen Besitzung Cadinen in der Nähe von Elbing bemüht man sich ebenfalls um das Erbe von Trakehnen.

Im übrigen gehören diese stolzen und tüchtigen Pferde zu den Opfern des Krieges wie die Menschen Ostpreußens. Nicht allzu viele überlebten die

„Abschiedsparade" der Trakehner vor dem Denkmal des Königs Friedrich Wilhelm I., des Schöpfers von Trakehnen, in Gumbinnen am 17. Oktober 1944 (Gemälde von Carl Engel).

Katastrophe, wenige fristeten in der Heimat ein überwiegend kümmerliches Dasein, einem Teil gelang die Flucht in den Westen. Sie entrannen unter unsäglichen Qualen der Hölle und brachten ihre Menschen im Elendstreck an das rettende Ufer.

Nur etwa 1 500 von 27 116 registrierten Hengsten und Stuten aus Ost- und Westpreußen kamen durch. Sie retteten unzählige Männer, Frauen und Kinder, die mit ihnen waren, ebenso sich selbst und ihre Rasse vor dem Untergang. Heute sind sie in alle Welt verstreut; doch sie tragen mit sich den Namen und die Tradition einer einmaligen ostpreußischen Leistung. Am bekanntesten sind die Gestüte Hunnesrück (Kreis Einbeck, Niedersachsen), Rantzau und Schmoel (bei Plön, Schleswig-Holstein) und Birkhausen (bei Zweibrücken, Pfalz). Auch in Schweden und in den USA werden Trakehner gezüchtet.

Die Kornkammer wurde zum Kolchos

Es ist sicher kein Zufall, daß die Grenzkreise Ebenrode und Schloßberg zu einem Agrarbezirk ohne Besonderheiten und große Namen geworden sind. Hier, wo die Kriegsfurie am schlimmsten wütete, erstarb auch jegliche Tradition, notfalls wurde sie abgetötet. Berühmtes versank in Namenlosigkeit. Schönes wurde entstellt oder den Blicken entzogen. Die blühende östlichste Region des Reiches wurde zur traurigsten Einöde aller Gegenden unseres Landes, die Erinnerung an eine der ältesten und stabilsten Grenzen überhaupt ausgelöscht. Von 1422 bis 1945 hatte sie unverändert Bestand gehabt — 523 Jahre unzweifelhaftes, nicht angetastetes Heimatland.

Gestraft für das ganze Reich, so liegt der Grenzstreifen nun danieder. Seine Städte sind Trümmerhaufen, drei von ihnen existieren nicht mehr. Die Dörfer haben ihr Gesicht verloren. Ihre Namen, ob bekannt oder nicht, wurden getilgt.

Die Menschen, die diesen stillen und schönen Winkel liebten, mehr als jedes andere Fleckchen auf der Welt, findet man dort nicht mehr. Sie beweinen ihre zerstörte Heimat, das wüste Erbe des Jahres 1945, aus der Ferne. Nur das Land, der gute, fruchtbare Boden, blieb, wie er war, seit jener Zeit, da er der Wildnis abgerungen wurde. In Jahrhunderten kultiviert, gehegt und gepflegt —, geliebte Erde, die Menschen über viele Generationen zum Blühen brachten.

Auch heute wieder mühen sich Männer und Frauen um die Äcker und Weiden. Aber es sind nicht die freien Bauern, die ihr Leben ihren Höfen weihten, die Saat und Ernte, Wachsen, Blühen und Verwelken mit dem Herzen verfolgten, als sei es ihr Fleisch und Blut. Nun sind dort Staatsangestellte und Genossenschaftsarbeiter der Sowchosen und Kolchosen tätig. Das Kollektiv ersetzt das Einzelwesen, der eigene Hof wird zum Gemeineigentum, das Land zum Volksbesitz. Spürt es der Acker, diese in 700 Jahren gereifte Krume, im Feuersturm verbrannte Erde, oder ist es ihm gleichgültig, was mit ihm geschieht? Hat er die 700 Jahre vergessen, die auch ihn schufen, prägten, werden ließen zu dem, was er war, als wir ihn verließen?

Der Acker schweigt. Und wenn er etwas sagt, wenn er vielleicht stöhnt unter dem schlagenden Frost, der seine Scholle bricht, wie es immer war, oder sich wundert über die anderen Landmänner, die sich mit ihm mühen, oder die neue Art, ihn zum Wachsen und Gedeihen zu bringen, so hören wir es nicht. Fällt er in die Wildnis früherer Zeiten zurück, wird er zu noch höherem Ertrag getrieben, oder hat er sich nicht so geändert, wie man annehmen mag?

Versucht man, wenigstens einen gewissen Einblick in die landwirtschaftlichen Verhältnisse Ostpreußens nach Krieg und Vertreibung zu gewinnen, so sind drei große Entwicklungsstadien zu erkennen: zuerst der verheerende Rückschlag mit den Gefahren von Versteppung, Versumpfung und Verwilderung. Dann die Phase der Konsolidierung mit dem Versuch, wieder eine halbwegs geordnete Bebauung herbeizuführen. Schließlich die dritte Stufe, die nun eine praktisch vollständige Bestellung sieht und mit Erträgen aufwartet, die sich mit denen der Vorkriegszeit messen möchten.

Aus den sowjetischen Statistiken geht hervor, daß bis in die sechziger Jahre hinein die Ernteergebnisse außerordentlich gering waren. Nur bestimmte Produkte schnitten besser ab. Erst nach etwa 1966 kamen Resultate zustande, die mit denen aus der Vorkriegszeit vergleichbar sind. Bis jetzt jedoch wurde die deutsche Produktion insgesamt noch nicht erreicht. In Einzelfällen — wie bei Gerste und Kartoffeln — wurde sie nach diesen Angaben allerdings überschritten.

Dafür ein paar Zahlenbeispiele: Sommer- und Winterweizen brachten 1970 rund 42 300 Tonnen und 26 Zentner je Hektar, 1934 waren es 41,2 Zentner pro Hektar. Winterroggen (alle Angaben beziehen sich auf das Jahr 1970) 29 100 Tonnen und 26 Zentner je Hektar. 1936 etwa 31,4 Zentner pro Hektar. Sommer und Wintergerste 124 700 Tonnen und 40,6 Zentner je Hektar; 1934 rund 40,4, 1936 insgesamt 37,2 Zentner pro Hektar. Hafer 49 300 Tonnen und 36,6 Zentner pro Hektar; 1934 etwa 38 Zentner, 1936 rund 33 Zentner pro Hektar. Kartoffeln 299 100 Tonnen und 334 Zentner je Hektar; 1934 hingegen 330,9, 1936 etwa 297,7 Zentner pro Hektar.

Nach Anbaufläche stehen die Futterpflanzen mit 223 500 Hektar und 56,2 Prozent der Saatgebiete

an der Spitze. Davon entfallen wiederum auf ein- und mehrjährige Grassorten mehr als die Hälfte, nämlich 145 000 Hektar. 19 600 Hektar, das sind 5 Prozent, beansprucht der erheblich ausgeweitete Maisanbau. Für Kartoffeln werden 17 900 Hektar oder 4,5 Prozent genutzt.

Beim Getreide sagt die Statistik, daß auf Winterweizen und -roggen 1970 insgesamt 54 900 Hektar (13,8 Prozent) kamen, auf Sommerweizen, Gerste und Hafer 98 400 Hektar (24,7 Prozent). Während beim Anbau von Sommergetreide in den drei Jahren davor ein Rückgang um 50 Prozent notiert wurde, gab es beim Wintergetreide eine Ausweitung. Bemerkenswert der vermehrte Anbau von Gerste, mit der man — wie schon die Ertragsergebnisse zeigen — gute Erfahrungen gemacht hat.

In wenigen Jahren wuchs die Anbaufläche von 18 900 Hektar (5 Prozent) auf 61 300 Hektar (15,4 Prozent) 1970. In der gleichen Zeit wurde der Anbau von Erbsen und Wicken stark reduziert.

Verglichen mit den Anbauarten in deutscher Zeit gibt es keine großen Veränderungen. Allerdings sind der Rückgang der Anbaufläche für Sommergetreide und der Zuwachs für Gerste zu beachten. Auch die mehrjährigen Grasflächen haben sich vergrößert.

Die Verhältnisse in der Vieh- und Milchwirtschaft zeigen einen ähnlichen Verlauf. 1946 wurden lediglich fünf „Unternehmen der Milchwirtschaft" registriert. Für 1947 wurde ein Bestand von 25 300 Kühen angegeben. 1950 sollen 18 Betriebe mit 62 100 Kühen bereits 44 181 Tonnen Milch geliefert haben. 1960 gab es danach 117 500 Kühe, die 280 000 Tonnen Milch brachten. Das entspricht einer Durchschnittsleistung von 1 770 Kilogramm je Kuh. Für 1966 (die bisher letzte Angabe) wurden bei 145 900 Kühen 302 600 Tonnen Milch erreicht und damit 2 074 Kilogramm je Kuh. Vor 1945 rechnete man mit einer jährlichen Milchleistung von 3 000 Kilogramm je Kuh. Sie lag also fast um ein Drittel höher.

Insgesamt gibt die „Große Sowjetenzyklopädie" von 1973 für das Königsberger Gebiet an: 409 000 Rinder, 247 000 Schweine und 85 000 Ziegen und Schafe. Die Gesamtanbaufläche aller landwirtschaftlich genutzten Böden wird für 1970 mit 840 000 Hektar notiert. Exakte Vergleichszahlen aus der Vorkriegszeit liegen nicht vor. Doch es scheint erwiesen, daß 1970 die Anbaufläche der Vorkriegszeit noch nicht wieder erreicht worden war. Im einzelnen werden für 1970 angegeben: 352 600 Hektar Ackerland, 144 200 Hektar Wiesen und 236 300 Hektar Weiden.

Für die Forstwirtschaft notiert die sowjetische Statistik, daß die Waldfläche 1973 insgesamt 15 Prozent des Gebietes ausmacht, während es 1958 noch 17 Prozent waren. Es ist nicht bekannt,

Die Kolchosen und Sowchosen mit ihren weiten Feldern und langgestreckten Gebäuden, zu denen sich die Altbauten der früheren Güter gesellen, bestimmen jetzt das Bild der ostpreußischen Landschaft. Dieses Foto – aufgenommen im September 1970 – gewährt einen Blick auf eine Kolchose in der Nähe von Gumbinnen.

worauf diese Verminderung zurückzuführen ist. Kultivierung nach dem Krieg verwilderter Flächen, Abholzung aus wirtschaftlichen Gründen, Ausweitung der Städte?

In dem Zusammenhang mag bemerkenswert sein, daß die Veröffentlichung von „industriellen Forstwirtschaften" spricht. Solche Einrichungen gibt es in Haselberg (Krasnosnamensk), Heinrichswalde (Slawsk), Insterburg (Tschernjachowsk), Tapiau (Gwardeisk) und Labiau (Polessk), diese wird allerdings nur 1968 erwähnt. „Forstwirtschaften" gibt es in Gerdauen (Shelesnodoroshnyj) und Gumbinnen (Gussew). Als Baumarten werden besonders genannt: Fichte, Kiefer, Eiche, Birke, Linde, Hainbuche, Erle.

Erwähnenswert aus dem übrigen landwirtschaftlichen Bereich sind nach den offiziellen Publikationen noch Bienenhaltung und Pelztierzucht. So sollen 1960 etwa 15 000 Bienenvölker Honig abgeliefert haben, die fleißigsten zwischen 62 und 100 Kilo. Einzelheiten über die Pelztierfarmen, die anscheinend vor allem in Sowchosen existieren, wurden bisher nicht mitgeteilt.

Worüber man sich besonders ausschweigt, das sind Einzelheiten über das Funktionieren dieser staatlich gelenkten Landwirtschaft. Ihre Schwächen sind allerdings allgemein bekannt. Gern

möchte man wissen, wie sie in Ostpreußen arbeitet, wo einmal ein wesentlicher Teil der „Kornkammer des Reiches" war. Selbst die detailliertesten Statistiken lassen echte Vergleiche kaum zu. Es wäre von Bedeutung zu erfahren, ob die Region mit der stolzen Vergangenheit gerade auf diesem Gebiet etwa besser abschneidet im Vergleich zur übrigen Agrarwirtschaft in der Sowjetunion. Bekanntlich muß das Riesenland immer noch große Mengen von Weizen einführen.

In den dortigen Veröffentlichungen werden an negativen Dingen nur gelegentlich Rügen an Einzelpersonen publik gemacht, die ihre Pflicht verletzt hätten. So wurde einmal der Direktor der Sowchose „Ol'chovskij" im Rayon Tapiau angeprangert. Über seine Verfehlungen wurde nichts mitgeteilt. Auch die Kolchose „Pobeda" im südwestlichen Teil des Gebietes wurde genannt. Sie hatte danach ihre Dränage-Arbeiten vernachlässigt.

Organisiert ist die Landwirtschaft durchweg nach dem in der Sowjetunion üblichen System. Kolchosen und Sowchosen beherrschen das Feld. Beide kennen kein freies Bauerntum mehr, sondern sind gesellschaftlich strukturiert, die ersten mehr nach Genossenschaftsart, die anderen als reine Staatsunternehmen. Nach den letzten Angaben 113 arbeiten im Königsberger Gebiet 104 Kolchosen und 65 Sowchosen (andere Angaben lauten auf 74 Sowchosen).

1947 hatte es noch 342 Kolchosen gegeben (dazu 10 Fischereikolchosen). Dazu hatten 14 700 Einzelhöfe gehört, durchschnittlich 43 pro Kolchose. Diese Zahl wurde ständig verringert, weil — nach sowjetischer Darstellung — mit wachsender Größe die Bearbeitung einfacher wurde. Die Zahl der Einzelhöfe erhöhte sich je Kolchose entsprechend. Sie betrug 1970 im Mittel 169. Zu den Sowchosen zählt man auch sieben Tiermast-Betriebe (Skotoprom genannt) und sechs Tierzuchtbetriebe, sogenannte „spezialisierte Sowchosen".

Die Kolchosen und Sowchosen haben zahlreiche alte deutsche Dörfer und Höfe aufgenommen, die nach dem Krieg nicht wieder besiedelt wurden und oft lange Jahre verlassen dalagen. Andere Ortschaften werden wieder bewohnt. So verfallen die einen, und die anderen bleiben erhalten, verändern aber durch Neubauten — vor allem die wie Industriegebäude wirkenden Anlagen der Staatsbetriebe — mehr und mehr ihr Gesicht.

Der Kreis Ebenrode, in dem wir auf unserer Rundfahrt durch das nördliche Ostpreußen angelangt sind, spielt in der landwirtschaftlichen Statistik eine herausragende Rolle. Dort gibt es die größten Kolchosen und Sowchosen und außerdem die beste Milchleistung. In Zahlen ausgedrückt sieht das so aus: Während im Königsberger Gebiet im Durchschnitt eine Kolchose 3 433 Hektar hat, mißt sie im Rayon Ebenrode 5 012 Hektar. Die nächstgrößten sind in den Rayons Ragnit (4 802 Hektar) und Gumbinnen (4 558 Hektar). Die kleinsten liegen im Rayon Labiau (2 270 Hektar) und im Rayon Cranz (2 331 Hektar).

Die Staatsbetriebe der Sowchosen haben ein Durchschnittsausmaß von 5 510 Hektar. Im Rayon Ebenrode wiederum weit mehr, nämlich 7 152 Hektar. Auf den beiden nächsten Plätzen rangieren Friedland (6 728 Hektar) und Tapiau (6 707 Hektar).

Im Rayon Ebenrode gibt es nach sowjetischen Angaben einen Bestand von 2 300 Milchkühen. Ihre durchschnittliche Milchleistung betrug im Jahre 1972 etwa 1 500 Kilogramm. Nach einem Artikel über die Schwierigkeiten in der Milchversorgung wird die Situation im Ebenroder Kreis noch als die beste herausgestellt. Danach ist die Frage berechtigt, ob die sonstigen statistischen Angaben zu der Milchleistung den Tatsachen entsprechen. Denn sie lauten für 1960 auf 1 770 Kilogramm je Kuh und für 1966 sogar auf 2 074 Kilogramm. Wenn die Bestleistung aber (im Rayon Ebenrode) 1972 1 500 Kilogramm betragen haben soll, dann stimmt in dieser Rechnung etwas nicht.

Als die Welt in dieser schwergeprüften Grenzzone noch in Ordnung war, hatte der Kreis (1939) bei einer Gesamtfläche von 70 390 Hektar eine landwirtschaftliche Nutzfläche von 59 135 Hektar. 4 943 Hektar wurden für Forstungen und Holzungen und 6 312 Hektar für unkultivierte Flächen registriert. Von den 3 334 landwirtschaftlichen Betrieben hatten nur zehn über 500 Hektar und 19 zwischen 200 und 500. 1 388 Betriebe waren nur 5 bis 20 Hektar, 1 187 20 bis 100 und 730 nur 2 bis 5 Hektar groß. Der Großgrundbesitz war also schwach vertreten; das Bauerntum herrschte eindeutig vor. Heute ist es umgekehrt, wenn auch die staatlichen Güter — Kolchosen und Sowchosen — nicht mit der freien Landwirtschaft von einst zu vergleichen sind. Die Viehzählung ergab 1939 folgenden Bestand im Kreis Ebenrode: 11 993 Pferde, 37 012 Rinder, 48 268 Schweine, 1 770 Schafe. Im Jahre 1935 wurden 9 500 000 Liter Milch angeliefert. Daraus wurden unter anderem 358 Tonnen Butter, 456,4 Tonnen Käse und 108 Doppelzentner Quark hergestellt.

Schloßberg — die tote Stadt Dobrowolsk

Bevor wir nun unsere Reise fortsetzen, den Kreis Ebenrode verlassend und uns dem nachbarlichen Schloßberg (Pillkallen) zuwendend, geziemt es sich, einen Augenblick zu verweilen. Haben wir den Mut weiterzufahren?

Wir waren schon in der Einsamkeit, in der Zone der Namenlosigkeit, des Untergangs und der Verlassenheit; doch das war erst der bittere Vorgeschmack für das, was uns jetzt erwartet, das grau gewordene Vorland der Wüste, die nun vor uns liegt. Schlimm ist es, in den Ruinen zerstörter Siedlungen die Vergangenheit zu suchen, gar neues Leben zu entdecken; unerträglich, schrecklich, die toten Städte der Heimat zu betreten. Hier ist die Friedhofslandschaft des alten deutschen Ostens. Nur Heiligenbeil und sein einstiger Kreis haben ähnliches erlebt, sind in gleicher Weise im Inferno gestorben. Das eine im Osten, wo das Kriegsfeuer auf deutschem Boden entfacht wurde, das andere im Westen, wo der grausame Flächenbrand zum Schluß in verheerendster Weise noch einmal aufflackerte, ehe er an den Ufern des Haffes verlöschte, nichts als Asche zurücklassend.

Nicht jeder wird die Kraft haben für ein Wiedersehen mit der Stadt und ihrer Umgebung, wo einmal die Gemütlichkeit zu Hause war. Wehe dem, der an die alte gute Zeit denkt, da der Pillkaller (Klarer mit einer Scheibe Leberwurst und einem Klecks Mostrich darauf) das Frühstück ersetzte und das Gespräch zwischen Städtern und Land-

Die tote Stadt Dobrowolsk. Schloßberg war – wie dieses Bild aus der Tilsiter Straße zeigt – ein Trümmerhaufen, als die Stadt am 16. Januar 1945 aufgegeben wurde. Allzuviel hat sich dort nicht geändert.

leuten, die ihre Pferde ausgespannt hatten, allmählich beflügelte. Gnade dem, der immer noch das Bild von der sauberen Stadt mit dem behäbigen Marktplatz, der wuchtigen Kirche, dem eckigen Wasserturm und den langen Straßen im Herzen mit sich trägt! Er könnte den Anblick der furchtbaren Wirklichkeit kaum ertragen.

Eine Pillkallerin, die es wagte, der es auch glückte, schrieb darüber einen bewegenden Bericht. Im Sommer 1972 fuhr sie während eines Urlaubs bei Freunden in der UdSSR in die alte Heimat, bis hin nach Schloßberg, der toten Stadt Dobrowolsk. Sie erzählt:

„Mein Urlaub war wohl der schönste und auch der traurigste, den ich bisher erleben durfte. In meinem Brief will ich Ortsnamen verwenden, die uns geläufiger aus der Vergangenheit sind.

Die Aufnahme bei Freunden war derart herzlich und mit einer Gastfreundschaft verbunden, die erschütternd war. Man bot alles auf, um uns den Aufenthalt so angenehm wie möglich zu gestalten. Bei G. und J. habe ich gegessen und gelebt, bei Familie B. habe ich geschlafen und die schönsten Abendstunden verlebt, die es wohl nur im Osten geben kann...

Dann fiel der Tag, der die größte Entscheidung für meinen Urlaub brachte. Ein bekanntes Ehepaar, das einen Moskwitsch besitzt, entschloß sich, am 26. August in unsere Heimat mit mir zu fahren. — Zur Fahrt ins russische Föderationsgebiet!

Ich konnte in der vorhergehenden Nacht kein Auge schließen, mich bewegten Gedanken, die ich nicht schildern kann. Dann fuhren wir nach dem Mittagessen los. Wenn Ihr eine Landkarte habt, so verfolgt jetzt meine Reise, die 1 200 Kilometer lang notwendig war, um zu sehen: DIE TOTE STADT ‚DOBROWOLSK‘.

Also: Kowno in Richtung Marjampol, Wylkowyszki, Wierzbolowo (Wirballen), Kibarty, Eydtkuhnen, Stallupönen, Gumbinnen, rauf in Richtung Tilsit. Man kann mit dem Bus nach Schloßberg fahren. Überall gute Asphaltstraßen. Weiter Eydtkuhnen, Gumbinnen, Mallwischken, Lasdehnen (Haselberg), weil laut russischer Landkarte Schloßberg zu klein ausgedruckt, dafür Lasdehnen fett gedruckt war.

Auf der Hinfahrt in Mallwen Stop durch Militärfahrzeuge, riesige Panzer! Keine Häuser im weiten Umkreis, nur Gartenbäume erinnern an Gehöfte und dazugehörige Obstgärten meistens im Viereck. ‚Dörfer ohne Häuser‘!

Wir bogen in Mallwischken rechts ab nach Pillkallen, durch Pillkallen durch — ich erkannte nichts — nach Krasnosnamensk (Lasdehnen). Erst dort erkannte ich die Szeszuppe, als wir auf der Brücke waren, das Wehr sahen, wo wir als Kinder 115 gebadet haben, die Mühle. Ich schrie auf: Nein, hier ist nicht meine Heimat!

G., die bald verzweifelte, und L.: Kannst du dich genau erinnern? Ich weinte verzweifelt. Wir fuhren nun zurück zum Markt. Dort erkannte ich das ehemalige Hotel und etliche Häuser. Viel steht noch von Lasdehnen, sehr viel sogar noch. Darum steht auf der Landkarte „Krasnosnamensk" so groß und fett gedruckt. Wir hielten an. G. und S. hielten einen alten Mann an, sprachen ihn auf russisch an. Sie fragten ihn nach Pillkallen: Ja, dort in dieser Richtung müßt Ihr fahren, obwohl ich es nun auch wieder wußte.

So fuhren wir zurück. Brücke Lasdehnen vorhanden. L. fährt um die Kirche herum. Simund's Hotel unverändert. Mühle in Betrieb. Zwischen Lasdehnen und Schloßberg (ein Viertel der Strecke vor Schloßberg) drei bis vier alte Häuser gesehen. Försterei Bagdohnen bewohnt.

Meine Nerven waren zum Zerbersten. Von weitem sah ich rechts den Wasserturm, der nur ein kleiner Stumpf noch ist; weiter hinten, einsam und verlassen, unser ehemals schönes, helles Krankenhaus, daran kein Putz mehr ist, verfallen!

Der liebe Gott weiß wohl, warum er Disteln wachsen läßt: um alles zu verbergen.

Kein Zaun, kein Weg, nur Disteln. Keine Bäume, nur verkrüppeltes Etwas. Links und rechts nichts mehr, nur Disteln, kein Haus mehr, nichts, nichts, nichts. Der Markt — lieber Gott, warum hast Du das zugelassen?

Ich steige aus dem Auto — meine Beine versagen — ich schäme mich nicht zu sagen: Ich war am Ende. T. und M. hielten mich fest, und so stieg ich, wir hatten das Auto auf der Seite der Stallupönerstraße abgestellt, aus. Die Bäume, die die Kirche säumen, stehen noch — sie sind so verkrüppelt! Der Schutt der Kirche zugewachsen, der Zementboden der Kirche ist jetzt ein Tanzplatz.

Aber wo sind die Häuser? Alles ist fort, mir kommt alles so furchtbar klein vor. Ich gehe Schritt vor Schritt auf die Stelle zu, wo wir geboren sind. Ich suche mit den Augen die Stelle, wo auch meine Wiege stand. Mir fällt dort ein in diesem Moment, wo Muttel mit mir abends gebetet hat: „Lieber Gott, mach mich fromm, daß ich in den Himmel komm…"

Die kleinen Straßenbäume stehen; sie sind wohl wieder ausgeschlagen; denn die Mitte von jedem Stamm ist wulstig und verkrüppelt, sie säumen den ganzen Markt und alle Straßen. Alle Straßen gut und neu asphaltiert. Elektrisch Licht. Auffällig: Alle Bäume stehen. Nach L.'s Ansicht starker Beschuß, der die Bäume am Markt und in den Straßen zunächst bis zu einem Meter abrasierte, dicke Wulste und Weiterwuchs mit großen Kronen.

Aller Häuserschutt soll nach Königsberg transportiert worden sein. Kirche: nur Fußboden vorhanden, Tanzplatz mit Taufbecken! Es steht nichts mehr, nichts, nichts, nichts. Ich steige durch ein Distelfeld, dort ist noch ein Stückchen Mauerrest — sonst nichts. Rechts die Apotheke: nichts mehr, links die Volksbank: nichts mehr, dann ein Haus um die Volksbank-Ecke (das dritte rechts), dann links und rechts, nichts mehr. Das Hotel bis zur Lasdehnerstraße, nichts mehr, Ebene, rechts und

Die Ruine der Kirche von Schloßberg. Inzwischen hat man den Schutt zur Seite geräumt – so wurde der Fußboden ein Tanzplatz mit Taufbecken.

116

„Die kleinen Straßenbäume sind wieder ausgeschlagen. Sie umsäumen den ganzen Markt."

links nichts mehr, nichts, nichts! Nur diese Bäume, sie muten wie drohende Finger an. Auf der gegenüberliegenden Marktseite nichts mehr, dort, wo Manleitners waren und die schönen Geschäfte: Berge —wahrscheinlich Schutt — alles überwuchert.

Ich wandere weiter, die Straße zum Bahnhof — ich weiß den Namen nicht mehr — steht links noch eine Mauer, dort hausen Menschen! Dann kommt wieder nichts. Rechts steht dann eine riesige Mauer — Rest, wo die große Fleischerei war. Wo Kirsteins Ecke war, nichts, ein Hinterhaus, dort hausen auch Menschen. Dann kommt die Gasse zum Kino — das Kino steht so, als wenn nichts geschehen wäre. Die Tür, die Griffe, daran nichts beschädigt und in Betrieb. Der Pferdemarkt eine Wildnis.

Ich drehe mich um und gehe zurück, links riesige Ziegelhaufen, in einem Hinterhaus auch wieder Menschen. Dann kommen die einzigen beiden Häuser, die noch den Markt säumen bis zur Stallupönerstraße. Am Markt stehen nur die beiden Häuser von Papier-Müller (Gruber, Raiffeisenbank und Drewenigks). Blick vom Denkmalsockel weit ins Land hinein. Auf Demenats Hof Ziehbrunnen bzw. Kettenzug; es steht das Hinterhofgebäude, Holztreppe noch vorhanden. Oben wohnte mal eine Familie Kotzan. Trampelpfad von Keils Haus zum Ziehbrunnen.

Zwei Läden: Im Hause Drewenings Lebensmittelladen, in der Raiffeisenbank Laden mit Töpfen und sonstigen Bedarfsartikeln. Alter gepflasterter Bürgersteig von Chlupka & Baginski bis zum ehemaligen Eingang zu den Wohnungen Dr. Pingel

usw. vorhanden, sonst alle breiten Bürgersteigplatten fort. Schuttgrenze bis zu den Bäumen.

Ich gehe noch einmal zurück — wie kommt mir alles zusammengeschrumpft vor; ob wohl die damalige Hitze alles zusammengeschmolzen hat? Sogar die Steine auf dem Markt sind so komisch klein und rund, kann es so etwas geben?

Die Sonne schickt ihre letzten Strahlen über die tote Stadt. Ich bitte S., noch die Stallupönerstraße raufzufahren. Er macht alles schweigsam, hält meine eiskalten Hände und fährt im Schrittempo an. Links ein verfallenes Haus, 50 Meter rechts ein total verkommenes Haus — aber es wohnen Menschen. Das große schöne Haus noch hell und ganz weiß, das die Wegkreuzung zum Park rechts und die Stallupönerstraße zeichnet. Das Beelitz'sche Haus sehr gepflegt, Durchblick zum Anlagenteich, Aufgang zum Friedhof mit vollständigem Pflaster vorhanden, dann dichter Wald und Gestrüpp. Links die Mühle — Gabert — nichts mehr, nichts. Ebene — man kann weit ins Land sehen.

Dann kommt das Schützenhaus, es steht wie im Urwald, zerschossen, aber Licht drin, Menschen, zerschossen, aber Menschen. Die Balkontüre mit Brettern vernagelt, das Küchenfenster entzwei, die Fensterrahmen baumeln im Wind, schaurig. Unten wohnen Menschen. Dann weitere sechs Häuser vorhanden, das Schmidtsche Haus, wo ich wohnte, noch gut im Verputz. Aber davor Graben mit Enten! Ich versuche, aus dem Auto zu fotografieren. Es ist nur so dämmerig.

Blick von der Stallupöner Chaussee auf der Höhe des Sportplatzes bis hin zu Kalchers. Weite 117

Kiefernanpflanzung, von der Chaussee, über Sportplatz und Wasserwerk hinweg. Absolut keine Häuser zu sehen! Kiefern etwa einen Meter hoch. Wir drehen um, zurück zum Markt. Kein Bahnhof mehr, nur paar Baracken. Bei Kalchers muß noch gearbeitet werden, Baracken, dieser eine Schornstein, sonst nichts mehr. Keine Siedlung mehr, nichts, nichts, nichts.

Was ich gezählt habe in meiner Aufregung sind 15 Häuser. Noch ein Abschiedsblick; ich will fotografieren. Halt bei den Kirschenbäumen in Richtung Stallupönerstraße. Werden beobachtet von einigen Männern vor dem Wartehäuschen (Bushaltestelle Ecke Fleischerei Schweiger). Da halten zwei russische Autos, S. zieht mir schnell den Fotoapparat aus der Hand. Wir fahren zurück nach Lasdehnen.

In Lasdehnen geht die Sonne unter. Wir fahren nun bei Vollmond weiter. Wir fahren nach Ragnit, dort steht verhältnismäßig viel, wenn auch alt, viel verfallen, doch dort ist Leben, durch Ragnit nach Tilsit. Die Innenstadt ist durch Neubauten unkenntlich. Die blaue Brücke ist ersetzt durch eine einfache glatte Straßenbrücke.

Wir fuhren in der Nacht noch nach Heydekurg. Von dort lassen wir uns durch ein Pontonfahrzeug überfahren über die Memel — es ist nachts 24 Uhr — unser Auto, eine Kuh und drei betrunkene Männer.

Wir fahren nach ... rein. Dort wohnen Freunde. Sie werden geweckt, wir werden mit viel Herzlichkeit empfangen, müssen viel essen, viel, viel erzählen, und früh um $1/2$ 4 lege ich mich schlafen.

Am Sonntagvormittag fahren alle zur Kirche — 80 Kilometer. Dort werden die drei Kinder eingesegnet. Wir drei Frauen frühstücken. Es klopft. Kommt eine Frau in meinem Alter: Habe gehört, ihr habt Besuch. Woher sie es wußte, ich kann es nicht sagen. Wir fielen uns in die Arme, heulten, und sie sprach so ein herrlich unverblümtes breites Deutsch. Wir schlossen Freundschaft — Adressen —, und sie holte eine Flasche Sekt. Wir saßen bis um 14 Uhr. Der Abschied von allen diesen wunderbaren Menschen war erschütternd. Sie weinten auf der Straße, küßten uns und riefen laut: Auf Wiedersehen!

Wir ließen uns wieder übersetzen, und nun ging die Fahrt wieder in Richtung Heydekrug — Tilsit — auf der Memellandseite bis Schmalleninken.

Dann immer an der Memel entlang bis Kowno nach... Wir waren um 23 Uhr im Haus. Es war der Tag vor der Abreise. Wir saßen noch bis 2 Uhr zusammen.

Ich habe keine Tränen mehr —, ich habe sie alle in Dobrowolsk gelassen."

Schloßberg starb am 16. Januar 1945. Man hatte dem Ort schon eher und häufiger den Tod bereiten wollen; doch er war am Leben geblieben, manchmal gar aus den Trümmern noch ansehnlicher wiedererstanden. Kaum gibt es eine Stadt, die so viel erdulden mußte in ihrer langen Geschichte, sich immer wieder zu neuer Blüte erhob, um schließlich doch endgültig zu fallen, unterzugehen, nichts als Ruinen hinterlassend — ein Troja des deutschen Ostens.

Schon als der Orden, der große Kultivator des Landes, die Siedlung zum erstenmal in seinen Akten erwähnt — 1516 —, baute er auf einer alten prussischen Festung auf. Damals wurde die Siedlung von den Kolonisatoren der „großen Wildnis" entrissen. 1657 verheerten Polen und Tataren das Gebiet. 1709/10 raffte die Pest drei Viertel der Bevölkerung dahin. 1757 — im Siebenjährigen Krieg — wurde Pillkallen — so wurde der 1724 mit den Stadtrechten ausgestattete Ort genannt, als neben süddeutschen Kolonisten auch viele Litauer einwanderten — von den Russen bedrängt, 1807 von den Franzosen geplündert. 1872 suchte eine große Feuersbrunst die Stadt heim. Im ersten Weltkrieg wurde Pillkallen 1914/15 zweimal von Russen besetzt und schwer beschädigt. 700 Zivilisten wurden verschleppt. Breslau und Krefeld halfen mit, daß die Stadt in neuer Schönheit entstand. Es sollte nicht mehr für lange sein.

Noch einmal erlebte Schloßberg — das war der Name der Kreisstadt (ab 1818) seit 1938 — eine stolze Blüte. Einmal noch auch schien es, als ob das Schlimmste an ihr vorübergehen sollte; denn als die sowjetischen Truppen der 3. Weißrussischen Front im Oktober 1944 zum Sturm auf Ostpreußen ansetzten, gelang es ihnen nicht, Schloßberg zu erobern. Am 26. Oktober wurden sie in erbitterten und verlustreichen Kämpfen in der Stadt gestoppt und aus ihr herausgedrängt. Die Verteidiger waren überwiegend Ostpreußen, Angehörige der 1. Infanterie Division.

Die Schloßberger hatten ihre Stadt am 14. Oktober räumen müssen. Schon hofften sie, bald wieder zurückkehren zu dürfen, so wie damals im ersten Weltkrieg. Einige Bauern treckten mit ihren Bauernwagen sogar dorthin, um Futter für ihr Vieh in der Evakuierung zu holen. Es war alles vergeblich.

Am 12. Januar traten die sowjetischen Truppen zur neuen Offensive an. Und diesmal schafften sie ihr Vorhaben, Ostpreußen in einem gewaltigen Ansturm, wie ihn selbst dieser furchtbare Krieg kaum sonst gesehen hat, mit einem Schlag zu besetzen. Das erste Ziel war wiederum Schloßberg. Nach tapferer Gegenwehr fiel am 15. und 16. Januar die Stadt. Das Tor zu Ostpreußen war aufgestoßen. Es gab nur noch wenige Verteidiger, die dem Inferno entkamen.

Die Stadt lag gräßlich zerstört am Boden, und sie erhob sich nicht wieder. 15 Häuser — so der Augenzeugenbericht aus dem Jahre 1972 — sind der Rest; und auch sie nur eine traurige Erinnerung. Soll diese Stadtwüste bleiben als ein Symbol für die Vernichtung des Reiches, die hier begann?

Zu den ganz wenigen Stücken, die aus Schloßberg gerettet wurden, gehört die Kirchenglocke. War es ein Wunder, war es Fügung, daß sie rechtzeitig in den Westen kam? So wie die Königsberger Domglocke, um weiter zu klingen in der neuen Heimat und zu künden von der alten, wie dort so auch hier von dem Schöpfer, der größer ist als alle Not und Gewalt?

G. H. Boettcher schreibt über das Schicksal der Schloßberger Glocke: „Sie ist eine wahrhaftige Heimatglocke, ein Stück von uns selbst; denn sie erblickte in unserer Heimat Ostpreußen das Licht der Welt — in Königsberg/Pr.. Der Glockengießer Jacob Hessing goß sie im Jahre 1706, flößte in ihren metallenen Leib tönendes Leben und hob sie nach wohlgelungenem Werk zum Lob und Preis des Herrn aus der Taufe. Vom himmelwärts aufragenden Turm sprach sie zu uns von Generation zu Generation.

Dafür sollten wir unserem Herrgott danken, daß er unsere Heimatglocke schon vor der allgemeinen Vertreibung aus ihrer Turmwohnung herausreißen ließ. Heute befände sie sich sonst samt ihren Geschwistern irgendwo im weiten Rußland, sofern sie nicht der Einschmelzung anheimgefallen wäre. So hat sich, könnte man sagen, bitteres Leid in beglückende (Wiedersehens- und) Wiederhörensfreude gewandelt.

Diese Freude ermöglicht uns die Technik. Mit deren Hilfe können wir den Originalton unserer Glocke, die im Turm der evangelischen Kirche in Bad Orb im Spessart hängt, immer wieder hören, wenn wir Pillkaller uns in Winsen (an der Luhe) zu unseren Jahrestreffen zusammenfinden. Somit können wir in größerer Anzahl ihrem Klang lauschen, ihre erzene, schwingende, klingende Sprache aus ihrem erhabenen Munde vernehmen. Unsere Heimatglocke ist unsere einzige ‚sprechende' Zeugin vergangener Jahrhunderte; sie sprach zu unseren Urahnen bis zu uns im 20. Jahrhundert.

Die alte ‚Wohnung' unserer Heimatglocke hoch oben im kühn aufragenden stolzen Turm der evangelischen Kirche in Schloßberg/Pillkallen ist nicht mehr; der erbarmungslose Krieg hat ihn samt dem ganzen Gotteshaus hinweggefegt, dem weiten Marktplatz gleichgemacht. Vielleicht, daß noch einge Reste aus Schutt und Asche anklagend herausragen oder darunter verschüttet liegen: Säulen, Kapitellchen, Steine mit eingemeißelten Inschriften, vielleicht Teile des Altars, der Beichtstühle, der Orgel und anderer sakraler Gegenstän-

Ein Stück Heimat im Westen: Die Schloßberger Glocke wird in den Turm der evangelischen Kirche in Bad Orb gehievt.

de. Alles das könnte von unserer alten Kirche zeugen. Bestünde doch nur eine Möglichkeit, einige wenige Andenken, heilige Kostbarkeiten, an Ort und Stelle aus dem Schutt zu bergen...! Welch' ein herrlicher Schatz wäre das! Ein kaum vorstellbarer Gedanke! Wir können nur davon träumen...“

Vor uns liegen die Bilder der zerstörten Kirche, deprimierende Dokumente der Vernichtung. Eine Inschrift ist noch sichtbar, mitten in dem Trümmerhaufen der geborstenen Kirche. Über dem Hauptportal steht: „Jesus Christus gestern und heute, und derselbe auch in Ewigkeit!“ Vor Jahrtausenden geschrieben, vor Jahrhunderten hier eingemeißelt, ewige Gültigkeit noch in Ruinen.

Abenteuerliche Reise nach Schirwindt

Eine noch größere, noch schönere Kirche stand einst keine 25 Kilometer von Schloßberg entfernt. In der Stadt Schirwindt (seit 1725) hatte König Friedrich Wilhelm IV. in der Mitte des 19. Jahrhunderts dieses Gotteshaus erbauen lassen, gewissermaßen als Gegenstück zu der bekannten Kirche 119

Die Reste des Hauptportals der Schloßberger Kirche mit dem Spruch: „Jesus Christus gestern und heute, und derselbe auch in Ewigkeit."

im litauischen Nachbarort Neustadt (Naumisties). Der im Stile des Kölner Doms errichtete gotische Bau mit den 60 Meter hohen Doppeltürmen war eine stolze Zierde der idyllischen Stadt am Grenzflüßchen Schirwindte, das sich dort mit der Scheschuppe vereinigte.

Den ersten Weltkrieg überstand die Kirche. Durch Beschuß war sie geringfügig beschädigt worden. Die Inneneinrichtung allerdings war vernichtet. Dennoch eine kaum glaubhafte, viel bestaunte Tatsache. Denn von der ganzen übrigen Stadt blieben nur zwei Wohnhäuser übrig. Schirwindt hatte bei den heftigen Grenzkämpfen mehrfach den Besitzer gewechselt und war in der Zeit vom 5. bis 11. Oktober 1914 völlig zerstört worden — Schicksal der östlichsten Stadt des Reiches!

Auch da war mit Hilfe aus dem Westteil des Landes die Stadt neu erstanden. Der Kriegshilfsverein Bremen unterstützte in den Jahren von 1916 bis 1924 den Wiederaufbau tatkräftig. Doch Schirwindt hatte wie die neue Kreisstadt nur noch eine kurze Gnadenfrist.

Erfüllen sollte sich dieses Schicksal — für die Stadt und für ihre Kirche — dann fast auf den Tag genau 30 Jahre später. Am 16. Oktober 1944, zu Beginn der sowjetischen Offensive gegen Ostpreußen, fiel Schirwindt als erste deutsche Stadt in gegnerische Hand. Das war der Anfang vom Ende.

Für die Stadt war es bereits das Ende. „Dort, wo einst Schirwindt stand, ist heute eine Wüste", heißt es in einem Bericht. „Bäume wurden gefällt und mit dem Ziegelschutt nach Litauen gebracht, wo sie zum Bau von Wohnungen benötigt wurden."

Neues Leben anderswo aus den Ruinen von Schirwindt? Auch diese alte deutsche Stadt ist nicht wiedererstanden, eine weitere, die erste Stadtwüste in Ostpreußen.

Es gibt zahlreiche Hinweise darauf, daß sich dort — ebenso wie in Schloßberg — bis heute kaum etwas geändert hat. Nur daß das Unkraut die Trümmer überwuchert, die Bäume, die das Elend langsam überschatten, größer und größer werden.

Darum ist ein Bericht aus den ersten Nachkriegsjahren weiter von tragischer Aktualität. Der Schirwindter Kaufmann Hermann Wiesberger wagte damals kurz nach Kriegsende eine Reise in seine Heimatstadt. Von Teterow in Mecklenburg brach er am 29. Mai 1945 nach Ostpreußen auf. Da sein Haus am Kirchplatz im Oktober 1944 noch unversehrt gewesen war, glaubte er an einen Neubeginn — wie nach dem ersten Weltkrieg. Im folgenden berichtet er über seine Eindrücke und Erlebnisse:

„Es vergingen etwa vier Tage, bis wir unser Ziel Allenstein erreicht hatten. Von hier aus ging ich zu meiner Kusine, um mich zu waschen und die

Kleider zu säubern. Ich erzählte von meinen Erlebnissen und meinem Vorhaben, nach Schirwindt zu fahren. Sie versah mich mit Reiseproviant, und am nächsten Tag konnte ich schon meine Reise fortsetzen. Es war wieder ein Güterzug, welcher über Korschen, Insterburg, Gumbinnen, Stallupönen (Ebenrode), Eydtkuhnen weiter nach Rußland fuhr. Da der Zug ohne Halt weiterfuhr, fürchtete ich, in Stallupönen nicht aussteigen zu können. Kurz entschlossen suchte ich den Lokomotivführer auf und bat ihn, mich doch in Stallupönen aussteigen zu lassen. Er hatte für meine Bitte auch Verständnis und sagte mir, daß er durch den Ebenroder Bahnhof ganz langsam fahren wird, so daß ich dort einfach abspringen kann. Und so war es dann auch! Mein Bündel zuerst — und dann sprang ich aus dem langsam fahrenden Zug und befand mich auf dem Bahnhof in Ebenrode.

Etwas unheimlich kam es mir vor, daß dort keine Menschen zu sehen waren, und ich ging langsam weiter. Da tauchte plötzlich ein russischer Soldat auf, der mich anhielt und nach meinem Ausweis fragte. Dieser war in Teterow (Mecklenburg) von der zuständigen Polizeistelle ausgestellt worden. Nach Einsicht gab er ihn mir wieder zurück, mit dem Bemerken, mit ihm zur Kommandantur mitzugehen. Dort nahm man mir gleich den Ausweis ab, den ich auch nie wieder zu sehen bekam. Man bestürmte mich mit allen nur erdenklichen Fragen, die ich dann später immer wieder über mich ergehen lassen mußte. — Woher kommen Sie? Wohin wollen Sie? Welche Eisenbahnlinie oder welche Brücken sollten Sie sprengen? Waren Sie Nazi? Vielleicht sogar Ortsgruppenleiter?

Auf einer Landkarte mußte ich dem Wortführer dann zeigen, woher ich kam. Dazu meinte er: Teterow liegt doch ganz im Westen von Deutschland, und was mich eigentlich hierher geführt hat? Ich muß doch bestimmt einen militärischen Auftrag bekommen haben! Darauf erwiderte ich, der Krieg wäre doch nun seit dem 8. Mai zu Ende und nicht nur mich, sondern einen jeden zieht es dann doch wieder zurück nach Hause.

‚Schirwindt nix! Alles kaputt!‘ gab er mir zur Antwort, aber in Sodargen hätten sich ja Schirwindter seßhaft gemacht, und ich müßte dann auch dorthin gehen und mich beim dortigen Amt melden.

Ich aber wollte unbedingt Schirwindt sehen und über Schloßberg meinen Weg nehmen. Da keine andere Verbindung bestand, mußte ich den Weg zu Fuß zurücklegen. Auf den Rat des Russen zum Schein eingehend, nun nach Sodargen zu gehen, zog ich meines Weges weiter, die Straße nach Pillkallen hinaus. Als ich dann die Chaussee erreicht hatte, atmete ich erst auf, ich fühlte mich der Hölle entronnen! Soviel ich von Ebenrode gesehen hatte, standen nur die Ruinen, bis auf den Pferdemarkt, wo sich die Kommandantur in einem stehengebliebenen Haus niedergelassen hatte.

Auf meinem Wege nach Pillkallen sah es nicht anders aus, so weit das Auge reichte, keine Menschenseele, nur ich, der einsame Wanderer! Die bäuerlichen Gehöfte waren sämtlich niedergebrannt, die Bäume zum großen Teil vernichtet, Baumstämme lagen quer über die Landstraße. Endlich dann, etwa fünf Kilometer vor Pillkallen, begegnete ich einem älteren Mann mit einem Jungen. Ich erzählte ihm von meiner Wegstrecke, die ich noch zurücklegen wollte. Er gab mir den Rat, mich unbemerkt durch Pillkallen zu pirschen und nicht die Tilsiter Straße zu benutzen, da dort die Russen ihre Unterkünfte aufgeschlagen haben. Ich bedankte mich für seinen guten Rat, dann ging ein jeder seines Weges.

Inzwischen näherte ich mich auch der Stadt Schloßberg, mein Herz pochte, was ich dort wohl noch erleben werde! Das Schützenhaus, ein Trümmerhaufen, die Anlagen öde und verlassen, doch dahinter, ein mir wohlbekanntes Haus von Frl. Beelitz, unversehrt. Mich befremdeten nur die vielen Menschen, die aus den Fenstern hinausschauten. Wie ich dann erst nach vielen Jahren erfahren habe, diente es als Krankenhaus. Ich beeilte mich, hier vorbeizukommen, um etwaigen Unannehmlichkeiten aus dem Wege zu gehen. So kam ich die Stallupöner Straße entlang, um von da in die Schirwindter Straße zu gelangen. Die Häuser sind alle vernichtet, ebenso ist die Kirche ein Trümmerhaufen. Über dem Eingang am Hauptportal konnte ich noch die vergoldeten Buchstaben entziffern: ,Jesus Christus gestern und heute, und derselbe auch in Ewigkeit.'

Ich beeilte mich nun, von hier aus unbemerkt in die Schirwindter Straße zu kommen. Auch diese war total ausgebrannt, nur die Ruinen ragten gespensterhaft empor. Gespannt war ich nun, die Niederlage der Tilsiter Actien-Brauerei zu sehen, das Geburtshaus meiner Frau, und den Wirkungskreis meiner Schwiegereltern. Voll Freude sah ich dann, daß das Haus noch stand, nur der Giebel war zerstört. Auf der Chaussee stand ein russischer Posten, ein Mann zog einen kleinen Wagen hinter sich und war wohl auf der Suche nach etwas Brauchbarem. Ich schlüpfte vom Hof in das Haus hinein und war so der Aufmerksamkeit der anderen entgangen.

Was sich mir nun innerhalb des Hauses in den Wohnräumen bot, läßt sich in Worten nicht beschreiben. Was von den ganzen Möbeln nicht zerschlagen am Fußboden lag, stand noch beschädigt und ausgeräumt herum. Unrat überall, daß ich mir erst einen Weg bahnen mußte. Die anderen Gebäude auf dem Hof waren total niedergebrannt.

So sah die Schirwindter Straße in Schloßberg aus, als Hermann Wiesberger im Juni sie heimlich durchschritt. In der Mitte das ausgebrannte Hotel „Grenzland".

Ein Verbleiben war hier nicht möglich. Bei Sonnenuntergang machte ich mich auf den Weg zur Krefelder Siedlung, wo noch mehrere Häuser stehengeblieben waren, um dort zu übernachten. In einem dieser Häuser richtete ich mich dann für die Nacht ein. Es dauerte gar nicht lange, da bekam ich Besuch. Es waren auch solche Abenteurer wie ich, um ebenfalls hier zu übernachten. So gut wie diese Nacht hatte ich schon lange nicht geschlafen, nach allem, was ich bis jetzt erlebt hatte und dem Fußmarsch von Ebenrode.

Am anderen Morgen, bei Sonnenaufgang, wurde ich wach und machte mich gleich für die letzte Etappe meiner Reise nach Schirwindt fertig. Nachdem ich mich dann für den weiteren Fußmarsch etwas gestärkt hatte — in Allenstein hatte ich mir eiserne Portionen eingeteilt —, setzte ich mich in Richtung Schirwindt, die Steinstraße entlang, in Bewegung.

Es war ein herrlicher Morgen! Die Sonne strahlte! Eine feierliche Stille um mich her! Nur die Schwalben und Lerchen zwitscherten und trillerten mir auf meiner einsamen Wanderung heimatliche Grüße und auch Mut zu. Zu beiden Seiten der Chaussee waren Drähte gezogen, welche an den Bäumen befestigt waren. Hier wurde das Beutevieh nach Litauen und weiter nach Rußland getrieben. Die Gehöfte waren, soweit das Auge reichte,

vernichtet und niedergebrannt. Ich wanderte weiter und kam in Willuhnen an.

Auf der Dorfstraße wurde ich von einem Russen angehalten, der aus einem kleinen Häuschen rechts der Dorfstraße herausgekommen war und mich nach meinem Weg fragte. Es war die Dorfwache, und ich wurde noch von mehreren Russen umringt. Man sagte mir, daß man nicht so ohne weiteres diese Straße passieren dürfe. Bis Schirwindt käme ich doch nicht, da ich in Wöschupöhlen noch eine Wache antreffen werde. Ich könnte es ja auf einen Versuch ankommen lassen, meinte er, vielleicht hätte ich Glück. Für sein Entgegenkommen bedankte ich mich sehr, verabschiedete mich von ihm und zog mit gemischten Gefühlen dann weiter, über Kusmen bis nach Wöschupöhlen. Das Wohnhaus von E. Kniest war stehengeblieben. Hier war die letzte Wache vor Schirwindt einquartiert.

Wieder nahm mich ein Russe in Empfang, um mich dem Wachhabenden zur Vernehmung vorzuführen. Nach dem Woher, Wohin gefragt, meinte er, daß Schirwindt ganz niedergebrannt ist und von dort nichts mehr zu holen wäre. Es wohnen dort auch keine Menschen mehr. Darauf entgegnete ich ihm, wenn ich schon diesen weiten Weg gemacht habe, so wird er mich doch verstehen, daß ich meine Heimat doch auch noch sehen möchte, und gebrauchte nun eine List.

122

Ich erzählte ihm, daß ich in meinem Keller noch einige Flaschen Wein und auch noch Schnaps verwahrt hätte, die ich ihm, wenn ich sie finde, gerne geben würde. Das war dann der entscheidende Augenblick. Der Russe ging freudestrahlend auf meinen Vorschlag ein und sagte nur: Gut! Er gab mir einen Begleiter mit, dem ich dann alle Flaschen mitgeben sollte. So ging ich den letzten Teil meines Weges nach Schirwindt in Begleitung eines russischen Wachtpostens. Beglückt über meinen so listigen Einfall, war ich in Gedanken schon in Schirwindt.

An der Molkerei in Pieragen wurden dann als erster heimatlicher Gruß die Türme der katholischen Kirche in Neustadt sichtbar, doch vermißte ich die Schirwindter Kirchtürme! Ich konnte es mir gar nicht vorstellen, wie das möglich sei, da man von dieser Stelle sonst immer die beiden Kirchen sehen konnte. Als ich dann in Jodzuhmen ebenfalls die Kirche noch nicht sehen konnte, tröstete ich mich damit, wenn ich in Parschen sein werde, endlich das ehrwürdige und stolze Wahrzeichen meiner geliebten Heimatstadt in Augenschein nehmen zu können. Doch das, was ich nicht wagte zu glauben, bot sich mir jetzt, je näher ich mich an das trostlose Bild heranmachte.

Von Schirwindt waren nur noch die Ruinen zu sehen, vom Zollamt bis zur Molkerei ein Trümmerfeld! Wo einst der stolze, gotische Backsteinbau mit seinen beiden schlanken Türmen hoch über die Häuser ragte, lag jetzt ohnmächtig und zu Tode getroffen der Rest in Trümmern und Schutt am Boden. Nur die Vorderansicht der Kirche war bis zum Dachgeschoß noch stehen geblieben. Die beiden Türme jedoch fehlten. Wir waren inzwischen bis an den Kleinbahnhof herangekommen, als mein Begleiter zu mir sagte: ‚Alles kaputt' und mich dabei angrinste, während mir das Herz blutete!

Das war nun mein erster Eindruck vor den Toren von Schirwindt. Mein Wissensdurst war nun auch gestillt! Der Bahnhof, das gesamte Grundstück von Ad. Westphal sowie von Malermeister Herrmann waren niedergebrannt. Die ganze Pillkaller Straße ebenfalls! Voll Wehmut erblickte ich das Haus meiner Tanten, der Geschwister Lackner, welches wohl stark beschädigt, aber noch stehengeblieben war. Der Keller stand bis oben unter Wasser, und der Eingang war von Schutt versperrt. Endlich erreichten wir dann mein eigentliches Ziel — mein Eckgrundstück rechts vor der Kirche —, und ich mußte feststellen, daß hier ‚ganze Arbeit' geleistet worden ist. Während überall die Ruinen standen, war mein Anwesen bis auf die Fundamente fein säuberlich aufgeräumt, wie abgefegt!

Ich gab meinem Begleiter zu verstehen, daß hier einmal mein Grundstück gestanden hatte und es

Die Kirche von Schirwindt – ihre Türme grüßen nicht mehr den Besucher aus der Ferne.

nun mit dem Schnaps nichts wird, da der Keller voll Wasser und Schutt ist. Nie werde ich die Schadenfreude und das Gesicht dieses Russen vergessen. Er führte mich nun weiter zur Neustädter Straße, zum Grundstück Padleschat hinter dem ehemaligen Deutschen Haus, und lieferte mich bei der dort stationierten Wache ab. Man nahm mich freundlich in dem Kreis auf. Wir konnten uns auch gut miteinander verständigen, da einige die deutsche Sprache beherrschten. Ich bekam daselbst Unterkunft sowie auch Verpflegung. Am andern Tag wollte ich dann Schirwindt näher besichtigen. Man teilte mir mit, daß ich mich nur innerhalb des Ortes bewegen und es nicht wagen dürfte, nach Neustadt rüber zu gehen, da dieses nicht erlaubt ist. Zur Pakarauschus durfte ich auch nicht —vielleicht waren dort irgendwelche militärische Geheimnisse verborgen. Lediglich bekam ich die Erlaubnis, den Friedhof zu besuchen.

Nach einer langen, durchwachten Nacht gab man mir am andern Morgen mein Frühstück, und ich durfte mir nun auch alles näher ansehen. Mein erster Gang galt dem Friedhof, und deshalb ging ich mir aus dem Garten Blumen holen. Auf dem Hinweg zum Friedhof fand ich noch in dem Garten meiner Tanten einige Blumenstengel, so daß ich nun zum Friedhof hinunterspazierte. Als ich dann die Totenstraße erreicht hatte, war ich doch erstaunt; die Häuser hinter der chemaligen Synagoge, die zuletzt als Kindergarten genutzt wurde, auf der rechten Straßenseite, standen alle wie einst, jedoch unbewohnt. Ich sah sie mir nun auch von innen an, und es bot sich mir ein neuer und überraschender Anblick.

Sämtliche Räume waren, als Unterkunftsräume für Soldaten, mit Holzpritschen belegt. Weiter lenkte ich nun meine Schritte zum Friedhof. Feierliche Stille, tiefster Frieden herrschten hier, als ich den Gang entlangging, zu meinen Lieben. Tiefer Schmerz erfüllte mich, als ich vor ihren Gräbern stand. Hier waren ihre efeuberankten Hügel, da unten hatten sie mit all ihren Lieben zusammen nun ihre wohlverdiente ewige Ruhe gefunden!

Ihr ganzes Wirken, ihr Lebenswerk, wofür sie ihre ganze Kraft geopfert hatten — alles umsonst, nun dem Erdboden gleichgemacht. Dazu noch die Ungewißheit, ob und wann überhaupt an eine Heimkehr zu denken ist. Es sollte auch das letzte Mal gewesen sein, daß ich hier war und Zwiegespräche mit meinen Lieben hielt und mir von dort auch die Kraft holte, mich der Gewalt zu beugen und mein Schicksal fest in meine Hand zu nehmen.

Ich besuchte noch weitere Verwandtengräber. Wie bei mir, lagen hier und da die Grabsteine umgestoßen am Boden, wertvolle Grabrahmen waren verschwunden. Ich nahm dann schweren Herzens Abschied, schlenderte die Straße hoch, um das Haus der Familie Wallbruch zu besichtigen und ihnen nach meiner Rückkehr Bericht zu erstatten. Es war total ausgebrannt, und ebenso wie in den andern Gebäuden waren auch hier sämtliche Türschlösser, Herdplatten, Roste und Ofentüren herausgerissen. Noch einmal ging ich zu meinem Gründstück zurück und stand nur vor einem Nichts! Die Keller bis oben voll Wasser und die Zugänge verschüttet! Weiter ging es zum Haus von Tante Bratz. Hier konnte ich noch die Treppe zum Keller heruntergehen. Da ein Strohlager drin war, hat jemand die Kellerräume als Unterkunft benutzt. Wenn ich doch einen Bekannten getroffen hätte, aber hier war ich der einzige auf der Straße, so daß ich nun ernstlich daran denken mußte, so schnell wie möglich die Rückreise nach Mecklenburg anzutreten, da man sich dort ja um mich Sorgen machte.

Während ich so in Gedanken durch die Straßen ging, kam ich auch zum Pfarrhaus, welches zwar noch stehengeblieben war, dessen Innenräume aber fürchterlich aussahen. Überall nur Unrat! Ich ging bis zum Boden hinauf und fand dort über den ganzen Boden verstreut eine Menge Bücher. Eine Bibel sowie die Schirwindter Chronik nahm ich als Andenken mit auf den Weg. Leider wurde ich auf der Rückreise wieder alles los. Wieder in meinem Asyl angelangt, fragte man mich, was ich nun unternehmen werde, nachdem ich nun alles gesehen

habe? Ich entgegnete: Obwohl der größte Teil der Stadt vernichtet ist, so hätte ich doch für den Anfang Möglichkeiten, eine Unterkunft zu finden. Ich hätte ja den ersten Weltkrieg und den damaligen Wiederaufbau noch in guter Erinnerung, und so denke ich mir auch jetzt den Wiederanfang. Dazu müßte aber die ganze Familie hier sein, die ich nun aus Mecklenburg nach hier holen will.

Am andern Morgen ahnte ich nichts Gutes, als, so ganz zufällig, ein Offizier zu mir kam, mich aufs freundlichste begrüßte und meinte, ob ich nicht mit ihm mitfahren wollte, er müsse sowieso nach Pillkallen, da würde ich doch den Fußmarsch bis dort ersparen; ich will doch heute oder morgen, wie die Soldaten es ihm erzählt hatten, nach Mecklenburg zurückfahren, um meine Familie zu holen! Ich nahm sein Angebot dankend an. Mit gemischten Gefühlen nahm ich bei ihm im Wagen Platz, und zum allerletzten Male Abschied von Schirwindt.

In Pillkallen angekommen, brachte er mich die Tilsiter Straße entlang in das Haus von Töpfermeister Krüger, wo die Kommandantur untergebracht war. Dort wurde ich von einem andern Russen in Empfang genommen, der mich auf den Hof brachte und in einen Schuppen sperrte, wo ich das Weitere abwarten sollte. Es war Abend geworden, als man mich ins Haus zur Vernehmung holte. Wieder die üblichen Fragen. Nachdem ich die Nacht in dem Schuppen zugebracht hatte, holte man mich heraus und teilte mir mir, daß nichts gegen mich vorläge, ich könne weiter meines Weges gehen. Ich nahm meine letzte Habe, die ich für die Reise so nötig brauchte, und wanderte nun gemächlich nach Stallupönen, um dort einen Zug westwärts zu erkunden.

Dort meldete ich mich sogleich bei der Kommandantur und fragte, wann der nächste Zug nach Allenstein fährt. Man gab mir zur Antwort, daß die Züge ganz unregelmäßig verkehren, alle zwei Wochen einmal. Ich müßte eben solange hierbleiben und arbeiten, um mir meinen Lebensunterhalt zu verdienen. Ein anderer Russe von auswärts suchte zufällig Landarbeiter, und ich wurde ihm gleich zugeteilt. Wie ich dann von diesem Russen erfahren habe, sollte ich auf dem Dorf landwirtschaftliche Arbeiten verrichten sowie auch Maschinen reparieren. Ich sagte ihm jedoch gleich, daß ich von Beruf Kaufmann wäre und vom Umgang mit landwirtschaftlichen Maschinen keine Ahnung hätte. Darauf entgegnete man mir, ich soll erst mal mit dem Ortskommandanten mitfahren und selbst sehen, ob ich die Arbeiten auch ausführen kann.

So fuhr ich dann mit meinem Kommandanten mit in ein mir unbekanntes Dorf. Er lieferte mich dort in einem Bauerngehöft bei einer Familie ab, wo ich dann freundlicherweise eine dürftige Unterkunft sowie auch vorläufig eine mehr als dürftige

Verpflegung bekam. So verbrachte ich hier etwa drei Tage, ging aus Langeweile Heu harken oder wenden, um so zu zeigen, daß ich gewillt war zu arbeiten, was in meinen Kräften stand und was ich auch verstand.

Mein Kommandant hatte auch Einsehen mit mir und brachte mich am andern Tage wieder nach Stallupönen zurück. Hier machte man mich zum Brigadier über eine Gruppe von etwa 20 Frauen, die ich bei Aufräumungsarbeiten auf den Bürgersteigen zu beaufsichtigen hatte. Untergebracht waren wir alle in einem Haus außerhalb von Stallupönen. Ich hatte ein Zimmer für mich allein und wurde auch von unserer Küche verpflegt. Die Lebensmittel wurden empfangen, und deutsche Bauernfrauen, die ihr Los mit mir teilten, kochten das Essen.

Der Posten als Wachman behagte mir, da der Tagesablauf für damalige Begriffe ja geregelt war, aber ich wollte doch unbedingt wieder zu den Meinen!"

Hermann Wiesberger hatte noch viele Abenteuer und Gefahren zu überstehen, ehe er schließlich am 16. Juli 1947 wieder nach Teterow in Mecklenburg zurückkam. Sein Traum, wie nach dem ersten Weltkrieg in der zerstörten, aber unverändert geliebten Stadt ein neues Leben zu beginnen, hatte sich nicht erfüllt. Er hatte Schirwindt noch einmal gesehen. Aber es war nicht mehr seine Heimat, und es wird ihn zeitlebens die Frage bedrängen, ob es gut war, diesen erschütternden Anblick neben das strahlende Bild in seinem Herzen zu stellen — Schirwindt, wie es lebte und wie es gestorben war.

Heute ist die Stadt ausgelöscht, ihre Vergangenheit wie ihre Zukunft, natürlich auch ihr Name. Kutusowo nennen die Sieger nach einem russischen Feldherren aus den napoleonischen Kriegen den Platz mit den Schutthalden und Unkrautfeldern. Dort, wo sie zuerst deutschen Boden betraten, haben sie ihn zertreten bis zur absoluten Unkenntlichkeit.

Der östlichsten Stadt Deutschlands, Schirwindt, hatte König Friedrich Wilhelm IV. in der Verleihungsurkunde für das Stadtwappen, das eine aufgehende Sonne zeigt und zu den schönsten Wappen Ostpreußens gehört, bescheinigt, daß man dort „... in unseren Staaten ... die aufgehende Sonne zuerst erblickt." Das war am 3. August 1846. Knapp ein Jahrhundert später ist die Sonne dort untergegangen — zuerst in unserem Staate.

Was blieb vom östlichsten Landkreis des alten Deutschland? Sein südlicher Teil, in den die Keile der beiden großen Offensiven mit alles zerreißender Gewalt eindrangen, liegt weithin verödet bis zum heutigen Tag. Nur vereinzelt regt sich zaghaft ein wenig Leben, wagt sich frisches Wachstum zwischen bröckelnden Mauerstümpfen und wildwu-

cherndem Gestrüpp hervor, wehrt sich das gequälte Land gegen die steinübersäte drohende Wildnis.

War es zu etwas anderem nicht mehr nutze, gar für den neuen Zweck prädestiniert, steckt Symbolik dahinter? Wer weiß schon eine Antwort dafür, daß dort nun ein Truppenübungsplatz ist, ein riesiges Manövergelände, wohl das größte im Gebiet, vielleicht in der ganzen Region. Jedenfalls kommen die Truppen, die dort gedrillt werden, aus allen Gegenden, nicht nur Ostpreußens, sondern der angrenzenden weiten Räume.

„Da ist etwas los, auf den Bahnhöfen von Insterburg, Gumbinnen und Ebenrode", berichtet einer, der dabei war. „Natürlich auch auf den Landstraßen. Gar nicht zu reden vom eigentlichen Schauplatz."

Neues Leben für die „tote Stadt Dobrowolsk". Ist das ein Leben? „Freiwilligendorf" heißt die Übersetzung für den neuen Ortsnamen. Wer aber geht freiwillig in die Wüste?

Neue Bedeutung hat dagegen der einst ein wenig abseitige Bereich im Norden erlangt. Dort wurde das beschauliche Haselberg (Lesdehnen), das nun Krasnosnamensk gerufen wird, zur Kreisstadt des gleichnamigen Rayons. Diesen erweiterte man im Norden bis an die Memel und im Westen um ein erhebliches Stück aus dem früheren Kreis Tilsit-Ragnit.

Der Rayon mißt nun 1 281,1 Quadratkilometer. Nur 14 500 Einwohner (ohne Kreisstadt) wurden 1968 dort registriert. Außer Haselberg, von dem lediglich die flächenmäßige Größe von 5,5 Quadratkilometern feststeht, gibt es dort keine Stadt mehr. Die dazugehörigen sieben Dorfsowjets sind namentlich nicht bekannt. Anscheinend sind die jetzigen Verantwortlichen bemüht, die Rolle der Stadt in ihrem neuen Rang zu unterstreichen. Immerhin wurden dort angesiedelt oder aufrechterhalten: ein Werk der Baustoffindustrie, ein Butter- und Käsebetrieb, ein Wasserkraftwerk, eine „industrielle Forstwirtschaft" und eine Baumschule, die 1964 eingerichtet worden sein soll.

Im Unterschied zu den beiden alten Städten des Kreises — Schloßberg und Schirwindt — sieht Haselberg noch recht gut erhalten aus. Das geht auch aus dem vorstehenden Bericht über die Reise im Jahre 1972 hervor. Auf den Bildern ragt der spitze Turm der Kirche immer noch hoch über die Dächer des unverändert grünen Ortes. Sein üppiger Baumwuchs mildert vielerorts nicht zu übersehende Vernachlässigung. Vereinzelt schieben sich die glatten, farblosen Neubauten in die gewachsenen Reihen und Gruppen alter Häuser. Während durch die breiten Straßen die schweren Lastwagen der neuen Bewohner donnern, lebt die Idylle am plätschernden Wasser weiter, als sei nicht der Eis- 125

Haselberg heute – aufgenommen 1972.

hauch eines alles wandelnden tragischen Geschehens über das Land gegangen.

Eine Eisenbahnverbindung scheint es im ganzen Kreis nicht mehr zu geben. Jedenfalls werden die früheren Strecken jetzt nicht registriert, weder die Verbindung von Tilsit nach Ebenrode, die über Schloßberg führte, noch die Nebenstrecke von Schloßberg nach Haselberg. Vermutlich haben — wie häufig im Gebiet — Überlandbusse diese Aufgabe übernommen.

Neubauten mit Blick auf die Kirche von Haselberg.

Gumbinnen — sichtbarer Neuaufbau

Verlassen wir nun die Zone der traurigen Abgeschiedenheit und kehren in die zentrale Region Ostpreußens zurück, durch die immer noch die Achse von Königsberg über Tapiau, Wehlau, Insterburg, Gumbinnen und Ebenrode bis nach Eydtkau an die Grenze führt.

Da kommen wir zuerst nach Gumbinnen. Welch ein Unterschied zu dem, was wir zuletzt sahen! Dort der Absturz in die Bedeutungslosigkeit, hier der Neubeginn einer Stadt, die sich immerhin sehen lassen kann. In der früheren Hauptstadt des Regie-

rungsbezirks lebten 1939 24 600 Menschen; heute sind es etwa ebenso viele. Für 1970 wurden 22 100 angegeben.

Auf dem 16,3 Quadratkilometer großen Boden Gumbinnens hat sich einiges getan. So führen die sowjetischen Veröffentlichungen folgende bemerkenswerte Betriebe an: ein Werk für Elektrotechnik und lichttechnisches Zubehör (elektrische Haushaltsgeräte und Projektoren), Werk „Mikrodvigatel" (telemechanische Lenksysteme), Reparatur-Mechanische Werkstatt, Brotkombinat, Mühlenbetrieb, Futtermittelfabrik, Trikotagefabrik, Käserei, Kraftwerk und Forstwirtschaft.

Diese Hinweise und andere Informationen scheinen dafür zu sprechen, daß die Sowjets Gumbinnen, Gussew, zu einem bevorzugten Ort für die Industrialisierung machen wollen. Die Stadt soll offenbar einen wichtigen Platz in den Plänen einnehmen, die das ganze Gebiet betreffen. Diese sind so anspruchsvoll, daß in Zeitungsberichten Formulierungen zu finden sind wie „Moskau entdeckt Ostpreußen". In der Tat hat eine großzügige Ausbauphase begonnen.

Im einzelnen scheint die Notiz für Gumbinnen zu bedeuten: Bei den genannten elektro-technischen Werken handelt es sich vermutlich einmal um eine Fabrik in einem Neubau an der Westseite des Friedrich-Wilhelm-Platzes, der von der Dammstraße bis zur Friedrichstraße, am rechten Pissa-Ufer, reicht. Dort werden unter anderem Kleinmotoren für Haushaltsgeräte, wie Staubsauger und ähnliches, hergestellt. Scheinwerfer und Spezialleuchten werden in einem größeren Unternehmen produziert, das wahrscheinlich in den Anlagen der Gumbinner Maschinenfabrik an der Königstraße untergebracht ist. Bei der Futtermittelfabrik handelt es sich mit ziemlicher Sicherheit um ein großes Mischwerk, das die Tradition der Mühle Prang fortsetzt.

So sieht es im Herzen von Gumbinnen heute aus. Lenins Denkmal steht in der Mitte des Friedrich-Wilhelm-Platzes. Ein Lenin-Plakat ziert den turmartigen Eckbau der Neuen Regierung, dessen Spitze fehlt. Links hatte bis 1945 die Alte Regierung ihren Standort.

Das alte Kraftwerk in der Nähe der Sodeiker Straße wurde erst einige Jahre nach dem Krieg — 1953 — in Betrieb genommen, dann aber erweitert. Bis von Moskau war eine Spezialkommission nach Gumbinnen gekommen, um die Angelegenheit zu überprüfen. Auch ein dritter Kühlturm wurde gebaut. „Gres 5" heißt nun der Stromlieferant.

Unter der Bezeichnung „Forstwirtschaft" verbirgt sich offenbar ein zentraler Forst- und Holzwirtschaftsbetrieb, der drei Forstbezirke übernommen hat. Er ist sowohl zuständig für das alte Forstamt Tannsee, also für die Waldungen nordwestlich der Stadt, wie auch für die Forsten im Süden und Südwesten, anscheinend auch für diejenigen, die im

Das war das Herz des „ostpreußischen Potsdam" vorher. In der Bildmitte die Neue Regierung. Davor die evangelisch-lutherische Kirche.

ehemaligen Kreis Angerapp liegen, soweit er jetzt zu Nord-Ostpreußen gehört. Ferner gibt es dort ein landwirtschaftliches Technikum und eine Schule für die Mechanisierung der Landwirtschaft.

Schon diese Beispiele zeigen, daß Altes und Neues miteinander fortleben in der aufstrebenden Stadt. Das verrät auch allgemein ihr heutiges Gesicht. Große, glatte Neubauten stehen neben den vielgestaltigen schmucken, wenn auch meist nicht mehr sehr gepflegten Häusern aus der früheren Zeit. Noch mehr als in den anderen Städten fällt auf, daß breite Straßen hindurchführen. Wer jedoch das Bild von einst kennt, wird wissen, daß Gumbinnen eine großzügig angelegte Stadt war, in der, insbesondere bei der Planung in den Jahren 1724 bis 1732, die Straßen mit dem Lineal gezeichnet und abgesteckt worden waren.

Trotz der sonst zu beobachtenden Anstrengung im Bauwesen sind aber noch viele Lücken zu sehen. Meistens hatten sie sowjetische Bomben am 16. Oktober 1944 gerissen, damals, als die Angreifer versuchten, Ostpreußen im ersten Ansturm zu gewinnen. Die Eroberung am 20. Januar 1945 brachte dagegen nicht so große Zerstörung. Als aber endlich wieder Ruhe einkehrte — es war die Friedhofsruhe nach dem Untergang — lag die

Innenstadt weithin in Trümmern. Das „ostpreußische Potsdam" existierte nicht mehr.

Die bisher letzten Bilder, die aus dem Jahre 1972 hier eintrafen, zeigen, daß es an manchen Stellen der Stadt immer noch nicht anders aussah, wohl auch heute noch nicht aussieht. So war in der Kirchenstraße das verfallene Gemäuer der Volksbank auszumachen, in der Königsstraße der Turmstumpf der neustädtischen Kirche. Zerstört wurde auch die altstädtische Kirche. Und von der Moltkestraße wurde 1967 berichtet, sie sähe aus, als sei soeben ein Bombenangriff über sie hinweggegangen. In der Friedrichstraße steht als erstes Haus die ehemalige Nummer 6. Davor versteckt — so war es jedenfalls nach dem Foto noch im Jahre 1972 — ein hoher Bretterzaun den Platz, an dem einmal die Oberpostdirektion war.

Über die Pissa führt nun eine Brücke mit einem mittleren Strompfeiler. Begrenzt wird sie wie ihre Vorgängerin — die 1935 erbaute Bogenbrücke — von einem Metallstabgitter. Unmittelbar hinter der Brücke, am nördlichen Ende, wurden auf beiden Seiten der verbreiterten Straßenfläche Mauern gezogen. Dort standen früher etwa die drei- und viergeschossigen Häuser, die den Friedrich-Wilhelm-Platz begrenzten. Nun beginnt er bereits an dieser Stelle.

Die Volksbank sah der Fotograf noch 1972 als Ruine. Hier die Hinterfront, aufgenommen aus der Wilhelmstraße über das Grundstück des Hotels „Nordischer Hof".

Ein Blick über die Pissabrücke damals und heute. Wo früher (oben) die Häuserfront an der Ostseite des Friedrich-Wilhelm-Platzes war, ist jetzt (unten) freie Durchsicht in die Bismarckstraße (hinten links) auf die Raiffeisenbank und die Neue Regierung. Die lange Brüstungsmauer bezeichnet die frühere Front der verschwundenen Häuser.

Traurig sieht es aus, wenn man in die Königstraße blickt. Wo früher die Geschäftshäuser an der Westseite aufragten, ist jetzt eine freie Fläche. Trampelpfade führen durch Grasflächen, die den Namen Grünanlage kaum verdienen. Zur Straße hin steht eine Hecke.

Hinter der Brücke ist die neue Regierung auszumachen. Turm und Dach des Hauptgebäudes fehlen jedoch. Den Übergang zur alten Regierung und dieses Gebäude selbst sucht man vergebens. Riesige Plakate und Aufschriften wie „Lenin immer für uns" und „KPSS" lassen erkennen, daß dort eine wichtige Partei- oder Verwaltungsinstanz untergebracht ist, möglicherweise die für die Stadt. Lenins Denkmal steht in der Mitte des Friedrich-Wilhelm-Platzes, dort wo früher die alte Regierung war. Das Rathaus am Magazinplatz ist vollständig erhalten. Dort residiert die Parteiführung des Rayons. Auch das ehemalige Hotel „Kaiserhof" steht noch; seine jetzige Benutzung ist nicht bekannt. Zum Rathaus zu wurde es erweitert. Das Magazin jedoch sucht man vergebens. Dort ist nun eine Grünanlage. Ebenso fehlt das Elchstandbild. Dafür wurde ein klotziges Denkmal für den Mann errichtet, der beim Sturm auf die Stadt gefallen ist und dessen Namen nun für Gumbinnen steht: Podpolkownik Gussew.

Und was ist mit dem Elch? Er blieb — im Gegensatz zu seinem Artgenossen aus Tilsit — bislang verschwunden. Wo mag er umherirren? Vertrieben 129 aus der Heimatstadt, vielleicht auch sehnsüchtig auf der Suche nach den Menschen, die dort mit ihm wohnten, nach der guten alten Zeit. Ach ja, sie hatten gelegentlich ihre Streiche mit ihm getrieben. Manche behaupteten sogar, nur der sei ein echter Gumbinner, der einmal — verbotenerweise — nachts auf dem mächtigen Tier geritten war. Aber gemocht hatte er sie alle, und sie alle ihn. Untrennbar waren sie miteinander verbunden — bis daß der Krieg sie schied.

Von den bekannten Bauten sind im übrigen noch vorhanden: Kreishaus, Friedrichsschule, Cecilienschule, Ingenieurschule, Raiffeisenbank, Bank der Ostpreußischen Landschaft, die Kasernen (die auch wieder belegt sind), Schützenhaus, Zivilkasino, Geschäftshaus Herbst, zahlreiche Häuser in der Hindenburgstraße, Meelbeckstraße, Wilhelmstraße, Bismarckstraße und Friedrichstraße.

Die jetzigen Bürger haben sich in den überwiegend erhaltenen Außenbezirken angesiedelt. Die meisten Neubauviertel sind ebenfalls im weiteren Bereich südlich, westlich und nordwestlich entstanden.

Zuerst wuchsen die Häuser mit dem fremden Aussehen nur spärlich aus dem verlassenen Gumbinner Boden. Dann, in den siebziger Jahren, kamen so viele hinzu, daß sie nun doch auffallen, daß sie das gewohnte Stadtbild erheblich verändert haben.

In dem Reisebericht eines Mannes, der von Litauen aus durch Ostpreußen fuhr, heißt es: „Gumbinnen, kann man sagen, ist beinahe eine richtige Stadt. Zwischen den erhaltenen Häusern stechen in Weiß die neuen im Bau befindlichen oder neuerbauten Häuser hervor. Sie sind groß, und in ihrer Bauart unterscheiden sie sich erheblich von den alten Gebäuden."

Zu den Neubauten, die bislang identifiziert wurden, gehören die Straßenzeile an der Westseite der Königstraße zwischen Kaiserhof und Sodeiker Straße, ein langgezogener zweistöckiger Bau mit Flachdach am Friedrich-Wilhelm-Platz, drei große Wohnblöcke etwa in der Gegend Gartenstraße — Sodeiker Straße, ein hohes, langgestrecktes Haus in der Lazarettstraße.

An der Königstraße wurde ein Lichtspieltheater errichtet. Dabei dürfte es sich um den Bau handeln, der bereits vor dem Krieg begonnen wurde. Dort sehen nun die Menschen, die aus den Weiten des Ostens in die Stadt an der Pissa gekommen sind, ihre Filme in dem Haus, das für seine eigentlichen Einwohner bestimmt war.

Von ihnen gibt es keinen einzigen mehr in den heimatlichen Mauern. Denkt man in historischen

Der Magazinplatz. Links das ehemalige „Hotel Kaiserhof". Im Hintergrund das Rathaus, in dem die Parteiführung des Rayons residiert. Die Betonschalen rechts zieren das Gussew-Denkmal.

1970 sah der Fotograf diesen Teil Gumbinnens mit dem Wasserturm so.

Dimensionen, dann war auch für sie das geliebte Gumbinnen nur eine große Durchgangsstation im langen Zug der Geschichte von Menschen, Völkern und Ländern, allerdings, eine ganz außergewöhnliche.

Denn was die Einwohnerschaft betrifft, gab es eine große Besonderheit. Der Name stand, bis die Mauern der Innenstadt fielen, für die Glaubensfreiheit und den liberalen Geist schlechthin, der —trotz aller gegenteiligen Stimmungsmache — im Preußenland zu Hause war.

Der 1539 erstmals urkundlich unter dem Namen Kulligkehmen erwähnte Ort — Spuren einer frühen Siedlung waren schon aus der Zeit vor 9 000 Jahren gefunden worden — war gerade acht Jahre Stadt, als er 1732 zur rettenden Insel für 12 000 Salzburger wurde, die wegen ihres evangelischen Glaubens im Zeichen der Gegenreformation aus ihrer schönen alpenländischen Heimat vertrieben worden waren. In den Ebenen des deutschen Ostens, die von der großen Pest in den Jahren 1709/11 menschenleer gemacht worden waren und wo „jeder nach seiner Fasson selig werden" konnte, fanden sie eine Zuflucht, wie sonst nirgends auf der Welt.

Diese religiöse Grundauffassung war auch mit die Ursache dafür, daß sich in Ostpreußen ein ungewöhnlich lebendiges Glaubensleben entwickelte. Kaum in einer anderen Gegend blühten so viele Freikirchen auf, deren Mitglieder für ihr bekennendes Tatchristentum bekannt waren.

Die Salzburger hatten in Gumbinnen eine eigene Kirche, ebenso ihr Hospital. Als sie im grausamen Winter 1945 die neue Heimat verlassen mußten, waren sie kaum länger als 200 Jahre dort gewesen. Heute sind sie, wie die gesamte Einwohnerschaft des deutschen Ostens, in alle Winde zerstreut. Nur der „Salzburger Verein" bringt die meisten von ihnen regelmäßig zusammen. Dann sprechen sie von „zu Hause", und sie meinen damit Gumbinnen und seine Umgebung, nicht den Ort, in dem sie jetzt wohnen, nicht die Gebirgstäler, aus denen sie stammen. In Salzburg werden die vergilbten Listen aufbewahrt, auf denen die Familien verzeichnet sind, die damals flüchten mußten. In Gussew sind alle Namen ausgelöscht. Nur die Steine reden noch davon, was einmal war, wer einmal da war.

Bis 1945 war Gumbinnen auch Hauptstadt für den gleichnamigen Regierungsbezirk. Zu ihm gehörten die Kreise Insterburg-Stadt und -Land, Angerapp, Angerburg, Goldap, Gumbinnen, Ebenrode, Elchniederung, Schloßberg, Tilsit-Stadt, Tilsit-Ragnit und Treuburg. Er war insgesamt 9 393 Quadratkilometer groß und hatte 559 200 Einwohner.

Diese Gliederung gibt es in der „Oblast Kaliningrad" nicht. Gussew ist eine Stadt, die direkt der Verwaltung in Königsberg untersteht, im übrigen nur noch Zentrum des gleichnamigen Rayons ist. Es handelt sich dabei um den kleinsten Kreis im Gebiet. Er hat nur ein Ausmaß von 626,0 Quadrat- 131 kilometern und — ohne die Kreisstadt — 9 300 Einwohner. Er wurde gegenüber seinem Vorgänger überall — ausgenommen im Norden — verkleinert. Eine weitere Stadt gibt es dort nicht. Nur sieben Dorfsowjets sind registriert.

Recht anschaulich schildert ein Besucher aus Litauen, der 1964 in den Kreis kam, die Gegend: „Der nächste Aufenthalt wird in Gumbinnen (Gumbine) sein...: Beiderseits der Landstraße sind weite Felder mit Sommersaat besät, die schon grünt. Der Weizen ist üppig gewachsen... In weiträumigen Weiden sind Herden von schwarzbunten Kühen zu beobachten."

Obwohl die gesamte landwirtschaftliche Nutzfläche lediglich 43 700 Hektar beträgt und damit die zweitkleinste aller Kreise im Gebiet ist, sind dort die Kolchosen überdurchschnittlich groß. Mit einer mittleren Ausdehnung von 4 558 Hektar rangieren sie hinter denen in den Kreisen Ebenrode und Ragnit an dritter Stelle.

Bohrtürme in der ostpreußischen Landschaft

Noch etwas anderes fällt auf, erregt sicher mehr Aufsehen als das meiste in der sonst nur wenig veränderten Landschaft: Bohrtürme, lodernde, qualmende Flammen auf hohen schlanken Türmchen. Sie künden: Seht her, hier wird nach Öl gebohrt, es wird gefunden und ausgebeutet!

Bereits im September 1963 war der erste sichere Fund des Gebietes bei Gumbinnen geortet worden. Drei Jahre vorher war ein etwa 18 Quadratkilometer großes Gelände nordwestlich der Stadt gründlich erforscht worden. Vorausgegangen waren Untersuchungen, die kurz vorher ein Ölvorkommen vermuten ließen. Schon seit 1951 hatte die Geologische Forschungsbehörde in Moskau die Erforschung Lettlands, Litauens und des Königsberger Gebietes vorbereitet. Sicher geschah das in der später offenkundig gewordenen Absicht der sowjetischen Stellen, die überwiegend landwirtschaftlich strukturierte Region zu industrialisieren und durch moderne Technologien auf „Fortschrittskurs" zu bringen. Zwischen 1954 und 1957 wurden bei Tilsit und südlich von Königsberg elektroanalytische und seismische Untersuchungen durchgeführt.

Inzwischen ist die Erdölförderung zu einem bedeutenden Faktor der ostpreußischen Wirtschaft

geworden. Ölvorkommen gibt es nach den sowjetischen Berichten bei Gumbinnen (nahe der Stadt wie auch im Rayon westlich, nördlich und südlich der Stadt), bei Friedland, Wehlau, Heiligenwalde (Usakowo), Strobjehnen (Kolikowo), Heiligenbeil, Heinrichswalde, Wittenberg und Tharau sowie bei Allenburg.

Als besonders ergiebig wird die Quelle bei Wehlau genannt. Ihr genauerer Ort wird mit Krasnyj Bor angegeben, was Krakau bedeuten könnte. Nach anderen Informationen handelt es sich dabei um die Gegend von Gr. Ponnau (Krasnooktjabrskoje). 1973 wurden dort nach sowjetischen Verlautbarungen 150 Tonnen täglich gefördert. Insgesamt sollten bis zum Ende des 10. Fünfjahresplanes (1980) 1,4 Millionen Tonnen pro Jahr gewonnen werden. Die industrielle Ausbeute der ostpreußischen Quellen hatte 1975 begonnen. So teilte es der Parteivorsitzende des Gebietes Konowalow mit.

Das in Tiefen von teils 1 500 bis 2 000 Metern, meist von 2 000 bis 2 500 Metern lagernde Öl soll überwiegend eine hohe Qualität besitzen; es wird in der Hauptsache zum sogenannten kambrischen Öl gezählt. Die ölführenden Schichten sollen bis ins südliche Ostpreußen (Bartenstein, Lyck, Goldap) reichen und sich sogar bis in die Gegend von Suwalki in Polen fortsetzen.

Als Nebenprodukt wird Erdgas gewonnen. Das ganze Gebiet soll durch ein Leitungsnetz an die Versorgung angeschlossen werden. 140 Kilometer städtischer Gasleitung wurden nach diesen Informationen bereits fertiggestellt. Durch das ostpreußische Erdgas erhoffen sich die Planer eine Ersparnis von 14 Milliarden Rubel (rund 40 Milliarden DM) jährlich an Energiekosten.

Von einem Bohrarbeiter, der zehn Kilometer vor Insterburg arbeitete, wird berichtet, daß er gesagt habe: „Hitler würde sich im Jenseits schwarz ärgern, wenn er wüßte, daß ausgerechnet Sowjetmenschen in Ostpreußen Öl gefunden hätten." Und ein Aussiedler fragte ähnlich: „Wie kommt es, daß die klugen und technisch hochstehenden Deutschen in ihrer eigenen Provinz nicht das Öl entdeckten, das nun die Sieger fanden und gewinnen?"

Nun, die Zeit war wohl noch nicht reif für diese Entwicklung. Bohrtürme in der ostpreußischen Tiefebene sind ein kaum vorstellbares Bild. Sie waren es auch für diejenigen, die schon damals die kleinen klebrigen Lachen an verschiedenen Gewässern gesehen hatten und nur im Scherz vom „Öl aus Ostpreußen" phantasierten. In die schöne Erinnerung passen sie gewiß nicht. Übrig bleibt eine Frage, die wir uns kaum stellen, nicht nur, weil sie sich selber nicht stellt: Was wäre wohl aus unserem Ostpreußen geworden, wenn wir noch dort wären?

Insterburg wie es ist und wie es war. So gegensätzlich wie hier am Alten Markt hat sich die Welt in der schönen Stadt glücklicherweise nicht überall verändert. Oben: Gähnende Leere, wo einmal das Herz der Stadt schlug. Die Aufnahme aus dem Jahr 1962 zeigt noch den Torso des Turms der Lutherkirche mit dem Komsomolzenplakat. Rechts das Pfarrhaus, dazwischen der bogenförmige Durchgang zur Treppe, die zur Bogenbrücke über die Angerapp führte. Links die Wilhelm-Jordan-Schule. Jetzt steht auch der Turmrest nicht mehr. Unten der gleiche Platz aus der Vogelperspektive vor der Zerstörung.

133

Insterburg —
Leben am Neuen Markt

Rund 25 Kilometer weiter westlich, dort wo nicht nur die alte Reichsstraße 1 und die Hauptstrecke der Eisenbahn die Verbindung mit dem näher kommenden Königsberg fester knüpfen, sondern auch der Fluß beginnt, der in der Hauptstadt endet, liegt Insterburg. Der Pregel findet sich immer noch am Rande der Stadt aus den Quellflüssen Inster und Angerapp, zu der sich schon vorher die Pissa gesellt hat, auch wenn er nun leicht verändert Pregolja genannt wird; ebenso sind Instruc und Angrapa unter den neuen Bezeichnungen leicht wiederzuerkennen, die Pissa heißt sogar heute noch so. Wie eh und je windet der junge Fluß sich in malerischen Biegungen durch die grüne Ebene.

Die Stadt aber, die an seinem Ursprung liegt, ist nicht mehr die alte. Ihr Kern ist zerstört, ihre Seele ausgelöscht, ihre Größe dahin. Vernichtet und zerstoben in den Schicksalsmonaten des Winters 1944/45. Am 21. Januar war alles vorbei, was einmal gewesen. Insterburg war tot. Tschernjachowsk begann.

Einige Insterburger hörten noch das Totengeläut in ihrer Heimatstadt. Als die stürmisch angreifenden sowjetischen Truppen, die nur einen Tag für den Vormarsch von Gumbinnen nach Insterburg brauchten, bereits an der Stadtgrenze standen, läu-

teten die Glocken der Lutherkirche das verabredete Signal: „Sofort die Stadt verlassen!" Rette sich, wer kann!

Zu dem Zeitpunkt existierte das alte Insterburg schon nicht mehr. Die Bombennächte hatten die so lange verschonte heimatliche Stätte bereits schwer in Mitleidenschaft gezogen. Dann begannen die Salvengeschütze der Angreifer ihr Vernichtungswerk. Die Flüchtenden, die einen letzten Blick auf die sterbende Stadt warfen, sahen überall Flammen, Explosionen, Rauch und Vernichtung. Nur der Turm der Lutherkirche stand unerschütterlich und grüßte noch einmal seine Bürger. Schließlich aber kam auch für ihn das Ende. In den siebziger Jahren wurde der Rest gesprengt.

Es war nur noch ein Torso des Turms übrig geblieben, und er wehrte sich bis zum letzten. Zweimal mußten die neuen Herren mit schweren Sprengladungen an ihn herangehen, ehe er der zerstörerischen Gewalt wich; der letzte Teil des Hauses, in dem über alle die Jahrhunderte verkündet worden war, daß der Friede höher ist als alle Vernunft und Gewalt.

Schon vorher war der Turmhelm abgetragen worden. Seine beschwingte Rundung, die große Uhr und der durchbrochene Aufsatz mit der kleinen zwiebelförmigen Kuppel und der Wetterfahne hatten untrennbar zum Bild dieser frohgestimmten Stadt mit ihrem herrlich anzuschauenden Zentrum gehört. Was vorerst blieb, war ein trau-

Am Neuen Markt herrscht Betrieb. Vorn rechts, an der Einmündung der Forchestraße, steht noch die Markthalle. Der neue Wohnblock links wurde auf dem Grundstück der früheren „Tivoli"-Betriebe mit dem Lichtspielhaus „Alhambra" errichtet.

Die Hindenburgstraße an ihrer Einmündung auf den Bahnhofsplatz beziehungsweise die Gumbinner Straße. Die Aufnahme aus dem Jahr 1962 zeigt rechts Neubauten. Im Hintergrund der Turm der katholischen Kirche, die als Magazin benutzt wird.

riger Rest, der verstümmelt kantige Turm und das aller Zierde beraubte Kirchenschiff.

Dort, wo einmal die Gläubigen vieler Generationen andächtig dem Gottesdienst gelauscht hatten, ertönte nun das schrille Gehämmer einer Maschinenwerkstatt. Die Einrichtung hatte man schon vorher verheizt. Der neue Schmuck des Turmgemäuers war ein riesiges Komsomolzen-Plakat. Nun ist aber auch das verschwunden. Die Leere hat sich weiter über die einst so lebendige Innenstadt ausgebreitet.

Der Alte Markt, der zu den schönsten Plätzen ostpreußischer Städte gehört hatte, ist eine weite kahle Fläche. Wie eine öde Steinwüste wirkt er mit seinen hellen, verlassenen Pflasterflächen, den Unkrautstücken, den Resten der einstigen dichten Besiedlung am fernen Rand. Auch das Herz Insterburgs schlägt nicht mehr.

Ganz anders der Anblick beim Neuen Markt. Dort ist die Bebauung intakt. Menschen bevölkern den Platz, Autos parken, rollen darüber hinweg oder durch die angrenzenden Straßen. Vollbesetzte Busse kommen unentwegt, stoppen, fahren weiter. Auf der einen Seite ziert eine Reihe kleiner Lebensbäume eine allerdings nicht gerade vorbildliche Grünanlage; auf der anderen verdeckt der dichte Baumbestand von kräftigen Linden und Buchen den Horizont, ein Andenken aus deutscher Zeit, das an den herrlichen Stadtpark erinnert.

Die Markthalle existiert ebenso noch wie die Stadthalle. Als neues Gebäude fällt gegenüber der Markthalle ein langgestreckter Wohnblock ins Auge. Glatt und grau wie die meisten neuen Bauten, aber mit Balkonen. Und auf dem Dach die vielen Fernsehantennen. Dort war einmal das Grundstück der „Tivoli"-Betriebe mit dem Lichtspielhaus „Alhambra".

Auf der Westseite steht eine Art Kundenhaus, „Dom Beta" genannt. Dort kann man sich die Haare schneiden, die Schuhe besohlen oder auch ein Kleid ändern lassen. Der zweigeschossige Bau mit dem Flachdach, den breiten Fenstern und den drei riesigen gläsernen Eingangstüren wird ebenfalls von Anlagen mit neugepflanzten Bäumen eingerahmt. Einen Gartenplatz mit einer Skulptur findet man auch an der Ecke zur Forchestraße. Das Gebäude dahinter ist zerstört, war es jedenfalls noch Anfang der siebziger Jahre.

Von den übrigen Gotteshäusern ist bekannt, daß die katholische Kirche noch vorhanden ist. Aus der Ferne, blickt man etwa aus der Hindenburgstraße, könnte man glauben, sie habe den Sturm der Zeit unbeschadet überstanden. Geht man dichter heran, wird man rasch eines Besseren belehrt. Nicht nur, daß der hohe, schlanke Turm mit den vier kleinen Ecktürmchen von Geschoßeinschlägen gezeichnet, das Dach teilweise neu eingedeckt, die Farbe verblaßt ist; aus dem Inneren erklingt keine Orgel- 135

Die Reformierte Kirche am Markgrafenplatz hat am Hauptportal ein breites Transparent. Darauf steht in kyrillischen Buchstaben: "Turnhalle". Dort übt der Klub „Spartak". Wie das aussieht, zeigt das nebenstehende Bild.

musik mehr, kein feierlicher Gesang oder die Predigt des Geistlichen; Rufe, polternde Geräusche, metallene Klänge hallen mit hohem Ton durch die nüchtern und kahl gewordene Halle. Sie ist jetzt ein Magazin.

Auch die reformierte Kirche reckt sich am Markgrafenplatz scheinbar in die Höhe, als sei nichts geschehen. Doch ihr Turm ist schwer beschädigt. Über der Tür am Hauptportal an der Albrechtstraße hängt ein breites Transparent. Seine Aufschrift in kyrillischen Buchstaben lautet: „Turnhalle". Der Klub „Spartak" übt dort. Die Umgebung wirkt trist und vereinsamt. Die Häuser an der Albrechtstraße sind zerstört. Die Melanchthonkirche in der Ziegelstraße wurde zu einer Holzwerkstatt umfunktioniert.

Gehen wir einmal die Hindenburgstraße entlang, einst eine der bedeutendsten Straßen Insterburgs. Nur 20 bis 25 Häuser hatten nach Aussagen eines heimgekehrten Kriegsgefangenen das Inferno überstanden. Die Siehr-, Ziegel- und Lindenstraße

sollen sogar völlig zerstört worden sein. Dieses Bild hat sich inzwischen geändert. Besonders im letzten Jahrzehnt wurden, wie fast überall in Nord-Ostpreußen, die Lücken gefüllt, die der Krieg gerissen hatte, allerdings nach Sitte der neuen Herren im Lande.

Die Hindenburgstraße ist immer noch gepflastert, ohne Asphalt. Die Bäume, deren Kronen meist beschnitten sind, stammen wohl aus der Nachkriegszeit; denn sie sind noch von geringem Wuchs. Die Bürgersteige sind recht belebt, während auf der Straße der Verkehr nur spärlich ist. Die Straßenbeleuchtung wirkt provisorisch. An der Einmündung zum Bahnhofsplatz hängt an einem hohen Leistungsmast eine Uhr.

Von den alten Gebäuden erkennt man das Neue Lichtspielhaus im mittleren Teil der Straße wieder. Die großen Plakate an der langen Mauer der Saalwand weisen darauf hin, daß auch heute dort Filme gezeigt werden. Anlagen davor füllen den Platz aus, den ein zerstörtes Haus einnahm. Unweit davon, im Haus der früheren Autohandlung Wollenschläger an der Einmündung der Bierfreundstraße ist jetzt ein Hotel untergebracht. Im Parterre ist eine Kantine, wie die Außenanschrift „Stolowaja" verrät.

In der Wilhelmstraße stehen noch die Hauptpost und das Bankgeschäft daneben, vor dem nun ein Denkmal postiert ist. Dort wurde eine Apotheke eingerichtet. Recht gut erhalten sind Luisen-, Augusta- und Artilleriestraße, während in der Theaterstraße nur zwei Häuser stehengeblieben sein sollen.

Von den bekannten Gebäuden ist ferner zu berichten: Das Alte Schloß hat erheblich gelitten, besonders durch Brandschaden. In dem noch stehenden Rest sind Handwerksbetriebe angesiedelt. Ein ähnliches Schicksal erlitt auch das Amtsgericht. Nach der Instandsetzung wurde es Sitz einer sowjetischen Behörde. Am Wasserturm und seiner Umgebung sind die Jahrzehnte fast spurlos vorübergegangen. Die Gasanstalt war schwer beschädigt, dürfte inzwischen aber wiederhergestellt sein.

Die Fahrbahnbrücke über die Angerapp in der Nähe ist beschädigt; doch sie ist passierbar. Erhalten blieb im Bannkreis der Zerstörung, die etwa 60 Prozent der Stadt betraf, die Fußgängerbrücke unterhalb der Lutherkirche. Die idyllisch gelegene Bogenbrücke mit der angrenzenden hohen Treppe zur himmelhochragenden Kirche war ein beliebtes Motiv für Fotografen und Maler, auch ein begehrter Platz für die Rendezvous von Generationen. Unterhalb, vor allem am rechten Ufer, sieht man jetzt im Sommer badende Kinder und junge Leute. Die Älteren sonnen sich am grünen Hang.

Das alte Krankenhaus an der Belowstraße, später Standortkommandantur, existiert noch. Eine

Ein erschütterndes Bilddokument: die Reformierte Kirche in Insterburg als Turnhalle. Das helle Licht durch die hohen Fenster an der Stirnseite flutet nicht mehr auf den Altar und den Geistlichen, sondern auf den Fangkorb für das Basketballspiel und zuschauende Kinder. Nicht Heiligenbilder und christliche Symbole zieren den Raum; Turngerät ist an seinen Seiten abgestellt. Keine andächtigen Zuhörer füllen das Kirchenschiff, sondern trainierende Kinder des Sportklubs „Spartak". Das Bild stammt aus dem Jahr 1970.

erstaunliche Beobachtung, die fast in allen ostpreußischen Städten zu machen ist, bietet auch Insterburg: Die Schulen sind fast alle stehengeblieben. Ein Witz darüber bleibt einem im Munde stecken. In diesem Fall würden die Kinder, die sonst über das Abbrennen ihrer „Penne" spötteln, gern die Schule dort besuchen, wenn sie nur dürften — jedenfalls die Älteren, die das einmal dort getan haben und um alles in der Welt noch einmal tun möchten.

Bekannt ist, daß die Pestalozzischule heute noch für den Unterricht genutzt wird. Während allerdings Gymnasium und Frieda-Jung-Schule zerstört sind, wurde in der Kasernenstraße, auf dem Viereck zwischen Jordan- und Artilleriestraße, ein Schulneubau errichtet.

In Insterburg ist eine der drei Pädagogischen Lehranstalten des Gebiets zu Hause. Erwähnenswert ist ferner, daß in der Stadtbibliothek ein Kreis für gesprochene deutsche Sprache arbeitet. Der Bibliothekar heißt K.I. Nejman (Neumann).

Auch die Kasernen haben das Vernichtungswerk meist besser überstanden als die mehr friedlichen Zwecken dienende Umgebung. So blieben auch die Komplexe — bis auf einen — in der Kasernenstraße stehen.

Beherbergen sie wieder Soldaten? „Im Sperrgebiet ist jede Kaserne belegt. Jede Stadt eine Garnisonstadt. Was erwarten Sie denn sonst?" lautete eine Antwort auf eine solche Frage. Der Turnierplatz, früher wegen der oft internationalen Reiterwettkämpfe ein weithin bekannter Ort, scheint militärisches Übungsgelände geworden zu sein. Panzer haben tiefe, breite Spuren hinterlassen. Die schöne, sportliche Anlage gibt es nicht mehr.

Tschernjachowsk war nach früheren Zeitungsmeldungen das Hauptquartier des „Atlantischen Kommandos" der sowjetischen Streitkräfte. Ihm unterstehen Einheiten an der Ostsee ebenso wie am Schwarzen Meer und in der westlichen Ukraine. Eine Bestätigung darüber gibt es nicht; auch keinen Hinweis darauf, ob dieses Kommando noch da seinen Standort hat. Aus einer anderen Information geht jedoch hervor, daß sich dort eine größere Zahl von militärischen Dienststellen niedergelassen hat und daß die Soldaten und Offiziere der Roten Armee im Stadtbild nicht zu übersehen sind.

Der Sportpark wird wieder genutzt. Über seinem Eingang steht in kyrillischer Schrift „Stadion". Das Freilichttheater ist dagegen nicht mehr zu finden. Die Teiche des schönen Stadtparks sind trockengelegt.

Nach den offiziellen Angaben hat Insterburg heute folgende wichtige Wirtschaftsunternehmen: lederverarbeitenden Betrieb, Brotkombinat, fleischverarbeitenden Betrieb, Möbelfabrik, Molkerei (die zu den „größten Butterfabriken des Gebietes" gezählt wird), „industrielle Forstwirtschaft."

Die Bogenbrücke für Fußgänger über die Angerapp unterhalb der Lutherkirche blieb – wie dieses Bild aus dem Jahr 1962 zeigt – erhalten. Das rechte Ufer ist zum Badeplatz geworden.

Der Sportpark in den Schluchten wird als „Stadion" benutzt. Das verrät die Aufschrift in kyrillischen Buchstaben.

Aus ergänzenden Berichten geht hervor, daß das Fleischkombinat „groß" und die Möbelfabrik „riesig" sein sollen. Als neuerer Betrieb wird ein Unternehmen erwähnt, das Holzmasten für Überlandleitungen imprägniert. Und natürlich wird die Bedeutung der Stadt als wichtiger Eisenbahnknotenpunkt in allen Veröffentlichungen betont. Der Bahnhof wurde daher rasch wiederhergestellt. Er behielt seine ursprüngliche Form, wurde lediglich verblendet.

Kaum verändert ist die Gegend am Wasserturm. Links das Gebäude der ehemaligen Standortkommandantur. Das Haus rechts steht an der Belowstraße. Den Platz im Vordergrund gab es früher nicht.

Die dunklen Wälder
sind lichter geworden

Eine Besonderheit ist offensichtlich die im Jahre 1965 geschaffene „Tschernjachowsker Maschinenstation für Waldmeliorationen." Darüber berichtete 1972 in der Zeitschrift „Lesnoe chozjastvo (Nr. 3)" ein Aufsatz von A. Zajac, der den Waldmeliorationsarbeiten im Königsberger Gebiet gewidmet ist. Die Leser werden darüber aufgeklärt, daß bereits im 19. und am Anfang des 20. Jahrhunderts ein „dichtes Waldmeliorationsnetz" ausgebaut wurde. Die Gräben, die der Entwässerung dienen, hätten eine Tiefe von 0,75 bis 1,0 Meter gehabt. Hauptgräben gingen bis zu 2 Meter in den Waldboden. Wörtlich heißt es dann:

„Die Meliorationssysteme hatten im Laufe einer langen Periode nach dem Kriege nicht die nötige Wartung, wurden nicht repariert oder wiederhergestellt. Allmählich wuchsen sie mit Baumvegetation und Gesträuch zu und wurden bei Waldnutzungsarbeiten zerstört. Viele Kanäle versandeten bis zu einer Tiefe (von nur noch) 0,2 bis 0,5 Meter. Auf den Böschungen und in einer Reihe von Fällen auch auf dem Grund wuchsen Bäume mit einem Durchmesser von 20 bis 30 Zentimetern. Es verschlechterte sich der technische Zustand der Kanäle. Es begann die abermalige Versumpfung des Bodens, und damit verminderte sich bis zum Jahre 1963 auf einem Gebiet von mehr als 50 000 Hektar die Produktion um eine Klasse der Bonität. In einzelnen Forstwirtschaften betrug der Zuwachs 30 Prozent weniger als 20 Jahre zuvor. Um das Trockennetz schneller wiederherzustellen, die weitere Versumpfung aufzuhalten und die Produktivität der Flächen zu erhöhen, wurde 1965 im Kaliningrader Gebiet die ‚Tschernjachowsker Maschinenstation für Waldmeliorationen' organisiert."

Der Verfasser schildert hier mit bemerkenswerter Offenheit ein Spezialgebiet des traurigen Kapitels der ostpreußischen Nachkriegsgeschichte, das die Überschrift „Versumpfung" trägt.

Über diese bedrohliche Entwicklung auf dem Lande allgemein wird noch an anderer Stelle zu berichten sein. Hier geht es um die besondere Gefährdung der Wälder. Dieser Alarmruf läßt erkennen, daß es zwei Jahrzehnte gedauert hat, bis energische Maßnahmen gegen die Verwilderung in den ostpreußischen Forsten ergriffen wurden.

Diese Aktionen erhalten ihren besonderen Rang vor dem Hintergrund einer insgesamt aufsehenerregenden Veränderung. Experten wollen aus Satellitenaufnahmen herausgelesen haben, daß der Waldbestand sich, verglichen mit der Vorkriegszeit, in fast schon dramatischer Weise verringert hat.

Einst hatte die Urlandschaft nahezu nur Wald gehabt. Dann wurde sie durch die einmalige Kultivisierungsleistung der deutschen Siedler in eine fruchtbare Gegend verwandelt, die in der Mitte des vorigen Jahrhunderts immerhin noch zu 32 Prozent vom Baumbestand bedeckt war. Davon gibt es jetzt nicht einmal mehr die Hälfte. Die Fläche wurde reduziert. Zunächst wurden 19 Prozent gemeldet, dann 17 (1958) und schließlich nur noch 15 Prozent (1973).

Dies geschah, obwohl man offenbar schon frühzeitig von offizieller Seite dagegen vorzugehen versuchte. So erzählte ein Heimkehrer: „Als ich in den fünfziger Jahren in der Taiga meine Zwangsarbeit verrichtete, stießen eines Tages Holzfäller aus dem ostpreußischen Raum zu uns. Ich fragte sie: ‚Warum kommt ihr von so weit her zu uns in die sibirischen Wälder? Da antwortete man mir: ‚Dort dürfen wir kein Holz mehr roden. Die Wälder sind schon zu klein geworden.'"

Gibt es das vielbesungene „Land der dunklen Wälder" nicht mehr? Sie sind zweifellos lichter geworden. Auch der Laie kann auf dem Satellitenfoto erkennen, daß die grünen Flächen, die als Wald auszumachen sind, kleiner geworden sind, Samland, der Bereich am Frischring, der Stablack, der ganze mittlere Abschnitt, die Gegend um das Kurische Haff — dieser Teil des Gebiets ist auf dem uns vorliegenden Foto abgebildet — scheint heller geworden zu sein. — Glückliches Satelliten-Auge, das Ostpreußen deutlicher und überschaubarer sehen darf, als es seine Bewohner je erblickten, damals, als sie es noch sehen durften...

Kehren wir auf die Erde zurück, gehen wir wieder nach Insterburg. Über eine Einrichtung dort steht nichts in den offiziellen Verlautbarungen; gemunkelt wird darüber um so mehr. Fast möchte man darüber hinweggehen, lägen nicht auch verläßliche Berichte vor. So stellt der litauische Dichter und Universitätsdozent Thomas Venclova in seinem hier bereits zitierten Bericht vom 19. Oktober 1977 fest: „In Insterburg ist das berüchtigte psychiatrische Krankenhaus eingerichtet, in dem russische und litauische Dissidenten festgehalten werden."

Ein anderer litauischer Beobachter erklärte, daß dort der sowjetische Dissident General Pjotr Grigorenko festgehalten wurde. Nach weiteren Berichten war der weltbekannte Regimekritiker von 1969 bis 1972 dort.

Wir sprachen einen Mann, der sagte: „Ich habe diese Klinik in Insterburg gesehen. Jedermann in Tschernjachowsk weiß darüber Bescheid. Sie befindet sich hinter den hohen Mauern eines ehemaligen Zuchthauses oder Gefängnisses." Es handelt sich dabei offensichtlich um das Zuchthaus am Pregeltor.

Eine neue Generation wächst in Ostpreußen heran. Hier kleine Jungen und Mädchen auf dem Weg in den Kindergarten nahe der Reformiertern Kirche in Insterburg, deren Türme im Hintergrund zu erkennen sind.

Solche Einrichtungen sind anscheinend auch im nördlichen Ostpreußen keine Besonderheit. „In Königsberg gibt es ebenfalls eine psychiatrische Klinik", hören wir. Sie soll sich auf dem Gelände des ehemaligen Krematoriums an der Cranzer Allee befinden. Eine beziehungsvolle Plazierung — Verbrennung des Geistes?

Dies ist eine wahre Begebenheit aus einer ostpreußischen Stadt. Einer, der dabei war, berichtet:

„Gregor V. war das, was man hier einen Regimekritiker nennt. Dort wußte ich nur, daß er seinen Mund nicht halten konnte. Er muckte oft auf und schimpfte auf die Zustände. Eines Tages hielt ein Krankenwagen vor seiner Tür.

,Kommen Sie bitte mit!' forderte ein weißgekleideter Mann Gregor auf.

,Warum?' fragte dieser zurück. ,Ich bin doch nicht krank!'

,Doch, Sie sind krank', wurde ihm mitgeteilt. ,Uns ist gesagt worden, daß Sie nicht bei klarem Verstand sind, sondern irres Zeug reden. Also mitkommen!'

In der Klinik wartete ein freundlicher Arzt.

,Keine Angst', sagte er. ,Wir machen Sie schon wieder gesund.'

,Aber ich bin doch gar nicht krank', protestierte Gregor erneut.

,Nein?' fragte der Doktor erstaunt zurück. ,Aber uns sind doch Zeichen von Irresein gemeldet worden. Haben Sie nicht gesagt...'

,Ja, das habe ich. Aber...'

,Würden Sie das denn jetzt auch noch sagen?'

,Natürlich, das ist doch nur die Wahrheit.'

,Sehen Sie, es stimmt also, daß Sie nicht gesund sind. Da muß ich Sie leider einweisen.'

Am nächsten Tag wurde der ,Patient' gefragt: ,Geht es Ihnen schon besser. Ist Ihr Verstand noch immer verwirrt, oder reden Sie jetzt wieder vernünftig?'

,Ich bin genau so klar wie gestern', beharrte der Gefragte.

,Nun, dann müssen wir die Behandlung fortsetzen', entschied der Arzt!

So ging das eine Woche lang. Dann war der unfreiwillige Gast der Klinik mürbe — oder um eine Erfahrung klüger, je nachdem, wie man es nimmt. Als der Doktor die übliche Frage nach der Besserung stellte, antwortete er:

,Ja, jetzt merke ich, es geht mir wieder gut. Damals habe ich tatsächlich irres Zeug geredet. Jetzt bin ich geheilt.'

Und Gregor ging nach Hause. Alles wäre in Ordnung gewesen, wenn er sich mit seinem Schicksal abgefunden hätte wie Millionen und Abermillionen. Er aber tat das nicht. Er lehnte sich noch ärger auf. So landete er schließlich in Workuta, Magadan, Karaganda oder in... Na, Sie kennen das ja — diesen ganzen Archipel Gulag!"

„Wir schon; aber wie sieht es drüben aus. Wissen Sie Bescheid über Helsinki und die anderen Verträge, über Solschenizyn, Ginsburg, Sacharow und Grigorenko?"

„Oh, ja. Wir hören doch Rundfunk. Beispielsweise die Deutsche Welle oder BBC. Wir wissen Bescheid. Aber ob das hilft?"

Das ist eine Frage, die nur die Geschichte beantworten kann.

Böse Erinnerungen an Insterburg haben auch viele Ostpreußen und andere Deutsche, wenn sie an die ersten Jahre nach dem Krieg zurückdenken. Dort war eines der berüchtigsten Zwangsarbeitslager. Tausende sind hindurchgegangen. Viele, viele kamen nicht wieder heraus.

Heute weiß man in Tschernjachowsk davon nichts mehr. Die Stadt mag noch an ihrer Vergangenheit kranken; aber sie lebt auch wieder von ihr. Die zentrale Lage hat ihr erneut Bedeutung verliehen. Der Aufbau, besonders in den siebziger Jahren, ist augenfällig. Die Einwohnerzahl nähert sich nach den letzten Angaben der Vorkriegszahl. Damals waren es 48 700 (1939), 1970 rund 33 400.

Das ist das Doppelte von dem, was der gleichnamige Landkreis vorzuweisen hat. 16 800 werden nach der Statistik von 1968 angegeben. Die Stadt ist direkt der Oblastj-Verwaltung in Königsberg unterstellt, gilt also als kreisfreier Ort. Es gibt auf Rayonebene keine Räte. Diese Aufgabe hat die Stadtverwaltung mit übernommen. Der Kreis hat acht Dorfsowjets. Während die Stadt 45,0 Quadratkilometer Fläche aufweist, besitzt der Kreis 1 240,6 Quadratkilometer. Er hat damit eine mittlere Größe unter den ostpreußischen Rayons.

Land- und Forstwirtschaft bestimmen seine Struktur. Auch die Viehhaltung nimmt einen wichtigen Platz ein. Bemerkenswert ist das Gestüt Tschernjachowsk im früheren Landgestüt Georgenburg, nahe der Stadt in nördlicher Richtung gelegen. Nähert man sich dem Anwesen mit der großen Tradition, dann könnte man meinen, es sei alles beim alten geblieben. Die Gebäude stehen noch, und auf den Weiden tummeln sich muntere Pferde.

Aus der Nähe ist der Wandel jedoch nicht zu übersehen. Die Bauten wirken ungepflegt und verwittert; nur die Stallungen fallen angenehmer aus dem Rahmen. Dort verkündet eine Losung, daß sich die Zeiten geändert haben. „Unter dem Banner der Epoche", lautet die Inschrift in kyrillisch. Aus der Gründung des Ritterordens ist eine Sowchose geworden.

Auch die Pferde sehen anders aus. Die 500 Tiere sind eine Mischung aus Kosakenpferden vom Don und adeligen Orlow-Trabern — eine gelungene Mischung, wie die Züchter betonen. Auf einer eigenen Rennbahn werden sie ständig bewegt. Bis

142 *Die Georgenburg heute, aufgenommen 1970. Dieser Teil wird als Krankenhaus genutzt.*

Wehlau heute vom Schanzenweg aus gesehen. Oben: Die Ruine des Turms der Pfarrkirche. Gestrüpp und Jungwuchs überwuchern die Trümmer des Gotteshauses und der Häuser davor. Unten: In Richtung Süden ist der Wasserturm zu erkennen. Die Häuser gehören zur Parkstraße.

an die 20 Pferde werden jährlich in Gorki bei Moskau mit beachtlichem Gewinn versteigert, wird berichtet. Moskau wirft auch sonst ein besonderes Auge auf die Sowchose in Ostpreußen. Sie ist direkt der Hauptverwaltung Gestüte unterstellt und gehört damit zum Landwirtschaftsministerium.

Wehlau — trauriger Blick von der Schanze

Völlig verändert hat sich dagegen, denkt man an Ostpreußens Stolz, seine Pferde, die Welt in Wehlau, der ehemaligen nachbarlichen Kreisstadt im Westen. Dort war einmal der größte Pferdemarkt Europas zu Hause. Schon im frühen 14. Jahrhundert gab es ihn — 600 Jahre lang. Anfänglich war er nur eine kleine Begleiterscheinung auf dem Jakobusmarkt bei der Kirchweih; die Kirche war dem Heiligen Jakobus geweiht. Dann wurde der Wehlauer Pferdemarkt ein Begriff im ganzen Kontinent.

Aus aller Herren Länder kamen die Händler. Einmal, im Jahre 1896, wurden sogar Pferde aus Kanada angeboten. Zur Jahrhundertwende wurden jährlich bis zu 20 000 Tiere aufgetrieben. Die Motorisierung drückte die Zahl zwar nach und nach unter die 10 000-Grenze; doch es gab stets Hochbetrieb. In Wehlau war etwas los.

Es begann mit dem Auftrieb schon acht Tage vorher, wenn aus allen Richtungen, über sämtliche Straßen, auf jeder Brücke unzählige Wagen mit den Zugpferden davor und den für den Verkauf vorgesehenen dahinter angebunden in die Stadt wogten. Sie lagerten auf den Allewiesen, bei der Wattlau, rund um die Stadt, wo sich nur ein grüner Wiesenfleck anbot. Schließlich sammelten sie sich auf den Schanzenwiesen, die von gestriegelten Pferden, lebhaft handelnden Käufern und Verkäufern und den unzähligen Schaulustigen bevölkert waren.

Das ist nun alles vorbei. Wehlau ist eine schwer zerstörte Stadt, und dort, wo jahrhundertelang fröhliches Marktleben war, haben sich Öde und Verlassenheit ausgebreitet. Auf der Schanze wachsen Buschwerk und Gesträuch, ebenso auf dem Ruinenschutt der Stadt. Wer jetzt von der Schanze blickt, sieht auf die Turmruine der Pfarrkiche. Nur ein vierkantiger, wuchtiger Mauerstumpf blieb von dem schönen Bauwerk mit der reichen Vergangenheit übrig. Gestrüpp und Jungwuchs überwuchern auch hier die Trümmer der Kirche und der davorliegenden Häuser.

Wendet man sich vom gleichen Standpunkt in die andere Richtung, nach Süden, dann wird das Bild kaum freundlicher. Ein einsames Feld, von Unkraut und niederem Buschwerk bedeckt. Kann man es sich noch vorstellen, daß dort einmal das turbulente Treiben der Markttage war? Nur einige Häuser im Hintergrund sehen leidlich erhalten aus. Und der Wasserturm an der Straße nach Kl. Nuhr grüßt unverändert herüber. In Betrieb ist er allerdings, wie man hört, nicht mehr. Auch die Züge nach Insterburg und Königsberg donnern weiter an ihm vorüber. Der Bahnhof steht noch.

Man braucht Mut, wenn man nach Wehlau weiter hineingehen will. Die Innenstadt ist vernichtet. Öffentliche Gebäude wurden nachträglich gesprengt. Mitten durch die Trümmer wurde eine Straße freigelegt. Soweit bekannt, führt sie zur Pregelbrücke. Das alte Wehlau ist tot. Gestorben am 22. Januar 1945. Snamensk, Stadt der Fahne, wie die Stadt jetzt genannt wird, begann erst in jüngster Vergangenheit zu leben. Die glatten, eintönigen Neubauten wachsen in den Randbezirken auch hier wie in allen ostpreußischen Städten seit Beginn der siebziger Jahre allmählich aus dem Boden der Zerstörung.

Besser überstanden hat nur die südliche Peripherie die düstere Zeit. Dort sind noch zahlreiche Häuser von früher zu finden; darunter auch einige bekannte. Wie der Wasserturm, so stehen noch das ehemalige Realgymnasium, die Deutschordensschule, die Pinnauer Mühlenwerke sowie die beiden

144 *Verträumt in die Landschaft eingebettet lag einst die Kreisstadt Wehlau. Dieser Blick vom Volksschuldach läßt auch den Umfang der Schanzenwiesen rings um die Jakobikirche erkennen.*

Tapiau – einst ein gemütliches Städtchen an der Deime (unser Bild) – ist nun eine aufstrebende Kreisstadt mit zahlreichen Neubauten.

Fabriken bei Allenberg an der Alle im Süden Wehlaus, die Papierfabrik und die Fettfabrik (ehemalige Margarinewerke).

Die größte Ziegelei Ostpreußens, die frühere „Alemania" in Richau an der Alle, arbeitet ebenfalls wieder. Die schweren Lehmböden südlich des Pregels liefern ihr weiter den wichtigsten Rohstoff für die Produktion. Mehrere Meter dick haben sich die wertvollen Schichten auf dem Grund eines eiszeitlichen Staubeckens am Unterlauf der Alle abgesetzt.

Auch die offiziellen sowjetischen Verlautbarungen notieren für Wehlau die Papierfabrik und das Margarinewerk als bemerkenswerte Betriebe innerhalb des Königsberger Gebietes.

Ihre Funktion als Kreisstadt hat die zuletzt rund 10 000 Einwohner zählende Stadt am Zusammenfluß von Alle und Pregel verloren. Damit endete eine große Tradition. Schon 1258 war der Ort in den Ordenschroniken erwähnt worden. 1336 war Wehlau Stadt geworden. 610 Jahre später fiel sie wieder in die Zweitrangigkeit, fast in die Bedeutungslosigkeit zurück. Krieg und erste Nachkriegszeit hatten sie in Trümmer gelegt. 1946 mußte sie den Kreissitz abgeben. 1947 verlor sie den offiziellen Stadtcharakter. „Siedlung städtischen Typs", auch „Arbeitersiedlung" wird sie nun genannt. Vielleicht erwächst ein neues Wehlau in den südlichen Randgebieten zwischen Allenberg und dem Kirchdorf Paterswalde.

Ein ähnliches Schicksal erlitt die einst dritte Stadt des Kreises Wehlau, Allenburg, 16 Kilometer weiter südlich im großen Allebogen gelegen, dort, wo die alte Reichsstraße 141 aus Richtung Gerdauen auf die 142 trifft, die wiederum Wehlau und Friedland verbindet. Als die Stadt am 24. Januar 1945 erobert wurde, war sie ein qualmendes Ruinenfeld. Im völlig vernichteten Kern hatte nur die Kirche den Untergang überstanden. An der Straße nach Gerdauen waren einige Häuser übriggeblieben, ebenso ein paar Bauten in der Siedlung außerhalb der Stadt im Südosten sowie an der Straße nach Eiserwagen vor der Mühle Anker, östlich der Stadt.

Vergeblich hatte das Denkmal aus dem ersten Weltkrieg bei Schallen die Menschen gemahnt. Eine neue Völkerschlacht hatte noch mehr Opfer gefordert. Immer noch steht das Mahnmal jenseits der Allebrücke auf dem westlichen Hochufer. Nur der bronzene preußische Adler ist verschwunden. An seiner Stelle wurden sowjetische Symbole angebracht. Sie erinnern nun mit daran, daß dort die Gefallenen des Gefechts von Schallen am 19. September 1914 ruhen — drei Russen und 134 deutsche Soldaten der 1. Garde Reserve Division.

Dieses ist eine der wenigen erhaltenen Gefallenen-Gedenkstätten im heutigen Ostpreußen, vielleicht die einzige im nördlichen Gebiet. Im südlichen Teil findet man sie noch vereinzelt. So in Kruglanken und an der Straße Angerburg — 145

Großgarten — Lötzen, beides im Kreis Angerburg und gar nicht weit von Schallen. Deutsche und russische Soldaten haben dort ebenfalls ihre letzte gemeinsame Ruhe gefunden. Ihre Gräber pflegen Angehörige einer dritten Nation — Polen.

Für die sowjetischen Verantwortlichen scheinen Grabstätten und Gedenkstätten im allgemeinen nur dann von Bedeutung zu sein, wenn sie dem eigenen Ruhme dienen. So ist es jedenfalls aus einem Aufsatz zu diesem Thema herauszulesen. Der Autor Ivan Fedorovic Vedernikov schrieb unter dem Titel „Die Geographie des Königsberger Gebietes" (Königsberg 1965, Seite 48): „Auf dem Territorium des Gebietes gibt es viele Denkmäler und historische Stellen, die mit der heldenhaften Vergangenheit des russischen Volkes verbunden sind. Zu ihnen gehören das Denkmal zu Ehren des 200. Jahrestages des Sieges bei Groß Jägersdorf (Rayon Tschernjachowsk), ein Massengrab russischer Soldaten, die in der Schlacht bei Friedland (im russischen Text: Friedljand) am 2. (14.) Juli 1807 gefallen sind (heute Prawdinsk), ein Denkmal für russische Soldaten, die während des ersten Weltkrieges in der Umgebung von Tilsit (im russischen Text: Tilsit, heute Sowjetsk) gefallen sind, ein Denkmal-Obelisk für Feldmarschall M. B. Barklai de Tolli wenige Kilometer nordöstlich der Stadt Tschernjachowsk (Insterburg). Viele Stellen sind mit dem Ruhm und den Heldentaten der Sowjetarmee in den Tagen des Großen Vaterländischen Krieges 1941—1945 verbunden."

Allenburg ist ebenfalls keine Stadt mehr, auch keine „Siedlung städtischen Typs". Nur ein Dorfsowjet residiert dort. Einer von sieben im neuen Kreis Tapiau. Die Schwesterstadt am Pregel hat die zentrale Funktion übernommen. Tapiau ist flächenmäßig mit 11,5 Quadratkilometern die größte unter den Rayonstädten im Gebiet. Ihre Einwohnerzahl stieg entsprechend der neuen Bedeutung von früher rund 12 000 auf heute etwa 22 000.

Das Städtchen hat die Stunden der Finsternis ein wenig besser überstanden; es hatte nicht die schweren Zerstörungen erlitten wie etwa Wehlau. Durch Industrialisierung wurde das neue Rayonzentrum erheblich gefördert. Äußerlich sichtbar wird dieses durch Neubauten, die an den Ufern ihrer beiden Flüsse emporragen. Dort, wo die Deime sich vom Pregel trennt, um als Mündungsarm dem Kurischen Haff zuzustreben, hat sich das Bild am meisten verändert. Da wächst Gwardeisk (Stadt der Garde) aus dem alten Tapiau heraus, und die neuen Bewohner sprechen von Pregolja und Dejma.

Wissen diese Menschen noch etwas vom schönen, einstigen Tapiau, von seiner alteingesessenen Bevölkerung, mehr als die offizielle Lesart verrät? Von Lovis Corinth (1858—1925), dem größten Sohn der Stadt, dem Meister des Impressionismus, dessen Werk besonders in der Hamburger Kunsthalle gehütet wird und dort Tausende, darunter viele Ostpreußen, anlockt, aber auch sonst überall in der Welt geachtet wird? Von Herzog Albrecht, dem letzten Hochmeister und ersten Herzog Preußens, der am 20. März 1568 auf der Ordensburg Tapiau starb?

Die Sowjets — an der Spitze Parteisekretär M. S. Timoschenko — haben heute anderes im Sinn. Da sind zunächst die industriellen Betriebe, die für die Staatswirtschaft so sehr im Vordergrund stehen. Die offiziellen Publikationen notieren für Tapiau: fleischverarbeitender Betrieb, Lebensmittel (Makkaroni)-Fabrik, Textilfabrik, holzverarbeitender Betrieb, Butter- und Käsebetrieb und „industrielle Forstwirtschaft".

Tapiau ist Zentrum eines verhältnismäßig dichtbesiedelten Landkreises. Mit 784,2 Quadratkilometern Fläche ist er der drittkleinste im Gebiet, hat aber — ohne Tapiau selbst — 27 300 Einwohner und wird darin nur noch von zwei Kreisen übertroffen. Nach der Größe der Sowchosen hat der Rayon ebenfalls einen Spitzenplatz. Mit durchschnittlich 6 707 Hektar belegen sie im Gebiet den dritten Rang.

Neuhausen — Kreisstadt mit vielen Neubauten

Wenn die Reise durch das Ostpreußen von heute nun weiter nach Westen geht, schon ganz in die Nähe der Hauptstadt Königsberg, dann müssen alte Ostpreußen ein wenig umlernen. Damals kam man 15 Kilometer hinter Tapiau in den Kreis Samland. Vor dem 1. April 1939 hatte er noch Königsberg-Land geheißen und war dann mit dem Kreis Fischhausen zu der neuen Einheit Samland zusammengefügt worden. Damals war Neuhausen ein beschaulicher Ort an der Reichsstraße 126 von Königsberg nach Labiau. Heute ist dies die Kreisstadt eines neuen Rayons, der etwa aus einem Drittel, dem östlichen, des Kreises Samland und dem Westzipfel des Kreises Labiau sowie aus kleinen Teilen des Kreises Wehlau und des Großraumes Königsberg gebildet wurde. Im Norden erreicht er östlich etwa nach dem alten Grenzverlauf das Kurische Haff, westlich ungefähr bei der Ortschaft Schmiedehnen.

Wie alle Rayon-Zentren, so wurde auch Neuhausen, das nun Gurjewsk heißt — benannt offenbar nach einer gleichnamigen Stadt am Kaspischen Meer — der neuen Würde entsprechend bevorzugt beim Auf- und Ausbau. Etwa jedes dritte Haus stammt aus der neuen Zeit. Das Ortsbild hat sich dadurch erheblich verändert. Auch die Rayon-Verwaltung residiert in einem Neubau.

Das Schloß von Neuhausen mit der großen Tradition wurde schwer zerstört.

Das alte, schöne Schloß wurde zum größten Teil zerstört. Aus jener Zeit berichtet eine Augenzeugin: „Es ist erschütternd, einen solchen Bau in Trümmern zu sehen, wenn er zeitlebens zu unserem Bild von Neuhausen gehört hat. In den Ruinen wurde nach allem gesucht, was noch irgendwie verwertbar war.

Ich weiß noch genau, welches Rätselraten damals seltsame Schriften auslösten. Es waren alte, handgeschriebene Manuskripte, die niemand entziffern konnte. Es war eine Handschrift, die keiner kannte. Vermutlich waren es Dokumente von großem Wert, den niemand zu schätzen wußte. Ich kann mich erinnern, daß ähnliche Schriften auch in der Kirche zutage gefördert wurden."

Ob es sich dabei vielleicht um einen Teil der wertvollen Schriften handelte, die aus dem gefährdeten Königsberg ausgelagert worden waren, und zwar bevorzugt in die Schlösser der Umgebung? Womöglich gar aus der Schatzkammer der Wallenrodtschen Bibliothek im südlichen Domturm?

Neuhausen lag zu der Zeit, Ende Januar 1945, in einer besonders schwer umkämpften Zone, unmittelbar am Rande des Einschließungsringes, der bis zum 13. März noch hielt. Das gleiche oder doch ein ähnliches Schicksal erlitt der größte Teil des übrigen Samlands wie auch der südlichen und östlichen Umgebung Königsbergs, bis hin zu der anderen Todesfalle, dem Heiligenbeiler Kessel. Während im Norden der Durchbruch bis zum Kurischen Haff und in die Nähe von Cranz wie

auch des Galtgarbens gelang, drangen die Eroberer im Süden über Tharau (28. Januar) bis nach Brandenburg (29. Januar) und damit ans Frische Haff vor.

Diese erbitterten Kämpfe erklären wohl auch die hohen Verluste und die grausamen Erlebnisse der zum erheblichen Teil überrannten Zivilbevölkerung dieses Raumes. Die Heimatkreisgemeinschaft Landkreis Königsberg (Pr.) hat in einer Dokumentation versucht, das Los dieser Menschen darzustellen. Das nüchterne Zahlenwerk über die Opfer durch Kriegsereignisse, Flucht und Vertreibung wie auch über diejenigen, die ihre Heimat verloren, aber das Leben retteten, ist ein erschütternder Tatsachenbericht, der zugleich stellvertretend für den tragischen Untergang ganz Ostpreußens und seiner Bewohner steht. Hier ein Auszug:

„Der Landkreis Königsberg (Pr.) hatte 42 410 Einwohner nach der Zählung von 1939. In den Gemeindelisten stehen 35 353 Namen. Damit wurden 83 Prozent aller Einwohner namentlich erfaßt.

Aus der Heimat geflüchtet und vertrieben sind 29 668 Landsleute. Von den in den Gemeindelisten Erfaßten sind das 85 Prozent. Von den Einwohnerzahlen von 1939 aus gesehen sind es 70 Prozent.

Als bei der Wehrmacht gefallen stehen 917 Soldaten in den Listen, Ziviltote sind es 3 323. Das sind von den festgestellten Namen 2,6 Prozent Soldaten und 9,7 Prozent Zivilisten. Bei der Wehrmacht vermißt waren es 33 = 1,4 Prozent, Zivilisten sind es 147

808 = 2,2 Prozent, ausgehend von den ermittelten Namen.

Das Schicksal der nicht in den Gemeindelisten benannten Landsleute kommt hinzu. Es sind etwa 15 Prozent der Bevölkerung. Von diesen Menschen war bei der Erstellung der Gemeindelisten nichts in Erfahrung zu bringen, und ihr Schicksal ist unbekannt. Es ist anzunehmen, daß ein großer Teil von ihnen zu den Toten und Vermißten zu zählen ist.

Die Gemeindelisten gaben auch Auskunft darüber, wo und wann unsere Landsleute gestorben sind und was die Ursache für ihren Tod war. Von den 3 323 Ziviltoten ist bei 1 363 Toten = 41,2 Prozent der Sterbeort unbekannt. Auf der Flucht umgekommen sind 325 Flüchtlinge = 9,8 Prozent. In der Heimat ohne nähere Ortsangabe sind 472 = 14,2 Prozent verstorben. Weiter sind unsere Landsleute umgekommen in Litauen, Rußland, der Tschechoslowakei, Pommern, Mecklenburg, Dänemark und der Sowjetisch Besetzten Zone zum Ende der Flucht. Die meisten von ihnen allen sind vermutlich Opfer der schrecklichen Hungerjahre nach Kriegsende.

Nur bei 953 Toten = 29 Prozent konnten genaue Angaben über den Sterbeort gemacht werden. Sie verteilen sich auf Ostpreußen und Danzig, wobei der größte Teil im nördlichen Gebiet unseres Landkreises verstorben ist. Besonders viel Einwohner verstarben in Postnicken, Kingitten, Konradswalde, Sudnicken, Gutenfeld, Germehnen, Powarben, Gollau, Schaaken und Kraussen.

Für 39 Prozent der Toten konnte nicht angegeben werden, wann sie verstorben sind. Vermutlich fanden sie zum größten Teil 1945 den Tod. Laut Eintragungen in den Listen verstarben 1945 1 361 Landsleute = 40,9 Prozent. Aber auch 1946 und 1947 waren noch viel zuviele Tote zu beklagen. Für 1948 sind noch 26 Tote verzeichnet. Die eingetragene Todesursache spiegelt wider, unter welchen schwierigen Lebensverhältnissen unsere Landsleute in unserer Heimat unter der sowjetischen Besatzungsmacht leben mußten.

Bei den meisten Toten, nämlich 2 417 = 68,5 Prozent, konnte die Todesursache nicht ermittelt werden. 557 Einwohner = 16,7 Prozent verhungerten, an Typhus starben 100 = 3 Prozent. Erschossen, erschlagen oder ermordet wurden 174 Personen = 5,2 Prozent. Durch Bomben, Artillerie kamen 59 Menschen um. Aus Verzweiflung gaben sich und ihren Kindern 28 den Tod. Als weitere Todesursachen wurden Verschleppung, Unglücksfälle, Erfrierungen, mit dem Schiff untergegangen, Strapazen während der Flucht, Altersschwäche oder Krankheit verzeichnet.

Festgehalten werden sollte aber auch, welches unsagbare Leid manche Familien getroffen hat. Die aufgeführten Beispiele von Familienschicksalen sind nur eine Auswahl aus den Gemeindelisten. Sie könnten in unzähligen Fällen mitgeteilt werden.

Familienschicksale

Altenberg *Pankmohr,* geb. 1886, und seine Frau, geb. 1891, 1945 in den Raum Insterburg verschlagen, dort gestorben. Ein Sohn in Rußland 1944 vermißt, ein zweiter 1941 in Rußland gefallen, der dritte ebenfalls in Rußland gefallen. Tochter, geb. 1926, in den Raum Insterburg verschlagen, dort verstorben. Großmutter: geb. 1862, im Februar 1945 bei Wetzehnen an der Straße liegengeblieben.

Aweyken *Wolter,* Irmgard, mit 3 Kindern auf der Flucht umgekommen, 2 Kinder blieben am Leben, Aufenthalt unbekannt.

Bergau *Sult,* Otto, mit 3 Kindern im Bombenhagel in Braunsberg umgekommen.

Brasdorf *Raduhn,* Friedrich, geb. 1888, beim Volkssturm vermißt, seine Ehefrau, geb. 1890, vermißt, ein Sohn, geb. 1921, am 17. 3. 1945 bei Danzig gefallen, drei Söhne, 1919, 1921 und 1922 geboren, vermißt, Söhne Ewald und Albert leben bei Hanau.
Siebert. Von neun Kindern sind vier im Alter von 13, 7, 3 und 2 Jahren verhungert. Eltern mit fünf Kindern kamen nach Hamburg.

Dossitten *Wagner,* Karl und Frau in Königsberg verhungert. Drei Kinder, geb. 1935, 1932 und 1937 in russischem Waisenhaus in Königsberg.

Friedrichstein *Tollkühn,* Fritz, geb. 1903, mit Sohn Paul in Neheim-Hüsten. Frau Elsa, geb. 1908, 1945 im Lager Kriesdorf gestorben. Töchter, geb. 1932, 1938, 1940 und 1944, ebenfalls dort gestorben. Schwiegervater Matztat verschleppt.

Fuchshöfen *Gronau,* Albert, geb. 1900, seine Frau und alle drei Kinder verhungert."

Dies ist nur das erste Blatt der Familienschicksale innerhalb des Bereichs der Heimatkreisgemein-

148

Der Galtgarben zeigt im Sommer wie im Winter die ganze Schönheit des Samlands. Die abwechslungsreiche Hügellandschaft war ein ideales Erholungsgebiet für die Königsberger. Heute sind ihre Wälder voller Geheimnisse.

schaft Landkreis Königsberg. Was für eine Dokumentation, welch ein Blick in die Vergangenheit! Kann sie die Menschen je loslassen, die selbst oder deren Angehörige so etwas durchleiden mußten?

Kehren wir zurück in die Gegenwart, in den heutigen Kreis Neuhausen. Dort gibt es den Flugplatz nicht mehr, der einmal den Namen des Ortes über seine Grenzen bekannt gemacht hatte. Jetzt ist auf dem Gelände eine Hühnerfarm angesiedelt. Dieses friedlicher gewordene Bild kann jedoch nicht darüber hinwegtäuschen, daß die sonstigen früheren militärischen Anlagen im allgemeinen weiter genutzt werden, zum Teil ausgebaut wurden.

So gibt es — nach den vorliegenden Informationen — kaum einen größeren Wald im Samland, der nicht eingezäunt ist, meistens durch einen Doppelzaun begrenzt. Posten und Wachhunde schützen ständig das Gelände dahinter. Und was ist dahinter? Wer aus der Gegend stammt, weiß, daß größere und kleine, auch unterirdische Munitionsfabriken die Gegend beherrschten. Die Muna Powayen kannte beispielsweise jedes Kind in Ostpreußen. Heute wird es wohl nicht viel anders sein. „Es ist nicht viel anders", berichtet jemand, der selbst in einem unterirdischen Lager war. Ihm war freilich genauso erwähnenswert, daß die Hunde am Zaun die gleichen Fleischportionen bekommen wie die Soldaten auf Patrouillengang.

Auch die Ölleitung von Pillau ins Samland existiert noch. Schon vor dem Krieg floß der wertvolle Treibstoff durch die Pipeline in die Lager bei Hegeberg, nicht weit vom Galtgarben, von dessen Höhe man sich gewiß schönere Blicke wünschte. Es dürfte sich heute um die gleiche Anlage handeln.

Im Zeitalter der Satelliten-Aufklärung sind alle diese Dinge und viele andere dazu keine Geheimnisse mehr. Das gilt auch für die übrigen Einrichtungen, die uns hier nur insoweit interessieren mögen, als sie einen Erinnerungswert besitzen. So weiß man zum Beispiel, daß der große Flugplatz in Jesau südlich von Königsberg weiter benutzt wird. Er soll modernisiert worden sein. Es existieren, wie man hört, für die Flugzeuge unterirdische Hangars, absolut sicher, atombombensicher, heißt es.

Nun, es gibt angenehmere Erinnerungen, schönere Ähnlichkeiten zwischen damals und heute. In dieser bevorzugten Gegend wird man dabei zuerst immer an die Landschaft des hügeligen, grünen Samlands denken und an seine unvergeßlichen Ostseebäder. Dort könnte man immer noch und sofort wieder zu Hause sein. Dort fühlen sich auch die Neubürger wohl. Die Namen der Orte ihrer neuen Heimat haben sie oft der Landschaft angepaßt, wie aus vielen Berichten hervorgeht, etwa in Medenau, das nun Logwino = Hohlwegdorf heißt.

Sicher ist das mit ein Grund dafür, daß diese Region in der Nähe der Großstadt zu den am dichtesten besiedelten im ganzen Gebiet gehört. So hat der Kreis Neuhausen mit 31 800 die zweithöchste Einwohnerzahl. Für den Rayon Cranz werden zwar 149 nur 22 800 angegeben; doch täuscht diese Zahl. Denn sie enthält nicht die Angaben über die Städte.

So wäre noch Cranz selbst hinzuzurechnen, das einen starken Aufschwung erfahren hat. Außerdem ist zu berücksichtigen, daß hier drei Städte mit ihren „Unterstädten" liegen, die direkt der Oblastj-Verwaltung unterstellt sind, mehr als sonstwo im Gebiet. Dieses sind: Rauschen mit Neukuhren (erst seit 1951), Zimmerbude mit Fischhausen und Pillau. Zur Stadtverwaltung von Rauschen gehören ferner die „Siedlungen städtischen Typs" oder „Arbeitersiedlungen" Groß Kuhren (Primorje) und Palmnicken. Ferner haben der Rayon Neuhausen zehn und der Rayon Cranz sechs Dorfsowjets.

Die offiziellen Angaben über die flächenmäßige Ausdehnung lauten: 2 109,6 Quadratkilometer für den Rayon Cranz. Er ist damit mit Abstand der größte Kreis im Gebiet. An zweiter Stelle folgt Neuhausen mit 1 436,6 Quadratkilometern. Die Stadt Neuhausen ist 4,6, Cranz 3,5 Quadratkilometer groß. Für Rauschen werden 22,6 (Neukuhren 7,6 — Palmnicken 7,6 — Groß Kuhren 1,6), für Pillau 49,1 (einschließlich Nehrungsbereich) und für Zimmerbude 17,3 (Fischhausen 3,4) angegeben.

Labiau — bewegende Bilder aus Stadt und Land

Wenden wir uns nun wieder nach Osten, dann kommen wir allmählich in die restliche, das ist die nördliche Region Ostpreußens. Sie reicht im Westen bis an das Kurische Haff und im übrigen bis an die Memel bziehungsweise die alte ostpreußische Grenze gegenüber Litauen. Die sowjetischen Behörden haben das Memelland zur Sowjetrepublik Litauen geschlagen, so wie es durch den Versailler Vertrag und durch Okkupation nach dem Ersten Weltkrieg bis zum 22. März 1939 bereits vom Reich getrennt war. Damit endet auch die Oblastj Kaliningrad an der Memel.

Wenn man von Neuhausen die alte Reichsstraße 126 in nordöstlicher Richtung weiterfährt, kommt man nach rund 20 Kilometern in den Kreis und nach etwa weiteren 15 Kilometern in die Stadt Labiau. Der jetzige Rayon Polessk (Stadt am Walde) wurde gegenüber den früheren Grenzen etwas von Nord nach Süd verschoben. Im Osten und im Westen hat man ihn nicht unerheblich beschnitten. Mit 833,3 Quadratkilometern ist er so einer der kleinsten Kreise des Gebietes geworden. Sechs Dorfsowjets gehören zum Rayon, an dessen Parteispitze der Erste Sekretär V.K. Tschebotarew steht.

Die Stadt selbst hat eine Ausdehnung von 9,3 Quadratkilometern. Offizielle Einwohnerzahlen liegen nicht vor, weder von Labiau noch dem Kreis.

Nach privaten Schätzungen wurde in der Stadt die Vorkriegszahl von 6 500 etwa wieder erreicht. Den amtlichen Verlautbarungen zufolge ist Labiau ein Schwerpunkt der Fischerei im Kurischen Haff. So gibt es dort den einzigen fischverarbeitenden Betrieb des Gebiets am Haff.

Als weitere wichtigere Gewerbeunternehmen werden notiert: holzverarbeitender Betrieb, Brauerei, Zweigstelle einer Schuhfabrik, Torfgewinnung, Käserei, „industrielle Forstwirtschaft" (sie wurde allerdings nur 1968 erwähnt). Die „Große Sowjetenzyklopädie" vermerkt: Haus der Kultur, zwei Bibliotheken, Mittelschule, Kino, Stadion, Rudersportstadion; Fischkombinat, Filiale der Kaliningrader Schuhfabrik und des Werkes „Bernstein" (was nicht Bernsteinverarbeitung bedeuten muß), Filiale des Leningrader Landwirtschaftsinstituts, Torfgewinnung, Eisenbahnstation an der Linie Kaliningrad — Sowjetsk (Tilsit).

Was aber sagen diese nüchternen Daten dem Labiauer, der wissen möchte, wie es wirklich in seiner Heimat aussieht? Es ist schwer, ein verläßliches Bild zu zeichnen, da nur ganz wenige Berichte darüber existieren. Die alte anheimelnde Kreisstadt der Erinnerung scheint es nicht mehr zu geben. Sie war schon schwer zerstört, als sie am 24. Januar 1945 erobert wurde. Verfall und ganz anders gearteter Aufbau haben ihr vertrautes Gesicht weiter entstellt.

Einer, der noch 1978 da war, berichtet: „Ich kenne Labiau nicht von früher. Doch auch ihre alten Bewohner würden vieles nicht wiederfinden. Es gibt eine Menge Lücken, die nur zum Teil durch die eintönigen Neubauten gefüllt sind. Die stattliche Ordensburg steht noch; aber auch sie macht keinen gepflegten Eindruck mehr. Dort ist jetzt eine Maschinenbau-Werkstatt untergebracht."

Vergangene Herrlichkeit: Die Labiauer waren einst stolz auf ihr Schloß. Der wuchtige Bau wurde einmal von der Deime umflossen und gehörte zu den drei Wasserburgen Ostpreußens. Ordensritter, Herzöge und Kurfürsten hatten dort residiert. Dann, in den letzten 100 Jahren, bot sie Raum für Verwaltungsgebäude, Amtsgericht und schließlich für das in den dreißiger Jahren von Superintendent Doscocil erweiterte Heimatmuseum.

Das erste, was die Labiauer nach dem Krieg von ihrem Schloß hörten, mußte sie traurig stimmen; denn es zeigte ihnen, wie sich ihre Welt verändert hatte: „Rote Fahnen über Schloß Labiau", hieß es in einem Bericht aus den frühen fünfziger Jahren: „Sichtbarer Ausdruck der Militärherrschaft über Labiau ist das erhalten gebliebene Schloß unweit des Deime-Flüßchens. Über dem Schloß flattern heute die roten Fahnen von Heeres-, Marine- und Luftwaffen-Kommandeuren, die sich hier eingerichtet haben und über beträchtliche Streitkräfte

Die Ordensburg von Labiau steht noch; aber sie macht keinen gepflegten Eindruck mehr wie auf unserem Archivbild.

verfügen. In Labiau wimmelt es von Uniformen aller Waffengattungen. Die Stadt ist zu einem ‚sowjetischen Potsdam' geworden."

Das Bild scheint sich in den 25 Jahren danach geändert zu haben. Man sieht dort nicht mehr Militär als in den meisten anderen ostpreußischen Städten, was allerdings auch nicht wenig bedeutet. Der nach dem zitierten Bericht erweiterte Flugplatz Eichwalde scheint weiter in Betrieb zu sein. Auch eine NATO-Karte zeigt, daß er wesentlich ausgebaut wurde. In den Hafforten gibt es Radarstationen.

Strauchbewachsene Ruinen sollen im Zentrum — vermutlich am ehemaligen Markt — neben gut erhaltenen Häusern aus der Vorkriegszeit stehen. Das berichtet ein Augenzeuge, der 1973 zwei Stunden in der Stadt war. Nur eine kurze Zeit — was aber würden die Labiauer geben, wenn sie nur einen einzigen Blick in ihre Heimatstadt werfen könnten!

Ungeprüft können daher auch nur die Feststellungen registriert werden, die in dem Bericht aus den fünfziger Jahren über den Zustand bekannter Gebäude getroffen wurden. Danach wurden vernichtet: die evangelische Pfarrkirche unweit des Marktplatzes (völlige Ruine), das Rathaus, der Bahnhof, eine größere Anzahl von Gebäuden am Markt, Haus „Langanke", einige Gebäude nach Neuhof zu und Häuser an der Straße nach Gut Bulbeckshöfchen.

Erhalten blieben danach: die Post (jetzt Geldinstitut), das Krankenhaus (wird weiter genutzt), die Brauerei (in Betrieb), Hotel „Deutsches Haus" (Parteizentrale), Haus „Koppetsch" (Gerichtsgebäude), Landratsamt, dort ist jetzt die Filiale des Leningrader Landwirtschaftsinstituts untergebracht, Getreidespeicher. Auch die Schule scheint, wie eine Aufnahme schwach zu erkennen gibt, noch zu stehen.

Auch die Schule von Labiau hat die Wirren der Zeit überdauert, wie diese Amateuraufnahme aus der jüngsten Vergangenheit zeigt.

151

Endet damit alles für uns, was diese schöne Stadt am nahen großen Wasser bedeutet hat? Vor mehr als 700 Jahren war der Ort in die Geschichte eingetreten. Als Preußenburg Labegowe überliefert, wird sie 1258 erstmalig in den Annalen des Ordens erwähnt. 1626 wird sie Stadt genannt. Der Vertrag von Labiau war eine Art zweiter Geburtsurkunde für das Preußenland. 1656 garantierten die Schweden darin dem Großen Kurfürsten die Unabhängigkeit der Provinz. Die Fahrt des Großen Kurfürsten über das Haff hatte Simmler in einem Gemälde festgehalten, das den Raum Labiau weit über die Grenzen hinaus bekannt machte. Bomben vernichteten das Kunstwerk im Berliner Zeughaus. Untergang allenthalben!

Zahlreiche berühmte Persönlichkeiten hatten Labiau und seine Umgebung zur Heimat oder wurzelten dort. So jener Freiherr Friedrich von der Trenck, der für die Liebe zur Prinzessin Amalie von Preußen durch deren Bruder, Friedrich den Großen, bitter büßen mußte, so sehr, daß er die Schriftsteller der kommenden Jahrhunderte beschäftigte und die Filmautoren noch 250 Jahre später faszinierte. 500 Jahre waren die Trencks im Kreis Labiau ansässig. Nach dem Ersten Weltkrieg siedelten sie in den Kreis Pr. Eylau über.

Colmar von der Goltz-Pascha zog von da aus, um ein weltberühmter Militärschriftsteller und in den Jahren 1915/16 Oberbefehlshaber der türkischen Armee zu werden. In den Kreis Labiau, und zwar nach Laukischken, kam das vielbesungene „Ännchen von Tharau". Dort verbrachte es den größten Teil seines Daseins (1641—1677) und überlebte drei Ehemänner im Pfarrergewand.

Von vielen anderen wäre noch zu reden. Auch die Maler und Schriftsteller verdienen Erwähnung, die diesen reizvollen Landstrich in ihren Werken festgehalten haben. Hermann Sudermann mit an ihrer Spitze. Einige Passagen des beeindruckenden Filmwerks nach seiner unvergeßlichen Erzählung „Die Reise nach Tilsit" wurden dort gedreht.

Es war die Landschaft, die Ansässige und Besucher fesselte. Diese melancholisch stimmende Gegend, geboren aus Wasser, Wald und Wiesen, in ihrer unbeschreiblichen Urwüchsigkeit, hatte kaum ihresgleichen. Das Große Moosbruch, der Elchwald, das Haff, die Gilge-Niederung, wie würden wir gerade jetzt in unserem gehetzten Dasein dieses Paradies genießen, wo der Kahn und das Floß die Verkehrsmittel einer geruhsamen Welt waren! Was mag daraus wohl alles geworden sein?

Vor uns liegen Bilder, die einiges davon verraten. Wüßten wir es nicht besser, so würden wir meinen, das seien Aufnahmen aus den dreißiger, eher noch zwanziger Jahren. Kopftücher tragen die Frauen, flache Schiffer- oder auch „Kutschermützen" die

Das Foto aus den siebziger Jahren läßt kaum erkennen, daß dieses Labiauer Gebäude neue Gäste hat. Eine Filiale des Leningrader Landwirtschaftsinstituts ist dort eingezogen, wo früher die Kreisverwaltung war.

Männner, die Kinder haben kurzgeschorenes Haar, manche „Ponys". Sie zeigen im Kahn stolz ihre Aale, Plötze und Stichlinge, streicheln das schwarz-weiße Herdbuchvieh, angeln mit krummen Weidenruten, schleppen den geflochtenen Korb mit Champignons, radeln über staubige, graue Dorfstraßen, vorbei an den Feldsteinwänden behäbiger, breiter Häuser, lächeln vor hohen Staketenzäunen in die Kamera — die Zeit scheint stehengeblieben. Wer kann sich dem Zauber der Erinnerung, aber auch der bedrückenden Wirkung dieser Fotos entziehen!

Die Häuser allerdings, sie sehen verwitterter aus, die Wege scheinen grundloser geworden zu sein, die Zäune wackliger, die Wiesen und Weiden verwilderter. Und die Menschen? Es ist nichts Besonderes an ihnen zu entdecken. Ein wenig ernster, ein bißchen ärmlicher mögen sie ausschauen. Sind sie zu beneiden oder zu bedauern? Könnten wir wenigstens einen von ihnen fragen. Vielleicht jene Frau mit dem Kind auf dem Arm. Sie trägt die langen, blonden Haare streng zurückgekämmt über der hohen Stirn, und sie lächelt zaghaft. Sie ist eine Deutsche. Die letzte weit und breit. Kaum weiß jemand, daß es noch eine dort gibt.

Ihre Mutter, in der fernen Großstadt im „Reich", die weiß es, die kennt sie noch. Kennt sie sie wirklich? „Ich werde ihr die Bilder schicken", sagt die

Der Kirchturm von Liebenfelde. Die Uhr zeigt keine Stunden mehr an. Verfall kennzeichnet das Gemäuer.

Tochter zu ihrem Mann, dem mittelgroßen Fischer aus der Ukraine mit dem wettergegerbten Gesicht. „Damit sie uns nicht vergißt, uns in der Heimat."

Kann eine Mutter ihr Kind vergessen, ein Mensch seine Heimat?

Da sind noch andere Fotos. Zum Beispiel die winzige Amateuraufnahme von Liebenfelde. Ein kleines Bild voll großer Wehmut. Es ist, als ob die vertraute Gegend nur die Kulisse für eine fremde Szene ist. Es steht noch alles da, was damals zurückgelassen wurde; doch es ist nicht mehr die altbekannte, anmutige Stätte. Beklemmung legt sich auf das Herz. Dieser Anblick paßt nicht in die liebevoll gepflegte Erinnerung.

Der einsam daliegende Schienenstrang — breitspurig nun — teilt ein buckeliges von Unkraut und niedrigem Gestrüpp überwuchertes Gelände, neben dem Gleis ein ausgefahrener Landweg, nur einige Meter hinter der Strecke ein Mann in Uniform; etwas weiter weg grob zusammengezimmerte Verschläge, Reste von Staketenzäunen, große und kleine Heudiemen, Pfähle, eine einzelne Kuh, die sich auf dem weiten, ungefügen Grund verliert. Und im Hintergrund das Dorf, hohe Häuser mit

Das Kriegerdenkmal der Sieger mit dem Obelisken neben der Kirche von Liebenfelde.

153

Die Kirche von Gr. Legitten mit dem verfallenen Pfarrhaus im Vordergrund.

hellen Giebeln, geduckte Gebäude und ganz in der Mitte der vierkantige, schlanke, hohe Kirchturm.

Man muß näher herangehen, um zu erkennen, daß auch diese Ansicht aus der Ferne täuscht. Die Rundbögen unter dem flachen Turmdach sind zerstört. Die Uhr zeigt keine Stunden mehr an. Verfall kennzeichnet Turm und Kirchenschiff. Natürlich gibt es dort seit mehr als 30 Jahren keinen Gottesdienst mehr.

Verwahrlosung auch rundherum. Brennholz stapelt sich vor dem Turm. Der verwilderte Baumbestand und das wuchernde Gestrüpp greifen sogar schon nach dem Symbol der neuen Zeit, einem Kriegerdenkmal der Sieger. Ein kleiner Obelisk mit einem Sowjetstern ruht auf dem Podest, der wiederum einen treppenförmigen Unterbau hat.

Die kyrillische Inschrift lautet: „Ruhm den Helden, die gefallen sind in den Kämpfen für die sowjetische Heimat 1941—45“. Die Kirche dahinter war ein Nachbau der Potsdamer Friedenskirche.

Welchem Frieden dient sie nun?

Es ist nicht bekannt, welcher Verwendung die Kirche zugeführt wurde. Ist sie jetzt eine Werkstätte, ein Magazin, ein Getreidelager, so wie fast alle Kirchen im heutigen Nord-Ostpreußen, wo der kommandierte Atheismus herrscht?

Von der alten Ordenskirche in Gr. Legitten weiß man, daß nach dem Kriege die Glocke herabgelassen wurde und daß sie, indem man eine Eisenstange anschlug, die zurückgebliebenen Deutschen zur Arbeit rufen mußte. Das Pfarrhaus steht noch. Ein Warnschild „Vorsicht, Überweg für Schulkin-

Die Straße nach Labiau kurz vor Theut.

Typisch für die Gegend waren die Ställe aus Feldsteinen. Dieser Bau in Liebenfelde steht noch an der Straßenkurve.

der" weist darauf hin, daß die Schule weiter benutzt wird.

Die hohen Linden an der Reichsstraße 126 bei Theut zwischen Legitten und Labiau sind ein kräftiges Stück größer geworden, als die Erinnerung sie aufbewahrt hatte. Sie tragen leuchtendweiße Markierungsringe und machen die breite Chaussee zu einer gewaltigen Allee. Der Graben daneben sieht sauber und gepflegt aus. Auf der anderen Seite verläuft immer noch die Telegrafenleitung. Hinter hohen Bäumen leuchtet links und rechts von der Straße im Hintergrund das Weiß und Hellgrau der ersten Häuser von Theut herüber. Hier scheint sich nichts verändert zu haben, obwohl doch alles anders geworden ist.

Liebenfelde trägt jetzt den Namen Salessje, was soviel wie vor oder hinter dem Walde bedeutet. Laukischken wird Ssaranskoje genannt, vermutlich nach dem Ort Ssaransk im Wolgagebiet, woher die neuen Bewohner kamen.

Gefährdete Wasserlandschaft

Gilge heißt Matrossowo gleich Matrosendorf, vielleicht nach der Lage am „ostpreußischen Meer", dem Kurischen Haff, oder auch, weil sich eventuell eine Marineeinheit bei der Einnahme des Ortes am 20. Januar 1945 ausgezeichnet hatte. Wie mag es nun dort aussehen? Haben die strohgedeckten Häuser, von denen viele noch die überkommenen kleinen Vorlauben mit den geschnitzten dünnen Pfeilern besaßen, die Jahrzehnte überstanden? Stehen noch die Siedlungen, die den Bilderbüchern der Romantik entnommen zu sein schienen?

Nein, die Treidelkähne am Großen Friedrichsgraben wird es nicht mehr geben, und von den Holzkähnen mit den Kurenwimpeln weiß man es sicher, daß sie von den motorgetriebenen Metall-

booten der Fischereikombinate abgelöst wurden. Auch das Aaleräuchern, sofern es überhaupt noch praktiziert wird, ist keine liebevoll gehandhabte Privatsache mehr. Im Großen Moosbruch trifft man sicher Traktoren statt Pferde in Holzschuhen. Hier war einmal eines der letzten Naturparadiese unserer Welt. Was mag daraus geworden sein, seitdem wir aus ihm vertrieben wurden?

Erhalten, wohl gar vergrößert, wurde das Paradies für die Vogelwelt. Das gefiederte Völkchen findet heute noch mehr offene Wasserstellen als früher, da eine sinnvolle Kultivierung über Jahrhunderte der Natur Land abgerungen hatte, ohne sie allerdings zu beeinträchtigen, gar zu zerstören. Nördlich Gilge gibt es seit 1972 eine große Vogelstation. Sie arbeitet mit der Vogelwarte Rügen zusammen, und, da ja die Tiere unter dem Himmel keine Grenzen kennen, verirrt sich auch dann und wann ein Reiher, eine Wildgans oder eine Ente in die Nordsee. Die Helgoländer Vogelwarte kennt schon die ungewöhnlichen Gäste aus dem fernen Ostpreußen, das einmal so nah war.

Einst waren dort in der gleichen Gegend die meisten Elche Ostpreußens zu Hause. Sie trug daher ihre Namen Elchwald und Elchniederung zu Recht. Nach dem Krieg waren die Schaufler Freiwild. Es ist nicht bekannt, ob sie inzwischen wieder in ihre heimatlichen Wälder zurückgefunden haben — und wenn es auch nur in einer kleineren Anzahl wäre wie auf der Kurischen Nehrung!

In dieser verwunschenen Gegend war es alle Zeit schwer, sein täglich Brot zu erwerben; doch Fleiß, Sachverstand und Liebe zur heimatlichen Erde hatten in langer, langer Zeit eine Landwirtschaft besonderer Prägung und mit guten Erträgen begründet. Die großen Güter waren vorherrschend; aber auch mittlere und viele kleine und kleinste Höfe trug das gute, geliebte Land. Die Landwirtschaftsschule in Liebenfelde hatte einen hervorragenden Ruf.

155

Heute hat sich gerade dieses Bild hier mehr verändert als wohl überall in der ostpreußischen Nachkriegslandschaft. Ganz offensichtlich sind die neuen Herren mit den besonderen Problemen dieser Wasserlandschaft, die teilweise nur 60 Zentimeter über dem Meeresspiegel liegt, zumindest anfänglich nicht fertig geworden. Während im westlichen Teil wenigstens noch stellenweise die schwarzweißen Viehherden über die saftig-grünen Wiesen ziehen, ist im östlichen Niederungsgebiet die Bewirtschaftung offenbar in weiten Bereichen regelrecht zusammengebrochen.

Nur so ist es wohl auch zu erklären, daß die landwirtschaftliche Nutzfläche im Kreis Labiau gegenüber der Vorkriegszeit von 60 448 auf 27 700 Hektar zurückgegangen ist. Auch wenn der jetzige Rayon nicht mehr ganz die frühere Ausdehnung hat, so muß eine Verringerung der Anbaufläche um mehr als 50 Prozent ungewöhnliche Ursachen haben. Es ist sicher auch kein Zufall, daß im Kreis Labiau die keinsten Kolchosen des ganzen Gebietes sind. Mit 2 270 Hektar haben sie nicht einmal die Hälfte des Durchschnittsausmaßes von denen im Kreise Ebenrode, wo mit 5 012 Hektar im Mittel die größten existieren.

Nach den offiziellen sowjetischen Angaben beschäftigen sich die staatlichen Betriebe im Kreis Labiau vorwiegend mit dem Anbau von Getreide, Kartoffeln, Gemüse und Obstkulturen. Die Holzwirtschaft, Torfgewinnung und natürlich die Fischerei werden noch hervorgehoben. Ganz gewiß spielt auch die Viehwirtschaft eine wichtige Rolle. Denn dort ist der einzige Rayon, der nach amtlichen Angaben zwei wichtige Betriebe der Milchverarbeitung beherbergt. Das sind die Käsereien in Labiau und in Liebenfelde.

Die Ursache für die Veränderungen in der Landwirtschaft, die Rückschläge in den Erträgen, die Verringerung der Anbauflächen ist eines der ernstesten Kapitel in der Geschichte der ostpreußischen Nachkriegslandschaft. Es geht um die Versumpfung als Folge des plötzlichen Ausfalls des Meliorationssystems nach Kriegsende.

Hinter diesem Fremdwort verbirgt sich das katastrophale Ende einer jahrhundertealten Kultivierungsepoche, die trostloses Moorgelände in eine fruchtbare Gegend verwandelte, ohne seinen eigentümlichen Urcharakter zu zerstören. Ein ausgetüfteltes Netz von Gräben, Kanälen, Flüssen und Dränagen war über das durchtränkte Land gesenkt worden, hatte der sumpfigen, fauligen Schicht Millimeter um Millimeter abgerungen und in fruchtbare Krume verwandelt. Das grundlose Bruch erwachte aus seiner Jahrtausende währenden Einöde; der Wald, der längs der gesamten Haffküste dahinsiechte, genas. Eine zauberhafte Landschaft stieg aus dem verwilderten Tal der Ströme

empor. Das ungebändigte Wasser wurde, in rechte Bahnen gelenkt, zum Spender einer neuen Welt.

Alles das endete an einem einzigen Tag. Das war der 21. Januar 1945, als die ostpreußische Elchniederung starb. Im Sturmschritt eilten die Eroberer, von der Memel sowie von der Linie Tilsit — Schillen vorstoßend, durch die Tiefebene und waren in wenigen Stunden am Haff.

Noch waren Land und Leben erstarrt; aber als die neue Zeit anbrach, wurde der Schaden offenbar. Freilich wurde er nicht gleich in seinem vollen Umfang erkannt. Die bewährten Hüter dieses ostpreußischen Kleinods gab es nicht mehr. Fremde hatten keine Chance im Kampf gegen die Natur, die, der meisten Fesseln ledig, sich in den alten Zustand zurückzuverwandeln begann. Die Sumpfwildnis griff in bedrohlicher Weise um sich.

Noch liegen keine exakten Zahlen über das Ausmaß der Schäden vor. Doch aus einigen Angaben läßt sich eine Vorstellung von dem Umfang der zerstörerischen Entwicklung gewinnen. So berichtete der Parteivorsitzende des Gebietes, N. S. Konowalow, im Jahre 1967, daß inzwischen 620 000 Hektar überschwemmter Fläche, trockengelegt worden seien. Wenn man überlegt, daß die beiden in erster Linie betroffenen Kreise Labiau (60 448) und der nördliche Nachbar Elchniederung (70 415) eine landwirtschaftliche Nutzfläche von insgesamt nur 130 863 Hektar (1936) besaßen, dann muß danach die Versumpfung im gesamten Nord-Ostpreußen ein fast unglaubliches Ausmaß gehabt haben.

Ein sowjetischer Aufsatz aus dem Jahre 1968 schildert in offener Art die ganze Problematik der Meliorations-Frage. 20 500 Kilometer Gräben und Kanäle sind danach im Gebiet für die Entwässerung vorhanden. Sie seien bereits vor 60 bis 130 Jahren angelegt worden. Wörtlich heißt es dann: „In der Zeit des Großen Vaterländischen Krieges und auch im ersten Jahrzehnt danach wurde ein großer Teil der Gräben wegen fehlender Aufsicht deformiert. Er verschlammte und wuchs mit Moor, Gras, Holz und Gestrüpp zu. Als Folge der verminderten Wirksamkeit der Gräben beginnt in mehreren Bezirken erneut die Versumpfung. In den letzten Jahren wird in großem Umfang das Trockennetz repariert und gesäubert."

Heimkehrer hatten bereits kurz nach dem Kriege berichtet, daß Ostpreußen versumpfe und verstepppe. Was im 18. Jahrhundert begonnen und in der zweiten Hälfte des 19. Jahrhunderts vollendet worden war, schien der Vernichtung preisgegeben.

Als einziges schriftliches Dokument über die Verhältnisse in jener Zeit liegt uns der Bericht des Ehepaares D. vor, das im Jahre 1956 aus der Elchniederung in den Westen gekommen war. Er schildert nicht nur in erschütternder Weise den Untergang dieser einzigartigen Wasserlandschaft,

Das Leben in der Wasserlandschaft – wie hier einst im idyllischen Loye – hat sich total verändert.

sondern auch viele Einzelheiten über die damaligen Zustände in der Gegend sowie aufschlußreiche Begebenheiten aus dem persönlichen und politischen Leben der Neusiedler. Hier die wichtigsten Auszüge aus der Niederschrift darüber:

„Buschwildnis und Stätte der Ruinen"

„Welches Bild bietet die Memelniederung heute? Die Grenze, die durch den Versailler Vertrag 1919 hier oben aufgerichtet wurde und die den Memelstrom und die Ruß und schließlich die Skirwieth entlanglief — sie ist auch jetzt noch insofern von Bedeutung, als sie als trennende Linie zwischen zwei Verwaltungsgebieten weiter besteht. Nördlich der Ruß und der Skirwieth ist die Entwicklung in manchem wesentlich anders verlaufen als südlich dieser Linie.

Am stärksten zeigt sich das in der Zusammensetzung der Bevölkerung. Pokallna etwa — westlich von Ruß im früheren memelländischen Teil gelegen — ist genauso ein Fischer- und Gemüsebauerndorf wie Inse oder Gilge, und doch wohnen hier und dort Menschen verschiedener Nationalität. In den nördlichen Teil — also auch nach Ruß und Pokallna — kamen nach 1945 in der Hauptsache Litauer, in das Gebiet südlich dieser Linie nach Kaukehmen, Heinrichswalde und in die Haffdörfer

Russen, und nicht nur etwa einige hundert, sondern Tausende. Die Dörfer am Haff sind fast alle erhalten geblieben, und von Karkeln bis Agilla quellen sie über von russischen Fischerfamilien, die vom Ladogasee gekommen sind oder von den großen Strömen, die in das Schwarze Meer münden. Und ein zweites: Nördlich der alten Grenze leben — gerade hier in der Memelniederung —noch viele Landsleute von uns, vor allem in der Gegend von Heydekrug und in den Dörfern südlich und westlich dieses Ortes; südlich der Linie Ruß-Skirwieth aber wohnen keine Deutschen mehr, denn die sieben oder acht oder neun Deutschen, die in diesem ganzen weiten Gebiet noch leben, verschwinden so völlig in der russischen Masse, daß es praktisch ist, als wohne hier auch nicht ein einziger Deutscher.

Unsere Landsleute, die einst in der Memelniederung lebten, würden glauben, in eine ganz andere Welt versetzt zu sein, wenn sie jetzt plötzlich durch diese ihre Heimat wandern könnten. So grundlegend hat sich, auch von der jetzt dort wohnenden Bevölkerung abgesehen, das Bild gewandelt.

Das gilt besonders für das große landwirtschaftlich genutzte Dreieck, das von dem Rußstrom im Norden und Nordosten, von der Gilge im Süden und Südosten eingeschlossen und im Westen von dem großen, von Norden nach Süden ziehenden Erlenwald abgeriegelt wird, — jenes Gebiet, in dem die Viehzucht auf besonders hoher Stufe stand. 157

Ein kleiner Teil dieses weiten Landes wird auch heute landwirtschaftlich genutzt, und zwar im Sowchosen- und Kolchosenbetrieb, ein privates Eigentum bäuerlicher Art gibt es hier oben ebensowenig wie irgendwo sonst im russisch besetzten Ostpreußen. Diese Betriebe haben ihre Wirtschaftsflächen im wesentlichen aber nur an der Straße, die von Karkeln über Kallningken (Herdenau) und Spucken (Stucken) weiter nach Kaukehmen führt, und bei diesem Ort selbst und bei Heinrichswalde, und von ihnen allen kann man sagen, daß sie auch nicht im entferntesten die Erträge bringen, die auf den gleichen Flächen früher hier erzielt wurden.

Das große Gebiet östlich und südlich dieser Straße aber, zwischen der Straße Kallningken — Spucken und dem Gilgestrom etwa, ist eine einzige Buschwildnis und eine Stätte der Ruinen. Es steht nicht mehr unter Wasser wie in den Jahren 1945/46, wo es zu einem Teil ein Überschwemmungsgebiet war, in dem viele Tausende von Enten nisteten und wo man Hechte mit der Hand greifen konnte. Die Deiche sind wieder einigermaßen in Ordnung gebracht worden, einzelne Schöpfwerke gehen, und wenn auch die Gräben voll Wasser stehen und weite Flächen zu Sumpf geworden sind, so daß sie ohne hohe Stiefel überhaupt nicht zu begehen sind, so kann man in diese Wildnis doch wieder eindringen.

Der Russe allerdings weiß sich überall zu helfen, er trägt hier stets eine Axt bei sich, mit der er sehr geschickt umgeht; wenn es notwendig ist, fällt er einen Baum und hilft sich so über die versumpfte Stelle. Die alten Landwege führen zwar nach wie vor durch diese Wildnis, aber sie sind inzwischen so schlecht geworden, daß Fuhrwerke sie nicht benutzen können, sie sind nur zu Fuß passierbar.

Erlen, Birken, Sträucher, Brennesseln, Schilf, vor allem aber Rohrkolben, die man hier oben Dudeln nannte, bilden ein Dickicht, das stellenweise undurchdringlich ist. Die gutgebauten Gehöfte, die früher hier standen, hatten fast alle den Krieg unbeschädigt überstanden, aber sie wurden nach 1945 durch die Russen zerstört, die alles Holz aus den Gebäuden zu Brennzwecken brachen, und die Häuser verfallen weiter.

Es ist zwar verboten, die Reste weiter abzubrechen, aber niemand fragt danach, und vor allem in der Nacht kommen die Russen, um sich Holz zu holen oder Ziegel. Im Sommer streifen sie durch die verwilderten Gärten und suchen nach Obst; sie pflücken es schon in unreifem Zustand und trocknen es dann. Im Winter holen sie sich Holz oder die sammetfarbigen, weichen Samenkolben der Dudeln, sie brauchen sie als Füllung für Betten, die sie sich, wenn sie Fischer sind, aus Segeltuch nähen, Inlett gibt es nicht.

Nicht einmal der Schnee vermag dieses traurige Bild zu decken; die Ruinen der Häuser starren in die Luft, hier und da ragen Reste von Heu- oder Harkmaschinen aus der beschneiten Erde. Weht der Wind, dann segeln Wolken von Rohrkolbensamen über diese Wildnis, durch die verwilderte Katzen streunen. Natürlich haben hier Füchse einen geradezu idealen Aufenthaltsort gefunden. Förster und Waldwärter stellen Fallen; für die gefangenen Füchse bekommen sie hohe Prämien und Sonderkarten zum Bezug von Waren, die ein gewöhnlicher Sterblicher kaum zu sehen bekommt, wie etwa Weizenmehl.

Auch auf dem Großen Moosbruch, das im südlichen Teil der Memelniederung liegt, halbwegs zwischen Heinrichswalde und Labiau, hat die Natur gezeigt, wie schnell und gründlich sie ein Land wieder in ihren urtümlichen Besitz nehmen kann, wenn der Mensch es nicht ordnet und pflegt. In jahrzehntelanger harter und entsagungsvoller Arbeit der Kolonisten war das Moor zu fruchtbarem Land geworden; die gesunden und schmackhaften Kartoffeln, die man auf ihm anbaute, hatten einen hervorragenden Ruf.

Wo man früher Tausende von Zentnern Kartoffeln erntete, da geben jetzt Birken, so hoch wie die Häuser, und Brennesseln in Mannshöhe Unterschlupf für Wildschweine, die sich in großer Zahl hier eingefunden haben, und da suchen die Russenfrauen von Nemonien, Juwendt und aus den anderen in der Nähe liegenden Dörfern nach Beeren und Pilzen, im Winter auch nach Moosbeeren, die sie dann in Labiau — ein Wasserglas für zwei Rubel — auf dem Markt verkaufen. Ab und an, vor allem im Frühjahr, kommen russische Fischer die Laukne herauf, um zu fischen, oder aber es suchen Russen in den Dörfern nach Holz.

Denn Franzrode, Karlsrode, Wilhelmsrode, Timber und wie sonst noch die Dörfer heißen, in denen zu unserer Zeit Menschen ein genügsames und zufriedenes Leben führten, sind verschwunden, die Russen haben sie abgebrochen, um Holz für den Winter zu haben. Und diese Lieferquelle ist noch immer nicht ganz erschöpft, auch noch im letzten Jahr wurde von hier Holz geholt. Nur in Lauknen stehen noch ein paar Häuser, in denen auch Menschen wohnen.

Wir sagten es schon: An den Rändern der großen Wildnis, die sich zwischen Ruß- und Gilgestrom und dem Elchwald im Westen dehnt, bestehen Sowchosen und Kolchosen. Die großen Marktorte, wie Heinrichswalde und Kaukehmen, sind keineswegs verfallen und ausgestorben, in ihnen herrscht vielmehr recht reges Leben. Der Hauptort für den ganzen Kreis ist, wie auch zu unserer Zeit, Heinrichswalde. Wer von den Haffdörfern dorthin fahren muß — wer etwa in Karkeln oder Inse ein Paket

Dieses Foto aus dem Jahre 1973 mutet an, als ob sich die Welt in den Niederungsgebieten am Haff nicht verändert hat. Staketenzaun, Holzstoß, Wäsche auf der Leine, Bauernhof, Kirche – wie einst. In Wahrheit ist eine völlig neue Ordnung eingezogen.

erhält, muß es sich vom Postamt in Heinrichswalde abholen —, der muß den Weg Kallningken, Spucken, Kaukehmen und Sköpen benutzen.

Wer unseren Maßstab anlegen könnte, der würde dann sehen, wie schlecht die Kolchosen wirtschaften, so rücksichtslos sie auch vorgehen. Ist die Ernte gefährdet, dann wird in der ganzen Gegend beinahe alles, was Beine hat, zum Ernteeinsatz mobilisiert und mit Lastautos auf die Felder gefahren, aber trotzdem kommt es häufig vor, daß die Ernte auf den Feldern verdirbt. Und es hat auch nicht geholfen, daß man die Kirchen „nutzbringend" gebraucht. Zunächst richtete man in den Kirchen von Heinrichswalde und Kaukehmen Garagen ein — in Kaukehmen montierte man die Kupferdächer ab —, in den letzten Jahren nun schüttete man den geernteten Roggen vor den Kirchen auf die Straße, um ihn dann in den Kirchen selbst zu dreschen und zu reinigen.

Wie überhaupt die Russen alles ihrem Kommando und ihrer Art zu leben angepaßt haben. Kaukehmen ist zwar rings um den Marktplatz zum größten Teil zerstört, zu achtzig Prozent etwa, aber sonst sind die Häuser stehengeblieben, vor allem auch in den Siedlungen, in denen Arbeiter von der Kolchose und von der Mahlmühle wohnen. Und auch aus diesen Siedlungshäusern haben die Russen, wie fast überall sonst, die Kachelöfen herausgerissen, weil sie ihnen nicht genügten, und sie bauten sich ihre großen russischen Öfen, solche mit

tausend Ziegeln etwa, die ein halbes Zimmer einnehmen. Viele Russen klagen über das Klima; es ist ihnen zu feucht, und nicht wenige werden krank und gehen zurück nach Rußland. Und wenn sie es nicht dürfen, weil sie sich für Jahre verpflichtet haben, dann flüchten sie manchmal über Nacht, so wie einmal ein russischer Fischer mit seiner ganzen Familie, den die Kolchose nicht entlassen wollte und der seinen Hund an die Türklinke band, um so vorzutäuschen, daß er mit seiner Familie noch im Hause wohne, während er schon nach dem Innern Rußlands unterwegs war.

In den Dörfern des sowjetisch besetzten Gebietes am Kurischen Haff, also in den Orten, die in einem weiten Kranz — von Karkeln angefangen — nach Süden zu an der Ostküste liegen und dann weiter am Haff über Rinderort und Sarkau bis nach Rossitten und Pillkoppen —, in diesen Dörfern leben heute nur russische Fischer. Nach dem Zusammenbruch 1945 wohnten hier nur wenige Deutsche; die meisten waren vor den Russen geflohen. Auch die letzten aber, die zurückgeblieben oder von der Flucht in die Dörfer zurückgekehrt waren, wurden von den Russen 1948 nach dem Westen fortgeschafft. (Etwas anders ist die Lage in dem nördlichen Teil, im Memelgebiet; hier blieben auch nach 1948 zahlreiche Ostpreußen zurück.)

Das Kurische Haff war, da es zuletzt — ebenso wie die Ostsee — nur schwach befischt worden war, überreich an Fischen. Das zeigten auch die Fänge 159 der Deutschen, die nach 1945 hier am Haff noch lebten und die natürlich die Fischerei wieder aufgenommen hatten. Die Russen setzten nun alles daran, diese Gegend mit ihren Fischern zu besiedeln. In Rußland sind Fische von jeher in viel stärkerem Maße ein Volksnahrungsmittel als im Westen, und die großen Versorgungsschwierigkeiten, die immer in der Sowjetunion herrschten und die nach dem Kriege besonders schwer waren, verstärkten nur den natürlichen Hang der Russen, Fischvorkommen auszunutzen. Der Fischreichtum des Kurischen Haffs mußte also besonders stark locken.

Zwei, drei Jahre lang fischten im Haff nur unsere zurückgebliebenen Landsleute. Dann, 1947, kamen die ersten Russen, und in den Jahren 1948 und 1949 folgte die Masse der russischen Fischer. Sie kamen vom Kaspischen Meer, von der Wolga, vom Don, vom Asowschen Meer, ein kleiner Teil stammte vom Ilmen- und Ladogasee und aus der Gegend von Leningrad; sie alle waren auch dort schon Fischer gewesen. Es waren ihnen geradezu goldene Berge versprochen worden: sie kämen in eine wunderbare Gegend mit schönen Häusern und herrlichen Obstgärten, und sie würden viel Geld verdienen.

„Die Haffdörfer haben nun ein anderes Gesicht"

Unsere Fischerdörfer hatten den Krieg fast unversehrt überstanden, die weitaus meisten Häuser waren heil geblieben, und — vor allem gemessen an den dürftigen Katen in manchen Teilen Rußlands — sie waren auch recht stattlich und anheimelnd. Aber nun hat jedes Gewässer ja seine besonderen Bedingungen; die Fischer, die an ihm leben, haben in Jahrhunderten die entsprechenden Netze und Fangmethoden entwickelt. Die Russen aber kannten das Haff nicht; es war schwierig für sie, mit der Fischerei anzufangen, zumal viele von ihnen im Winter eintrafen, als eine Fischerei kaum möglich war. Sie kamen mit recht armseligem Gepäck. Einige wenige hatten auch ihre Kuh mitgebracht, — Tiere, die wie eine Karikatur des Herdbuchviehs wirkten, das einst hier auf die Weide gegangen war.

Am liebsten wären sie fast alle wieder zurückgefahren, besonders die Fischerfamilien, die in fruchtbaren Gegenden in der Ukraine gewohnt hatten, so sehr enttäuscht waren sie. Die Russenfrauen kamen zusammen und weinten, und es gab manchmal schweren Streit unter den Eheleuten, wenn man sich gegenseitig vorwarf, wer die Schuld an diesem ‚Umzug' hatte. Manchen russischen Fischern ging es so schlecht, daß sie die Deutschen, die damals noch lebten, um Brot baten.

Aber allmählich gewöhnten sie sich an die neue Lage und an die Bedingungen, die sie ihnen stellte; die Fischerei brachte auch bald Erträge. Zudem hatte jeder ein Darlehen von 3 000 Rubel für die Anschaffung einer Kuh und 1 500 Rubel für die Instandsetzung des Hauses und für andere Dinge erhalten, ein Darlehen, das in fünf Jahren zurückzuzahlen war; für fünf Jahre nämlich hatten sie sich verpflichtet.

Das war, wie gesagt, 1948 und 1949. In den sieben Jahren, die inzwischen vergangen sind, haben die Fischerei auf dem Haff und das Leben und Treiben in den Dörfern ringsum ein ganz, ganz anderes Gesicht erhalten, als wir es von unserer Zeit her kennen.

Die schweren schwarzen Kurenkähne von der Nehrung und die noch größeren Keitelkähne von der Ostseite des Haffs sind mit dem Schicksal, das sie gehabt haben, ein Symbol für diesen Wandel. Viele von uns werden noch das Bild vor Augen haben, das sich vor allem im Spätsommer an den Abenden von Nidden aus bot: 40 oder 50 Kurenkähne segelten fast geschlossen aus dem Dorf, nach Süden und Südosten, um in der Nacht auf dem breiten Teil des Haffs zu fischen.

In Nidden gab es etwa 70 Kurenkähne, in Pillkoppen 40, auf der anderen Seite in Gilge über 40 Keitelkähne, in Nemonien 50 bis 60; auf dem ganzen Haff standen über 400 Kuren- und Keitelkähne unter Segel. Sie waren aus den besonderen Bedingungen des Haffs entwickelt worden, sie verkörperten die jahrhundertealte Tradition, sie waren auch ein Stück Romantik, und vor allem waren sie auch ein Zeichen dafür, daß der Fischer auf sich gestellt ist und daß es auf die persönliche Leistung ankommt. Jeder Fischer war vollkommen frei; er hatte nur die Vorschriften zu beachten, durch die der Fischreichtum gesichert werden sollte, die Schonzeiten also und die Art der Netze, mit denen gefangen werden durfte.

Ein Teil dieser Kähne war 1944 und 1945 gesprengt worden, als die Front immer näher kam. Nach der Besetzung versuchten die Russen dann, einen Teil nach dem Innern der Sowjetunion zu bringen. Von einigen Kähnen weiß man, daß sie in Heydekrug über den Markt zum Bahnhof geschafft wurden und dabei entzweigingen. Der Rest der Kähne wurde dann den Deutschen zum Fischen gegeben.

Auch die ersten russischen Fischer versuchten, mit diesen Kähnen zu fischen, aber sie verstanden nicht, mit ihnen umzugehen. Mit den schweren Keitelkähnen fuhren sie sich bei Inse und Loye in dem sumpfigen Röhricht fest; sie kamen nicht mehr heraus, und manche wären beinahe umgekommen.

Die wenigen Kurenkähne, die es heute noch in den Dörfern am Haff gibt, werden eigentlich nur

Ein Bild, das es nicht mehr gibt: eine Fischerflotte aus Kurenkähnen. Auf dem alten Foto hängen die Netze zum Trocknen hoch an den wimpelgeschmückten Masten.

noch zum Heutransport benutzt, und dann auch noch für die Fischerei auf dem Frischen Haff. Schon im Herbst werden sie nach dem Frischen Haff gebracht, damit sie bei Aufgang des Herings-fangs dort bereit sind. Jetzt ist der Fischereibetrieb auf dem Haff — man muß schon von einem Betrieb sprechen — motorisiert. Etwa so, daß zwei Motor-kutter mit je 20 PS ein Schleppnetz hinter sich her-ziehen, mit dem sie kreuz und quer durch das Haff fahren. Oder aber es werden irgendwelche Kähne russischer Bauart von einem großen Motorkutter auf das Haff geschleppt, die einzelnen Boote werden freigelassen, die Fischer arbeiten an den Stellnetzen oder mit dem Zuggarn, dann werden die Boote wieder gesammelt und mit dem Motor-kutter zurückgeschleppt.

Nicht mehr ziehen mächtige schwarze Kähne mit blutroten oder grauweißen Segeln an heißen Som-mertagen bei leichtem Wind träumerisch ihre Bahn, und nicht mehr spiegeln sich farbige Kurenwimpel in dem silbrigen Wasser des Haffs.

Natürlich sind die Fischer zu Kolchosen zusam-mengeschlossen worden; diese wurden 1948 und 1949 eingeführt. In den Jahren von 1945 bis zu diesem Zeitpunkt hatten unsere zurückgebliebenen deutschen Fischer kleine Arbeitsbrigaden gebildet, die zwar ihre Fänge den Abnahmestellen zu be-stimmten Preisen abliefern mußten, aber doch noch in einiger Freiheit arbeiten konnten. Soweit sie Netze kaufen mußten, wurden diese von den

Abnahmestellen oder den Fischverarbeitungsbe-trieben, die damals eingerichtet wurden, gegen Abzahlung geliefert.

Jetzt muß jeder Fischer einer Kolchose angehö-ren; ein freies Fischen gibt es nicht. Der Fischer ist an die Kolchose gebunden, ein Austritt ist sehr schwierig, und nur nach einer Abstimmung in der Mitgliederversammlung der Kolchose kann er einer anderen Kolchose beitreten, also etwa in ein ande-res Dorf ziehen.

Jedes große Dorf bildet eine Kolchose für sich, Nemonien etwa, Gilge, Rossitten; bei kleineren Dörfern werden mehrere von ihnen zu einer Kolchose zusammengeschlossen. Jedenfalls gibt es in einem Dorf nicht mehr als eine Fischereikolcho-se; diese ist in Brigaden aufgeteilt. Jede Kolchose hat auch ihr bestimmtes Gewässer, in dem nur sie fischen darf, und zwar liegt die äußere Grenze fünf Kilometer von Land entfernt; in dem freien Teil des Haffs dürfen alle Kolchosen fischen. Es kommt aber nicht selten vor, daß Fischer in das Gebiet einer anderen Kolchose eindringen, vor allem nachts; dann gibt es schweren Streit.

Jede Kolchose muß natürlich vor allem ihr Soll erfüllen. Das ist meist sehr schwierig. Denn einmal wird das Soll sehr hoch angesetzt und immer wie-der erhöht, und zum anderen fragt die Natur — gerade der Fischer ist besonders stark von ihr ab-hängig — nicht nach bürokratisch festgelegten Plä-nen. Auf dem Papier gibt es zwar Schonzeiten und 161

Vorschriften, aber sie werden, da die Höhe des Ertrages über allem anderen steht, kaum beachtet. Die Aufsicht durch den Oberfischmeister, der in Labiau sitzt und über ein kleines Motorboot verfügt, und durch einige Hilfsfischmeister hat nur wenig praktische Bedeutung.

Jede Kolchose hat ihren Geschäftsbetrieb; die Aufstellung und die Erfüllung des Planes, die Ablieferung, die Festsetzung des Lohnes, — alles das ist mit einem gewaltigen Papierkrieg verbunden. Fast immer werden die Fischer dabei übers Ohr gehauen, oft dreimal bei einem Fang: einmal beim Anschreiben der Ertragsmenge, dann bei der Berechnung und schließlich bei der Auszahlung. Es herrscht auch ein ziemliches Antreibersystem. Lange Ruhepausen in den Häfen gibt es nicht, und da die Fischer aus dem Hafen heraus sein mußten, halfen sie sich in Nidden manchmal so, daß sie sich, müde wie sie waren, hinter der Düne zum Ruhen legten. Drei von den deutschen Fischern sind beim Netzeziehen vor Überanstrengung umgefallen und gestorben; die Arbeit war auf die Dauer zu schwer. Einer von ihnen war Wilhelm Beith aus Nidden; er war Briefträger in Berlin gewesen und nach seiner Pensionierung nach Nidden gezogen, wo er in einem eigenen Häuschen lebte. Er ist 1948 beim Fischen gestorben.

Wir im „kapitalistischen" Westen kennen es nicht anders, als daß jeder Fischer Wind und Wetter prüft, die Aussichten des Fanges abschätzt und dann aus freiem Willen entscheidet, ob er fischen will oder nicht. Die Brigaden in den russischen Fischerkolchosen aber haben genauso einen Arbeitsplan wie in einer Landkolchose. Jeder Tag ist Arbeitstag, und die Fischer müssen jeden Tag antreten. Wird der Plan nicht erfüllt, dann ist auch schon einer von den übergeordneten Stellen da, und es wird eine Versammlung einberufen, in der die Kolchose sich verantworten muß, weshalb sie nicht genügend Erträge herbeigeschafft hat.

Das Kurische Haff ist schon von Natur aus ein sehr fischreiches Gewässer; der Bodensee etwa ist nur ein ganz schwacher Abglanz unseres Haffs, sowohl was die Zahl der Arten als auch den Fischreichtum anbetrifft. Das Haff war für Tausende von Fischerfamilien eine zwar nicht übermäßig reiche, aber doch sichere und auch auskömmliche Nahrungsquelle, zumal der Fischbestand immer pfleglich behandelt wurde. Während des Krieges und in den ersten Nachkriegsjahren war auf dem Haff bei weitem nicht mehr in dem Umfange gefischt worden wie früher, auch auf der Ostsee nicht, aus der zahlreiche Arten immer in das Haff kommen, um zu laichen, und von wo das Haff immer neuen Zuzug erhält, und so staute sich im Haff ein Fischreichtum an, wie sich ihn unsere Fischer kaum hätten vorstellen können.

Die Russen sind geschickte Fischer. Sie führten Fangmethoden ein, die sie aus ihrer Heimat mitgebracht hatten oder die eine Gruppe in den letzten Jahren irgendwo anders kennengelernt hatte, zum Beispiel in Japan. Auf einem Gebiet allerdings — darüber wird noch etwas zu sagen sein — sind sie nur langsam vorangekommen und haben erst allmählich von unseren deutschen Fischern und aus der eigenen Erfahrung gelernt, und zwar in der gerade auf dem Kurischen Haff so bedeutenden Aalfischerei.

Je nach Jahreszeit, Fisch und Wasser werden immer andere Netze und andere Methoden angewandt. Das Bild, das sich so ergibt, ist zu vielfältig und kompliziert, als daß es hier im einzelnen dargelegt werden könnte. Nur einige besonders herausragende Fangmethoden sollen erwähnt werden.

Die Russen fischten — und fischen weiterhin — im Haff mit Schleppnetzen, so wie sie in der See benutzt werden; sie ziehen sie mit Motorloggern oder mit offenen Motorkuttern, die in Finnland auf Reparationskonto gebaut worden sind, und sie fahren so, von gewaltigen Möwenschwärmen gefolgt, kreuz und quer durch das Haff. In den Jahren 1949 bis 1952 waren die Fänge außerordentlich hoch; es wurden 160 bis 200 Zentner in 24 Stunden gefischt. Heute aber ist nicht mehr viel da. Wo ein Zug vor einigen Jahren 20, 30 oder 40 Zentner ergab, da bringt er heute nur noch zwei bis drei Kisten. Zander sind heute kaum noch vorhanden und auch Bressen nicht. Was noch gefangen wird, das sind vor allem Aale, aber auf Haken, weil die Russen, wie wir schon sagten, erst allmählich hinter die richtigen Fangmethoden gekommen sind, und dann vor allem kleine und große Stinte und im Memelstrom und in seinen Mündungsarmen die Zärte.

Fischer, die aus der Gegend von Kronstadt kamen, haben ein 1 000-Meter-Zugnetz eingeführt, das eine besondere Stellart hat. Das Netz wird mehr ausgereckt, es geht geräuschlos durch das Wasser, und es kann sehr leicht gezogen werden. Die Fischer aus Karkeln zum Beispiel haben solche 1 000-Meter-Netze, mit denen sie auf der flachen Eschebank auf Bressen und Zander fischen. Ein Zug dauert drei bis vier Stunden; die Erträge sind dort auch jetzt noch gut.

Die Fischereikolchose Gilge wiederum hat über 2 000 Netze aus Perlon — überhaupt wird fast überall Perlon statt der Baumwolle angewandt —; es sind Staknetze, 25 Meter lang, und sie stehen im Sommer und im Herbst bis zum Frost Tag und Nacht im Wasser. In Gilge gibt es über 13 Motorkutter für diese Staknetze; ein Kutter schleppt fünf bis zehn Kähne auf das Haff.

Dann werden auch die „Giganten" gestellt, — kilometerlange Netzwände, an den Enden mit ge-

Stolz zeigen die Kurenfischer von heute, die aus allen Gegenden Rußlands in die Haffdörfer kamen, ihre Fänge.

waltigen, viereckigen Reusen, die die Russen in letzter Zeit in Japan kennengelernt haben. Erst 1953 fing man an, mit diesen Netzen im Kurischen Haff zu fischen; es waren vor allem einzelne Brigaden in Nemonien, die sie stellten. Übrigens sind diese eigenartigen, gewaltigen Netze auch in Nidden in der Ostsee angewandt worden; mit schlechtem Erfolg.

Jedenfalls ist in all den Jahren ein richtiger Raubbau getrieben worden, er wird auch heute noch fortgesetzt. Wenn man auch vier, fünf Jahre hindurch sehr, sehr viel gefangen hat, das Zehn-, ja das Zwanzigfache wie in unserer Zeit, so können die Fischer in manchen Kolchosen jetzt kaum noch von den Erträgnissen leben.

Den russischen Fischern ist es so einige Jahre hindurch sehr gut gegangen. Sie verdienten, an den anderen Einkommen gemessen — von den besonders privilegierten Schichten, den Offizieren, den Parteifunktionären, der technischen Intelligenz natürlich abgesehen —, geradezu gewaltige Mengen von Geld. Bei den Arbeitern in der Industrie und gar in den Landkolchosen reicht das Einkommen niemals aus, die Familie zu ernähren, es muß auch die Frau mitarbeiten, und es müssen allerlei Kniffe und Winkelzüge und Schiebungen angewandt werden, damit man das Notwendigste zum Leben zusammenbekommt. Im Verhältnis zu diesen Arbeitern sind die Fischer geradezu kleine

Könige. „Ein Fischer kommt gleich nach dem Minister", so heißt es.

Wenn die Fischer in den Kolchosen am Haff auch nur einen Bruchteil von dem erhielten, was die Fische später in den Magazinen kosteten, und wenn ihnen die Erträgnisse des Fanges noch auf alle mögliche Weise geschmälert wurden, so waren die Preise immer doch noch verhältnismäßig gut, und vor allem machte es ja auch die Menge.

Die goldenen Zeiten sind jetzt vorbei. Bis 1954 etwa waren, wir sagten es schon, die Erträgnisse sehr gut; jetzt lassen die Fänge immer stärker nach. Die neuen Ankömmlinge sind enttäuscht. Ein Russe, der mit seiner Familie im Frühjahr 1955 kam, wollte Tausende verdienen, aber er geriet gerade in die Zeit des Hochwassers, es war kein Heu für das Vieh da, die Fischerei war schlecht, und nach fünf bis sechs Wochen hatte er genug, und da er freiwillig gekommen war, konnte er auch wieder zurück. Die Zwiebeln, die er gesetzt hatte, hat ein anderer geerntet.

Viele Fischerfamilien möchten gerne wieder zurück in ihre Heimat; sie wollen nicht mehr bleiben. Auch die Verwaltung muß sich den neuen Verhältnissen anpassen. Es heißt, daß Fischerkolchosen, wo es möglich ist, in Landkolchosen umgewandelt werden sollen. Bei Juwendt hat man große Wiesenflächen einfach umgepflügt, hier sollen die Fischer Ackerbau treiben.

163

Die Kirche von Heinrichswalde (Archivfoto) wird heute als Druschhalle benutzt.

„Kirchenholz für die Klubhäuser"

Wie sehr — genauso wie in der Sowjetunion — das Leben und Treiben der unsere ostpreußische Heimat jetzt bevölkernden Russen auf das Materielle eingestellt ist, auf das Sichtbare, wie gründlich alles abgetötet wird, was an das Jenseits denken läßt, an ein Leben nach dem Tode, — das wird besonders deutlich in der Art, wie die Russen unsere Gotteshäuser und Friedhöfe geschändet haben.

Die Kirchen in den Fischerdörfern der Memelniederung waren zu klein und zu bescheiden, als daß man sie als Garagen und Druschhallen hätte gebrauchen können, so wie das mit den Gotteshäusern von Kaukehmen und Heinrichswalde geschehen ist, zudem auch gibt es in diesen Dörfern kein Getreide, das man dreschen könnte. Aber es ist geradezu symbolisch, daß diese Kirchen fast durchweg dazu dienen mußten, Baumaterial zu liefern für das Gebäude, das die Kommunistische Partei überall in den Mittelpunkt des dörflichen Lebens gestellt hat: das Klubhaus. Neben dem

164

Magazin —dem Kaufhaus —, in dem es alle die Dinge zu kaufen geben sollte, die man zum Leben braucht und die man doch nicht oder meist nur schwer bekommt, ist es das wichtigste Gebäude des Ortes. Es ist, wenn man so will, die moderne russische „Kirche".

Am Tage der Oktoberrevolution, am 1. Mai und an den anderen Feiertagen und dann auch bei den Wahlen bekommt dieses Klubhaus seine besondere Bedeutung. In ihm werden die Feiern von Staat und Partei abgehalten, soweit das nicht im Freien auf irgendeinem Platz und bei Umzügen geschieht. Für die Kinovorstellungen, die sich an die Parteivorstellungen anschließen, braucht nicht einmal etwas bezahlt zu werden, und es gibt an den großen Tagen auch belegte Brote und Bier zu kaufen. An den Alltagen wird das Klubhaus vor allem als Kino benutzt, es spielt zweimal in der Woche, und zwar mit neuem Programm, und wenn auch fast nur Propagandafilme gezeigt werden und für den Eintritt auch noch zwei Rubel bezahlt werden müssen, so sind die Vorführungen doch immer gut besucht, schon weil es sonst kaum irgendeine Abwechslung gibt. Auch eine Bücherei ist im Klubhaus untergebracht, und Tanzvergnügen finden hier statt.

Wäre es zweckmäßig gewesen, dann hätte man unsere Kirchen selbst in Klubhäuser umgewandelt, aber die Kirchenräume eigneten sich doch nicht für diesen Betrieb. So mußten die Kirchen wenigstens das Material für die Ausgestaltung der Klubs liefern. Wenn die Russen jetzt in Gilge in dem großen Saal, in dem der Klub eingerichtet wurde, den Parteireden zuhören, dann sitzen sie dabei auf den Bänken, die aus der Kirche von Gilge stammen; über ihnen schwebt der Kronleuchter, der in dieser Kirche hing, und sein Licht fällt auf die Fahnen und Bilder der Aktivisten, die an den Wänden hängen, und auf die Bilder von Lenin und Stalin.

Als dieser Klubraum zu klein wurde, beschloß man, das Dach zu heben — es war 1954 —, es wurden 40 000 Rubel und ein zweitesmal 68 000 Rubel für den Ausbau bewilligt. Das Holz für diese Erweiterung nahm man nun einfach aus der Kirche von Gilge; die notwendigen Ziegel sollten die Mauern der Kirche liefern. Aber die Ziegel waren mehr als 100 Jahre alt, sie fielen bei dem Abbrechen auseinander. So ist nur die Nordmauer ganz abgetragen, die anderen Mauern stehen als Ruinen da. Das Kreuz von der Spitze des Turmes aber liegt auf dem Boden ...

So ähnlich ist es allen Kirchen ergangen. Wer den Großen Friedrichsgraben entlang fuhr, der kam auch an der Kirche von Juwendt vorbei. Sie steht zwar noch, aber sie ist schwer beschädigt, und sie ist heute alles andere als eine Kirche. Die Kirchturmspitze, die mit Kupfer belegt war, ist verschwunden, der Anbau ist abgerissen. Die Türen stehen im Sommer offen, und im Innern der Kirche,

Ein bedrohtes Naturparadies. Hier Galsdon-Joneiten, aufgenommen von Karcewischken aus.

aus der man alles herausgerissen hat, laufen Schweine und Schafe herum. Ringsherum hängen Netze zum Trocknen.

Diese Kirche sollte Material für den Bau eines Klubhauses in Nemonien geben. Die beiden kleinen Klubhäuser, die dort stehen, sollten durch ein großes und massives Gebäude ersetzt werden. Die Fischereikolchose Nemonien ist eine sehr gute Kolchose. Die Ukrainer, die ihr angehören, sind fleißig und haben auch Glück gehabt, und so hat diese Kolchose schon dreimal hintereinander die Auszeichnung der Roten Fahne erhalten. So gut geht es dieser Kolchose, daß ihr Vorsitzender sogar ein Sim-Luxusauto, das 43 000 Rubel kostet, fährt. Zum Bau des neuen Klubhauses waren 200 000 Rubel bewilligt worden, eine recht hohe Summe. Ein Russe hatte nun den Auftrag erhalten, aus der Kirche von Juwendt Ziegel auszubrechen und sie für den Bau nach Nemonien zu schaffen; er war ein älterer Mann, und er hatte in seiner Jugend doch wohl noch von Gott gehört. Landsmann D. fragte ihn, ob er denn nicht Angst habe, die Kirche abzubrechen, er würde seine Strafe bekommen. Und es scheint, als habe dieser Hinweis doch einigen Eindruck auf ihn gemacht; der Abbruch wurde nicht durchgeführt.

Die Kirche von Karkeln wiederum ist der ständigen Jagd nach etwas Eßbarem zum Opfer ge-

fallen. In der Kirche hatten sich Bienenvölker eingenistet, und es war nur selbstverständlich, daß der Honig, der da zu holen war, die Russen reizte. So ging man denn daran, die Bienen auszuräuchern; dabei fing aber das Holz Feuer, und die Kirche brannte ab.

Die Friedhöfe sind geschändet und verwildert. Die Grabtafeln sind zerschlagen und liegen herum, die Marmortafeln sind fortgeschafft, oder sie sind, ebenso wie die Umrandungen, auf Russengräber gelegt worden. Mit dem Zaun des Friedhofs von Gilge ist der Sportplatz eingefaßt worden. Brennesseln und Gräser wachsen auf den Gräbern und überall sonst so hoch, daß sie bis über den Kopf reichen. Ein Russe mäht dann und wann das Gras auf dem Friedhof für seine Ziegen.

Die Russen beerdigen ihre Toten auch auf dem Friedhof von Gilge, aber sie pflegen die Gräber nicht, und kaum einer besucht den Friedhof. Höchstens, daß die alten Russen an ihrem Totenfest ein Geldstück oder ein Brötchen auf das Grab legen. So erregte es natürlich großes Aufsehen in Gilge, als eines Tages drei Fremde kamen und geraden Weges auf den Friedhof gingen. Es waren Frau D., ihr Mann und ihre Schwägerin. Frau D., deren Heimat Gilge ist, wollte das Grab ihres Vaters besuchen und in Ordnung bringen. Russenkinder verfolgten die drei bis auf den Friedhof, und schnell 165 verbreitete sich das Gerücht, da wären drei, die nach Gold suchen, und die Polizei wurde angerufen, und natürlich kam auch bald ein Polizist und fragte die drei, was sie denn da machten, und Frau D. wurde eine Stunde lang verhört.

An das Jenseits verschwendet man keine Gedanken. Um so mehr wird darauf geachtet, daß im Diesseits jeder den Weg geht, den die kommunistische Ideologie und der Parteiapparat als den allein seligmachenden vorschreiben. Auch in diesen abseits gelegenen Fischerdörfern werden die Menschen nicht nur arbeitsmäßig „eingeplant" und eingespannt — die Propaganda hält sie fest in ihren Fängen, sie läuft auch hier auf Hochtouren.

Dieses Land zwischen dem Haff und den Wäldern war ein Land der Stille. Die Schläge der Ruder eines Kahnes, das Knarren eines Wagens, der Zuruf einer Mutter — viel mehr war nicht zu hören in jener Zeit, als wir noch dort lebten.

Jetzt dröhnen in jedem Dorf von sechs Uhr morgens an die Lautsprecher von der Fischereikolchose, vom Magazin, vom Klubhaus und von den Straßen. Die Reden und Nachrichten und die Musikstücke legen sich wie eine ständige Geräuschglocke über jedes Dorf, dringen in einem Umkreis von mehreren Kilometern auch dahin, wo nur noch die Wildschweine und die Vögel sie hören. In jedem Dorf gibt es einen Mann, der diesen Betrieb regelt, den Radisten. Er verfügt nicht nur über einen Kurzwellensender, mit dem er Meldungen zu geben hat, er gibt nicht nur Sturmwarnungen — er sorgt auch dafür, daß die große Propagandawelle über den Drahtfunk in jede Familie gelenkt wird. Denn wer keinen Radioapparat hat, mit dem er einen Sender unmittelbar empfangen kann, der ist mit seiner „Bratpfanne" an den Drahtfunk angeschlossen.

In aller Frühe flammt in allen Dörfern auch das elektrische Licht auf — eine grelle Mahnung, rechtzeitig zur Arbeit zu erscheinen. An den Abenden können die Fischer auf dem Haff schon aus großer Entfernung die hell erleuchteten Dörfer sehen; das Licht brennt bis weit in die Nacht hinein, bis zwölf oder ein Uhr. Die Russen erzählen, daß die Anlagen des Ostpreußenwerkes ihnen unversehrt in die Hände gefallen sind; der verantwortliche Ingenieur habe ihnen alles übergeben, obwohl er den Befehl gehabt hätte, die Werkanlagen zu sprengen.

Einige Hundert Meter hinter den Dörfern beginnt schon die Buschwildnis. Das Land und die Wiesen, die in dem Dreieck zwischen Atmath und Skirwieth liegen, also dem Teil, der früher zum Memelgebiet gehörte, sie sind von unseren Landsleuten in Ordnung gehalten worden, und die litauischen Kolchosen und die anderen Genossenschaften haben sie dann weiter bearbeitet, und sie nutzen vor allem die Wiesen in ihrem ganzen Umfang aus. Zur Heuernte werden Menschen von

weither herangeschafft, auch Jugendliche müssen helfen. Man arbeitete in den ersten Jahren mit Pferden, dann mit leichten, breitbereiften Traktoren. Das Heu wurde mit Preßmaschinen transportfähig gemacht und mit Lastautos und Kähnen fortgeschafft.

Ganz anders ist das Bild, das sich schon ein Stück weiter nach Süden bietet, also in dem von den Russen verwalteten Königsberger Bezirk. In den ersten Jahren nach dem Kriege wurden die Wiesen hier überhaupt nicht gemäht, es fehlten die Arbeitskräfte, und es war den Russen auch zu umständlich, das Heu mit dem Kahn abzufahren oder im Winter mit dem Schlitten. So entstand bald in dem ganzen Gebiet südlich der Skirwieth, von Ackminge (Ibenwerder) über Karkeln, Loye, Inse, Tawe bis nach Gilge eine wahre Buschwildnis.

Auf den Wiesen, auf denen zu unserer Zeit Zehntausende von Zentnern Heu geerntet wurden, wachsen Bäume und Sträucher; an vielen Stellen kann man sich durch das Dickicht kaum hindurchkämpfen. Erst im vorigen Jahr hat man angefangen, in diesem Gebiet die Wiesen zu nutzen, und zwar begannen litauische Kolchosen aus Georgenburg damit auf den Flächen zwischen Gilge und Tawe. Sie fanden immerhin noch Flächen genug, um große Heumengen zu ernten.

Dieses Gebiet wäre jetzt ein idealer Standort für Elche. Aber diese sind in den letzten Monaten des Krieges und in den ersten Jahren nachher ganz und gar ausgerottet worden. Bei Helenawerder und Skirwieth sollen 1949 einige Elche gesehen worden sein; möglich, daß sich jetzt dort in der Wildnis wieder einige Stück eingefunden haben; vielleicht sind sie aus Litauen zugewechselt.

Besonders wohl fühlen sich in diesem wildwachsenden Gebiet natürlich die Wildschweine; sie haben sich sehr vermehrt. Bei Lökerort — westlich von Karkeln —, dann in dem Gebiet von Loye und dem von Ackminge sind sie besonders zahlreich, ebenso bei dem ehemaligen Jagdschloß Pait.

Wenn die Russen irgendwie Zeit haben, dann gehen sie auch schon auf Jagd. Es ist nichts einfacher als das; die Jagd ist frei.

An den Sonntagen ist beinahe alles unterwegs auf Jagd. Der Russe jagt leidenschaftlich gern, und dann lockt das frische Wildbret sehr. Man jagt in Gruppen, es werden nicht selten Wildschweine erlegt, und man kampiert in den verlassenen Häusern. Auch die Schulkinder schießen schon, gleichgültig was sie dabei erbeuten. Kein Wunder also, wenn in der ganzen Niederung, in der es früher viele Hunderte von Störchen gab, jetzt nicht ein einziger Storch mehr zu sehen ist. Die Störche sind abgeschossen, die Nester sind verlassen.

Rehe sind sehr selten geworden, ebenso trifft man kaum einmal einen Hasen an. Natürlich haben sich die Füchse sehr stark vermehrt, die Marder

Winter in der Elchniederung, schön und gefährlich. Auch Wölfe kommen jetzt jedes Jahr als Wechselwild dorthin.

und die Iltisse, und die Förster und die Waldwärter sind sehr dahinter, Raubwild zu fangen und sich mit den Prämien zu ihrem geringen Gehalt einen zusätzlichen Verdienst zu schaffen.

Ein Förster, so erzählt Landsmann D., ist durch die Bienenzucht reich geworden, reich nach russischen Begriffen. Er konnte sich sogar ein Auto kaufen; zu Hause hatte er einmal zehn Zentner Bienenhonig liegen. Ein anderer Förster betreibt die Bienenzucht im Walde, allerdings nicht so wie zu der Zeit unserer Beutner, als die Bienen in den Beutnerkiefern lebten und dort Honig brachten —, er hat Kisten, die mit Honig ausgestrichen waren, im Wald aufgestellt; es fanden sich Bienen ein, und so hatte er im Wald bald einen richtigen Imkereibetrieb.

Überhaupt haben die Russen im Königsberger Bezirk die Bienenzucht sehr ausgebaut. Auch viele Fischer haben Bienenvölker. Auf dem freien Markt ist Honig eigentlich immer zu haben.

Auch Versuche mit der Pelztierzucht werden unternommen; so ist das ehemalige Jagdschloß Pait zu einer großen Nutriafarm ausgebaut worden. Biber sind gezüchtet und dann im Gebiet von Loye und Inse freigelassen worden.

So ausgedehnt diese Wildnis auch ist — Wölfe sind trotzdem hier noch nicht Standwild geworden.

Sie kommen in jedem Winter als Wechselwild vor, und sie wechseln sehr schnell. In dem strengen Winter 1947/48 sind sie sogar über das Kurische Haff bis zur Nehrung vorgedrungen. 1951 hat Landsmann D. vor Karkeln einen Wolf gesehen. Im Winter 1950 soll ein ehemaliger deutscher Lehrer auf dem Wege von Karkeln nach Heydekrug von Wölfen angefallen und zerrissen worden sein.

Natürlich gibt es für die Erlegung eines Wolfes eine Prämie, und wenn ein Wolf auf einer Kolchose geschossen wird, dann wird das noch mit einem Stück Vieh zusätzlich belohnt. Daß die Wölfe für Dinge vorgeschoben werden, an denen sie keine Schuld haben, zeigt ein Fall in dem am Kurischen Haff liegenden Dorf Drawöhnen. Als dort einmal eine Wölfin mit ihren Jungen auftauchte und Vieh riß, da benutzten die Einwohner dort schnell die Gelegenheit, um einige Stück Vieh schwarz zu schlachten und das Fleisch zu verbrauchen oder zu verkaufen; diese Stücke hatten angeblich die bösen Wölfe gefressen.

So sehr die Wiesen also zu einem großen Teil zu einer Buschwildnis und die Wälder stellenweise zu einem Dickicht geworden sind, so gibt es an anderen Stellen wiederum Kahlschläge in den Wäldern, etwa zwischen Loye und Karkeln, von wo die 167

Soldaten aus der Garnison von Sköpen sich ihr Brennholz holen. Die Stadtverwaltung von Tilsit ist ebenfalls eifrig dabei, sich mit Holz aus diesen Wäldern zu versorgen; es werden große Mengen, vor allem aus der Gegend von Gilge, nach Tilsit transportiert."

So weit der Bericht aus dem Jahre 1956. Sicher hat sich in dem Vierteljahrhundert danach vieles geändert. Ob aber die Wasserlandschaft wieder ihr gewohntes Gesicht bekommen hat, das muß bezweifelt werden. Zuviel war in der ersten Nachkriegszeit bereits versäumt worden. Als die Verantwortlichen die Folgen der Vernachlässigung begriffen und Abwehrmaßnahmen einleiteten, war wertvolles Terrain verlorengegangen. Davon spricht auch ein offizieller Aufsatz aus dem Jahre 1966, also zehn Jahre, nachdem die deutschen Augenzeugen in vorstehender Weise Auskunft gaben.

Der Artikel stellt in anschaulicher Weise das Damals und das Heute gegenüber. So heißt es, daß dort charakteristisch Kanäle und Pumpstationen seien, mit deren Hilfe das Wasser in zahlreiche eingedeichte Flüsse und auch unmittelbar ins Haff gelange. Durch lange Kultivierungsarbeit des Menschen sei hier eine pflugfähige Ackerkrume von etwa 25 bis 30 Zentimeter entstanden. Bei einem intakten und funktionierenden Trockennetz könnten hervorragende Ernte-Erträge erzielt werden. Zwar sei die volle Anwendung „aller Regeln der Agrotechnik" nötig, doch hänge alles von einer Instandhaltung des Dränagesystems ab, sonst überfluteten sowie versumpften die Böden und gingen die Erträge zurück.

Im Rayon Heinrichswalde (früher Elchniederung) sollen Ernteerträge um das Zwei- und Mehrfache zurückgehen, da das Trockensystem unsachgemäß behandelt oder durch unbeaufsichtigt herumlaufendes Vieh beschädigt werde.

Nicht zu verstehen ist nach diesen Berichten, wieso bei derartigen Rückschlägen nach offiziellen sowjetischen Angaben die landwirtschaftliche Nutzfläche im Kreis Heinrichswalde 1970 fast wieder so groß gewesen sein soll wie 1936, nämlich 65 100 Hektar gegenüber 70 415 damals. Danach müßten die Versumpfungsfolgen in wenigen Jahren — vier entsprechend dem Bericht davor — behoben worden sein.

Mit den Angaben ist es auch schwer in Einklang zu bringen, wenn es in dem bereits zitierten Artikel über diese Problematik in der Gegend zwischen Memel und Haff weiter heißt, daß 1966 allein im Rayon Heinrichswalde 20 000 Hektar, immerhin 14,8 Prozent der Gesamtfläche, existierten, „die infolge wiederholter Versumpfung gänzlich aus der landwirtschaftlichen Nutzung geraten" sind.

Der Bericht endet mit der Aufforderung, sich jener Ländereien anzunehmen. Es seien große Kapital-Investitionen nötig. Wenn es gelinge, die meliorierten Sumpf- und Moorböden optimal zu nutzen, könne man die Pläne erfüllen und übererfüllen.

Wird es gelingen? Versucht hat man es. Bereits frühzeitig wurde damit begonnen. Schon 1952 hatte der damalige Parteivorsitzende des Gebietes, V. E. Černyjšev, auf dem Parteitag der KPdSU in Moskau auf die dringend gebotene Wiederherstellung des Meliorationssystems hingewiesen. Sein Nachfolger Konowalow berichtete 1968, daß bis dahin rund 42 Millionen Rubel (etwa 120 Millionen DM) für die Wiederherstellung beziehungsweise die Neuanlage der entsprechenden Einrichtungen aus dem Staatshaushalt des Gebietes aufgebracht worden seien.

Es klappte jedoch nicht alles nach Plan. Zwei Hauptgründe sind dafür bekannt: die Unkenntnis des Systems sowie die (systemimmanenten) Unzulänglichkeiten bei der Durchführung. So scheiterte eine rasche Reparatur, die vorher zur selbstverständlichen Pflege gehörte, daran, daß man keine Unterlagen über die Dränagesysteme zur Hand hatte. Früher besaß jedes Grundstück exakte Zeichnungen darüber. Sie wurden jedoch in den meisten Fällen vernichtet, als 1945 die Häuser zerstört, niedergebrannt oder ausgeplündert wurden.

Als man schließlich die Anlagen einigermaßen kannte und das Geld zu Wiederherstellung und Instandhaltung zur Verfügung stand, da wurden die Beträge oft zweckentfremdet. Als Beispiel dafür wird die Sowchose Seckenburg (Sapowednoje), nahe an der Kreisgrenze zu Labiau, angeführt. Der Staatsbetrieb hatte 1965 für die Wartung des Trockensystems auf einer Fläche von 2 373 Hektar 17 670 Rubel erhalten. Nach einem Jahr habe man festgestellt, daß nur 5 330 Rubel für diesen Zweck ausgegeben worden seien.

Es wird keine Auskunft gegeben, wo das Geld geblieben ist. Der Bericht darüber bedauert jedoch, daß durch ein solches Verhalten die Böden nicht nur ständig mehr litten, sondern sogar völlig unbrauchbar würden. Dies sei besonders unverständlich, weil sich die Erträge der Sowchose Seckenburg von 1960 bis 1964 um mehr als 50 Prozent vermindert hätten.

Dies mag ein krasses Beispiel sein, aber es ist kein Einzelfall. Ausdrücklich verweist der Bericht darauf, daß viele Sowchosen das bewilligte Geld nicht für den gedachten Zweck einsetzten; somit verminderten sich die Ernten auf diesen Ländereien von Jahr zu Jahr mehr. Da nützt es denn auch nichts, daß der Staat, wie notiert wird, genügend Mittel eingesetzt hat, um die Dränagen und Pumpstationen in Ordnung zu halten, und daß andere Betriebe das Geld mit Gewinn einsetzen würden.

Ob es wenigstens mit den großen Wasserwegen klappt? Der in der Nähe verlaufende Seckenburger Kanal ist jedenfalls in allen sowjetischen Karten

Heinrichswalde ist weiter als Kreisstadt Zentrum der Elchniederung. Die Stadt ist relativ gut erhalten. Unser Bild zeigt die Friedrichstraße damals.

eingezeichnet. Zusammen mit dem Großen Friedrichsgraben wie auch mit Deime und Gilge gehört er zu der wichtigen Verbindung zwischen Pregel und Memel, zwischen Königsberg und Tilsit.

Kaum sonstwo im vielfältig gestalteten Ostpreußen war die Erde einmal so „wüst und leer" wie in der sumpfigen Zone in Haffnähe. Ja, es gab sie kaum, ehe denn „eine Feste zwischen den Wassern gemacht und das Wasser geschieden wurde", es Licht ward, wo höchstens das Irrlicht der Verlorenheit über den Mooren tanzte, ein Himmel sich wölbte über einem neuen Land. Ein wahrer Schöpfungsakt war vollzogen worden, als Menschen sich „die Erde untertan gemacht hatten", so, wie es ihnen befohlen worden war. Das war ihre Erde.

Und nun? Versinkt das Land wieder, fällt es zurück hinter den ersten Tag der neuen Schöpfung? Wir wissen, daß es leidet. Was sonst geschieht — es gibt jetzt kaum noch Informationen darüber. Das Land schweigt. Selbst aus dem Sperrbereich an der Trennungslinie gegenüber dem polnischen Teil sickern Nachrichten durch, sogar aus den abgestorbenen Zonen von Schloßberg und Heiligenbeil kommt dann und wann eine Neuigkeit, und tatsächlich verirren sich Besucher bis in das untergegangene Schirwindt — doch kaum ein Wort dringt aus der Elchniederung zu uns; nicht ein Gast findet den Weg dorthin.

Ist dieses Land noch bewohnt? Leben in den neu versumpften Zonen noch Menschen? Was ist aus ihnen geworden, die einmal dort zu Hause waren?

Einmal wurde die Region in neuerer Zeit wenigstens noch am Rande erwähnt. So schrieb der litauische Dichter und Dozent Tomas Venclova in seinem 1978 veröffentlichten Bericht „Die heutige Lage in Klein-Litauen": „Ebenso gehört habe ich (ob dies wahr ist, weiß ich nicht), daß etwas von der alten deutschen Bevölkerung um Gilge (der Autor sagt ,Gilija — litauisch — und vermeidet die heutige sowjetische Bezeichnung ,Matrossowo') verblieben ist. Vielleicht kommen darunter auch alte Kleinlitauer (Preußisch Litauer) vor, aber bestenfalls nur einige oder etliche."

Ausgeschlossen ist es nicht, daß einige von denen, die am 20. Januar 1945 von den einrückenden Truppen überrollt worden waren, diese Zeit überstanden haben. Es kann schon sein, daß das einsame Moor der Retter vor Verfolgung, Verschleppung und auch Aussiedlung war. So mag das Land dafür gedankt haben, daß Menschen es aus dem Nichts emporgezogen hatten.

Es waren Männer und Frauen aus den verschiedensten Gegenden gewesen, die sich dort zu einem einzigartigen Werk zusammengefunden hatten. Aus fast allen deutschen Landen waren sie gekommen, dazu aus Salzburg und auch aus Litauen, wie Tomas Venclova es ganz richtig ange- 169 deutet hat. Sie hatten keinen Streit um Herkunft, Nationalität, Sprache, Glauben, Sitten und Vermögen, sie kannten nur eines: diese unwirtliche Gegend urbar, bewohnbar zu machen, sie zum Leben zu erwecken. Sie schafften, was so nur wenigen gelungen sein mag, eine Art von europäischem Gemeinschaftswerk, lange bevor Menschen und Zeit reif schienen für solche Taten.

Soll nun alles vorüber sein? War alles vergeblich? Die Geschichte mag die Antwort auch auf die Fragen geben, die noch im Dunkel der Elchniederung von heute begraben sind.

Was man über die Gegend weiß, sind wenige offizielle Daten. Danach entspricht der jetzige Rayon Slawsk, zu dem im wesentlichen diese Niederung gehört, im großen und ganzen dem alten Kreis Elchniederung. Nur im Nordosten und im Südwesten wurden die Grenzen ein wenig erweitert. Kreisstadt ist weiterhin Heinrichswalde, Slawsk gleich Stadt des Ruhms. Ferner gehören sieben Dorfsowjets dazu. Während der Kreis 1 350,8 Quadratkilometer mißt und damit der drittgrößte im Gebiet ist, wird die Fläche der Kreisstadt mit 10,0 Quadratkilometer angegeben. Nach der Einwohnerzahl steht der Rayon — die Kreisstadt nicht mitgezählt — mit 25 900 an vierter Stelle.

Als Gewerbebetriebe, die zu den nennenswerten im nördlichen Ostpreußen gezählt werden, findet man in den sowjetischen Unterlagen für Heinrichswalde: einen holzverarbeitenden Betrieb, einen Butterei-Betrieb und eine „industrielle Forstwirtschaft".

Auch Ölvorkommen werden dort ausgebeutet. Zusätzliche Berichte besagen, daß man etwa 30 Kilometer südöstlich-östlich vom Kurischen Haff in der Nähe von Heinrichswalde Öl gefunden habe. Auch im Haff selbst sollen Bohrtürme beobachtet worden sein.

In Seckenburg sitzt die Verwaltung des Naturschutzgebietes Memeldelta. Das verrät schon der Name Sapowednoje gleich Naturschutzgebietsdorf. Danach bemühen sich die Behörden auch unter diesem Gesichtspunkt um die Erhaltung dieser ungewöhnlichen Landschaft.

Eine Nachricht kam wenigstens noch aus Kreuzingen (Skaisgirren), dem Knotenpunkt für Bahn und Straßen im südöstlichen Zipfel des Kreises. Dort hatte ein Reporter aus Hamburg 1970 Gelegenheit, einen Blick in die Kirche zu werfen. Was er vorfand, war ein Kaufladen für Haushaltswaren. Auf den Regalen, die aus Kistenbrettern hergestellt waren, lagerten Töpfe, Geschirr, Nägel und Handwerkszeug. Das Ortsschild trägt nun den Namen Bolschakow.

Durch die Bahnlinie Riga — Königsberg hat der Kreis wenigstens zum Teil Anschluß an die übrige Welt. Hauptstraßen führen nicht durch ihn. Der Zug hält an folgenden Stationen: Tilsit — Sceglovka — Novaja (deutscher Name unbekannt) —

Liebenfelde — Eichenrode (Bogatovo) — Labiau — Pronitten (Slawjanskoje) — Nautzken (Dobrino) — Kuggen (Baevka) — Neuhausen — Kutozovo-Nov (nördlicher Bezirk Königsbergs, vielleicht Rothenstein).

Besuche in Ragnit Stadt und Land

Nachbarkreis im Osten ist Ragnit, heute Njeman genannt. Gegenüber dem früheren Kreis Tilsit-Ragnit wurde der Rayon erheblich verkleinert, vor allem im Nordosten, aber auch im Nordwesten wie im Süden. Seine Fläche beträgt nur noch 680,9 Quadratkilometer. Damit ist er nach Gumbinnen der zweitkleinste Rayon. Zu ihm gehören sechs Dorfsowjets, also größere Gemeinden.

Die am 19. Januar 1945 eroberte Stadt Ragnit wurde 1947 der Oblastj-Verwaltung in Königsberg direkt unterstellt. Ihre Fläche beträgt 14,0 Quadratkilometer. Offizielle Angaben über ihre Einwohnerzahl liegen nicht vor. Für das Kreisgebiet wurden — ohne Ragnit — 12 000 notiert, wiederum nach der im Kreis Gumbinnen die zweitniedrigste Zahl. Als einziger nennenswerter Betrieb wird ein Zellulose-Papierkombinat erwähnt. Es handelt sich dabei um die alte Zellulosefabrik aus deutscher Zeit, die schon immer das bedeutendste Unternehmen der Stadt und des Kreises war.

Eine ganze Reihe von Orten wurde durch die Änderung der Kreisgrenzen betroffen. So kamen Friedlau, Großwalde und Gruten aus dem früheren Kreis Elchniederung zu Ragnit, während umgekehrt Adelshof, Jägershof, Preußenhof, Schanzenkrug, Urbanshof, Weidenau und Weinoten von Tilsit-Ragnit zum Rayon Heinrichswalde (Elchniederung) überwechselten. Heinrichswalde zugeordnet wurden auch Kallwen, Kaltecken, Teichort und Schwedenfeld, die vorher zum Stadtkreis Tilsit gehörten.

Im Süden gingen vom Kreis Schloßberg in den Rayon Ragnit Ebenwalde, Grüneichen und Hagenrode. Aus dem Kreis Insterburg kam Honigberg hinzu, während Klein-Bergental, Langenort und Opeln an den Rayon Gumbinnen fielen. Im Osten wechselten von Tilsit-Ragnit in den Rayon Haselberg (Schloßberg) Forst-Trappen und Memelwalde, Aschen, Birkenfelde, Birkenhain, Dreifurt, Friedenswalde, Großlenkenau, Grünau, Hartigsberg, Henndorf, Hirschflur, Hohenflur, Juckstein, Karolinen, Keppen, Kleehausen, Kleinschollen, Königshuld (I und II), Lichtenrode, Lindengarten, Memelwalde, Moritzfelde, Rautengrund, Sammelhofen, Sandkirchen, Trappen, Waldheide, Waschingen, Weedern und Wiesenfeld.

Die Kirche von Kreuzingen (Skaisgirren) ist jetzt ein Haushaltswaren-Geschäft. Dort, wo früher das Kreuz war, hängt ein Schild mit der Aufschrift: „Kaufhaus". Auf unserem Foto aus dem Herbst 1970 bringt gerade ein Lastwagen Nachschub für den Laden. 171

Namen, Zahlen, nüchterne Notizen — wie aber sieht es aus, dort in dem grünen Landstrich an der Memel? Man kann sich immerhin ein gewisses Bild von den Verhältnissen heute machen; denn aus dem benachbarten Gebiet der litauischen Sowjetrepublik kommen mehr Leute in das alte Ostpreußen als von anderswo her. Einige von ihnen haben auch darüber berichtet. Nur ein einziger allerdings war im Abstand von 25 Jahren zweimal dort, 1946 und 1971, und kam schließlich in den Westen, vollbeladen mit Eindrücken, wie sie nur ein Mensch haben kann, der 44 Jahre in der Heimat lebte, die ihm davon 26 Jahre zur Fremde geworden war. Sein Name ist Egon Sattler, Jahrgang 1927, in Angerwiese (Klapaten) zu Hause. Er schildert, wie er sein Dorf und das Grundstück seiner Eltern wiedersah, als er 19 Jahre alt und russischer Gefangener war und zum Abschied als 44jähriger Bürger der Sowjetrepublik Litauen.

Was er nicht erzählt, ist, wie es war, als er früher heimkehrte, da die Welt noch in Ordnung war, die schöne Welt am breiten Memelstrom. Aber wir können es uns lebhaft vorstellen.

Fröhlich zog der Junge seine Straße. Die Luft war warm und seidig. Lerchen schraubten sich jubilierend in die Höhe, und über ihnen zogen Störche ihre weiten Kreise. Allezeit war man versucht, den Schäfchenwolken nachzusehen, deren Figuren spielerisch wechselten und die in leuchtendem Weiß das Firmament noch freundlicher gestalteten. Nirgendwo schien dem Menschen der blaue Himmel so nah und gleichzeitig so überirdisch fern wie hier in der grünen Weite des Ostens.

Vorbei ging der Weg am Rombinus, dem Heiligen Berg der alten Prussen, von dem der Volksmund viel zu erzählen wußte. Bald nahte die Hauptstraße von Tauroggen her, und man mußte ein bißchen aufpassen; denn hier brausten die Autos schon recht häufig vorbei. Man ahnte freilich noch nicht, daß sie eine neue Zeit ankündigten.

Ein Erlebnis war immer wieder die Fahrt über die Luisenbrücke, die in drei mächtigen Schwüngen den breiten, behäbig dahinfließenden Strom überspannte. Auf der anderen Seite stand die Deutschordenskirche wie eine Bastion des Glaubens und der Standfestigkeit. Gebaut für die Ewigkeit.

Egon verschwendete nicht allzu viele Gedanken an die großen Dinge der Welt. Diese Welt war in Ordnung, hatte gerade hier im äußersten Osten einen festgefügten Rahmen seit Jahrhunderten. Kaiser, Könige und Regenten hatten gelegentlich daran gerüttelt, aber sie haben sie nicht angetastet. Natürlich, hier ist historischer Boden. Napoleon, Königin Luise, Tauroggen; in der Geschichtsstunde hatten wir das alles gelernt. Aber, wie gesagt, Geschichte... Nun war das alles fern. Jetzt lebten wir sicher. „Kein schöner Land...", hatten sie gesungen, bevor es in die Ferien gegangen war.

Egon beeilte sich, aus der geschäftigen großen Stadt herauszukommen. Es gab nichts ihresgleichen in seinem kleinen Reich. Doch er liebte mehr das Land, die Stille und Endlosigkeit, die Ungezwungenheit und die Beschaulichkeit. Draußen auf der Straße zwischen Tilsit und Ragnit spürte er den Zauber der Natur. Sein Blick ging über tiefgrüne Wiesen, goldgelbe Kornfelder, Haine und Büsche, Teiche und Hügel bis weit in die Ferne. Das Herz mochte einem übergehen, wenn man diese üppige Landschaft sah, wo sich die Nähe in ihren kräftigen Farben mit der blaß schimmernden Unendlichkeit zu vermählen schien.

Die Memel hatte sich jetzt in ihrem großen Bogen ein wenig zurückgezogen; doch Egon hatte den Anblick immer vor Augen, das silbrig glitzernde Wasser, in das allenthalben kleine Landzungen hineinlangten, als wollten sie gestreichelt werden von dem dahingleitenden Naß. Dann und wann tauchten Frachtkähne auf, meist voll beladen mit Heu oder den Früchten des Landes. Die Wiesen an den Ufern hatten lustige Farbtupfer auf ihrem grünen Kleid. Das Gras war schon hoch; bald war der zweite Schnitt fällig. Grillen zirpten unentwegt. Und aus den Laubwäldern links und rechts klang der Ruf des Kuckucks herüber. Im Gehölz knackte es irgendwo.

Über das reife Korn, das prächtig auf dem Halm stand, strich zärtlich ein leichter Wind. Und so wie er darüber hinwegging, wogte und lebte das ganze Feld, das bis zum fernen Horizont reichte.

Egon beschleunigte seinen Schritt. Schon hörte er das Dengeln der Sensen auf den Feldern. Dort ratterte bereits eine Mähmaschine. Die Zeit war gekommen.

„Ward Tied, mien Sehn", sagte der Vater, als er auf den Hof kam. „De Aust beginnt."

Muttchen, ein bißchen grauhaarig schon, protestierte. „Nu, laß doch das Jungche erstmal verpusten." Und nach kurzer Pause: „Und überhaupt mein Streuselkuchen. Für dich sogar mit Zuckerguß."

Zusammen gingen sie in die gute Stube, aßen und waren frohen Mutes. Das war ihr Leben im ostpreußischen Dorf.

Es war gar nicht viel später, als alles zusammenbrach. Dann kam Egon Sattler wieder auf den Elternhof. Darüber berichtet er selbst:

„Das Schicksal wollte es, daß ich bereits kurze Zeit nach meiner Gefangennahme im Jahre 1945 mein Heimatdorf wiedersehen sollte. 1946 war ich einem sowjetischen Arbeits- und Aufräumkommando zugeteilt, mit Sitz in Hohensalzburg (Lengwethen). Von dort marschierten wir täglich unter Aufsicht unserer Bewacher in die Dörfer der Umgebung, um Beutegut, vor allem Getreide und Maschinen, zu bergen. So kam ich eines Tages als

Die Schloßruine von Ragnit, aufgenommen 1973.

Kriegsgefangener auch auf den Hof meines Vaters in Klapaten.

Es war ein recht trauriges Wiedersehen! Meine Eltern hatten im Herbst 1944 in aller Eile den Hof verlassen müssen. Vieles in den Wohnräumen erinnerte noch an die überstürzte Flucht. Da lagen Haushaltsgegenstände herum, die unlängst noch von meiner Mutter benutzt worden waren. Im Kinderzimmer stand noch das Bett, worin ich einst schlief. Was jedoch irgendwie wertvoll war, hatte bereits einen Besitzer gefunden. Zu oft hatte man inzwischen die Wohnungen der früheren Dorfbewohner nach Beutestücken durchsucht. In der großen Scheune befand sich noch das Getreide, so wie es im Herbst 1944 eingebracht worden war. Nun mußten wir es ausdreschen und in Säcke füllen.

Als wir an einem der nächsten Tage wieder auf den Hof kamen, um die Arbeit fortzuführen, da ging es mir wie ein Stich durchs Herz! Alle Gebäude lagen in Schutt und Asche da. Das ganze Gehöft meiner Eltern war abgebrannt. Über die Gründe konnte ich nichts erfahren. Es wäre auch nicht ratsam gewesen, bei meinen Bewachern danach zu forschen.

Fast alle anderen Bauernhöfe des Dorfes standen 1946 noch unversehrt da. Überall machte sich jedoch das Unkraut breit. Ich traute meinen Augen nicht, als ich sogar einige Rückkehrer erblickte. Offenbar war ihnen die Flucht nach dem Westen nicht geglückt, und sie versuchten nun, im Dorf eine Bleibe zu finden. So traf ich ein Mädchen, dessen Eltern mitten im Dorf ein kleines Grundstück besaßen. Es hatte sogar den Mut, sich im Hause seiner Eltern einzuquartieren. Auch ein mir bekanntes Mädchen aus dem Nachbardorf Pötken (Poetischken) hatte sich im Dorf niedergelassen. Infolge Fehlens jeglicher Lebensmittel gab es jedoch für deutsche Rückwanderer keine Existenzmöglichkeit. Bald waren denn auch die beiden Rückwanderer aus dem Dorf verschwunden. Inzwischen hatte mein Arbeitskommando seine Aufgabe in Klapaten erfüllt. Als ich meinen Heimatort verließ, war ich fest davon überzeugt, daß ich ihn niemals wiedersehen würde.

Es war 26 Jahre später. Ich war inzwischen 44 Jahre alt geworden. Zusammen mit meiner aus Litauen stammenden Frau und meiner 15jährigen Tochter lebte ich in der Gegend von Szugken, nördlich des Memelstromes. Zwar hatte ich mehrmals versucht, von den sowjetischen Behörden die Erlaubnis zur Heimreise zu erhalten. Es war jedoch niemals geglückt. Von Jahr zu Jahr wurde die Hoffnung kleiner, daß ich meine in Westdeutschland lebenden Eltern und Geschwister jemals wiedersehen würde. Doch im August 1971, nach der Reise von Bundeskanzler Brandt nach Moskau, traf ganz überraschend die Genehmigung zur Rücksiedlung ein. Innerhalb von drei Monaten sollte ich die Sowjetunion verlassen. Nachdem alle Reisevorbereitungen getroffen waren, beschloß ich, zusammen mit meiner Familie noch einmal mein Heimatdorf zu besuchen.

173

Das Land zwischen Tilsit und Ragnit 1973. Rechts im Mittelfeld eine Obstplantage, wie sie jetzt häufig dort zu sehen sind.

In aller Frühe begann von Szugken aus die Autofahrt nach Klapaten. Es war ein schöner Spätsommertag. In den Gärten blühten überall die Dahlien und Georginen. Bei Pogegen kreuzten wir die neue, vielbefahrene Autostraße Wilna-Kaunas-Schmalleningken-Pogegen-Memel. Neben schweren Lastzügen verkehren auf dieser Strecke zahlreiche Überlandbusse mit Personenbeförderung. So ist ein Ersatz geschaffen für den Abbau der früheren Kleinbahn Pogegen-Schmalleningken, der von den Sowjets gleich nach Kriegsende vorgenommen wurde.

Dann näherten wir uns Tilsit. Die Fahrt ging über die beiden Vorflutbrücken, die unzerstört blieben. An Stelle der früheren Luisenbrücke, die in drei hohen Bogen die Memel überspannte, erbauten sowjetische Ingenieure eine Brücke im neuen Stil, gradlinig und ohne Bogen. Die Paß- und Zollkontrolle an der Memel kam seit einiger Zeit in Fortfall. Litauen wurde in die UdSSR wirtschaftlich voll eingegliedert.

Das Straßenbild von Tilsit zeigt noch nicht die Betriebsamkeit von früher. Erst ein Teil der Gebäude ist wieder aufgebaut. Die Fabriken, deren Gebäude im Krieg unzerstört blieben, haben ihre Arbeit wieder aufgenommen, wie zum Beispiel die Zellulosefabrik. An mehreren Stellen sahen wir Neubauten.

Während der Fahrt nach Ragnit staunten wir nicht wenig über die ausgedehnten Obstplantagen beiderseits der Straße. Offenbar haben sowjetische Experten festgestellt, daß der Boden sich besonders gut für den Obstanbau eignet. Die Bewirtschaftung erfolgt in Kolchosenform. Die an den Obstkolchosen Beschäftigten wohnen in den früheren Bauernhäusern des Dorfes Schalau (Paskalwen).

Bei der Einfahrt nach Ragnit, dem gegenwärtigen Nemunas (Njeman), fiel mir die Mahlmühle

van Setten auf. Sie ist in Betrieb. Gegenüber früher hat sich hier kaum etwas geändert. Auch der Mühlenteich auf der anderen Straßenseite mit seinen Schwänen und Enten zeigt das friedliche Bild früherer Tage. Sogar die „Parteiburg" aus der Nazizeit steht noch. Sie wird heute für Sportzwecke der Jugend benutzt. In der Kriegs- und Nachkriegszeit hatte die Stadt sehr gelitten, doch sind die zerstörten Häuser fast überall durch Neubauten ersetzt. Dem Straßenbetrieb nach zu schließen, dürfte die Stadt kaum weniger Einwohner haben als zur deutschen Zeit.

An der Südseite des Marktplatzes steht von den früheren Gebäuden zwischen Ehleben und Kleinke kein Haus mehr. Dafür ist an dieser Stelle ein pompöser Kino- und Theaterbau entstanden. Die Dächer des alten Ordensschlosses und späteren Gefängnisses sind einem Großfeuer zum Opfer gefallen. Die alten Mauern stehen als Ruinen da. Auch der alte Ragniter Kirchturm ist nicht mehr vorhanden. Er fiel noch zur deutschen Zeit den Kriegshandlungen zum Opfer. Das Kirchengebäude selbst überstand den Krieg. Es wird jetzt als Sporthalle benutzt. In den früheren Fabriken, wie Zellulose- und Kistenfabrik, wird überall in mehreren Schichten gearbeitet. Der Rohstoff Holz kommt wieder schwimmend und ungehindert, wie einst vor 1914, in Form zahlreicher Flöße den Fluß herunter.

An der Anlegestelle an der Memel kann man sogar in die dortige Gaststätte (früher Schlekies) einkehren. In dem Lokal ist das Angebot von Speisen und Getränken recht beachtlich, doch darf man an das dort ausgeschenkte Bier, das von der wieder in Betrieb befindlichen Ragniter Aktien-Brauerei herstammt, allerdings keine hohen Ansprüche stellen. Auf dem Fluß verkehren Dampfer und Frachtkähne (Boydaks) fast wie in früheren guten Zeiten.

174

Neuerdings hat man sogar zwischen Kaunas und Memel einen Schnellverkehr mittels großer Tragflächenboote für 200 bis 300 Personen eingerichtet. Die Boote fahren mit D-Zug-Geschwindigkeit (80 km in der Stunde) und legen die Strecke Ragnit-Tilsit-Memel in knapp eineinhalb Stunden zurück.

Nur die alte Memel-Fähre existiert nicht mehr. Zur Zeit der Heuernte beförderte sie einst unzählige Wagen voll duftenden Memelheus vom Nord- zum Südufer. Heute müssen die Einwohner von Schreitlaugken, Bittehnen und Absteinen den an Stelle der Fähre getretenen Flußkahn benutzen, wenn sie ihre Einkäufe in der Stadt tätigen wollen. Das Fahrgeld beträgt zehn Kopeken.

Auch die früher Gude'sche Mahlmühle am Ausgang der Stadt in Richtung Tussainen ist wieder in Betrieb. Selbst der Wasserturm hat den Krieg überstanden, desgleichen auch die zahlreichen Siedlungshäuser auf der Südseite der Straße, eine Häuserreihe, die sich inzwischen noch verlängert hat und sich vom Wasserturm fast bis nach Tussainen erstreckt. Das gegenüberliegende Gelände hat man zu einem großen Touristen-Campingplatz ausgebaut. Hier stehen zahlreiche Sommerhäuser für zwei bis sechs Personen bereit, um einen Aufenthalt auch für erholungsbedürftige Familien zu ermöglichen. Wohnwagen, wie in Westdeutschland, sieht man auf den sowjetischen Campingplätzen noch nicht. Am Wasserturm befindet sich jetzt auch das größte Warenhaus von Ragnit.

Das Gut Tussainen ist in eine große Kolchose umgewandelt. Soweit das Auge zu blicken vermag, nur weite und ebene Ackerflächen! Kleine Waldstücke, Teiche und kleine Hügel, die früher die Landschaft so abwechslungsvoll gestalteten, sind

Die Tilsiter Straße mit dem van Setten'schen Haus, das gegenüber der Schloßmühle steht (Aufnahmen aus dem Jahre 1973).

verschwunden. Für die großen Traktoren, Mähdrescher und sonstigen Maschinen benötigt man ebene Flächen von großer Ausdehnung.

Auch das Gut Palen (Palentienen) wirtschaftet heute als Gemeinschaftsbetrieb. Die einstige Ziegelei an der Straße sucht man vergebens. Auf der anderen Seite der Straße, in der Nähe des Gehöfts Adomeit, befindet sich jetzt ein größerer Konsumladen. Die ringsum wohnenden Landleute decken hier ihren Bedarf.

Wir nähern uns jetzt meinem Heimatdorf Klapaten. An der Kreuzung, da wo der Weg zum Dorf abbiegt, stehen noch die Gebäude der jetzt stillgelegten Meierei. Auch das Postbeamtenhaus gegenüber ist der Zerstörung entgangen. Von dem Mühlengrundstück gleich dahinter dringt Motorengeräusch an unser Ohr. Hier stand einst die schmucke Windmühle, die Zierde des Dorfes. Kurz vor dem letzten Kriege baute der Inhaber sie zu einer Motormahlmühle um. Es wirkt fast wie ein Wunder, daß die Mühle als einziger Gewerbebetrieb des Dorfes die Wandlungen der letzten Zeit unversehrt überstanden hat.

Wir kommen nun zu der Stelle, wo die Bahnlinie Tilsit-Stallupönen die Straße kreuzt. Das Bahnhofsgebäude ist restlos zerstört, desgleichen auch der daneben liegende Bahnhofskrug mit Kaufladen. Die Bahnhofsgegend stellte einstmals die belebteste Stelle des Dorfes dar. Vor allem herrschte am Morgen, zur Zeit der Schülerzüge, ein großes Gewimmel von Schülern aller Altesstufen. Aus der ganzen Umgebung kamen sie zusammen, um von hier aus die Fahrt zu den Ragniter und Tilsiter Schulen anzutreten. Sonderbarerweise gibt es auf dieser Bahnstrecke noch keinen Personenverkehr, auch

Die Zellulosefabrik arbeitet wieder. Der Schornstein qualmt.

nicht zwischen Tilsit und Ragnit. Ab und zu fahren jedoch Güterzüge. Wer zur Stadt will, benutzt den Bus, der in verhältnismäßig kurzen Abständen Klapaten passiert.

Wir biegen nun in den Weg ein, der zum Grundstück meiner Eltern führt. Felder und Wiesen breiten sich da aus, wo früher ein ansehnlicher Bauernhof stand. An Hand einiger Trümmer konnten wir die Lage des früheren Wohnhauses feststellen. Erinnerungen aus meiner Kindheit wurden wach. Hier hatte ich einst mit meinen Geschwistern gespielt. Von hier fuhr ich mit meinen Eltern im Pferdewagen zur Stadt. Ich zeigte meinen Angehörigen auch den gut drei Kilometer weiten Schulweg, den ich acht Jahre hindurch zurückgelegt hatte, auch im Winter, wenn der Wind bei „Stiemwetter" den Schnee zu hohen Bergen zusammengeweht hatte. Nur schweren Herzens schieden wir von der Stelle, mit der mich so viele unauslöschliche Erinnerungen verbinden.

Unser nächstes Ziel war das Gehöft meiner Großtante Auguste. Die Gebäude standen unversehrt da. Die jetzigen Bewohner stammten aus Litauen. Sie hatten sich freiwillig für die landwirtschaftliche Arbeit im Gebiet südlich der Memel zur Verfügung gestellt. Zur Wohnung gehörten neben dem großen Garten auch noch zwei Morgen Land. Zu ihrem Viehbestand zählten außer einer Milchkuh noch zwei Schweine und eine Anzahl von Hühnern. Wie die Hauseinwohner berichteten, gefiel ihnen das Dorf sehr. Auch mit den Arbeitsbedingungen in der Kolchose waren sie zufrieden. Auf unsere Frage, ob ihnen die Wohnverhältnisse im Hause unserer Verwandten zusagten, äußerten sie sich sehr befriedigt, doch klagten sie über die Nässe im Keller. Da konnte ich ihnen helfen. Mein Großonkel Rudolf hatte einst den Keller kanalisiert. Sicherlich war der Abfluß, der nicht leicht zu finden war, verstopft. Nachdem ich ihnen die Stelle gezeigt hatte, schieden wir, reichlich mit Äpfeln beschenkt, von der Familie im besten Einvernehmen.

Jetzt ging es durch die Mitte des Dorfes. Auf dem Hofe des letzten Bürgermeisters Karl Liedtke befand sich die Leitung der Klapater Kolchose. In seinen Ställen und in denen des Bauern Kahlfeld waren die Milchkühe der Kolchose untergebracht. Der Dorfanger zeigte fast das gleiche Bild wie einst. Nur die Weidenbäume an den Wegen hatten sich verändert. Niemand in den letzten 25 Jahren hatte sie ‚gekappt!' So waren sie zu riesigen Bäumen herangewachsen und gaben dem Dorf ein völlig verändertes Aussehen.

Auch das Wegenetz war nicht mehr das gleiche. Die jetzigen Bewohner hatten vielfach neue Wege und Steige geschaffen und die alten eingehen lassen. So war es zum Beispiel für uns unmöglich,

vom Gehöft Kahlfeld den Weg weiterzufahren. Wo früher ein Weg gewesen war, da breiteten sich jetzt Kolchosenfelder aus. Auch in Richtung Poetischken und Kleinmark (Kiauschälen) erblickten wir nur weit ausgedehnte Ackerflächen. Der dort liegende Hof von Alfred Szameitat existiert nicht mehr.

An der kurz vor dem letzten Kriege angelegten Steinstraße Bhf.—Klapaten—Kiauschälen—Bersken (Sobersken) stellten wir zu unserer Verwunderung einige Neubauten fest. In den neu entstandenen Häusern, es mögen etwa 20 sein, leben erst kürzlich eingewanderte Familien aus der UdSSR. Sie sind auf den Kolchosen der Umgebung beschäftigt. Auf diese Weise geht die Besiedlung des Dorfes und der benachbarten Bezirke langsam, aber unaufhaltsam weiter.

Die Neubauten machten übrigens mit ihren freundlichen und gepflegten Vorgärten und den weißen Gardinen an den Fenstern einen ansprechenden Eindruck. Die Kinder der Neusiedler besuchen die Schule in Tischken (Titschken), wo ein russischer Lehrer den Unterricht erteilt. In der Klapater Schule wird nicht unterrichtet. Sie wird lediglich zu Wohnzwecken benutzt.

Die Sonne war kurz vor dem Untergehen, als ich meinem Heimatort endgültig Lebewohl sagte. In schneller Fahrt ging es zurück nach Szugken, von wo in wenigen Tagen unsere Übersiedlung nach Westdeutschland erfolgen sollte."

Anders klingt die Notiz aus dem Reisebericht des litauischen Altkommunisten Pranas Stiklius. Im Jahre 1964 war er mit einer Reisegruppe in Ragnit und schreibt darüber in dem hier bereits zitierten Buch „Die Ernte meines Lebens": „Als wir über Ragnit" (er wählt die litauische Bezeichnung ‚Ragainé', nicht die sowjetische ‚Njeman') „fuhren, lenkte ein großer alter Bau unsere Aufmerksamkeit auf sich durch seine leeren Fensteröffnungen und sehr dicken Wände, die schon an manchen Stellen sich spalten und zu verfallen beginnen. Das ist eine von den Kreuzrittern erbaute Burgfestung, von der sie ihre Kreuzzüge gegen Litauen begannen.

Wir alle riefen den Fahrer anzuhalten, und als er anhielt, stürzten alle sofort aus dem Autobus heraus. Die Häuser ringsherum sind erhalten, nur die Burgruine ragt hoch heraus. Wir kamen näher. An die Burgmauer sind neue, von den jetzigen Bewohnern zusammengestützte Speicherchen angelehnt, und wir sahen auch Schnüre, die zum Trocknen von Wäsche gezogen sind. Wir messen die Stärke der Mauer — es waren fast drei Meter.

Wir sind berührt von den während der Reise gesehenen Ansichten; schweigend und in Gedanken vertieft stiegen wir in den Autobus, der eilends über Tilsit (Tilze), über die berühmte Luisen-(Luiza-) Brücke fuhr, damit wir noch den Rombinus-

Das Kreiskrankenhaus steht noch, wie diese Aufnahme aus dem Jahre 1977 beweist.

(Rambynas-)Berg besichtigen konnten, da der Abend schon nahte."

Wieder ganz verschieden davon sind die Töne, die die neuen Herren anschlagen. „Kommt in die uralte russische Stadt am Njeman (Memel)!" lautete eine Kampagne der städtischen Behörden, mit deren Hilfe 1955 in kurzer Zeit 10 000 Neusiedler gewonnen werden wollten — soviel wie die Stadt nach der letzten Zählung an Einwohnern (10 094) zur deutschen Zeit besessen hatte. Es kamen jedoch nur 2 000, wie einige Monate später bekannt wurde. Für das Jahr 1959 wurden 9 500 Bewohner notiert. Die genaue heutige Zahl ist nicht bekannt. Sie dürfte aber die Vorkriegsziffer überschritten haben. Immerhin gehört der Bereich um Tilsit und Ragnit zu den Zonen Nord-Ostpreußens mit der größten Bevölkerungsdichte (etwa 50 Menschen je Quadratkilometer).

Aus sowjetischen Veröffentlichungen geht ferner hervor, daß auch im Rayon Ragnit Meliorationsprobleme eine Rolle spielen. In einem Aufsatz heißt es, daß das Land am Kurischen Haff und an der Memel eine große Zahl von Torfbrüchen aufweist. „Die Landschaft dieses Rayons (Ragnit)... erinnert etwas an Holland", stellt der Verfasser fest.

Weiter registriert der Aufsatz, daß ein großer Teil des Landes an der Memel von Wiesen und Weiden eingenommen wird. In der Landwirtschaft überwiegen deshalb diejenigen Sowchosen, die der Viehzucht, Fleischgewinnung und der Milchproduktion dienen. Auch aus anderen Berichten geht hervor, daß in der Niederung westlich von Tilsit große Viehfarmen entstanden sind. Das Fleischverarbeitungskombinat und der Buttereibetrieb in Tilsit sind sicher in diesem Zusammenhang zu sehen. Ob dort die Tradition des Tilsiter Käses, der den Namen der Memelstadt in der ganzen Welt bekannt gemacht hat, fortgesetzt wird? Gewiß nicht, was den Namen betrifft — ebensowenig wie es beispielsweise Königsberger Klopse in Kaliningrad gibt. Erwähnt werden auch in den amtlichen Verlautbarungen Obstplantagen in der Niederung zwischen Tilsit und Ragnit.

Was nicht in den Veröffentlichungen steht, verrät unter anderem ein Bild aus dem Jahre 1974, das einen Blick auf den Hof des früheren Rittergutes Sommerau gestattet. Dieser zwischen Ragnit und Szillen gelegene bekannte Besitz war einst ein Musterbeispiel für vorbildliche Bewirtschaftung. Das scheint, nach dem Foto zu urteilen, vorüber zu sein.

Der große, einstmals sauber gepflasterte Hof zeigt mannshohen Wildwuchs. Die schönen Linden-, Pappel- und Kastanienbäume, die auch den Garten zierten, sind verschwunden. Die Windturbine, das weithin sichtbare Wahrzeichen von Sommerau, gibt es ebenfalls nicht mehr. Im Gutshaus ist nun die „Kommandantura" des Staatsbetriebes untergebracht. Der Küchenflügel existiert nicht mehr. Die meisten Fenster haben Bretter statt Scheiben. Das Satteldach des Pferdestalles wurde durch ein flaches Pappdach ersetzt. Der Kenner der 177

Szene urteilt: Immerhin, die Gebäude stehen noch und werden sogar notdürftig unterhalten. Um aber den hinterlassenen hohen Kulturstand wieder zu erreichen, wird es auch bei Einsatz moderner landwirtschaftlicher Möglichkeiten der harten Arbeit einer ganzen Generation bedürfen.

Kehren wir noch einmal in die Kreisstadt zurück und zu dem, was offiziell über sie gesagt wird. In der „Großen Sowjetenzyklopädie", Band 17, von 1974 heißt es: „Njeman (bis 1947 Ragnit), Stadt, die der Oblastjverwaltung (direkt) unterstellt ist, Zentrum des Rayons Njeman des Kaliningrader Gebietes der RSFSR. Anlegestelle am linken Ufer der Memel. Gelegen 130 Kilometer nordöstlich von Kaliningrad. Zellstoff-Papier-Kombinat. In der Umgebung von Njeman befindet sich eine große Sowchose für Obstanbau. Die Stadt wurde im 13. Jahrhundert gegründet."

Genau gesagt entstand Ragnit an der Stelle einer Preußenburg, die der Orden 1275 eroberte. Der Burg von 1289 folgte eine Siedlung, die bald Bedeutung gewann, aber erst 1722 zur Stadt erhoben wurde. Bis 1918 war Ragnit Sitz eines Landrats.

In der zitierten Auflage der „Großen Sowjetenzyklopädie" fehlen einige Angaben, die in der zweiten Auflage von 1954 enthalten waren. So der Hinweis auf die Bahnstation „Neu Njeman" an der Linie Tilsit—Ebenrode; ferner auf eine Mittel- (Ober-) Schule, eine Siebenjahresschule, zwei Volksschulen, eine „Schule für die arbeitende Jugend", eine „Lehranstalt für die Mechanisation der Landwirtschaft", sechs Bibliotheken, ein Haus der Kultur und einen Klub. Wurden die Einrichtungen inzwischen geschlossen, hat man sie bei der Aufzählung vergessen? Es gibt keine Antwort auf diese Fragen.

Ein Besuch in der Stadt am großen Memelbogen würde diese und andere Unklarheiten beseitigen; aber, wie überall im Gebiet, gibt es dafür keine Möglichkeit. Vor uns aber liegen mehr als 30 Aufnahmen aus dem Jahre 1977. Sie verraten einiges vom heutigen Ragnit.

Markante Ruinen, moderne Neubauten, alte deutsche Häuser, nüchterne Industriegebäude, Bauerngehöfte mit rotleuchtenden Dächern, idyllische Gewässer, ungepflegte Wege und alleeartige Chausseen — Heimat, Fremde, anziehende Schönheit, abstoßende Häßlichkeit. Wer könnte sich der Wirkung dieses Anblicks entziehen!

Alles überragend die Burgruine, noch im Tod ein wehrhafter Trutzbau. Die meterdicken Wände sind zerborsten, bis zur Hälfte stellenweise eingerissen. Oben, auf den buckeligen Stümpfen, wächst Unkraut, Gestrüpp. Unten lehnen sich, wie Pranas Stiklius es beschrieb, Bretterverschläge mit schrägen Dächern an das verfallene rotbraune Gemäuer. Junge Bäume, neues Grün machen den Gesamteindruck etwas freundlicher. Traurig blickt der verwitterte schlanke Schloßturm auf die triste Trümmerstätte herunter. Nein, diese Stelle hat nichts Erbauliches mehr!

Ganz anders die frühere Marktgegend. Auch hier ist die Veränderung fast total; aber sie ist freundlicher. Von den alten schönen Gebäuden, vor allem an der Südseite, ist kaum noch etwas vorhanden. Doch die hohe Glasfront eines neuen Kaufhauses, der große Kino- und Theaterbau sowie die vielen Rabatten mit blühenden Blumen — Rot ist vorherrschend — bieten einen recht angenehmen Anblick. Der Blick vom Markt auf Kirchenstraße und Zinkenteich zeigt eine großzügige Anlage mit breiten Straßen und zahlreichen Blumenbeeten. Einige Altbauten leuchten sogar in relativ frischer Farbe.

Dazu gehören allerdings nicht die Schloßmühle und das van Setten'sche Haus gegenüber in der Tilsiter Straße ganz in der Nähe; sie wirken grau und verwittert. Dort ist eine alkoholfreie Speisehalle untergebracht. Der Mühlenteich dahinter hat nichts von seinem alten Reiz eingebüßt. Sogar Schwäne und Enten ziehen weiter ihre Bahn durch das bläulich schimmernde Wasser. Auch der Anlegesteg am Haus ist noch vorhanden. Ein einsames Tretboot gleitet über den kleinen idyllischen See mit dem dichten Baumbestand am Ufer. Libel-

178 *Neues und Altes verbindet sich in der Windheimstraße.*

Immer noch eine Idylle: der Große Mühlenteich.

len stehen schwirrend über den leicht versumpften Stellen. Ein malerischer Winkel, der die Zeiten überdauert hat.

Immer noch qualmt der riesige Schornstein neben dem hohen, klotzigen Ziegelbau der Zellstoffabrik, die von der Schloßmühle aus gut zu sehen ist. Gewaltige Stahlmasten der Freileitungen, die dort wohl die Memel überqueren, stehen auf dem baumbestandenen, wenig bebauten Gelände dazwischen.

Der rote, aufragende Backsteinbau des Krankenhauses, auf dem sich die weißen, schmalen Putzschichten absetzen, blickt unverändert über den Zaun mit den kräftigen Pfeilern davor. In der Windheimstraße gibt es alte und neue Häuser nebeneinander.

Verlassen wir den zweifellos wieder lebendigen Ort, so fällt auf einem Zaun das mosaikartig gestaltete Namensschild „Njeman" auf. Auch wenn sie nun anders heißt, ist die Stadt doch überwiegend als das alte Ragnit zu erkennen.

Streifzug durch das Tilsit von heute

Unsere Fahrt geht nun über die gut erhaltene und wohl auch gepflegte Teerstraße in das nur zehn Kilometer entfernte Tilsit. Die alte Reichsstraße 132 hat sich kaum verändert. Lediglich die Bäume an den Seiten, die mit den Kronen einen endlosen Baldachin bilden, sind ein Stück größer geworden, um rund 35 Jahre gewachsen.

Nach ein paar Minuten Fahrt zeigt ein neues Schild die größte Stadt dieses Bereichs von Ostpreußen an. „Sowjetsk" steht darauf — Sowjetstadt. Und das ist so verschieden vom Tilsit der alten Zeit, wie der Ort selbst es gar nicht sein kann.

Nach Tilsit des Friedens wegen, konnte man früher sagen; denn hier war die Stätte, da die Mächtigsten ihrer Epoche sich trafen, um den Streit ihrer Völker zu begraben. Kaiser Napoleon, Zar Alexander I. und Königin Luise. Damals, im Tilsiter Frieden vom 7./9. Juli 1807, verlor Preußen zwar nach dem unglücklichen Krieg erheblichen Besitz, aber das ostpreußische Kernland wurde nicht angetastet. Der weibliche Charme, vor allem aber die menschliche Wärme jener legendären Königin Luise ersparten der Provinz und dem Königreich das Schlimmste. „Wer nie sein Brot mit Tränen aß...", schrieb die vom Leid ihrer Landsleute gequälte Königin in ihr Tagebuch, nicht ahnend allerdings, daß „die himmlischen Mächte" ihrem Land noch nicht die ärgsten der „kummervollen Nächte" bereitet hatten. Sie kamen fast 150 Jahre später.

So lange war Königin Luise fast wie eine Heilige verehrt worden, vor allem in dieser Stadt. Eine Allee, eine Schule, ein Theater, ein Haus, eine Apotheke, ein Denkmal und vor allem eine Brücke waren mit ihrem Namen verbunden. Heute ist dieser Name getilgt, der zum Inbegriff für preußische Tugend, für Aushalten in der Not, Bewäh- 179 rung in verzweifelter Lage und Symbol für eine unerwartete Wende zum Guten geworden war.

Die Königin-Luisen-Brücke hat wenigstens noch ihr altes Gesicht. Das barocke Portal dieses weithin bekannten Übergangs über den Memelstrom, gleichsam den Brückenschlag versinnbildlichend, steht noch; aber die Inschrift wurde herausgemeißelt, die drei stählernen Bogen durch ein gerades betoniertes Bauwerk ersetzt. Posten halten dort Tag und Nacht Wache. Das ist jedoch keine Besonderheit. Alle Brückenbauten in der gesamten Sowjetunion werden so geschützt.

Auch das Napoleonshaus in der Deutschen Straße Nr. 24 existiert nicht mehr. Der Korse hatte durchaus Gefallen gefunden an dem gemütlichen Städtchen im äußersten Norden Preußens. Zu den Bauten, die er schätzte, zählte die Deutschordenskirche, das eindrucksvolle Wahrzeichen ganz in der Nähe der Königin-Luisen-Brücke. Auch dieses Gotteshaus würde er im Sowjetsk von heute vergeblich suchen.

Über lange Jahrhunderte war Tilsit unbeschadet durch die Zeitläufe gekommen. 1406 war die Burg entstanden. 1552 hatte Herzog Albrecht dem schnell wachsenden Ort mit seinem aufblühenden Hafen Stadtrecht verliehen. 59 100 Einwohner zählte die kreisfreie Stadt vor Kriegsausbruch. Sechs Jahre später war das Ende ihrer 550jährigen Geschichte herbeigekommen. Am 19. Januar fiel sie in die Hände des gewaltig anstürmenden Gegners — ein rauchender Trümmerhaufen.

Die Königin-Luisen-Brücke war schon früher in den Fluten der Memel versunken. Deutsche Truppen hatten sie in der Nacht vom 22. auf den 23. Oktober 1944, wie alle Flußübergänge, gesprengt. Tatsächlich wurden die sowjetischen Truppen noch einmal fast auf den Tag genau ein Vierteljahr — das gegenüberliegende Pogegen war bereits am 20. Oktober 1944 erobert worden — aufgehalten. War dieser Preis die Gnadenfrist wert? Man muß die Frage wohl bejahen; denn nur so war es möglich, die Fluchtbewegung halbwegs zu organisieren. Menschenleben sind jeden Preis wert!

Wie aber würden diejenigen, die damals noch einmal davongekommen waren, ihre Stadt jetzt wiederfinden? In Gedanken waren sie gewiß alle schon zu Hause, oft und immer wieder. Haben sie sich noch ausgekannt, jetzt, da es ihr Zuhause nicht mehr sein soll, viele, viele Jahre danach? Einer, der sich durch besondere Information ein recht zutreffendes Bild vom heutigen Tilsit machen kann, ist Ingolf Koehler. Im folgenden schildert er, wie es dort nun vermutlich aussieht:

„Auch in unserer Heimat an der Memel blieb die Zeit nicht stehen. Viel hat sich dort verändert, seit wir eine stark zerstörte Stadt verlassen mußten. Deutsche gibt es im Land an der Memel nur noch vereinzelt — und auch nur dann, wenn diese Deutschen mit Ausländern verheiratet sind. Die deutsche Sprache mußte der russischen weichen, und auch deutsche Texte wird man im heutigen Tilsit kaum noch entdecken.

Dennoch würde sich der ortskundige Tilsiter auch heute noch in seiner Heimatstadt zurechtfinden. Zwar ist viel Neues dort entstanden, doch blieben genügend Wahrzeichen und Orientierungspunkte erhalten. Durch die Kriegszerstörungen wurden zahlreiche Straßenzüge in Ruinenfelder verwandelt; aber es zeigte sich später, daß viele Brandruinen wiederaufbauwürdig waren, weil insbesondere die Außenmauern von ihrer Standfestigkeit nichts oder nur wenig eingebüßt hatten. Dadurch ist so manches Haus — zumindest äußerlich — in alter Fassung wiedererstanden. Andererseits wurden Trümmerfelder abgeräumt, um konzentrierten Neubauprojekten Platz zu machen.

Doch beginnen wir nach dieser allgemeinen Betrachtung mit unserem gedanklichen Streifzug an der Stelle Tilsits, die wir passieren, wenn wir — von Süden kommend — mit dem Auto einreisen: oben am Karlsberg, an der ehemaligen Königsberger Straße. Von hier aus übersehen wir den geradlinigen Verlauf der Clausiusstraße bis zum Meerwischpark. Die Clausiusstraße heißt heute Leninstraße. Hier hat sich gegenüber früheren Jahren nur verhältnismäßig wenig verändert. Kriegszerstörungen sind in diesem Bereich kaum noch erkennbar. Der Wohnblock auf der linken Seite, an der Kreuzung Königsberger Straße / Grünwalder Straße / Clausiusstraße / Sommerstraße bestimmt auch heute noch das Bild dieser Kreuzung. Auf der rechten Seite der Clausiusstraße verändert sich das Straßenbild erst hinter der Großen Gerberstraße, die jetzt den Namen „Pjatnitzkinstraße" trägt. Hier sind neue Wohnblocks entstanden. Das Bild der Gr. Gerberstraße hat sich dadurch völlig verändert.

Die Fahrbahn der Clausiusstraße ist breiter geworden. Das frühere Reihensteinpflaster wurde mit einer Schwarzdecke überzogen. Für die Verbreiterung mußten die einst so gepflegten Vorgärten geopfert werden. Überhaupt befinden sich zumindest die Hauptverkehrsstraßen baulich in gutem Zustand. Kopfstein- und Reihensteinpflaster sind größtenteils verschwunden.

Am Meerwischpark vermissen wir den Turm der Kreuzkirche. Er wurde bereits 1944 durch Bomben zerstört. Das Kirchenschiff wurde zweckentfremdet. Hier arbeiten heute die „Werktätigen" an den Bohrern und Drehbänken einer Maschinenfabrik. Das Pfarrhaus gegenüber an der Ecke Lindenstraße hat sich hingegen kaum verändert. Die starken Beschädigungen durch Fliegerbomben sind beseitigt. Am Thesingplatz blicken wir hinein in die Grabenstraße, deren Abschluß auch heute noch durch den

Die Königin-Luisen-Brücke, wie sie der Fotograf 1970 vom Gelände der zerstörten Deutschordenskirche sah.

gewaltigen Gebäudekomplex des Staatlichen Gymnasiums gebildet wird. Die Grabenstraße selbst macht einen trostlosen Eindruck; doch zeigen sich Ansätze für einen Wiederaufbau.

Am Ende der Clausiusstraße angelangt, ist festzustellen, daß auch hier, am Hohen Tor, dem einstigen Verkehrsknotenpunkt zwischen Clausiusstraße, Gerichtsstraße, Angerpromenade, Kasernenstraße, Hohe Straße und Oberst-Hoffmann-Straße, ein Stückchen deutscher Vergangenheit erhalten blieb. Baulich dominiert hier immer noch in seiner alten Fassung das Gerichtsgebäude, das wieder seiner alten Bestimmung dient und darüber hinaus kulturellen Zwecken nutzbar gemacht wird. Offiziell trägt dieses Haus heute den Namen „Schloß der Kultur". Ergänzt wurde dieser Komplex lediglich durch einen Säulenvorbau am Haupteingang. Das Haus der Kreissparkasse Tilsit-Ragnit wurde wieder aufgebaut. Die alte Fassade besteht noch. Auch das Eckhaus an der Kasernenstraße, in dem sich der „Felsenkeller" befand, zeigt wenig Veränderungen. Einstige und heutige Besonderheit dieses Hauses: der quadratische Dachturm. Gegenüber das Gebäude der „Bank der ostpreußischen Landschaft" — jetzt allerdings mit anderer Zweckbestimmung.

Von hier aus geht der Blick hinüber in die Gerichtsstraße. Dieser Durchblick war früher versperrt durch das Haus Clausiusstraße 1, dessen Untergeschoß das Restaurant „Gerichtshalle" beherbergte. Dieses Haus wurde ein Opfer der Bomben. Die Ruine wurde abgetragen. In dieser Gerichtshalle wurde früher nach getaner Arbeit zumeist in fröhlicher Bier- und Weinrunde über die Tilsiter Alltagsprobleme diskutiert, oder es wurden Zukunftsprognosen ausgetauscht. Doch wer wäre damals je auf den Gedanken gekommen zu prophezeien, daß eines Tages genau an dieser Stelle der Vater der russischen Oktoberrevolution Wladimir

Iljitsch Lenin verewigt sein würde. Umrahmt von Grünanlagen steht Lenin hier auf steinernem Sockel und blickt hinab auf das Hohe Tor und weit hinein in die Hohe Straße.

Wir machen einen kleinen Abstecher zum Anger. Den überlebensgroßen, bronzenen Elch suchen wir vergeblich. Er wurde verschleppt und fand sich später wieder am Rande von Jakobsruh. Schließlich wurde er im Königsberger Tiergarten wiederentdeckt. Auf seinem Natursteinsockel wurde ein sowjetischer Panzer zu Ehren der „ruhmreichen Sowjetarmee" plaziert. Anläßlich der Siegesfeiern werden dort alljährlich Kränze niedergelegt. Insgesamt bietet der Anger durch seine gepflegten Grünanlagen und Blumenrabatten einen erfreulichen Anblick.

Vertraut ist der Anblick des Stadttheaters, dessen guter Ruf einst als „Grenzlandtheater Tilsit" über den Kreis Tilsit-Ragnit weit hinausreichte. Für die sowjetische Bevölkerung hat dieses Theater die gleiche Bedeutung wie früher für die Deutschen im nördlichen Ostpreußen. Kultur wird bei den Sowjetrussen immer noch groß geschrieben. Ein vielseitiges Theaterprogramm wird diesem Bedürfnis durchaus gerecht.

Doch zurück zum Hohen Tor. Wir folgen den Blicken Lenins und schlendern durch die Hohe Straße, die jetzt ‚Straße des Sieges' heißt. Jeder ortskundige Tilsiter würde die Straße wiedererkennen. Sie ist auch heute noch die Hauptverkehrsstraße und besonders an den Werktagen von regem Leben erfüllt. Doch es ist nicht mehr „unsere Hohe" mit ihrer besonderen Note, mit der ihr eigenen Atmosphäre, die sie einst für uns so anziehend machte. Es ist auch nicht mehr die Geschäftsstraße der Stadt. Viele uns vertraute Häuser entdecken wir aber wieder. Dieses trifft insbesondere für den Abschnitt zwischen Oberst-Hoffmann-Straße und Langgasse zu. Fast unverändert das Postgebäude. 181

Die Franck'sche Villa an der Clausiusstraße – Ecke Linden-straße. Das frühere Pfarrhaus der Kreuzkirche hat sich kaum verändert. Neu ist die Mastengruppe vor dem Gebäude.

Die vielen Geschäfte mit den einladenden Schaufenstern und den ausladenden Markisen (während der Sonnentage) existieren nicht mehr. Stattdessen wurde in unmittelbarer Nähe des Capitols das Kaufhaus ‚Sadko' errichtet, das baulich großzügig gestaltet und von Grünanlagen umgeben ist.

Überhaupt hat sich das Straßenbild besonders zwischen Langgasse und Wasserstraße stark verändert. Abgeräumte Trümmerflächen schafften Platz für neue Planungskonzepte. Noch vorhandene Freiflächen sind in kleinere und größere Grünflächen umgestaltet worden. Diese Freiflächen gewähren den Durchblick in die benachbarten Parallelstraßen. Im Kreuzungsbereich Hohe Straße / Langgasse wurde das „Denkmal für den sowjetischen Kämpfer, den Befreier" errichtet. Unweit davon entstand die „Allee der Helden", ein völlig neuer Straßenzug mit modernen Wohnblocks und reichem Baumbestand. Diese Allee wurde am 9. Mai 1965 offiziell eingeweiht. Straßenbahnschienen entdecken wir nicht mehr. Der öffentliche Stadtverkehr wird mit Bussen bewerkstelligt.

Schon sind wir am ehemaligen Fletcherplatz, dem ‚Getreidemarkt', wie er früher einmal hieß. Was hier noch an die alte Zeit erinnert, sind das Zollgebäude und das barocke Portal der Königin-Luise-Brücke. Die Brücke selbst, die früher zweifellos zu den größten und schönsten Wahrzeichen unserer Stadt zählte, wurde beim Rückzug von deutschen Truppen im Oktober 1944 gesprengt. Sie ist 1948 von Sowjets und Litauern wieder aufgebaut worden, jedoch nicht mehr als Bogenbrücke, sondern als sogenannte Stahl-Kastenträgerkonstruktion. Ebenfalls in veränderter Form entstand die Eisenbahnbrücke an alter Stelle.

Die Dominante des alten Stadtpanoramas, unsere Deutschordenskirche (Deutsche Kirche), ist verschwunden. Mit verhältnismäßig geringen Schäden hat sie den Krieg überstanden. 20 Jahre diente das Kirchenschiff den Sowjets als Sägewerk. Herabfallende Ziegelsteine, die zwei Passanten erschlugen, gaben den Anlaß, dieses baugeschichtlich so wertvolle Bauwerk, das selbst einen Napoleon einst begeisterte, abzubrechen. Mit durchaus vertretbarem Reparaturaufwand wäre es möglich gewesen, dieses Baudenkmal zu erhalten. Im Bereich Fletcherplatz — Dammstraße und Ludendorffplatz herrscht rege Bautätigkeit; vornehmlich Wohnblocks entstehen hier.

Die Deutsche Straße ist uns fremd geworden. Die memelseitige Häuserreihe existiert nicht mehr. Von hier aus ist der Blick frei bis zum Memelstrom, auf dem ein modernes Tragflächenboot den Linienverkehr nach Kaunas (Kowno) betreibt. Auf der gegenüberliegenden Seite der Straße stehen nur noch vereinzelt alte Häuser. Auch hier sind neue Wohngebäude entstanden.

Auf dem Schloßlatz und Ludendorffplatz herrscht allwöchentlich reges Leben, wenn die litauische Landbevölkerung über die Memelbrücke herüberkommt, um auf dem Wochenmarkt ihre Erzeugnisse anzubieten und zu verkaufen. Das Angebot ist reichhaltig und vielfältig, obwohl qualitativ und vom Gebrauchswert her nicht mit westlichem Maßstab gemessen werden darf. Die dortige Bevölkerung ist anspruchsloser in ihren Forderungen.

Noch einige Worte zur Bevölkerung überhaupt: Die Sowjetbürger sind bescheiden und im wesentlichen mit dem zufrieden, was ihnen geboten wird.

Das Stadttheater sieht – das zeigt dieses Foto aus dem Jahre 1975 – fast so aus wie einst.

Zwei Fotos von der Hohen Straße aus dem Jahre 1970. Auf dem Bild oben steht ganz im Hintergrund das Lenin-Denkmal.

Sie sind fleißig und auch stolz auf das, was sie in dieser Stadt, in der bereits ein beachtlicher Teil von ihnen geboren ist, geschaffen haben. Sie pflegen Hausmusik und lieben die Geselligkeit. Die im heutigen Tilsit erscheinende Zeitung ‚Znamja Kommunisma' (Banner des Kommunismus) schreibt hierzu: ‚Sowjetsk heute. — In jedem Jahr wächst und verschönert sich unsere Stadt. Es sind neue Mikrorayone (Kleinbezirke) gebildet worden. In vielen Straßen sind neuerrichtete, hübsche Wohnhäuser entstanden. Die Straßen sehen sauber und gepflegt aus. Das ist auf die Aktivität der Sowjetsk-Bewohner zurückzuführen, die an der Gestaltung und Verschönerung ihrer Stadt selbst mitwirken.'

Holzumschlag und Holzverarbeitung sind immer noch wichtige Faktoren im Wirtschaftsleben dieser Stadt. Seit vielen Jahren rauchen wieder die Schornsteine der Zellstoffabrik, und in einer Fabrik auf dem Ludendorffplatz werden Möbel gefertigt.

Schauen wir uns noch ein wenig in den Grünanlagen um, die auch in früheren Jahren schon ein wesentlicher Bestandteil der Stadtgestaltung waren. Der Schloßmühlenteich — er heißt heute ‚Grodskoje Osere' (Städtischer See) war jahrelang zu einem stinkenden Rinnsal herabqualifiziert. Allmählich entwickelt er sich zu dem zurück, was er einst für uns war: eine Oase der Entspannung, umgeben von Wiesen, Bäumen und Wanderwegen. Wir erinnern uns an die Brücke zwischen Wasserstraße und Roonstraße. Diese Brücke gibt es wieder in ähnlicher Form wie früher, jedoch nicht mehr aus Holz, sondern aus Stahlbeton. Die alte Holzbrücke mußte wegen Baufälligkeit abgebrochen werden. Fast unverändert erhebt sich der Turm der katholischen Kirche über die Baumgipfel. Das Kirchenschiff ist abgetragen.

Erhalten blieb auch ein Teil des Landratsamtes, zu dessen Füßen sich die zentrale Fahrbereitschaft befindet. Das Realgymnasium an der Roonstraße ist den Bombenangriffen zum Opfer gefallen. Das Wohngebiet ‚Überm Teich' hat seinen Charakter im wesentlichen behalten, obwohl auch hier der Krieg große Wunden riß. Nach wie vor dient der Park von Jakobsruh (der städtische Park) der Freizeit, der Erholung und der Volksbelustigung. Inmitten von gepflegten Grünanlagen und reichhaltigen Rabatten befinden sich Restaurants, Denkmäler und zuweilen auch Karussells. An das Königin-Luise-Denkmal erinnert nur noch der Marmorsockel. Eine Rehplastik befindet sich jetzt darauf. Platzkonzerte russischer Kapellen bereichern den Aufenthalt im Park von Jakobsruh. Von dort über die Putschine ist es nicht allzu weit bis zum Stadtwald. Ausflugsziele wie ‚Kuhlins', ‚Waldschlößchen' oder ‚Waldkrug' sind den Neubürgern Tilsits unbekannt.

Zu einem Begriff geworden ist über die Grenzen Tilsits weit hinaus das ‚Sanatorium Sowjetsk'. Es

handelt sich hier um das Gebäude der früheren Lungenheilstätte Stadtheide in der Robert-Koch-Straße. Das Haus wird von guten sowjetischen Ärzten geleitet, zu deren Aufgaben insbesondere die Heilung der Knochentuberkulose gehört.

Von den uns bekannten Friedhöfen existiert nur noch der Smalupp-Friedhof. Alle übrigen Friedhöfe sind eingeebnet. Grabsteine wurden entfernt. Nichts soll hier mehr an die deutsche Vergangenheit erinnern.

Kehren wir noch einmal zur Memel zurück und blicken hinüber auf das Land jenseits des Stromes, das uns immer noch vertraut ist. Das Restaurant ‚Brückenkopf' gibt es nicht mehr. Hingegen ist östlich der Brücke eine Badeanstalt entstanden, die den Bürgern während der vielen heißen Sommertage Abkühlung verschafft.

Wie einst, als wir dort noch zu Hause waren, bringen Frachtkähne ihre Holzladungen aus dem Osten, tragen Fahrgastschiffe ihre Gäste in die nahen oder weiteren Ausflugsziele, fahren Fischer und Wassersportler kreuz und quer über den Strom.

Hier am Ufer des Memelstromes (Njeman) bewegen wir uns gedanklich zwischen den Zeiten. Vieles ist fremd geworden in der alten Heimat. Die Vergangenheit versinkt. Geblieben ist das Bild der Erinnerung und eine 700jährige deutsche Geschichte, die dieses Land prägte. Es bleibt der Charakter dieser Landschaft mit seinen bewaldeten Höhenzügen

Das war einmal das Herz Tilsits. Im Vordergrund die Litauische Kirche (Landkirche) am Schenkendorf-Platz. Hinten rechts das Rathaus in der Deutschen Straße.

Der Schloßmühlenteich heißt nun Städtischer See. Auch die Brücke gibt es wieder, jedoch aus Stahlbeton. Im Hintergrund der Turm der sonst abgetragenen katholischen Kirche.

und seinen saftigen Wiesen — aber der Strom fließt weiter."

Wohin fließt er — Tropfen der Ewigkeit in unendlicher Fülle und schnell wie die Zeit davongetragen? Auch die Menschen, die dort an seinen Ufern wohnten, gehören dazu; die jetzt dort sind, die er dorthin trug, nicht minder. Kinder des Stroms, der sie nicht losläßt, gleich wo sie leben und wie lange sie leben. Den Schatz der Erinnerung im Herzen die einen, die neue Heimat vor Augen die anderen.

Sie haben sich längst eingerichtet in Tilsit, die neuen Bewohner aus den Weiten Rußlands; schließlich, so hört man, war es die einzige Stadt Nord-Ostpreußens, in der der Wiederaufbau bereits in den sechziger Jahren erkennbare Fortschritte gemacht hatte.

Amtlicherseits hat die Stadt an der Memel von Anfang an große Bedeutung gehabt. Schon 1958 hieß es in einem Aufsatz über das Königsberger Gebiet, Tilsit sei „das wichtigste industrielle, verkehrs- und administrative-kulturelle Zentrum des nördlichen Teiles". Aus weiteren offiziellen Veröffentlichungen geht hervor, daß die Stadt, die direkt der Oblastj-Verwaltung unterstellt ist, eine Fläche von 45,0 Quadratkilometern hat. Die Einwohnerzahl wird für 1970 mit 38 500 (1939: 59 300) angegeben). 1959 waren es danach nur 31 900.

Als wichtige Betriebe werden geführt: Schiffsmontagewerft, Zellulose-Kombinat, fleischverarbeitender Betrieb, Brotkombinat, Strumpffabrik, Möbelfabrik, Konservenfabrik für Obst, Brauerei, Mühlenbetrieb, Spirituosenwerk, Teppichwirkerei, Seifenwerk, Kalkwerk, Butterei-Betrieb — in keiner anderen Stadt des Gebietes, ausgenommen Königsberg selbst, werden so viele Unternehmen genannt.

Bei einem großen Teil handelt es sich um frühere deutsche Betriebe, die unter der neuen Regie weiterarbeiten. Das ging selbstverständlich nicht ohne Schwierigkeiten, zumal sie oft unter den Kriegseinwirkungen gelitten hatten. So berichtet ein Aufsatz, daß im Zellulose-Werk die Säuretürme zerstört und alle Holzkonstruktionen der Produktionsgebäude verbrannt waren. Auch das Kabelnetz und das Elektrosystem seien sehr stark in Mitleidenschaft gezogen worden.

Inzwischen wurde die Fabrik vergrößert. Bereits Ende der sechziger Jahre waren dort rund 3 000 Arbeiter beschäftigt; ihre Zahl dürfte sich in der Zwischenzeit weiter erhöht haben. Auch für dieses Werk stammt der Rohstoff Holz nicht mehr aus den dezimierten ostpreußischen Wäldern, nachdem der Raubbau dort gestoppt worden war. Er kommt aus den fernen waldreichen Regionen der Sowjetunion — geflößt über verschiedene Wasserwege, bis er das Memelufer erreicht, dort, wo immer noch die hohen Schornsteine das wichtigste Unternehmen Tilsits markieren.

Wenn diese gewaltigen Holzstämme erzählen könnten, dann wäre eine ungewöhnliche Reisebeschreibung das mindeste; vielleicht gäbe es noch mehr zu berichten. Märchenhaft hört es sich fast an, wenn mitgeteilt wird, daß Tilsit heute eine

185

Altes Tilsit: Das Haus des ehemaligen Luisentheaters, des kleinsten Kinos der Stadt, steht wie einst (Foto 1975).

direkte Wasserverbindung zum Schwarzen Meer haben soll. Bereits 1963 hatte die Zeitung „Sowjetskaja Litva" darauf aufmerksam gemacht. Eine neue Schleuse in Tilsit sollte die Wasserstraße über die Memel, verschiedene Kanäle sowie Pripjet und Dnjepr ermöglichen. Inzwischen ist das Projekt anscheinend verwirklicht.

Natürlich ist die Stadt wie in der ganzen Zeit ihres Bestehens auch auf dem Lande ein herausragender Verkehrsknotenpunkt. Durch ihre Lage ist sie geradezu geschaffen dafür. Der gesamte Nord-Süd-Verkehr verläuft über sie. Das gilt für die Schiene genauso wie für die Straße. Die alte Reichsstraße 138 ist immer noch die Hauptschlagader der Motorisierung im nördlichen Teil Ostpreußens. Der Durchgangsverkehr ist so stark, daß Pkw und Lkw verschiedene Routen nehmen müssen, die eine geht durch die Hohe Straße, die andere durch die Deutsche. Für die Eisenbahn ist Tilsit eine der fünf wichtigsten Stationen (neben Königsberg, Insterburg, Gumbinnen und Pr. Eylau).

Die Stadt soll auch wieder einen Flugplatz haben. Ob er identisch ist mit der Anlage aus deutscher Zeit (in Weinoten), ist nicht bekannt.

Die günstige Lage zum Wasser macht Tilsit für Fischfang und Fischverarbeitung interessant. Dieser Gewerbezweig soll jetzt sogar die Zelluloseindustrie an Rang übertreffen. In diesem Zusam-

menhang ist bemerkenswert, daß die Hafenspeicher in Memelnähe erhalten geblieben sind.

Den weiteren amtlichen Verlautbarungen zufolge zählt das „Dramatheater" zu den drei Theatern des Gebietes überhaupt. Nach einer Veröffentlichung von 1956 soll es drei Mittel-(Ober-)Schulen, vier siebenklassige und drei Vorschulen, zwei Bibliotheken (die Stadtbibliothek wurde 1970 in einem Allunionswettbewerb mit einem Diplom ausgezeichnet), ein Kulturhaus und fünf Kinos oder Klubs gegeben haben. Auch eine der drei Pädagogischen Lehranstalten des Gebiets steht dort.

Von den alten Bauwerken existiert das Rathaus am Schenkendorffplatz nicht mehr. Die Kreuzkirche und schließlich die Deutschordenskirche wurden völlig beseitigt. Von der katholischen Kirche steht noch der Turm. Auch die reformierte Kirche wurde teilweise zerstört. 1956 wurde gemeldet, daß ein städtisches Krankenhaus eröffnet wurde. Es besitzt eine Röntgen- und eine Operationsabteilung.

Was sagt eine Tilsiterin, die einst in Ragnit wohnte und nun in „Sowjetsk" lebt, über ihre Heimatstadt? In einem Brief schreibt sie darüber: „Ja, ich kann es verstehen, daß viele Ansichten von der Stadt Ihnen fremd vorkommen; denn der Bau geht sehr voran, und vieles hat sich verändert. Der Aufgang zur Luisenbrücke ist derselbe. Die Brücke selbst ist eine neue, die alte wurde ja zerstört. Das Gericht ist noch dasselbe. Der Bahnhof war nicht zerstört, ist nur erneuert. Die Zellstoffabrik steht noch, ist größer ausgebaut. Die Post ist dieselbe. Kirchen gibt es zur Zeit keine. Die nächste ist in Pogegen."

Pogegen liegt auf der anderen Seite des Flusses, im alten Memelland. Während im übrigen nördlichen Ostpreußen keine einzige Kirche mehr ihrem

Neues Tilsit: Nachkriegsbau mit Kinderwarenhaus.

Das „Denkmal für den sowjetischen Befreier" steht an der Siegesstraße, wie die Hohe Straße nun genannt wird. Das gleiche Denkmal, nur größer, ist auch in Ost-Berlin zu finden.

eigentlichen Zweck dient, fällt es auf, daß in der Litauischen Sowjetrepublik — wie auch im Bereich des sonstigen früheren Baltikums — immer noch Gottesdienst gehalten wird, wenn auch nur sehr bedingt und begrenzt. So haben wenigstens die Menschen in dieser Grenznähe die Möglichkeit zu Gebet und Andacht. Sind auch Sprache und Ritus verschieden, der Glaube und der Gott, dem er gilt, blieben dieselben.

Die Briefschreiberin schildert auch ein wenig die Umgebung, die früher für den Tilsiter genauso zum Lebensraum gehörte wie die Stadt:

„Vor zwei Jahren haben wir Blaubeeren gesucht. Bis Baumgarten fuhren wir mit dem Bus, dann im Wald zu Fuß. Das Sägewerk steht nicht mehr. Das Arbeiterhaus an der Straße steht noch, alles ist verändert, ist ja überall Kolchose, ebenso Lenkonischken. Soweit ich den Wald gesehen habe, ist er nirgends abgeholzt. Von Blausden steht nur ein kleiner Teil, das Haus von Sch. und zwei Ställe, wo jetzt die Schweinezucht vorgeht ... Der Ordnung nach von früher und jetzt ist ein großer Unterschied. Die Leute in der Kolchose sind ja mit allem zufrieden, dagegen spielt das Stadtleben eine andere Rolle. Berneiten ist von Militär besetzt. Im Herbst 1975 fuhren wir mit dem Bus nach Waldschlößchen und weiter die Strecke nach Heinrichswalde. Drei bis vier Kilometer hinter Waldschlößchen stiegen wir aus und gingen dann quer durch den Wald und kamen bis zum Waldrand von Hegehof. Nur vom Waldrande kann man das Gut sehen, das Militär hat es besetzt."

Nein, es ist nicht mehr die alte Welt, auch wenn manches in einem etwas angenehmeren Licht er-scheint als in den übrigen Städten Nord-Ostpreußens. Macht sich die Nähe der anderen Republik, der litauischen, in dieser Weise bemerkbar, nicht nur, was das Glaubensleben betrifft? Haben eine besonders starke Vergangenheit und eine versöhnlichere Gegenwart besser zusammengefunden als in den anderen Orten?

Wer kann es schon wagen, aus der Ferne eine Antwort auf solche Fragen zu geben? Uns bleiben nur die Beobachtungen anderer und ein paar Fotos. Sie allerdings sprechen auch von einer sonst kaum gesehenen Harmonie zwischen dem Damals und dem Heute. Der schreiende Gegensatz, der sonst so traurig und deprimierend wirkt, ist da nicht spürbar.

So ist der Blick auf das Gelände am Hohen Tor wie ein Bild aus alten Zeiten, auch wenn dieser Ort heute Leninplatz heißt. Ebenso blieb die Idylle am Schloßmühlenteich erhalten, auf die vom Horizont her unverändert die Neustädtische Volksschule herübersieht. Das Haus des ehemaligen Luisen-Theaters, des Stadttheaters und die Frank'sche Villa zeigen sich in alter Schönheit, ohne von dem gläsernen Neubau des Kaufhauses „Sadko" oder dem recht trist wirkenden Kinderwarenhaus gestört zu werden. Und immer noch rollen Busse und Autos durch das Portal der unvergessenen Luisen-Brücke.

Gewiß, Max von Schenkendorf, der „Sänger der Befreiungskriege", hat nun kein Heimatrecht in seiner Vaterstadt mehr. Sein Denkmal vor dem Rathaus wurde demontiert, und statt seiner Worte: „Weiter, weiter mußt du dringen, du mein deutscher Freiheitsgruß", steht heute: „Vorwärts, dem

187

Das Lenin-Denkmal am Hohen Tor.

Er war einer der ersten Brückenbauer zwischen beiden Teilen Europas — ein getreuer Sohn seiner Stadt.

So gibt es trotz aller Bedrücktheit Hoffnung. Tilsit wirkt wie ein Symbol dafür, daß auch der schlimmste Untergang nichts Endgültiges hat. Das Leben geht dort weiter, und die Stadt gibt auch Zuversicht für diejenigen, die jetzt nicht in ihren Mauern sein dürfen. Es ist das andere Ufer, das einen Blick in eine neue Zukunft gestattet. Menschen am Strom kennen keine Einseitigkeit. Auch das Tilsit von heute schaut wieder nach drüben ...

Das „Sanatorium Sowjetsk" ist zu einem Begriff geworden. Es ist –wie das Bild zeigt – im Gebäude der früheren Lungenheilstätte Stadtheide in der Robert-Koch-Straße untergebracht.

Kommunismus entgegen." Aber solange die Brücke über die Memel führt, wird man sich daran erinnern, daß hier noch nicht die Welt zu Ende ist — auch nicht die Ostpreußens.

Vielleicht denkt man bald auch wieder an einen anderen Dichter aus dieser Stadt. Johannes Bobrowski schrieb seine ersten Verse am Ilmensee; der grausame Krieg, dem auch sein Heimatort zum Opfer fallen sollte, hatte gerade begonnen. Als er vorüber war, widmete er sein ganzes Schaffen der Versöhnung, der Annäherung zwischen West und Ost, der Verbindung zwischen Tradition und Fortschritt, was auch immer darunter verstanden wird.

Das Kaufhaus „Sadko" in der Hohen Straße zwischen Langgasse und Wasserstraße.

Sowjetische Schüler besuchen jetzt das ehemalige Humanistische Gymnasium in der Oberst-Hoffmann-Straße.

Das alte Memelland gibt es nicht mehr

Aber, was sieht es dort? Es ist nicht mehr das alte Memelland, die in Jahrhunderten gewachsene Einheit, für die der Strom nicht Trennung war, sondern Quell des gemeinsamen Lebens. Einmal, von 1923 bis 1939, hatte das grüne Land die Teilung überstanden; doch nur sechs Jahre später kam der furchtbare Schnitt, der alles beenden sollte, was dort so lange Bestand gehabt hatte.

Früher als jede andere Gegend des Reiches —mit Ausnahme der Grenzstadt Schirwindt im Kreis Schloßberg — fiel das Memelland dem gegnerischen Ansturm zum Opfer, wurde schließlich zum Aufmarschgelände für den letzten Angriff auf Ostpreußen, jedenfalls was die Offensive der 1. Baltischen Front im Januar 1944 aus dem Norden betraf. Auf der anderen Seite der Memel war bereits im Oktober 1944 das Ende gekommen. Heydekrug und Prökuls fielen am 9. und Pogegen am 20. jenes Monats. Nur Memel selbst hielt sich noch bis zum 28. Januar des nächsten Jahres.

Die Eroberer warteten nicht lange mit der Umgestaltung nach ihrem Willen. Sie trennten nach dem verhängnisvollen Vorbild von Versailles diesen nördlichen Teil vom übrigen Ostpreußen, das am Ende in drei Stücke zerfiel; denn im Süden erhielten die Polen fast die Hälfte der deutschen Provinz zur Abrundung des Staates. Während die „Oblastj Kaliningrad" der Russischen Föderativen Sowjet-Republik (RSFSR) zugeschlagen wurde, gliederte man das Memelland der Sowjetrepublik Litauen an.

Damit nicht genug — die historische Grenze zwischen Deutschland und Litauen, die seit 1422 und damit länger als fast alle anderen europäischen Grenzen Bestand gehabt hatte, wurde ausgelöscht. Politik der vollendeten Tatsachen, Vernichtung Preußens und an erster Stelle Ostpreußens, der Geschichte von 700 Jahren, dort und dann begann alles. So wurden die Kreise Memel (Klaipeda) und Heydekrug (Schilute) durch östliche litauische Bezirke vergrößert, während im Süden der Kreis Pogegen (Pagegiai) aufgelöst und den litauischen

Durch das alte Portal der Luisenkirche geht es in ein völlig neues Memelland.

189

Kreisen Tauroggen (Taurage) und Georgenburg (Jurbarkas) zugeordnet wurde. Das paßte nicht zusammen; aber es war gerade das richtige Mittel, das Alte zu zerstören, wo sich nur eine Gelegenheit bot.

Die gab es natürlich nicht nur auf der Verwaltungsebene. Die Zerschlagung der freien Landwirtschaft und damit verbunden der Tod der heimeligen Dörfer, später die Umformung der Städte und anderen größeren Orte zu östlichen Einheitsgebilden gehörten ebenso dazu. In den ersten Jahren nach Kriegsende wurde noch versucht, wenigstens zum Teil eine private Landwirtschaft aufrechtzuerhalten. Dann jedoch spannte sich das Netz der Kollektivierung mit den alles an sich reißenden Spinnen der Kolchosen und Sowchosen über das kleinbäuerlich geprägte Gebiet. Unzählige Gehöfte und viele, viele Dörfer starben den schnellen Tod des ideologisch bestimmten Fortschritts, andere siechten bis zu einem qualvollen Ende dahin. Die ehemals privaten Gebäude wurden abgerissen, weil man das Material für die klotzigen Einheitshallen der aus dem Boden gestampften Agro-Zentralen brauchte.

Schlimmer als das Los der untergehenden Orte und des verstaatlichten Grund und Bodens war das Schicksal der Menschen, vor allem jener angestammten Einwohner, die Hof und Besitz, Volk und Vaterland, Heimat und gewohnten Lebensraum verloren hatten, oft auch die nächsten Angehörigen, Freunde und Nachbarn. Dennoch, sie waren nicht die am schlimmsten betroffenen Ostpreußen. Das Grauen hatte seine Abstufungen. So wie sich die Lage im Süden der Provinz, im polnischen Bereich, allmählich ein wenig erträglicher gestaltete, so wurden die im Norden Zurückgebliebenen vom schrecklichsten Teil der ostpreußischen Tragödie verschont. Der war den Menschen im übrigen Bereich, den man bald Nord-Ostpreußen nannte, bestimmt.

Für viele von jenen wurde diese Neugliederung zum Lebensretter. Für diejenigen, die nördlich der Memel waren, und für diejenigen, die das Glück hatten, dorthin zu gelangen oder doch wenigstens Kontakt mit den da Wohnenden zu bekommen. Wie man bei uns im Westen zum Hamstern auf die Dörfer fuhr, so versuchte man dort, auf abenteuerlichen und gefahrvollen Wegen, ans rettende andere Ufer des Stromes zwischen Tilsit und Haff zu kommen. Und die Menschen, die selbst kaum genug zum Essen hatten, gaben denen, die zu verhungern drohten. Das taten nicht nur Deutsche; Litauer zumeist halfen den Notleidenden aus dem anderen Volk.

Es gibt viele Berichte darüber, von Deutschen wie von Litauern. Auch Tomas Venclova, der litauische Dichter und Dozent, schreibt dazu in seinem hier bereits zitierten Buch über „Die heutige Lage in Klein-Litauen" von 1978: „Sofort nach Kriegsende irrten hungernde deutsche Frauen mit Kindern aus diesem Lande in Litauen herum. Unsere Menschen versorgten diese, wie sie konnten. Der eine oder andere Deutsche verblieb damals in Litauen und lebt heute noch hier. Freilich, das Schicksal der dortigen Kleinlitauer war dasselbe wie das der Deutschen."

Ein Bauernhof mit Storchennest im Memelland der siebziger Jahre. Hier scheint die Zeit stehengeblieben zu sein. Solche Höfe waren nach dem Krieg oft die Rettung für viele Ostpreußen.

So hatte sich in all dem Elend doch etwas zum Besseren gewandelt. Eine jahrhundertealte Feindschaft zerbrach unter den Schlägen einer alle betreffenden Not bisher unbekannten Ausmaßes. Noch wenige Jahre vorher hatte es Augenblicke gegeben, da die Menschen in Übermemel, wie das nördliche Ufer genannt wurde, die Glocken von Tilsit herüberklingen hörten und doch nicht zum Begräbnis des nahen Verwandten fahren konnten, weil sie kein Visum erhielten.

Selbst zwischen den rivalisierenden beiden Sowjetrepubliken kennt man nun diese gnadenlose Abtrennung nicht mehr. Jetzt kann jeder ungehindert von der einen Seite der Memel auf die andere. Auch die wenigen Deutschen, die noch dort geblieben sind, machen davon Gebrauch, beispielsweise, wenn sie, die nun in der Litauischen Republik wohnen, einmal wieder die Stätten der Kindheit auf der Südseite des Flusses wiedersehen wollen oder wenn die Tilsiter und Ragniter, die dem Glauben treu geblieben sind, sonntags zum Gottesdienst ins Land gegenüber wollen.

Das ist einer der erstaunlichen Unterschiede, daß im Königsberger Gebiet das praktizierte Glaubensleben fast erloschen ist, während in Litauen die Kirchen trotz aller Schwierigkeiten vergleichsweise noch recht aktiv sind. Gewiß hängt das damit zusammen, daß im einen Teil praktisch nur zugewanderte Bürger des atheistischen Sowjetstaates wohnen, im anderen aber immer noch die eingesessenen Litauer zu Hause sind, im Memelland sogar noch etliche Tausend Deutsche, denen bei aller Unterschiedlichkeit, gar Gegensätzlichkeit eines immer gemein war: der Glaube an Gott. In vielen, wohl den meisten Fällen treffen sie sich nicht mehr in den alten Kirchen. Diese sind weitgehend zerstört oder auch zweckentfremdet, wenn auch nicht in dem totalen Ausmaß wie im Königsberger Gebiet. Man versammelt sich in privaten Räumen oder auch in notdürftig hergerichteten Gemeinschaftshäusern. In Einzelfällen gibt es sogar Neubauten.

So verrät ein Besuch der alten Stätten nicht alles über das heutige kirchliche Dasein; aber er läßt viel von Gegenwart und Vergangenheit erkennen. Von den 32 Kirchspielen in den Kirchenkreisen Memel, Heydekrug und Pogegen scheinen die im mittleren Kreis die bösen Zeiten am besten überdauert zu haben. Besonders Bemerkenswertes ist aus der dortigen alten und heutigen Kreisstadt selbst zu berichten. Die schöne stolze Kirche von Heydekrug blieb nicht nur nahezu unbeschädigt; sie wurde der Mittelpunkt für das ganze Memelland. In der eigentlichen Hauptstadt Memel setzte sich dagegen der neue Kurs entschiedener durch. „Dort habe ich überhaupt keine Kirche mehr gesehen", berichtet ein Besucher, der in jüngster Zeit dort weilte. In der

Tat sieht es viel trostloser aus, wenn auch nicht gar so schlimm, wie diese Beobchtung vermuten läßt.

In Heydekrug aber gehen die Menschen immer noch im Sonntagsstaat in ihre alte Kirche, hören die Predigt von einem deutschen Pfarrer und singen die bekannten Lieder. Die Sprache allerdings ist offiziell litauisch — doch, so ist zu erfahren, meistens sind mehr die gewohnten deutschen Klänge zu vernehmen als die verordneten neuen Töne. Neuerdings soll gar auch wieder Deutsch zugelassen werden. 1966 wurde dort im großen Rahmen das 40jährige Bestehen des Gotteshauses gefeiert.

Die Kirche von Heydekrug – ein Foto aus dem Jahr 1973 – ist heute Mittelpunkt des geistlichen Lebens im Memelland.

Nahezu unangetastet blieb auch das kleine Kirchlein von Ramutten. Dort wurde ebenso nach dem Krieg der Gottesdienst bald wieder aufgenommen, obwohl Geistliche und Kirchgänger oft genug behelligt wurden. Einmal versuchte ein litauischer Polizist, hoch zu Rosse und laut schreiend, in den sonntäglichen Gottesdienst einzudringen — eine Woche danach starb er im Kampf gegen antikommunistische Partisanen.

An ihrer Kirche hielten auch die Deutschen in Pasziesen fest, obwohl nur wenige zurückgeblieben waren, ihre Kirche einige Schäden davongetragen hatte und ihr Pfarrer nicht mehr bei ihnen war. Ein Geistlicher aus der Nachbarschaft kam herüber, wann immer es ihm die Zeit erlaubte.

In Kinten, ganz nahe am Haff, entwickelte sich das Gemeindeleben besonders lebhaft. Die Kirche, die den Krieg ohne nennenswerte Schäden überstanden hatte, wurde zwar 1950 beschlagnahmt, doch schien es, als sei dieses Vorgehen des Staates nur ein Ansporn für die Kirchgänger. Sie trafen sich fortan mit vermehrtem Eifer im Gemeindehaus. Sogar eine Jugendgruppe und ein Posaunenchor wurden gebildet. Die Beschaffung der Instrumente unterstützten die Memelländer im Westen Deutschlands durch Spenden. Das Beispiel ermutigte die dort wohnenden Katholiken aus den Reihen der Litauer zur Nachahmung.

Von regem Gottesdienst wird auch aus den Gemeinden Saugen und Wieszen berichtet. Die Schäden an den Kirchen wurden in emsiger Selbsthilfe beseitigt.

Weniger gut erging es den Gläubigen in den restlichen Gemeinden dieses Kirchenkreises. Die älteste Kirche, die vermutlich schon 1419 gegründet wurde, stand in Ruß. Sie war auch nach dem Krieg zunächst wieder Stätte des Gebetes und der Predigt. Dann wurde sie jedoch geschlossen. Sie verfiel mehr und mehr und diente als Turnhalle.

Die Kirche in Werden wurde zum Flachslager. Sie brannte aus, wurde aber ausgebessert. Das Gotteshaus von Paleiten wurde abgebrochen, obwohl die Kriegsschäden verhältnismäßig gering waren. Aus ihrem Baumaterial wurde in Sausgallen ein Stall gebaut.

Im Kirchenkreis Pogegen blieben, soweit bekannt, nur zwei Kirchen ihrer Bestimmung erhalten. Und nur die in Laugßargen, die unverändert auf ihrem baumbestandenen Platz steht, dient wie früher den verbliebenen deutschen Protestanten zu Andacht und Feier. Die kaum beschädigte Kirche von Rucken wurde nach längerem Bemühen den Katholiken zur Verfügung gestellt. Deutsche gab es da kaum noch.

Zerstört wurden die Kirchen in Wischwill, Piktupönen und Nattkischken. Einer anderen Verwendung, entsprechend der Einstellung der jetzigen Staatsmacht, wurden die Kirchen von Willkischken (Scheune), Plaschken (Speicher), Koadjuthen (Kino) und Pogegen (Kino) zugeführt.

Unterschiedlich entwickelte sich das Gemeindeleben im Kirchenkreis Memel. In Prökuls wurde die Kirche zwar zerstört; doch bauten die Gläubigen das Gemeindehaus zu einer neuen Versammlungsstätte aus. Sie errichteten sogar einen Turm, in dem fortan die Glocken aus dem vernichteten Kairinner Gotteshaus erklangen. Sehr regsam war auch die Gemeinde von Plicken. Von weit her, bis von Memel und aus dem Litauischen, kamen die evangelischen Kirchgänger bei besonderen Anlässen in die nur wenig in Mitleidenschaft gezogene Kirche. Ebenso wird aus Wannaggen von regelmäßigen Gottesdiensten in der gut erhaltenen Kirche berichtet.

Auf der Nehrung gab es in Nidden anfänglich noch Gottesdienste. Sie endeten nach dem Fortzug der letzten Deutschen. Die Kirche wurde — ebenso wie die in Schwarzort — zu einem Museum. Hier dient es heimatkundlichen Zwecken, dort der Ausstellung von Miniaturen (Schmuckstücken aus Bernstein und Edelmetallen). Die Kirche von Deutsch-Krottingen wurde zum Getreidespeicher, die von Karkelbeck gar zur Ruine.

Traurig ist es um das kirchliche Leben in Memel selbst bestellt. Die Stadt- und die Landkirche — sie waren die ältesten Gotteshäuser im Memelland — wurden bei den Kämpfen um die Stadt im Januar 1945 schwer beschädigt und nach der Eroberung völlig beseitigt. Vergeblich waren die Bemühungen der Zurückgebliebenen, wenigstens die Landkirche St. Nikolaus zu erhalten. Auch die reformierte Kirche erlitt das gleiche Schicksal.

Dennoch gaben die Gläubigen nicht auf. Im Mai 1978 schien ihnen ein bedeutender Durchbruch gelungen zu sein. Nach Jahrzehnten der Isolierung trafen sie in Wilna mit Vertretern des Lutherischen Weltbundes zusammen. In intensiven Gesprächen mit den Behörden, so verlautete, wurde die feste Zusage erzielt, daß auf Wunsch kirchliche Handlungen auch in deutscher Sprache ausgeübt werden können.

Intensiv bemühen sich ebenso die katholischen Christen in Memel um Anerkennung und möglichst ungehinderte Entfaltung ihrer Tätigkeit. So wurden sie beim Kirchenminister K. Tumenas vorstellig, als dieser Memel besuchte, und forderten die Rückgabe ihrer Kirche. Sie hatten das Gotteshaus in Rumpischken unter vielen Mühen errichtet. Kurz vor der Fertigstellung wurde es enteignet und in einen Konzertsaal umfunktioniert.

Mehr als drei Jahrzehnte haben sich die Memelländer ihren Glauben erhalten. Er war ein Kraftquell in ihrem total veränderten Dasein. Ihr Leben ist ein Beweis dafür, wie über lange, lange Zeit

Gastwirtschaft in Plicken (Kreis Memel) heute.

hinaus Gottestreue sich lohnt. Sich selbst zum Nutzen, Gott zur Ehre. Not lehrt beten — Beten hilft aber auch über die Not hinweg. Es scheint, als ob sich dort diese Erfahrung auf wundersame Weise bestätigt hat.

Woran aber glauben jene Menschen, die in den Gotteshäusern Getreide lagern, an der Bohrmaschine arbeiten oder einen Film sehen? Was denken die jungen Leute, die auf dem Rombinus zu Johanni ihr sowjetisches Jugendtreffen abhalten, dort hoch über der Memel schräg gegenüber von Tilsit, wo die alten Prussen ihre Götter verehrten? Ist ihnen nichts heilig?

Hier, im südlichen Memelland, ist die veränderte Ordnung am stärksten spürbar. Nur wenige Ostpreußen blieben in der Gegend zurück. Litauer hatten dort kaum gewohnt. So wurde das ein fast völlig neu besiedeltes Gebiet. Zwar kommen immer noch an den Markttagen die Landleute mit ihren Waren über die Memelbrücke nach Tilsit; doch sind es nicht mehr die Bauern, oftmals Verwandte und Freunde, die das selbst geerntete Gemüse und ihre Mastenten und Gänse anbieten, sondern Kolchosangehörige und Sowchosen-Angestellte, die sich bemühen, ein paar Kopeken nebenbei zu verdienen.

So wie auf den Höhen der Moränenrücken hat sich die Welt auch in der Flußniederung gewandelt. Dahin ist die geruhsame Epoche, da die Kahnschiffer mit ihren „Boydaks" das Bild zwischen Schmalleningken und Ruß bestimmten und bis nach Labiau, Königsberg und Elbing bekannt waren. Heute versehen die Matrosen und Fischer der Kollektive dort einen strengen und nüchternen

Dienst, und zwischen ihren Motorschiffen flitzen in regelmäßigen Abständen die Tragflächenboote des Linienverkehrs zwischen Kowno und Memel hindurch. Es ist nicht nur die gute alte Zeit, die vergangen ist, sondern auch das Leben des freien und selbständigen Menschen.

Zentraler Ort ist die im mittleren Memelland gelegene alte Kreisstadt Heydekrug. Während das nachbarliche Pogegen nach dem baldigen Verlust des Landratsamtes wieder zu einer wenig bedeutenden Gemeinde wurde, wuchs der Rang der zentralen Stadt im mittleren Memelland noch, zumal ihr „Rayon" jetzt größer ist als der ehemalige deutsche Kreis.

Wie alle Rayonzentren, so wird auch Heydekrug, das Schilute genannt wird, durch die Behörden stark gefördert. An verschiedenen Stellen sieht man die mehrstöckigen glatten Einheitsbauten, die das vertraute Stadtbild beträchtlich verändern. Die Industrialisierung wird vorangetrieben. So wurden eine Pumpen- und eine Möbelfabrik gebaut. Im Jahre 1977 wurde, wie aus einem Zeitungsbericht hervorging, die Kapazität des Werks fast verdoppelt. Eine Abteilung wurde geschaffen, die 450 zusätzlich Beschäftigten Arbeit gab. Die Erzeugnisse des Möbelkombinats seien bekannt und gefragt. Die alte Torfstreufabrik ist wieder in Betrieb. Ein landwirtschaftliches Technikum befindet sich im Gut Adl. Heydekrug.

Die Stadt wurde nur wenig beschädigt. Von den bekannten Gebäuden fehlt lediglich das Germania-Hotel, das nach einem Brand abgerissen wurde. Im Pfarrhaus ist jetzt ein Kindergarten. Während, wie schon geschildert, in der neuen Kirche Gottesdienst 193

So war es einst: Wochenmarkt in Heydekrug.

fast wie in alten Zeiten gehalten wird, hat sich eine alte Sitte stark verändert; aber sie ist nicht untergegangen. Gemeint sind die Heydekrüger Wochenmärkte.

Jetzt kommen die Leute vom Land am Sonntag in die Kreisstadt, um ihre bescheidene Ware anzubieten. Die reichen Ernten auf dem eigenen Acker sind vorbei für die Männer und Frauen. Denn dieses Land ist klein geworden; höchstens 60 Ar darf ein Kolchosenmitglied davon haben. Da bleibt nicht viel übrig für den Verkauf in der Stadt.

Daran gemessen ist es allerdings beachtlich, was die Männer und Frauen heranschleppen, wenn sie auf dem Motorrad, auf dem Fahrrad, gelegentlich gar mit dem Auto oder auch zu Fuß zum Markt kommen. Die Früchte des Waldes, Pilze und Beeren, gehören dazu. Kleider und Werkzeug sieht man ebenso neben Butter, Milch, Hühnern und Eiern. Die Heydekruger drängen sich an den Ständen; denn hier gibt es zu kaufen, was sie in den staatlichen Läden oft nicht sehen.

Es ist immer wieder erstaunlich, was der „freie Markt" auch in der sowjetischen Gesellschaft bedeutet. Wenn die Neubürger allerdings wüßten, was die angestammten Bewohner der Stadt noch allzu gut im Gedächtnis haben, dann würden sie es kaum fassen, wie es vorher zuging.

Damals gehörten die Heydekrüger Wochenmärkte zu den größten in ganz Ostpreußen. Zu Tausenden strömten die Marktbeschicker dienstags aus der ganzen Umgebung zusammen. Wer eine größere Entfernung oder einen beschwerlichen Weg zurückzulegen hatte, kam bereits am Vortag, so die Fischer von der Nehrung und die Gemüsehändler aus der Niederung. Mit ihren Kähnen schipperten sie die Schiesche, den geruhsam dahinplätschernden Nebenfluß des mächtigen Mündungsarmes Atmath, herauf und sorgten für einen frühen Marktbeginn. Ja, Heydekrug, immerhin der zweitgrößte Ort im Memelland, hatte Schiffsverbindung mit Ruß, Tilsit, Memel und bis Königsberg hin.

War das ein Leben und Treiben damals! Nur wenige Plätze im deutschen Osten hatten das zu bieten, kannten dieses seltsam bewegende Gemisch aus fröhlicher Geschäftigkeit und unerschütterlicher Gemütlichkeit. Rückblicke auf diese reizvollen Bilder der Erinnerungen müssen wehmütig stimmen; denn sie sagen auch: Das war einmal! Das kommt nie wieder! Dafür sind die Menschen zu nüchtern geworden, diese Generation, die sich die Zeit hat stehlen lassen und die ihre Zukunft im Computer sucht. Der Reichtum der Gedankenwelt und das Glücksgefühl blieben dabei auf der Strecke, wurden Vergangenheit. Stücke davon liegen auch im traulichen Heidestädtchen der Memelniederung.

Fast wüßte man schon nichts mehr von diesem Schatz, wenn nicht Seher und Künder frühzeitig

194

seinen Wert erkannt und für spätere Zeiten festgehalten hätten. Einer davon war Hermann Sudermann, der Mann, der in leuchtenden, wenn auch meist dunklen Farben wie niemand auf der Welt „Die Reise nach Tilsit" festgehalten hat. Vor den Toren Heydekrugs, auf dem Gut Matzicken, war er am 30. September 1857 geboren worden. Seiner Heimatstadt widmete er diese Verse:

Blaues Haff und grüne Wiesen,
Krähenwald und Weidenstrauch,
seid gegrüßt und seid gepriesen,
Heimatstadt, du sei es auch.
Wo ein Krug auf brauner Heide
einst den lieben Namen trug,
stehst du nun im neuen Kleide,
wachs' und blühe, Heydekrug.

Diese Zeilen überdauerten den Dichter, das Städtchen, das er liebte, und das Denkmal, das man ihm dort nach seinem Tode am 21. November 1928 gesetzt hatte. 1945 beseitigten es die neuen Herren der Stadt. Allerdings wird Sudermann auch im heutigen Litauen verehrt und gelesen, besonders seine „Litauischen Geschichten".

Das gilt noch mehr für Immanuel Kant, der nicht weit vom Geburtsort des Dichters im Kirchdorf Werden wurzelte. Immanuel Kants Großvater war da Pächter des alten Kruges. Das war der Boden, aus dem die Großen der Menschheit wuchsen, die gute ostpreußische Erde.

Hat sich nun alles gewandelt, ist jetzt alles vorbei, da das geliebte fruchtbare Land sein Wesen geändert hat, ändern mußte? Können Genies gedeihen auf versumpftem Gelände, nach dem die wuchernde Wildnis ihre Fänge ausstreckt? Auf den plangewalzten Kolchosenfeldern, die von der Norm des Staatsplanes diktiert werden? Ach, sie wären schon froh, wenn das Getreide, die Rüben und die Kartoffeln so wüchsen, wie die Zahlen es vorschreiben, die Kühe wunschgemäß ihre Milch hergäben! Man müht sich nach Kräften; doch die Ernte ist nicht immer so, wie sie nach der Saat sein sollte — manchmal gar geringer.

Von einem solchen wundersamen Vorgang berichtet die Wilnaer Parteizeitung „Tiesa". Danach wurden — laut Statistik — auf der Kolchose Syliai im Kreis Heydekrug erheblich größere Mengen ausgesät als geerntet. Das Kontrollkomitee entließ den Agronomen und bestrafte den Brigadier, die für das verschwundene Saatgut verantwortlich gemacht wurden. So war der Gerechtigkeit vielleicht, der Planordnung gewiß Genüge getan; aber die Ernte des Jahres war verdorben.

Man könnte über solche kleinen Meldungen hinweggehen, wenn sie wirklich belanglos wären; aber sie sind typisch für das System, und in den Zeitungen tauchen sie immer wieder auf. Wobei sie die rauhe Wirklichkeit nur andeuten. Darum führen

die gewaltigen Anstrengungen der Theoretiker und Praktiker oft zu ganz anderen Ergebnissen als gewünscht.

Eines der größten Vorhaben im Kreis Heydekrug wurde in Jonaten, fünf Kilometer von der Kreisstadt in östlicher Richtung entfernt, verwirklicht. Für sechs Millionen Rubel (rund 17 Millionen DM nach offiziellem Kurs) wurde eine Schweinezuchtanlage eingerichtet. 24 000 Baconschweine sollen dort gemästet werden und jährlich über 2 000 Tonnen Schlachtfleisch erbringen. Automaten übernehmen das Füttern. Die Jauche wird auf die Berieselungswiesen der acht Kilometer entfernten Sowchose Ramutten gepumpt.

Auf dem 22 Hektar messenden Gelände entstanden Wohnsiedlungen. Versammlungsraum, Speisesaal und Schule sollen folgen. Über 100 Menschen werden beschäftigt. Die Sowchose wird laut Plan Treibhäuser erhalten, damit Gemüse angebaut und Blumen gezüchtet werden können; denn beides, so heißt es, ist knapp in Heydekrug. Nachschub für den Wochenmarkt?

Die Viehzucht hat in der Niederungsgegend mit den fetten Wiesen und Weiden nach wie vor einen wichtigen Rang. Stolz meldet eine Zeitung, daß das Vieh auf den Sowchosen Jugnaten und Piktupönen (nahe bei Pogegen) schon Mitte April die Ställe verlassen hat, weil das Gras acht bis zwölf Zentimeter lang war. Als Grund wird angegeben: Die Weiden waren sorgfältig mit Stickstoff gedüngt worden. Nach einer anderen Meldung gewann der Kreis Memel den ersten Preis bei einem Wettbewerb über die Verwendung von organischem Dünger. Lobend wird auch die Käserei in Prökuls erwähnt, weil sie neue Herstellungsnormen eingeführt habe. Dadurch seien die Qualität der Erzeugnisse verbessert und der Arbeitsertrag wie das materielle Interesse der Arbeiter vergrößert worden.

Nach wie vor macht die Entwässerung in der ganzen Region Kummer, so auch im Kreis Heydekrug. Aus einer Veröffentlichung geht hervor, daß allein im Jahr 1978 insgesamt 5 000 Hektar Flächen trockengelegt und 2 600 Hektar Kulturwiesen und Weiden der Wirtschaft übergeben werden sollten. Damit der Plan erfüllt wurde, begannen die Arbeiten schon im Winter. Im Januar wurden vier Kilometer Wege angelegt, Gräben ausgehoben und Sträucher von 70 Hektar Acker beseitigt.

Gelobt wurde das Dorf Jugnaten, das zum Vorbild für gelungene Dorfverschönerung erklärt wurde. Ein Gartenarchitekt habe die gärtnerischen Arbeiten geleitet. Besonders vermerkt wird, daß die Schule eine Kleinsowchose erhalten habe. Dieser Versuchsacker solle die Liebe der Kinder zur Landwirtschaft wecken. Sicher auch zur kommunistischen Ökonomie. Fest steht allerdings, daß die 195

Landflucht eines der bedrückendsten Probleme der Verantwortlichen ist. Ganz gewiß spielt dabei die Demontage der Liebe zu Grund und Boden, die eine Folge dieser Vergesellschaftung ist, eine wesentliche Rolle.

Positiv hervorgehoben wird in einem Bericht der Zeitung „Tiesa" auch Drawöhnen, nahe am Haff und bereits im Kreis Memel gelegen. Der Ort „macht einen guten Eindruck", heißt es in dem Bericht. „Bäume wurden angepflanzt und neue Wohnhäuser gebaut. Die Entenfarm wurde erweitert. In den letzten Jahren hat sich das durchschnittliche Monatseinkommen der Fischer von 174 auf über 200 Rubel erhöht."

Eine große Rolle spielen im Kreis Heydekrug auch neuartige Grasmehlmaschinen. In diesen Aggregaten wird das nasse Heu mit Hilfe von Heißluft getrocknet und gemahlen. 40 000 Tonnen Grasmehl sollen allein in diesem Kreis erzeugt werden. Daneben wird das Gras aber weiter zu Gärfutter in Silos und zu Heu verarbeitet. Wie aus Veröffentlichungen hervorgeht, ist die herkömmliche Methode billiger, jedoch nicht bei jeder Witterung anwendbar.

Das Recht, erste bei der Neuerung gewesen zu sein, nehmen die Angehörigen des Fischereikollektivs Ruß für sich in Anspruch. Dort wurde früher als sonst in der ganzen Sowjetunion mit der Grasmehlproduktion begonnen. 4 000 bis 5 000 Tonnen werden jährlich erzeugt. Das ist mehr als ein Zehntel der Gesamtmenge im Kreis Heydekrug. Die weiten Ebenen der Gegend sind überwiegend mit Wiesen bedeckt. Nur neun Prozent werden für den Ackerbau genutzt.

Die Einnahmen für den Verkauf von 45 Tonnen Grassamen, die nebenbei gewonnen werden, tun der Kollektivkasse ebenfalls wohl. Weil das Futter so prächtig gedeiht, werden 2 100 Rinder gehalten. 54 000 Enten werden aufgezogen. Das ließ die Einnahmen bis auf mehr als vier Millionen Rubel ansteigen. Gegenüber diesen Erträgen aus Tierzucht und Pflanzenanbau ist der eigentliche Produktionszweig, die Fischerei, in den Hintergrund geraten. Er erbringt nur noch ein Viertel der gesamten Einkünfte. Die 40 Fischer, die in fünf Gruppen mit ihren Motorbooten auf dem Memelstrom, im Mündungsdelta und auf dem Haff arbeiten, landen immerhin 620 Tonnen Fisch im Jahr an.

In der Zeitung „Tiesa" wurden die Fischer von Ruß gelobt. Sie hätten ihr Soll erfüllt, so heißt es in dem Bericht, obwohl im November Stürme tobten. Dabei habe sich besonders eine Gruppe unter Heinz Grober ausgezeichnet.

Gefährdete Natur im Memeldelta

Nicht alles ist so erfreulich, was dort geschieht. So bereitet es offenbar zunehmende Sorge, daß sich die Landschaft nachteilig verändert. Dort setzt sich zum einen fort, was schon aus den Niederungsgebieten von Labiau und der Elchniederung zu berichten war; das heißt, die übermächtige Natur fällt im Ringen gegen den Menschen, der jetzt dort herrscht, in ihre Urgestalt zurück. Versumpfung und Verwilderung greifen um sich. Hinzu kommt, daß hier im Memeldelta, wo sich das Wasser in einer Vielzahl von Mündungsarmen durch das Land nagt, um schließlich in das Haff zu strömen, die Bemühungen um Erhaltung und Gesundung erheblich erschwert werden.

Einen aufschlußreichen Bericht über die „Gefährdung der Natur im Memeldelta" veröffentlichte die sowjetlitauische Zeitung „Mokslas ir Gyvenimas" (Wissenschaft und Leben). „Das Memeldelta ist ein sehr empfindliches Naturgebiet", heißt es darin. „Das gilt besonders für das Haffufer von Skirwieth bis zur Windenburger Ecke. Es ist in Bewegung und dringt weiter in das Haff vor. Der Strom bringt viele Sinkstoffe mit, durch die zahlreiche kleine Inseln und Buchten entstehen, beliebte Plätze für viele Vögel, an denen sie sich vermehren oder auf dem Durchzug rasten. Deshalb ist die Begrenzung des Schutzgebietes ein bis zwei Kilometer in das Haff verlegt worden.

Wegen des schnellen Anwachsens des Memeldeltas im Laufe der Jahre entstand aus einer ehemaligen Haffbucht die Krakerorther Lank. Und die Minge, die einst direkt in das Haff mündete, läßt jetzt ihr Wasser in die Atmath fließen. Das viele Röhricht und das reichliche Futter locken die verschiedensten Vögel an. Die Krakerorther Lank und die Mingemündung bilden einen interessanten Komplex der Natur, der von der wirtschaftlichen Tätigkeit des Menschen noch fast unberührt ist.

Auf den Flüssen Skirwieth, Wittinis und Schakut leben unzählige Wasservögel. Die Inseln sind mit üppigem Pflanzenwuchs bestanden. Die Schwarzerlen-Dickichte und die hohen Kräuter ähneln einem Dschungel. Das Frühjahrshochwasser überschwemmt die Inseln, und alle Tiere müssen fliehen. Nicht alle können sich retten. Es ist beabsichtigt, Hügel aufzuschütten, um den Tieren eine Zuflucht bei Hochwasser zu bieten."

Die Zeitung berichtet über noch eine andere Gefahr: „Das Haff wird ständig flacher, wodurch die Haffische die guten Laichplätze in der Minge- und Memelmündung verlieren. Die Krakerorther Lank und die Knaupbucht werden bereits vertieft. Später sollen der Taggraben und die Zugänge zu den Laichplätzen der Upeit ausgebaggert werden. In nächster Zeit sollen die Pläne zur Vertiefung der Skirwieth, Skatull und Pokallna und ihrer Mündungen fertiggestellt werden."

Die Windenburger Ecke ist eine wichtige Markierung der Vogelfluglinie. Eineinhalb bis zwei-

Das Bild von Ruß hat sich kaum verändert, das Leben dort völlig.

einhalb Millionen Vögel ziehen jährlich darüber hinweg, 85 Prozent davon in der Nacht. Neuerdings wurde hier eine Vogelwarte auf der Spitze der ins Haff stoßenden Landzunge eingerichtet. Die Züge werden sogar durch Radar beobachtet. Jährlich beringt man dort 20 000 Vögel. Durch die Aufstellung von drei modernen Fangnetzen soll die Zahl verdoppelt werden. Da arbeitende Menschen bei dieser Aufgabe stören, wurden die großen Entenfarmen von Feilenhof und Windenburg verlegt.

Der markante Leuchtturm auf der Windenburger Ecke steht noch; aber er hat bei weitem nicht mehr so viele Gäste. Das Memeldelta wurde 1975 zum Schutzgebiet erklärt. Ein Besuch ist seitdem nur mit einer Genehmigung der Kreisverwaltung in Heydekrug gestattet. Einzelne Personen sollen sich überhaupt nicht dorthin begeben. Das Befahren der Gewässer mit Motorbooten ist untersagt. „Es müßte ein jeder wissen, wie man sich in einem Naturschutzgebiet zu verhalten hat", schreibt abschließend die Zeitung. „Das Memeldelta ist mit seinen Naturschätzen und seiner wissenschaftlichen Bedeutung eine einmalige Gegend."

Nicht überall scheinen die anerkennenswerten Bemühungen um Erhaltung der Landschaft nur von Erfolg begleitet zu sein, jedenfalls was die Vogelwelt betrifft. So heißt es in einem Brief: „... dagegen verschwinden bei uns die Störche durch die Melioration. Es gibt hier heute weder Teiche noch Gräben, und so sieht man kaum einen Frosch und natürlich auch keine Störche." Ostpreußen

ohne Adebar? — Unvorstellbar. Aber vergessen wir nicht, daß er hier im Westen längst zu einer Seltenheit geworden ist.

Kummer bereitet in der Haffgegend wie an allen größeren Seen und Meeren die Abwässerfrage. So wird aus Drawöhnen, am oberen Haffende, nahe bei Prökuls, berichtet, daß Sammelteiche angelegt wurden. In ihnen werden die Fäkalien geklärt, die früher in Fahrzeugen fortgeschafft wurden, „wobei die Gefahr bestand, daß die Abwässer teilweise in das Kurische Haff gelangen konnten." Der Versuch dürfte auch für das Fleischkombinat nützlich werden, stellt der Berichterstatter fest.

Am gefährlichsten ist die Lage ganz am Nordende, dort wo Memel und der Hafen mit den vielen Fabriken und Schiffen ständig das Wasser verschmutzen. Die städtische Kanalisation hat einen Generalplan aufgestellt. Danach sollen künftig sämtliche Abwässer in die Kläranlagen geleitet werden. Es wird nicht mitgeteilt, wann dieses Vorhaben verwirklicht sein soll.

Sehr bemüht ist man um die Reinerhaltung der Minge. Sie ist ein Hauptlieferant für das Trinkwasser. 20 000 Kubikmeter werden ihr täglich entnommen. Der Fluß wurde zum Fischschutzgebiet erklärt. An die Bevölkerung erging der Appell, ihn nicht zu verschmutzen. „Leider kommen immer noch Verstöße vor", wird notiert. Abschließend sei zu diesem Thema noch gesagt, daß auch der Luftverschmutzung in Memel der Kampf angesagt wurde. Probleme, die wir aus unseren Bereichen zur Genüge kennen.

197

Die Nehrung zwischen Süderspitze und Nidden ist grün geworden. Hier Anlagen in Nidden.

Grüne Nehrung zwischen Sandkrug und Nidden

Die streng gehandhabte Naturschutzregelung auf der Nehrung ist auch in diesem Zusammenhang zu sehen. Sicherlich ist man dort noch gründlicher, als es ohnehin die Behörden in jenem Land sind. Umweltsünder sind schließlich auch bei uns nicht gerade beliebt. Für die Gemeinsamkeit der Anliegen auf beiden Seiten des Haffes spricht auch, daß eine Botaniker-Konferenz im Juni 1976 in Schwarzort auf der Nehrung und in Pogegen tagte. Ihr Thema war die Pflanzenwelt des Küstengebietes und deren Schutz.

Die 70 Wissenschaftler aus allen baltischen Ländern, Weißrußland und der Ukraine kamen unter anderem zu dem Ergebnis, daß der Nehrungswald Naturpark werden soll. Bei der Bepflanzung sollte mehr der Weidenbaum benutzt werden. Der Kraftfahrzeug- und Besucherstrom sollte begrenzt und geregelt werden. „Die Kurische Nehrung ist ein wahres Naturwunder und muß als solches erhalten werden", stellten die Wissenschaftler fest.

Diese Mahnung war vor allem auch an jene Verantwortlichen gerichtet, die dieses Naturparadies durch „Burgen aus Sand und Beton" entstellten, wie es die sowjetlitauische Zeitschrift „Musu gamta" (Unsere Natur) in der Dezember-Ausgabe 1975 betitelte. In dem Artikel wies sie darauf hin, daß sie bereits 1964 eine Warnung unter der Überschrift „An der entscheidenden Grenze" veröffentlicht habe. Aber er war nicht beachtet worden.

Im Zeichen des Gigantismus hatte man 1961 die „Stadt Neringa" gegründet. Sie umschloß die fünf memelländischen Nehrungsorte Nidden, Preil, Perwelk, Schwarzort und Sandkrug. Die Folge war der Bau von modernen Betonklötzen, asphaltierten Straßen und Uferbefestigungen. Das war der größte Eingriff in Natur und Landschaft, den dieses Kleinod bislang erfahren hatte.

Im einzelnen wurde bekannt, daß die alte Poststraße von Sandkrug bis Nidden, die dann bis Cranz weitergeht, eine Teerdecke erhielt. In Erlenhorst, wo ein sowjetisches Ehrenmal steht, veränderten Betonmauer und Pflaster die Uferfront. Vor allem aber fielen die riesigen Neubauten im einst so verträumten Nidden auf. Es wurde — was es auf der Nehrung noch nicht gegeben hat — ein Parkplatz für 500 Autos gebaut. Sogar eine Tankstelle sollte installiert werden. Gar nicht zu reden von dem Wohnviertel, das im modernen Stil und mit raumgreifenden Maßen in die verträumte Landschaft gepflanzt wurde, und von den verschiedenen Heimen, wie dem für Schriftsteller und dem Haus mit 200 Plätzen für kaufmännische Angestellte.

Die Nehrung und ihre malerischen Orte schienen in Stein und Beton zu erstarren, im Staub und Abgas der Blechlawinen zu ersticken. Dann geschah das kleine Wunder, das diese einzigartige Landschaft wohl rettete. Die Kurische Nehrung wurde zum Naturpark erklärt. Durchgreifende Maßnahmen beendeten den Angriff des Menschen auf diesen wundervollen Landstrich. Die Kehrseite ist freilich, daß er sie nicht mehr ungehindert betreten darf und daß er, sofern er in diesen Genuß kommt, sich exakt nach Vorschrift zu verhalten hat.

Von Bäumen und Grünanlagen umgeben ist auch das Pionierlager in Nidden.

Wanderungen am Meeresstrand auf der Nehrung sind auch heute beliebt.

Darum gibt es zu beiden Seiten, am Cranzer Friedhof im Süden wie beim Sandkruger Kurhaus im Norden, Schranken und Kontrollen. Nur wer einen Erlaubnisschein besitzt, darf auf die Nehrung. Die Besucher kommen fast ausschließlich mit Bussen, die dann allerdings die neue Teerstraße benutzen. Der Riesenparkplatz in Nidden wurde wieder aufgehoben. Von da an änderte sich viel und meistens zum Besseren.

Lassen wir einen Besucher aus Westdeutschland berichten, der — vielleicht als einziger aus unserer Welt — das Glück hatte, als ehemaliger Memeler jetzt dorthin zu gelangen. Er berichtete uns:

„Mein wichtigster Eindruck ist der, daß die Nehrung grün geworden ist. Es gibt bis Nidden hin — weiter war ich nicht — keine freien Sandstellen mehr, ausgenommen am Strand. Alles ist bepflanzt worden. Meistens wurden Kiefern und Weiden für die Aufforstung benutzt. Es ist wohl kein Zufall, daß in Nidden immer noch das Denkmal von Förster Kuwert steht, der seinerzeit mit dieser Arbeit begonnen hatte. Die Leistung dieses Deutschen wird auch bei den Führungen, von denen ich eine in litauischer Sprache mitgemacht habe, nicht vergessen.

Unsere Fremdenführerin wies überhaupt auf den deutschen Anteil in der Nehrungsgeschichte hin. So erklärte sie ausführlich das Wirken von Thomas Mann, dessen Haus in Nidden zu einem vielbesuchten Museum geworden ist. Auch berichtete sie, daß dort schon immer die Künstler ein Zuhause hatten. Sie nannte Lovis Corinth, Schmidt-Rotluff, Pechstein ‚und weitere‘.

Im Fischermuseum sah ich einen alten Wandspruch mit der Aufschrift: ‚Bis hierher hat uns Gott gebracht. Er bringt uns auch noch weiter‘.

In dem Zusammenhang sind wohl auch die Kurenkähne zu erwähnen, die ich an verschiedenen Stellen beobachtet habe. Als Denkmal natürlich; denn für den Fischfang werden heute moderne Motorboote benutzt. Drei dieser so typischen Boote wurden allein vor dem Fischermuseum in Nidden aufgedockt. Eines vor der dortigen Kirche, die jetzt ein Heimatmuseum ist, und eines in der Nähe des Schwarzorter Hafens.

Insgesamt kann ich nur sagen, daß ich sehr beeindruckt bin von der Nehrung. Autos sieht man dort fast gar nicht. Mir fiel noch auf, daß fast nur Litauer anzutreffen sind. Die Russen, die immerhin wohl zur Hälfte Memel bevölkern, fahren mehr nach Polanga, dem bekannten Ostseebad nördlich von Memel, schon im Litauischen. Ich habe aber auch Deutsche getroffen. Einer hat mich auf Deutsch angesprochen. Viele Fischer — ganz besonders auch im Memel — sind Deutsche."

Das deckt sich mit der Feststellung, die in dem erwähnten Artikel der „Musu gamta" getroffen wird: „Es ist nicht mehr modern, sich in Polanga zu erholen; es muß Nidden sein! Der böse Geist wächst. Er will genährt werden. Wenn nicht, so wird er zornig! Zu den offiziellen 3 290 Urlaubern in den Betriebsheimen kommen Ungezählte, die 199

So kommt Memel dem Besucher heute entgegen, der die Fähre von der Nehrung benutzt.

sich Privatquartiere suchen oder auf Campingplätzen hausen."

Unter ihnen sind auch solche, die sich eine Reise in dieses kleine Paradies regelrecht erschleichen. Sie umgehen damit die Regelung, nach der die Besucherzahl von Schwarzort und Nidden beschränkt wird und niemand ohne Bescheinigung einen Platz erhält. Die Wilnaer Zeitschrift „Svyturys", die darüber berichtet, beklagt weiter, daß diese „Dienstreisenden in ihren Zimmern Saufgelage abhalten, die anderen Gäste stören und sich auch sonst nicht an die Hausordnung halten". Weil Dienstreisen tabu sind, habe man bisher kaum etwas dagegen unternommen. Nun aber soll die Miliz einschreiten.

Der Besucherstrom ist aber offenbar trotz aller Bemühungen nicht zu bremsen. So wird für die Saison 1978 eine Zahl von 90 000 genannt. Dazu kommen die vielen Tagesausflügler.

Von den übrigen Orten scheint das kleine Preil noch am wenigsten von der neuen Welle erfaßt zu sein. Die schilfgedeckten Fischerkaten bestimmen nach wie vor das Bild. In Perwelk dagegen haben schmucke kleine Häuschen, aber auch ungefüge Erholungsheime verschiedener Betriebe die vertraute Ansicht erheblich verändert.

In Schwarzort entdeckt man noch vieles aus der alten Zeit, so verschiedene Hotels und Pensionen, auch die zahlreichen Häuschen in fröhlicher Vielgestaltigkeit. Im Schwarzorter Wald wurde ein Lager der Jungen Pioniere eingerichtet.

Wie die übrigen Dörfer, so zieht auch Sandkrug, ganz im Norden, immer wieder Künstler an. Die Zeitschrift „Literatura ir Menas" (Literatur und Kunst) berichtet, daß dort ein Symposium litauischer Bildhauer abgehalten wurde. In einem Wettbewerb habe man Kunstwerke aus Steinblöcken geschaffen, die im Freien lagerten. Später wurden sie nach Memel gebracht und im neuen Mazvydo-Park ausgestellt.

Eine besondere Attraktion erhielt Süderspitze im äußersten Zipfel der Nehrung. Dort wurde im Wilhelmsfort ein Meeresmuseum eingerichtet, zu dem auch eine Unterwasserlandschaft gehören soll. Die ersten Insassen waren sechs Pinguine aus Feuerland. Zwei davon gingen ein. Die übrigen haben sich inzwischen akklimatisiert. Von der Anlegestelle in Sandkrug bis nach Süderspitze wurde das Ufer betoniert. Eine Teerstraße und ein Fußweg führen bis an das Museum. Dort wurde ein stattlicher Neubau für Kasse, Wartehalle und Verkaufsstand errichtet. Auch ein Naturkundemuseum soll in der Gegend entstehen. Fauna und Flora der Nehrung werden dort zu sehen sein.

Eine zusätzliche Fährverbindung soll den Besucherstrom aufnehmen. Etwa 20mal wurde bereits vorher die Strecke von Memel — dort startet man jetzt vom Festungsgraben aus — bis Sandkrug befahren. Von den ersten Lastkähnen, die durch ein Bretterdeck zusammengehalten wurden, im Jahre 1946 bis zu den Luftkissenbooten von heute, die allerdings bis nach Nidden brausen, war es ein weiter Weg. Die vier Fähren, von denen eine in Kowno und drei in Wolgograd (Stalingrad) gebaut wurden, tragen die Namen „Neringa", „Nida", „Kintai" und „Polanga".

Zur deutschen Zeit gab es drei Fährdampfer, die „Nehrung", „Stadt Memel" und „Sandkrug" hießen. Dampferverbindungen bestanden bis nach Cranzbeek am anderen Ende des Haffs wie nach Heydekrug, Ruß, Kinten, Tilsit, Kowno sowie bis nach Labiau und Königsberg.

Der Leuchtturm ist noch vorhanden. Nur trägt er jetzt blaue Streifen.

Blick vom Sandkrug: Großstadt Memel ohne Kirchtürme

Für sie alle, die den Weg über die Nehrung nahmen, war der Blick vom Sandkrug auf Memel ein unvergeßliches, immer wieder bewegendes Erlebnis. Stand man auf dem Dünenhügel, dann lag die Stadt hinter dem Wasser wie ein Breitwandgemälde vor dem Betrachter. Die spitzen Kirchtürme ragten auffällig aus dem Panorama heraus. Das Bild der mächtigen weißen und braunen Giebel und der Seitenfronten vieler Speicher wurde unentwegt aufgelockert durch die unzähligen feinen Striche des Mastenwaldes der Segler und der Ladebäume der Frachter. Lang und schmal breitete sich

die Stadt aus, anheimelnd und einladend, oft willkommene Station auf weiter Reise, besonders damals, als die Poststraße zwischen Königsberg und Petersburg über die Nehrung führte. Auch Königin Luise sah Memel vom Sandkrug aus, als sie im Januar 1807 auf der Flucht war. Und August von Kotzebue, meistgespielter Bühnenautor der Klassikerzeit und eine Art Kulturpapst, schrieb dort das Lied: „Es kann ja nicht immer so bleiben wohl unter dem wechselnden Mond..."

Nein, es blieb nicht so. Ende Januar 1945, als Memel unterging, fiel auch der historische Sandkrug in Trümmer. Eine Flakstellung wurde dort installiert. Ihre Betonreste sieht man heute noch. Dort aber, wo über die Jahrhunderte das bekannte Wirtshaus stand, ist jetzt nichts als eine kleine grüne Erhebung. Das Kurhaus in der Nähe blieb hingegen stehen. Und was sieht man, wenn man nun auf die andere Seite blickt? Diese Frage beantwortet der Mann, der uns über seinen Besuch auf der Nehrung berichtete und der auch auf dem Hügel von Sandkrug stand und auf seine Vaterstadt blickte, so:

„Das erste, was mir auffiel, war, daß die drei Kirchtürme fehlen, die früher das Bild beherrschten. Das Memel von heute ist sozusagen kopflos geworden. Auch der mächtige Lietukis-Speicher, der kurz vor dem Krieg gebaut wurde und den ganzen Hafen beherrschte, ist weg. Der rote Leuchtturm dagegen ist noch vorhanden (er wurde offenbar nach teilweiser Zerstörung wieder hergerichtet), allerdings ist er jetzt unten mit blauen Streifen bemalt.

Dann sticht natürlich ins Auge, daß der Fischereihafen nach Süden verlegt und erheblich erweitert wurde. Dort machen viel größere Schiffe als früher fest, so daß dieser Teil gar nicht mehr von dem anderen Hafen zu unterscheiden ist. Diese ganze Seite des Tiefs ist jetzt ein einziger riesiger Hafen.

Und schließlich ist nicht zu übersehen, daß auch die zahlreichen Neubauviertel das alte Stadtbild verändert haben. Besonders nach Süden zu, bis nach Schmelz, ragen viele hohe Häuser über die alten Dächer hinaus. Im Norden ist das neue Krankenhaus als höchstes Bauwerk auszumachen. Der erhaltene oder wiederhergestellte Kern unterscheidet sich auch farblich von den Stadtteilen, die in den letzten Jahrzehnten hinzugekommen sind. Er trägt das herkömmliche Backsteinbraun, während die Neubauten weiß und hellgrau herüberleuchten."

Schon aus dieser Entfernung merkt man die wichtigsten Veränderungen auf den ersten Blick: Memel ist nicht mehr das alte mittlere Städtchen, sondern es ist zu einer Großstadt im heutigen östlichen Stil geworden. Die Einwohnerzahl hat sich von 41 300 im Jahre 1939 auf jetzt etwa 180 000 erhöht, das ist das Viereinhalbfache. Keine ostpreußische Stadt ist seit 1945 im gleichen Maße gewachsen. Nach Königsberg (370 000) und vor Allenstein (140 000) ist Memel der zweitgrößte Ort im heutigen ostpreußischen Gebiet. Alle drei liegen in einem anders verwalteten Teil.

Am einfachsten bekommt man einen Eindruck von der jetzigen Gestalt, wenn man sich vorstellt, daß die neuen Viertel um die alte Stadt herumgebaut wurden, also einen Ring von Trabanten bilden. So empfanden es auch zwei Besucher, die uns darüber berichteten.

Gehen wir einmal selbst in dieses neue Memel hinein. Eine der Fähren aus der Nachkriegszeit mit den litauischen Namen trägt uns hinüber in die Stadt, die nun in dieser Sprache Klaipeda genannt wird. Wir landen am Festungsgraben. Oder wir kommen mit dem Auto, eher noch mit dem Bus über die alte Straße von Heydekrug, die in Stadtnähe gerade ausgebaut und verbreitert wird. Eben noch sahen wir Bauerngehöfte aus der alten Zeit mit den breiten, teilweise nur noch lückenhaft gedeckten Dächern, zwischendurch allerdings auch die hellen langgestreckten Hallen der Kolchosen, da tauchen kurz hinter Carlsberg bereits die ersten Hochhäuser am Horizont auf.

Besonders zur Linken, in Richtung Schmelz, beherrschen sie mehr und mehr das Feld. Aus der einst dörflichen Umgebung wurde inzwischen der moderne Teil einer aufstrebenden Großstadt. Grünanlagen mit Skulpturen, die gelegentlich zu monumentaler Größe und Gestalt gediehen sind, sollen der weiteren Auflockerung dienen. Der erste Eindruck aus dieser Perspektive: Alles ist anders geworden. Hier erkennt der Memeler seine alte Stadt nicht wieder.

Fahren oder gehen wir schnell in das nun zur Altstadt gewordene Memel oder das, was davon übriggeblieben ist. „Ach, das ist nicht mehr viel", berichtet bedauernd ein früherer Bewohner, der in der Mitte der siebziger Jahre seine Heimatstadt wiedersah. „Ich fand einige Straßenzüge wieder, auch noch manches bekannte Haus, so das Rathaus, das tadellos in Schuß ist; doch in den Hauptstraßen nimmt selbst das frühere Memel russische Züge an. Gar nicht zu reden von den gewaltigen Neubauvierteln. Noch begegnet dem Eingeweihten vieles aus der alten Zeit; doch er kann sich fast ausrechnen, wie lange der Vorrat aus der Vergangenheit reichen wird. Schmerzlich vermißt habe ich unsere Kirchen, die aus dem Stadtbild, das wir im Herzen tragen, nicht fortzudenken sind. Ich weiß allerdings, daß die verbliebenen deutschen Protestanten sich dort in einem Versammlungsraum treffen. Das ist noch eine stattliche Zahl."

Der Pessimismus scheint sich nicht ganz zu bewahrheiten. Inzwischen weiß man, daß energische Bemühungen eingesetzt haben, die Altstadt zu erhalten. Das ist eine bemerkenswerte Tatsache, wenn man daran denkt, daß so etwas im übrigen Nord-Ostpreußen so gut wie gar nicht vorkommt.

So bietet sich Memel dem Ankömmling dar, der die alte, verbreiterte Hauptstraße aus Richtung Prökuls benutzt.

Das neue und das alte Memel. Der moderne Stadtteil Pempeningken und die Dächer der Altstadt.

Der Libauer Platz mit dem Ehrenmal der Sieger.

Nur im Süden der Provinz, etwa in Allenstein, gar nicht zu reden von der Danziger Altstadt, gibt es hervorragende Beispiele von Restaurationen deutscher Altstädte durch Polen.

„Sie geben sich große Mühe", urteilt ein Memeler, der 1978 dort war und als Architekt Fachmann auf diesem Gebiet ist. „‚Russische Züge' habe ich eigentlich im Stadtbild nicht gesehen. Die russische Zuckerbauweise, wie etwa in Minsk, aber auch in Ost-Berlins früherer Stalinallee, war vielmehr überhaupt nicht zu bemerken. In Litauen allgemein fällt gerade das Fehlen solcher russischen Elemente auf. In der Stalinzeit wurde das Land wohl nicht besonders gefördert. Die meisten Bauten stammen aus neuerer Zeit und zeigen den modernen Stil der Zweckmäßigkeit. Trotz anerkennenswerter Bemühungen der litauischen Architekten, etwas Besonderes zu bieten, könnten die meisten Bauten sicher auch in einem anderen Land stehen. Das ist nicht so viel anders als bei uns. Allerdings ist teilweise alles noch unorganisch. Schließlich ist der Wiederaufbau noch im Gange. Natürlich gibt es noch zahlreiche Lücken. Doch das Ganze nimmt wieder Gestalt an, tatsächlich in einigen Bereichen die Gestalt von einst."

Zu diesem für die alten Bewohner wichtigen Thema schreibt die Memeler Zeitung „Tarybiné Klaipéda" (Sowjet-Memel): „Wenn vor zehn Jahren ein Tourist einen Bewohner Memels nach dem Vorhandensein von Baudenkmälern gefragt hätte,

so hätte der Memeler nur bedauernd mit den Schultern gezuckt. Von sehenswerten Bauten sei ihm nichts bekannt."

Das änderte sich erst, so berichtet die Zeitung, am Ende der siebziger Jahre. Damals wurde eine Abteilung für Denkmalsschutz gebildet. Sie nahm sich zum Ziel, 60 Bauten in der Altstadt und etwa 30 auf der Nehrung zu erneuern. „Heute kann jedem Touristen schon einiges vorgezeigt werden. Die Hauptaufgabe ist die Erhaltung der Altstadt, wie sie einstmals gewesen ist, für die kommenden Generationen." Der Artikel kommt zu dem Ergebnis: „Die Geschichte verfuhr mit Memel unbarmherzig. In der Mitte des 19. Jahrhunderts wurde fast die ganze Altstadt von einer Feuersbrunst vernichtet. Die übriggebliebenen Bauten machte der Zweite Weltkrieg dem Erdboden gleich. Es blieb kein gotischer oder Renaissancebau zurück. Doch einiges wurde erhalten, vor allem der Bezirk zwischen der Fischerstraße und der Marktstraße. Seine Planung ist einmalig in Litauen und, man kann es dreist sagen, selten in ganz Europa."

Inzwischen wird der gesamte Bereich zwischen Marktstraße und Dange, Theaterplatz und Friedrich-Wilhelm-Straße restauriert. Eine ganze Reihe von Bauten steht bereits wieder in alter Gestalt. Der Rest soll in den ersten achtziger Jahren fertiggestellt sein. Die Mittel wurden im Fünfjahresplan entsprechend erhöht.

204

Besucher berichten mit Begeisterung von dem wiederauferstandenen alten Memel. Malerisch verwinkelte Gäßchen mit verhutzelten Häuschen, an denen Straßenlaternen von Anno dazumal hängen, wuchtige, schmale und ungefüge Fachwerkspeicher, von gediegenem Wohlstand zeugende Bürgerhäuser, kleine Lädchen — das ist mehr als Nostalgie an der Dange; das ist Memel, wie es war.

Auch der Memeler Reiseführer von Venantas Butkus weist auf diese Besonderheit hin. „Sehenswert ist die Altstadt zwischen Kurischem Haff und dem Aschhofteich auf dem linken Dangeufer", notiert er. Insbesondere seien beachtenswert Speicher, Fachwerkhäuser und Walmdächer aus dem 17. und 18. Jahrhundert in der Hohen Straße sowie in der Kirchen- und Ordonnanzstraße, ein Wohnhaus aus dem 18. Jahrhundert in der Großen Wasserstraße und ein Speicher- und Wohnhauskomplex Ecke Bäckerstraße — Friedrich-Wilhelm-Straße. Deutlich sichtbar sind die Ergebnisse des Wiederaufbaus in der Hohen Straße. Dort erhält auch die schamaitische Abteilung des Vereins für Volkskunst ihren Platz. Verkaufsräume und Werkstätten gehören dazu. Dort soll ein zweites Kunstzentrum der Stadt entstehen.

Das erste ist die Gemäldegalerie an der Ecke Turnplatz — Alexanderstraße. Dort, in den vornehmen Häusern aus der Zeit um die Jahrhundertwende, werden in 17 Sälen auf 1 610 Quadratmetern rund 3 000 Arbeiten vorwiegend litauischer und russischer Maler ausgestellt. In einem besonderen Raum wird auch westeuropäische Kunst gezeigt. 1 500 Meter muß man zurücklegen, wenn man die ganze Anlage besichtigen will. Sie soll noch in Richtung Turnplatz ausgebaut werden.

Einige Straßenzüge sind für den angestammten Bewohner leicht wiederzuerkennen, so die Alexanderstraße, die Marktstraße und die Polangenstraße. Am Libauer Platz sieht es ebenfalls noch fast so aus wie früher, auch wenn ein hohes Monument in den ausgedehnten Anlagen von der neuen Zeit kündet.

Von den bekannten alten Gebäuden und Einrichtungen sind noch vorhanden: das Rathaus, das Kreishaus des Landkreises Memel in der Polangenstraße, Hauptzollamt, Gerichtsgebäude, die Post in der Alexanderstraße, das Beamtenhaus auf dem Libauer Platz, die Stadtsparkasse und das Haus des „Memeler Dampfboots", der Bahnhof, das Meyhoefer-Haus, das Patrizierhaus der Familie Gerlach mit der Stadtbibliothek (die auch heute wieder dort untergebracht ist), Kammer- und Capitol-Lichtspiele, Kaufhaus Laß & Co., Schlachthof, Lehrerseminar, Vytautasgymnasium, Lyzeum, Städtisches Krankenhaus, Marinelazarett.

Den Kriegszerstörungen, die etwa 50 Prozent der Stadt vernichteten, fielen zum Opfer: die Stadtkirche St. Johannis und die Landkirche St. Nikolaus, die Börse, Apollo-Lichtspiele.

Die Dange ist ein stilles, von gepflegten Anlagen umsäumtes Gewässer geworden. Es gibt dort keinen Schiffsverkehr. Die Dreimastbark „Meridian", die in der Nähe der Börsenbrücke liegt, ist ein

Die Dange ist ein stilles Gewässer geworden. Nur Motorboote sieht man dort noch wie hier vor dem früheren Meyhoefer-Haus. 205

Die Dreimastbark „Meridian" ist ein Restaurantschiff. Sie liegt in der Nähe der Börsenbrücke.

Restaurantschiff. Nur einmal im Jahr wird es auf dem Fluß wieder lebendig. Dann, wenn der Seetag gefeiert wird und ein bunter Bootskorso die Dange entlangfährt. In dem Erholungs- und Promenadengebiet am Ufer sieht man viele Menschen, die sich ergehen oder an den schönen Gewächsen erfreuen.

Bemerkenswert als Grünzone ist auch der Mazvydo-Park. Er liegt in der Gegend zwischen Parkstraße, östlich von der Auguste-Viktoria-Schule, und dem Städtischen Friedhof. An den blitzsauberen Wegen, die an alten Bäumen und blühenden Blumen vorbeiführen, stehen jene Plastiken, die Bildhauer alljährlich in Sandkrug aus Granitblöcken hauen. Dorthin gelangt man über eine neue breite Straße, die Mazvydo aléja heißt und etwa parallel zur Alexanderstraße verläuft, ungefähr so wie früher die Alte Sorgen- und die Hofstraße. Dort hat man jetzt freie Sicht vom Kämmereihof in der Parkstraße bis zum Preußischen Hof in der Polangenstraße.

Als weiteres Erholungsgebiet wird der Freundschaftspark angelegt. Er hat eine Fläche von 20 Hektar. Natürlich dienen diesem Zweck auch die herrlichen Wälder der Umgebung, so die von Sandkrug, Försterei und Mellneraggen. Wege und Pfade sowie Befestigungen sollen sie zu gepflegten Parkwäldern machen. Man bemüht sich ferner, Grünanlagen an den Gebäuden der Betriebe, Schulen und Behörden zu schaffen.

So heißt es in einem Bericht der Zeitschrift „Musu gamta" über das zukünftige Memel: „Nach

zehn Jahren wird die Restaurierung der Altstadt mit dem schön gestalteten Aschhofwall, mit dem Volkskundemuseum und der Freiluftausstellung abgeschlossen sein. Das Gelände der Zitadelle wird in Ordnung gebracht sein. Memel wird grüner erscheinen. Im neuen Stadtgebiet wird der Freundschaftspark grünen, Bäume werden auch schon im geplanten Botanischen Garten wachsen. An der Dange, in der Gorkistraße, auf einem Gelände um jeden Betrieb, überall werden Bäume grünen."

Ein trauriges Kapitel ist, wie fast überall in jenen Zonen, das der Friedhöfe. Die alten Grabstätten werden nur noch in den seltensten Fällen gepflegt oder wenigstens geschützt. In Memel wurde wohl mindestens ein Teil des Städtischen Friedhofs für die Neuanlage des Mazvydo-Parks geopfert. Schlimm ist es um den alten Städtischen Friedhof bestellt. Denn seit Jahren werden öffentlich und auch in Gesprächen bittere Klagen über die Zustände dort geführt.

So heißt es in einer Zuschrift der Wilnaer Zeitschrift „Schwieturies" (Leuchtturm): „An der Ecke Otto-Boettcher-Straße — Am Dreiblatt gibt es den Alten Städtischen Friedhof. Seine Pflege beschränkt sich auf wenige Maßnahmen. Im Herbst kehrt man die welken Blätter zusammen, im Sommer wird das Unkraut von den schon unkenntlichen Gräbern gemäht, und am Totensonntag fährt man Blumen an und verkauft sie an die Hinterbliebenen. Abends und nachts ist dort das Stelldichein von Scharen

Halbwüchsiger, von Trinkern und Herumtreibern. Häufig kommt es zu Schlägereien.

Es schmerzt den Friedhofsbesucher, wenn er am Grab eines nahen Verwandten weilen möchte, daß er dort ausgerissene und zertretene Blumen findet. Die Einfassungen sind niedergerissen. Zerschlagene Flaschen und Essensreste sind der einzige Grabschmuck und zeugen von schlechtem Benehmen unerzogener Menschen. Ist es denn unmöglich, die letzte Ruhestätte der Verstorbenen vor solchen Störungen zu schützen?"

Auf diesem Friedhof hat es im ersten Nachkriegsjahrzehnt Bestattungen gegeben. In der Zeit zwischen den beiden Weltkriegen waren dort Katholiken begraben worden. Diese Gräber werden heute zum Teil noch von den Angehörigen gepflegt. Die Vermutung liegt angesichts der Verhältnisse nahe, daß die Behörden diesen Friedhof aufheben wollen, um das Gelände einem anderen Zweck zuzuführen.

Was fällt am meisten in der heutigen Innenstadt auf? Alte und neue Memeler sind sich einig: „Das ist das riesige Kulturhochhaus am Alexanderplatz", sagen sie. Noch ist der Blickfang das höchste Gebäude. Das soll sich aber ändern. In der Südstadt wird ein Fischer-Kulturhaus gebaut, das das Hochhaus im Zentrum übertreffen soll.

Überhaupt scheinen die Planungen für Memel nach dem Motto „Immer höher, immer größer" zu verlaufen. Ein anderes Beispiel ist dafür der Kran-

kenhausbau. Viele Jahre hatte die Stadt unter einem chronischen Mangel auf diesem Gebiet gelitten. Dann wurde endlich im Jahr 1979 die hochmoderne Poliklinik am nördlichen Stadtrand bei Königswäldchen fertiggestellt. Mit ihren 600 Betten und verschiedenen Spezialabteilungen soll sie mehr als 60 000 Einwohner betreuen. Bald danach wurde eine neue große Poliklinik in Richtung Schmelz geplant. 1 200 Patienten sollen dort täglich in 240 Behandlungsräumen versorgt werden. Für 1980 wurden folgende Zahlen genannt: 2 715 Betten, 1 081 Ärzte und 2 556 medizinische Hilfskräfte in sämtlichen Krankenhäusern. Dazu gehört auch eine Entbindungsanstalt mit 200 Betten.

Über das Memel des Jahres 1980 schreibt die Zeitschrift „Gimtasis krastas": „Am Schluß des zehnten Fünfjahresplanes wird es viele große Veränderungen geben. Was sind das für riesige industrielle Anlagen? Da sind die Schiffsreparaturwerft, der Betrieb 'Sirius', die Holzverarbeitungsbetriebe. Der Bau des Kombinats 'Daile' ist beendet. Lieblich duften die Erzeugnisse aus dem neuen Bäckereikombinat, das mit der Lieferung 1977 begonnen hat. Da ist die neue Fleischkonservenfabrik. Da ist das Baukombinat. Seine Erzeugnisse sind neue Serienhäuser. Im zehnten Fünfjahresplan sind den Memelern jährlich mehr als 1 500 Wohnungen mit einer Gesamtfläche von 453 000 Quadratmetern gebaut worden. Im Südteil der Stadt ist ein ausgedehntes Wohnviertel entstanden. Wo sich

Kandelaber zieren die Dangebrücke. Im Hintergrund das Kulturhaus am Alexanderplatz.

Die neue Poliklinik.

1977 die Kleinsiedlung befand, verlaufen jetzt die Straßen des Waldviertels. Die umfassende Sanierung der Wohnhäuser ist abgeschlossen.

Die Kapazität der Personenbeförderung ist gegenüber 1976 um 34,8 Prozent gestiegen. Der Verkehr ist lebhafter geworden. Warum schauen wir uns zum Beispiel in der Libauer Straße nach einem Zebrastreifen um? Benutzen wir den Tunnel! Viel Zeit müßte man zum Besuch der Dienstleistungsbetriebe aufwenden. 1977 wurde das Möbelkombinat ‚Dange‘ fertiggestellt. Sechs Kleinkunstläden und acht Speiselokale wurden eröffnet. Am Friedensprospekt und im III. Wohnviertel wurden Lebensmittelläden, auf der Schiffsreparaturwerft und in der 23. Mittelschule Speisewirtschaften mit 200 Plätzen eingerichtet.

Da ist das Café ‚Debrecen‘ (benannt nach der ungarischen Stadt Debrecen, mit der Memel eine Partnerschaft verbindet) mit 150 Plätzen, die Bierstube in der Bäckerstraße mit 80 Plätzen, die Frühstücksstube ‚Bauerneinkehr‘. Viele Dienstleistungsbetriebe wie Wäschereien, chemische Reinigungen, Reparaturwerkstätten, Friseurläden und ähnliches haben sich um 28 Prozent vermehrt.

Auch im Hinblick auf die Schulen und kulturellen Einrichtungen sollen Zahlen sprechen. Es sind fünf Mittelschulen, eine Hilfsschule mit Internat, die von 7 400 Schülern besucht werden, neun Kindergärten, in denen die Erzieherinnen 2 520 Knaben und Mädchen erwarten. Ein Wohnheim mit 500 Plätzen und eine Sporthalle für die Studenten des Staatlichen Konservatoriums wurden gebaut.

Die Räume der Bildergalerie wurden um das Vierfache erweitert. Die Bibliothek hat jetzt 1,5

Millionen Bücher.“ (Insgesamt gibt es drei Büchereien, von denen eine sogar Werke in deutscher und polnischer Sprache hat).

„Es scheint, daß der Ausflug in das neue Memel kein Ende hat. Und auch beim Abschied sind wir Zeugen einer Neuheit: Das Bahnhofsgebäude wurde rekonstruiert.“

Nun ja, im Schwärmen sind kommunistische Planer Meister. Daran gibt es allerdings nichts zu deuten, daß die Aufbauleistung gerade in dieser Stadt eindrucksvoll ist. Drei Dinge mögen dabei Triebfedern sein: Erstens die geographische Lage. So wie in Königsberg sind die Sowjets offensichtlich auch hier bemüht, den eisfreien Ostseehafen bestmöglich zu nutzen. Zum zweiten ist auch in diesem Fall der kaum verhüllte Konkurrenzkampf zwischen Litauern und Russen (im Königsberger Gebiet) spürbar. Und schließlich ist das Bemühen des letzten Jahrzehnts erkennbar, gerade in den alten deutschen Städten zu beweisen, was man selber kann.

Das in dem vorstehenden Bericht erwähnte Waldviertel ist eines der größten Projekte im Memeler Wohnungsbau überhaupt. 6 000 Menschen sollen in elf zwölfstöckigen, neunzehn neunstöckigen und zwölf fünfstöckigen Blocks Platz finden. Ein- bis Vier-Zimmer-Wohnungen werden gebaut. Das neue Viertel, zu dem auch Kindergarten, Post, Apotheke und Dienstleistungsräume gehören, wird an der Plantage nahe der Chaussee nach Polangen errichtet. Die Bäume, die schon zum herrlichen Wald von Försterei gehören, sollen, soweit es geht, stehen bleiben. Der Bestand reicht bis zum Ufer der Ostsee und gehört zu der ungewöhnlich schönen Umgebung der Stadt.

Nicht erwähnt wird in allen diesen Berichten, daß trotz der größten Anstrengungen die Wohnverhältnisse nach wie vor bescheiden sind. Die rund 180 000 Einwohner — Memel ist die drittgrößte Stadt im heutigen Litauen und hat mehr Einwohner als das ganze frühere Memelgebiet — haben nur wenig mehr als doppelt soviel Wohnraum wie die früheren 41 000 dort Ansässigen, das heißt, jedem einzigen steht lediglich etwa die Hälfte der früheren Fläche zur Verfügung, in den meisten Fällen nicht einmal die sechs Quadratmeter, die pro Person geplant sind.

Nicht näher erläutert wird auch, was es mit dem Hinweis auf neue Dienstleistungsbetriebe auf sich hat. Dahinter verbirgt sich ein besonderer Notstand der staatlich gelenkten Wirtschaft. Die Handwerker-Kollektive, die die Arbeiten der einst freien Schuhmacher, Schneider, Tischler, Elektriker und so weiter übernehmen sollen, sind nur sehr mangelhaft dazu in der Lage, die Schäden zu beheben. Über einen typischen Fall berichtet die „Tiesa".

Da hatte sich in Heydekrug ein Mechaniker eine neue Uhr gekauft. Bald danach blieb sie jedoch stehen. Er hatte eine Garantie darauf und brachte sie am 15. August zurück.

„Kommen Sie in einer Woche wieder", sagte man ihm. „Denn wir haben hier keine Reparaturmöglichkeit. Die Uhr muß nach Memel (50 Kilometer entfernt)." Dort gibt es das Kollektiv „Vilbis" für technische Reparaturen; es ist für das ganze Memelland zuständig. Nach einer Woche lag die

Uhr noch immer an der gleichen Stelle. „Das Auto aus Memel ist noch nicht dagewesen", hieß die Auskunft. Woche für Woche erhielt der Mechaniker die gleiche Auskunft, bis zum 19. Oktober, da wurde der Bericht darüber abgedruckt. Was weiter geschah, ist unbekannt. Vielleicht liegt die Uhr immer noch kaputt in Heydekrug.

Aufschlußreich ist auch die Meldung, daß in Memel ein Dienstleistungsbetrieb für Möbelreparaturen eingerichtet wurde. Auf dem Gelände der ehemaligen Streichholzfabrik in Janischken arbeitet seit geraumer Zeit eine Möbelfabrik, deren Produkte nicht immer zufriedenstellend ausfallen sollen. Jetzt kann man anscheinend die neuen Möbel gleich reparieren...

Natürlich ist vieles noch unvollständig, manches dürfte — systembedingt — unvollkommen bleiben. So muß man sich immer wieder über die geringe Zahl von Versorgungseinrichtungen wundern. Beispielsweise hat die 180 000-Einwohner-Stadt nur zehn Apotheken. Bei uns besitzt das etwa gleich große Freiburg (im Breisgrau) 70 Apotheken. Selbst im Zeitalter des Fernsehens sind fünf Kinos nicht gerade viel. Auch die drei Hotels reichen nicht aus. Und über fehlende Einkaufsstätten wird immer wieder geklagt.

So sind die gelegentlich fast euphorischen Schilderungen in den dortigen Publikationen — bei aller Anerkennung der geleisteten Arbeit — mit gebotener Zurückhaltung zur Kenntnis zu nehmen. Da heißt es zum Beispiel im Reiseführer „Klaipeda":

Kino „Vaiva" und Wohnblock in der Libauer Straße.

Memel hat (1974) 138 Läden, mehr als 100 Pavillons und Kioske, mehr als 200 Imbißstuben, Büfetts und Gaststätten. Fast alle Läden haben Selbstbedienung. Der größte Lebensmittelladen ist „Kosmos" in der Kownoer Straße. Auf Herren- und Damenbekleidung haben sich die Kaufhäuser „Drachen" und „Strand" spezialisiert. Neue Einkaufszentren wurden in den jungen Stadtteilen Neringa und Pempeningken geschaffen. Am Friedensprospekt eröffnete das Restaurant „Kobold", in der Altstadt die originelle Einkehr „Seeschwalbe". Hingewiesen wird ferner auf das Kinder-Café „Zwei Hähnchen" in der Alten-Sorgen-Straße und das Restaurant auf dem Segelschiff „Meridian" in der Nähe der Börsenbrücke.

Mehr als 63 Millionen Fahrgäste werden jährlich von 107 Autobussen auf fünf Linien befördert. 147 Taxen stehen zur Verfügung. In der Debrecener Straße wurde ein Telefon- und Telegrafenamt gebaut. Jeder zehnte Memeler hat jetzt einen Fernsprechanschluß. Sieben Buchhandlungen gibt es.

12 000 Zuschauer faßt der Sportplatz am Plantagenfort. Sein Name „Tannenberg". 100 Tonnen Milch und Milchprodukte verlassen täglich die Molkerei, 50 Tonnen Backwaren die beiden Brotfabriken. Die modernisierte Aktienbrauerei, die 1974 ihren 100. Geburtstag feierte, liefert das Bierrezept für sämtliche litauischen Brauereien. 20 alkoholfreie Getränke werden ebenfalls dort produziert. 25 Tonnen Karamelbonbons stellt die Fabrik „1. Mai" täglich her. Ihre Namen: Sandkrug, Neptun, Kiefer, Klumpfuß. Zur Aufzählung gehört auch, daß Memel 63 Quadratkilometer groß

ist, 157 Kilometer Straßen und 1 054 Hektar Grünanlagen hat.

Von den zahlreichen Denkmälern und Skulpturen verdient eine Statue besondere Beachtung. Das ist der Fischer auf einem großen Felsbrocken vor dem Rathaus. Er steht an der Stelle, wo die Borussia ihren Platz hatte. Schon in der Zeit der Abtrennung hatte man ihn ihr streitig gemacht. Nach dem verlorenen Krieg mußte sie endgültig weichen.

„Für alle Memeler, die um die Geschichte gerade dieses beziehungsvollen Denkmals wissen, ist das ein schmerzlicher Verlust. Man kann die Gefühle kaum schildern, die einen befallen, wenn man diese Veränderung mit eigenen Augen sieht", berichtet einer der wenigen Besucher. Ein anderer stellt fest: „Wenn man die nationalen Belange, die damit zweifellos verbunden sind, außer acht läßt, so muß man zugeben, daß dieses ein gutes Symbol ist für die Fischerstadt Memel. Denn vor allem anderen ist es diese Zweckbestimmung, die der Stadt von heute ihr Gepräge gibt. Man merkt das schon an Kleidung und Gebaren der Menschen dort."

In der Tat, Memel ist nicht nur der größte Hafen der Sowjetrepublik Litauen. Er nimmt auch im Wettlauf um die beste Plazierung im gesamten Ostseebereich einen hervorragenden Platz ein. Offenbar wurde in den „neuen Gebieten" mit den Königsberger und Pillauer Häfen der Anfang gemacht. Dann kam Memel mit einer vermutlich noch größeren Steigerung hinzu. Als neuestes Objekt ist ein Riesenhafen bei Riga im Bau.

Alle Besucher zeigen sich beeindruckt vom Memeler Hafen; sämtliche (dortige) Publikationen

Der Fischer hat die Stelle eingenommen, an der früher die Borussia stand.

Im Handelshafen.

preisen die gewaltigen Errungenschaften. Am meisten wird der Aufstieg in der Fischerei gefeiert. Beispielsweise heißt es in der Werbeschrift „Klaipeda": „So lösten sich in den Nachkriegsjahren zum erstenmal in der Geschichte unseres Landes die litauischen Fischer von der Ostseeküste und dem Kurischen Haff los und fuhren hinaus in die Weiten des Nordmeeres und der Barentsee, in den uferlosen Atlantischen Ozean, zu den kanadischen und südafrikanischen Küsten."

Der Fischereihafen mit seinen Kais, Portalkränen, Trawlern, Gefrier- und Transportschiffen bietet ein imposantes Bild. Es wird allerdings von den riesigen Gebäuden der Baltischen Werft teilweise verdeckt. Die neue Reparaturwerft kann gleichzeitig 24 Schiffe aufnehmen.

Ehrgeizige Pläne hat man auch mit der Memeler Handelsflotte. 1969 wurde die Litauische Schiffahrtsgesellschaft gegründet, die sich auf Massengüter und Holzfracht spezialisierte. Die modernen Holzfrachter vom Mirny-Typ sind 3 000 Tonnen groß. Sie werden auch für den Getreidetransport eingesetzt. Die 4 500-Tonnen-Frachter für die Kohlen- und Erzverschiffung gehören den Typen Donbass und Skipper Gek an. Schnittholz wird nach Italien, Jugoslawien, Frankreich und Marokko gebracht, Getreide nach Großbritannien, Belgien, Holland und in die DDR, Kohle und Koks nach Finnland, Schweden und Dänemark.

Offenbar klappt das Geschäft noch nicht so wie erwünscht. Ob das daran liegt, daß es über die Moskauer „Sowfracht" abgewickelt werden muß? Jedenfalls wirbt die litauische Gesellschaft mit einem Prospekt in russischer und englischer Sprache um Aufträge. Darin werden auch die Anlagen des Hafens lobend erwähnt. Er besitzt, so heißt es,

dreizehn Liegeplätze für Trockengüter und drei für Tanker. Die Frachter dürfen einen Tiefgang von acht bis neun Metern, die Tanker von neun Metern haben. 1 200-PS-Schlepper leisten Beistand. Im 24-Stunden-Dienst können Kohlen, Eisen, Asbest, Baumwolle, Ziegel, Erdöl, Chemikalien in Fässern, Papier- oder Jutesäcken, Rohrzucker, Zitrusfrüchte usw. gelöscht oder beladen werden.

Der Hafen hat elektrisch gesteuerte Portalkräne, die bis zu 16 Tonnen Leistung haben, Schwimmkräne mit einer Tragfähigkeit von 15 und 50 Tonnen, Gabelstapler-Lkw und elektrische Gabelstapler, Gleisanschlüsse.

Es versteht sich von selbst, daß die mit Fischerei und Hafen verbundene Industrie auch im Memel von heute eine große Rolle spielt. 90 Prozent der Fischkonserven des Landes kommen von dort. Außerdem besitzt sie die einzige Zellstoffabrik Sowjet-Litauens und liefert mehr als die Hälfte der Baumwollgarne und 15 Prozent der Milch- und Fleischproduktion.

Im Hafen werden jährlich 2 500 Schiffe — in einer anderen Publikation wird gar die Zahl 5 000 genannt — aus 25 Nationen abgefertigt. Unter ihnen sind auch einige aus Westdeutschland. Mit Hamburg und Bremen besteht eine ständige Verbindung. „Es stimmt", bestätigt einer, der mit seinem Schiff dort war, „Memel hat einen gewaltig ausgebauten und schnellen Hafen."

In dem Prospekt der Litauischen Schiffahrtsgesellschaft heißt es auch: „Memels internationaler Seemannsklub verspricht den Matrosen eine gute Zeit mit Stadtbesichtigungen und Ausflügen." Was für eine seltsame Lockung in einem Hafen, der für die meisten Menschen verschlossen gehalten wird!

Das Zellstoff- und Papierkombinat. 211

Der „Sandkrug-Blick" auf das Memel von heute. Man wirbt für die Stadt – doch wann wird man sie wirklich wieder besuchen dürfen?

Was für eine merkwürdige Werbung für diese nahezu unzugängliche Stadt überhaupt! Man preist ihre Vorzüge und Errungenschaften; doch wer sie sehen und erleben möchte, hat keinen Zutritt. Reiseführer erscheinen drüben wie hüben; aber es gibt keine Reisen! Prospekte der Unwirklichkeit, Vorschläge an die Phantasie — oder Vorbereitung auf eine kommende Möglichkeit?

Auch für uns endet hier die Reise durch das heutige Ostpreußen, und wir können und wir wollen es nicht glauben, daß damit, mit dem Gedankenflug durch dieses Land, auch alles vorbei sein soll, was wir mit ihm verbinden, was uns mit ihm verbindet: Vaterhaus, Kindheit, Jugend, eine heile und schöne Welt, Reichtum der Natur und Gemütlichkeit des Lebens — die Heimat, unser Zuhause.

35 Jahre haben die Wunden nicht geheilt. Die Sehnsucht ist größer geworden. Jetzt, da der Südteil wieder besucht werden kann, da nun das nördliche Gebiet nicht mehr so gänzlich unbekannt ist, wie wir die ganze Zeit über meinten, da die Bilder der Erinnerung sich vermengen mit diesen neuen Eindrücken, da wird das Verlangen unstillbar: Laßt uns auch diesen Teil Ostpreußens wiedersehen!

Es ist ja nicht so, daß dieses Wiedersehen zu fürchten ist. Gerade das Beispiel, das im polnischen Bereich gegeben wurde, wirkt ermutigend. Mit jedem Besuch sind sich die Menschen nähergekommen, jene, die dort sind, und diese, die dort waren. Jede Fahrt milderte den brennenden Schmerz im Herzen um den Verlust. Wenn es einen neuen Anfang geben soll, dann führt er über diese Wege in die Vergangenheit, die durch eine andere Gegenwart geprägt sind. Nur dann sind die Nöte des einen und die Sorgen des anderen zu begreifen.

Ein halbes Leben, 700 Jahre Geschichte sind nicht auszulöschen, nicht durch Gewalt, nicht durch den Federstrich von Verträgen. Der Frieden, den wir alle suchen, die innere Ruhe, die Überwindung der Vergangenheit, kann nur aus dem gegenseitigen Verstehen, aus dem Wissen um die Belange auch des anderen, aus der Kenntnis der wahren Verhältnisse kommen.

In dreieinhalb Jahrzehnten hat unsere Welt neue Dimensionen bekommen, auch die Welt unserer Vorstellung. Wir können nicht lassen von diesem Land, in das wir hineingeboren wurden, das uns geformt hat, dem wir das Wichtigste in unserem Dasein verdanken. Aber wir haben auch gelernt, daß es sinnlos ist, sich gegen das Schicksal aufzulehnen. Muß Ostpreußen wirklich büßen für das, was Deutschland getan hat oder getan haben soll? Ist es tatsächlich gerecht, daß die Deutschen nach sieben Jahrhunderten in das Reich zurückzukehren haben, aus dem sie einst kamen, zusammen mit denen, die schon vordem dort im Osten wohnten?

Überlassen wir die Antwort der Geschichte. Doch auch heute, so wie immer, kann dieses Ostpreußen eine Brücke sein, zwischen West und Ost, Vergangenheit und Zukunft, Deutschen und

Der Bahnhof von Memel mit dem Ortsschild Klaipeda und einem Lenin-Denkmal. Wann werden auch deutsche Besucher der Stadt hier wieder ankommen und abfahren dürfen.

Russen. Polen und auch bereits Litauer haben auf diesem Weg schon ein Stück zurückgelegt. Und wir gehen soweit entgegen, wie wir nur können, wie man uns nur läßt.

Kant, Copernicus, Herder, Donalitius — die großen Söhne dieses Landes — wiesen lange vor uns in diese Richtung. Sie sprengten schon damals die engen Grenzen. Wären wir alle ihnen nur eher gefolgt! Doch es ist nie zu spät. So mag es denn ein gutes Zeichen sein, daß man sich wieder ihrer erinnert, in Königsberg und in Mainz, in Frauenburg und in Bologna, in Mohrungen und in Marburg, in Tollmingkehmen und in Wilna.

Ostpreußen lebt fort, nicht nur in den Herzen seiner Menschen. Nicht nur sie, aber sie vor allem, glauben fest daran, daß seine Aufgabe im bewegten Leben der Völker, im Laufe einer wechselvollen Geschichte, nicht für immer vorüber ist. Es ist der Glaube, der geboren wurde im Land der dunklen Wälder und kristallnen Seen, wo über weite Felder lichte Wunder gehn.

So sehen die Sowjets Nord-Ostpreußen

Die „Große Sowjetische Enzyklopädie", das Standard-Nachschlagewerk der UdSSR, notiert in Band 11, 1973, über das Königsberger Gebiet:

Kaliningrad (bis 4. Juli 1946 — Königsberg), Stadt, Mittelpunkt des Gebietes Kaliningrad, RSFSR. Umbenannt zu Ehren von M. I. Kalinin. Gelegen an beiden Ufern des Flusses Pregel (Pregolja) an seiner Einmündung in die Weichsel (Visla)-Bucht, Frisches Haff der Ostsee. Großer Industrie- und Transportknotenpunkt und eisfreier Hafen, verbunden mit der Ostsee durch einen tiefen Kanal — bis zum Hafen Pillau (Baltijsk). 315 000 Einwohner (1972; im Jahre 1959 — 204 000).

Gegründet 1255. Siebenhundert Jahre lang Zentrum der deutschen feudalen, danach imperialistischen Aggression gegen die Völker Polens und Rußlands. Während des 1. (1914—1918) und des 2. (1939—1945) Weltkrieges diente K. dem deutschen aggressiven Militarismus als Aufmarschraum für den Überfall auf die Nachbarstaaten.

Während des großen Vaterländischen Krieges der Sowjetunion 1941—45 eroberten die Truppen der 3. Weißrussischen Front unter dem Oberkommando von A. M. Vasilevskij am 6. bis 10. April 1945 die Stadt (s. ostpreußische Operation 1945). Lt. Beschluß der Potsdamer Konferenz 1945 kam Königsberg mit dem anliegenden Territorium (etwa ein Drittel des ehemal. Ostpreußen) an die UdSSR.

Als Folge der erbitterten Kämpfe bei der Eroberung der Stadt war K. zu über 90 Prozent zerstört worden. Vernichtet wurden die Verkehrsverbindungen der Stadt, Wasserleitung, Kanalisation, Energieanlagen u. dgl. Sowjetmenschen haben in kurzer Zeit eine neue sozialistische Stadt mit hochentwickelter Industrie, moderner Kommunalwirtschaft, einem weiten Netz kultureller und Bildungseinrichtungen sowie Lehranstalten geschaffen.

In der Industrie der Stadt nehmen Fisch- und Zellulose-Papier-Industrie, Maschinenbau und Metallverarbeitung eine wichtige Stellung ein. Zu den größten Unternehmen gehören: Waggonbau- und Schiffsreparaturwerke, Fabriken für Bau- und Wegebaumaschinen, Elektroschweißanlagen, Baukräne, Autoersatzteile, Handelsmaschinen, ein Werk für Maschinenausstattung der Papier- und der holzverarbeitenden Industrieunternehmen, Fabriken für Eisenbetonprodukte, zwei Zellulose-Papier-Kombinate, Koksgasbetrieb, Fischkonservenkombinat, Fabrik für Verpackungsmaterial, Fleischkonservenkombinat u. a. m. — K. ist Standort der Fischereiflotte und der Walfangflotille „Jurij Dolgorukij".

Etwa ein Drittel des Territoriums von K. wird von Parks, Alleen, Gärten, Grünanlagen und Wasserbecken eingenommen. Seit 1953 wurde K. nach einem Generalplan rekonstruiert; seit 1967 besteht ein neuer Generalplan (Autorenkollektiv unter der Leitung von Näumov und Loginova). Im Zentrum von K. befindet sich der Podeba- (Sieges-) platz mit dem Lenin-Denkmal; auf dem Gvardeiskij (Garde)-Prospekt Denkmal für die 1 200 bei der Erstürmung Königsbergs gefallenen Gardesoldaten. M. I. Kalinin-Denkmal. In K. sind erhalten geblieben das F.-Schiller-Denkmal (1910, Bildhauer Cauer) und das Grab von I. Kant. K. besitzt eine Universität, ein Technisches Institut für Fischindustrie und -wirtschaft, eine Hochschule für Schiffsingenieure, das Atlantik-Forschungsinstitut für Fischerei und Ozeanographie, acht Fachmittelschulen; ferner ein Landeskundliches Museum, ein Schauspielhaus, ein Marionetten-Theater, das Fernsehzentrum, eine Philharmonie und einen Buchverlag. In der Nähe der Stadt liegen die klimatischen Seeheilbäder Rauschen (Svetlogorsk), Otradnoja, Cranz (Selenogradsk), Neukuhren (Pionierskij). K. ist mit dem Orden des Roten Arbeitsbanners ausgezeichnet (1971).

Gebiet Königsberg („Kaliningradskaja Oblast") Bestandteil der RSFSR. Gebildet am 7. April 1946. Fläche 15 100 qkm, 750 000 Einwohner 1972. Grenzt im S. an Polen, im W. an die Ostsee und ihre Buchten — Kurisches und Frisches Haff. Das G. K. umfaßt 13 administrative Rayons, 22 Städte, 5 Siedlungen städt. Charakters. Mittelpunkt ist die Stadt Königsberg. 14. April 1966 ausgezeichnet mit dem Lenin-Orden.

Natur. Das G. K. umfaßt einen Teil des südlichen Gestades der Ostsee. Innerhalb des Gebiets liegt der äußerste westliche Punkt der UdSSR. Vorherrschend Niederung mit geringen Erhebungen; im SO durchzogen von der Baltischen Hügelkette (Höhen bis zu 231 m). Längs dem Meeresufer ein Streifen Sandstrand; im N. liegt ein Teil des Territoriums tiefer als der Meeresspiegel (Polder) und wird gegen Überflutung durch Dämme geschützt. Auf der Kurischen und auf der Baltischen (Frischen) Nehrung Dünenbildung (Höhe der Dünen bis zu 60 m). Traditionsname der Küste des G. K. ‚Bernsteinküste' wegen des dort vorhandenen größten Bernsteinvorkommens der Welt, auf dem die Arbeit des Bernstein-Kombinats basiert. Vorkommen von Steinsalz, Braunkohle, Ton, Bausand, Kies. Im achten Fünfjahrplan Erdölvorkommen erkundet, vorhanden 156 genutzte Torfmoore.

Klima. Übergang vom See- zum gemäßigten kontinentalen Klima. Milde Winter, mäßig warme Sommer (durchschn. Temp.: Januar von minus 2,6 bis minus 4,8 Grad C; Juli von 15—17 Grad C). Niederschläge (650—700 mm pro Jahr) vorwiegend in der wärmeren Jahreszeit. Vegetationsperiode 155—180 Tage. Binnengewässer nehmen etwa 12 Prozent der Gesamtoberfläche des Gebietes ein. Die Flüsse gehören zum Ostseebecken. Die größten — Memel (Njeman) mit dem Nebenfluß Scheschuppe (Sjasupe) und Pregel mit dem Nebenfluß Alle (Lava) — sind durch ein Kanalsystem verbunden. Viele Flüsse sind begradigt und reguliert, schiffbar. Über 100 Seen (der größte Wystiter See). Sieben Prozent der Oberfläche Sumpfland. Boden vorwiegend Aschenböden und Rasenpodsolböden, sauer: zum größten Teil kultiviert, müssen entwässert werden (etwa 9/10 aller landwirtschaftlichen Nutzflächen drainiert).

Wälder nehmen 15 Prozent des Gebietes ein (Fichte, Kiefer, Eiche, Birke, Linde, Hainbuche, Erle). Etwa ein Drittel des Territoriums sind Wiesen und Weideland. Auf entwässertem Sumpfland vorwiegend melioriertes Ackerland.

Die Tierwelt ist verschiedenartig: Hase, Eichhörnchen, Marder, Fuchs, Wiesel, Flußbiber, Flußotter, Sumpfotter, Hirsch, Damhirsch, Reh, Elch, Wildschwein. Große Zahl und Verschiedenheit der Vögel (über das Gebiet führen die Flugwege vieler Zugvögel). Die Gewässer sind fischreich, in den salzarmen Meeresbuchten und Haffs: Blei, Zander, Stint, Aal; im Meer: Strömling, Sprotte, Stint, Aal, Lachs.

Bevölkerung: Über 77 Prozent Russen (vorwiegend Umsiedler aus dem Innern der RSFSR), der Rest — hauptsächlich Weißrussen und Ukrainer. Durchschnittliche Dichte der Bevölkerung: 50 Personen auf 1 qkm, dariunter auf dem Lande über 12 Prozent auf 1 qkm. Größte Dichte der ländlichen Bevölkerung in den Rayons Neuhausen (Gurjevsk), Ragnit (Njeman), Pr. Eylau (Bagrationovsk). Mehr als drei Viertel der Gesamtbevölkerung wohnen in Städten. Der größte Teil der Landbevölkerung konzentriert sich in gutausgestatteten Sovchos- und Kolchossiedlungen. Die größten Städte — Königsberg, Tilsit (Sovetsk), Insterburg (Cernachovsk), Pillau Gumbinnen (Gusev), Zimmerbude (Svetlyj), Rauschen, Neukuhren, Cranz — sind wohlgestaltete Kurstädte.

Wirtschaft: Das Gebiet wird charakterisiert durch einen hohen Stand der Industrialisierung, kombiniert mit einer intensiven Landwirtschaft. Hauptindustriezweige: Maschinenbau, Zellulose und Papier, Lebensmittel (insbesondere Fisch). Die Landwirtschaft ist spezialisiert auf Milch- und Fleischviehhaltung sowie Schweinezucht. Das Gebiet spielt eine große Rolle im Seetransportwesen, darunter Ein- und Ausfuhr der UdSSR.

Die Rohproduktion der Industrie war 1970 2,2 mal höher als im Jahre 1960. Die Energiewirtschaft basiert auf der vom Einheitsenergiesystem der UdSSR gelieferten Elektroenergie und auf der eingeführten Kohle.

Der Maschinenbau hat sich spezialisiert auf die Herstellung von Hub- und Transportmaschinen und auf die Produktion der technischen Ausrüstung des Bauwesens und des Straßenbaus sowie auf elektronische Geräte. Große Bedeutung hat die Produktion von Dumperwagen (sich selbst entladende Waggons mit bis zu 180 t Hebekraft), Baukränen, elektr. Beladern, Einrichtungen für die Zellulose-Papier-Industrie, telemechanischen Lenksystemen, Projektoren u. dgl. Hauptzentren des Maschinenbaus: Königsberg und Gumbinnen. Die Zellulose- und Papier-Industrie des Gebiets liefert 10 Prozent der Gesamtunionsproduktion dieses Industriezweiges (darunter zwei Drittel des gesamten Tiefdruckpapiers), Zellulose- und Papierkombinate befinden sich in Königsberg (zwei), Tilsit und Ragnit, eine Papierfabrik in Wehlau (Znamensk). Die Jahresproduktion beträgt über 370 000 t Zellulose, 125 000 t Papier und 50 000 t Karton (1970).

Die Fischerei nimmt im Gebiet hinsichtlich des Wertes der Bruttoproduktion den ersten Platz ein (zwei Fünftel). Die Fischereiflotte, die jährlich (1970) rund 0,7 Mill. t Fisch liefert, verfügt über mehr als 500 neue großräumige Seeschiffe. Der Fischfang hat sich auf die Nordsee und die Norwegische See sowie auf den Äquatorial- und den Südatlantik ausgedehnt. An den Ufern der Antarktis ist die Walfangflotte „Jurij Dolgorukij' eingesetzt. Der Anteil des Gebiets an der Gesamtausbeute der Union an Fisch- und Seeprodukten (hauptsächlich: Hering, Seebarsch, Sardinen, Thunfisch, Dorsch) beträgt mehr als 10 Prozent. Die Fischkonservenkombinate in Königsberg, Heiligenbeil (Mamonowo), Zimmerbude produzierten 1970 über 125 Mill. Konservendosen. Die Fischindustrie ist eng verbunden mit der gesamten Wirtschaft des Gebiets (Schiffsreparaturwerften, Herstellung von Kartonemballage, Fischfanggerät u. a. m.; mit den wissenschaftlichen Forschungsinstituten, Häfen; der Landwirtschaft wird Fischmehl geliefert). Von den übrigen Zweigen der Lebensmittelindustrie sind am höchsten entwickelt: Herstellung von Fetten, Käse, Vollmilchprodukten (die größten Butterfabriken befinden sich in Insterburg, Ebenrode (Nesterov), Angerapp (Ozersk), Königsberg, desgl. die Fleischindustrie (Fleischkombinate in Königsberg, Insterburg, Tilsit). Rasch entwickelten sich die Leicht- und die Baustoffindustrie.

Entwickelt wurde ein einzigartiger Wirtschaftszweig — Gewinnung und Verarbeitung von Bernstein (in Palmnicken [Jantarnyj]); alljährlich werden über 400 t Bernstein gefördert; außer Juwelier- und künstlerischen Schmuckgegenständen (mehr als 350 Arten) werden Bernsteinlacke und Farben sowie Isoliermaterial hergestellt. Die Landwirtschaft zeichnet sich durch hohe Erträge aus. Groß ist die Rolle der Staatsgüter (47 Prozent der gesamten landwirtschaftlich genutzten Fläche, ca.

40 Prozent des Rinderbestandes). Wichtigste Zweige: Milch- und Fleischviehhaltung, Fleisch- und Baconschweinezucht, Geflügelzucht, Gemüse- und Kartoffelbau. Die Gesamtfläche aller landwirtschaftlich genutzten Böden beträgt 840 000 ha (Äcker 47 Prozent, Wiesen 21 Prozent, Weiden 32 Prozent). Von der Saatfläche entfallen 55 Prozent auf Futterpflanzen; bedeutend ist der Anbau von ein- und mehrjährigen Grassorten.

Der Getreideanbau (Sommergetreide: Gerste, Hafer; Wintergetreide: Weizen, Roggen) nimmt den zweiten Platz ein. Die Spezialisierung der Landwirtschaft ist im großen und ganzen in allen Rayons ähnlich; in der näheren Umgebung der Stadt Königsberg ist der Anteil der Milchproduktion und des Gemüse- und Kartoffelbaus größer. Obst- und Beerenzucht sowie Gemüseanbau sind gut entwickelt. Viehbestand: Rinder 409 000 Stück, Schweine 247 000, Schafe und Ziegen 85 000.

Die eisfreien Häfen — Königsberg und sein Seevorhafen Pillau — sind wichtig für die gesamte Union, da über sie ein bedeutender Teil der Außenhandelstransporte der UdSSR an die Ostsee- und Atlantikküste abgewickelt wird. Ein dichtes, gleichmäßig verteiltes Eisenbahn- und Autostraßennetz; Nutzlänge der Eisenbahnen (1970) 756 km, der Autostraßen mit harter Decke über 3 500 km. Größte Verkehrsknotenpunkte: Königsberg, Insterburg. Wichtigste schiffbare Flüsse: Memel, Pregel.

„Kultur- und Sanitätswesen". Im Schuljahr 1971/72 betrug die Zahl der Schüler in 483 allgemeinbildenden Schulen aller Unterrichtstypen 138 400, der 13 Speziallehranstalten 16 200, die Zahl der Studenten der drei Hochschulen (Universität, Hochschule für Schiffsingenieure, Technisches Institut f. Fischindustrie und -wirtschaft in Königsberg) 14 200. 1970 wurden in vorschulischen Einrichtungen über 35 000 Kinder erzogen.

Im Gebiet waren (am 1. 1. 1972) in Betrieb 367 allgemeine Bibliotheken (6 025 000 Exemplare an Bücher und Zeitschriften), drei Theater — Gebietsdramatheater und Marionettentheater in Königsberg, Dramatheater in Tilsit; Gebietsmuseum für Landeskunde in Königsberg, 428 Klubeinrichtungen, 608 stationäre Filmtheater; außerschulische Einrichtungen in Königsberg — Haus der Pioniere, Stationen der Jungtechniker, Jungnaturforscher, Jungtouristen, Botanischer Garen in Königsberg.

Am 1. 1. 72 bestanden Krankeneinrichtungen mit insgesamt 9 600 Betten (12,8 Betten auf je 1 000 Einwohner); 2 600 Ärzte sind tätig, d. h. auf einen Arzt entfallen 390 Einwohner. Auf dem Gebietsterritorium befinden sich die Seebäder: Otradnoje, Rauschen, Cranz, Neukuhren.

Stadtplan Königsberg heute

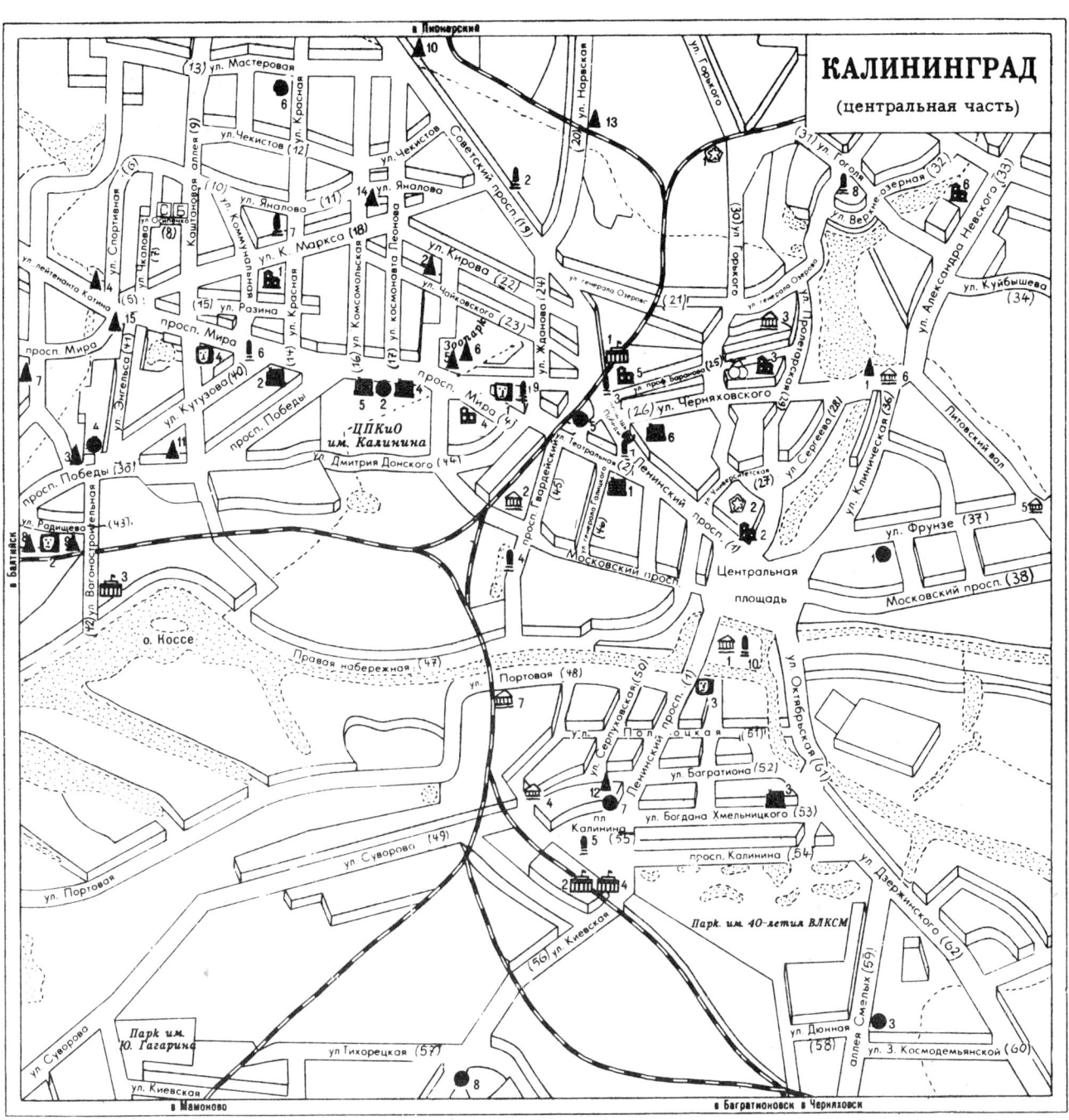

Sowjetischer Stadtplan von Königsberg (zentraler Teil) aus dem Jahre 1977. Dies ist nach einem
sehr schematischen Plan von 1969 der erste genauere Stadtplan von Königsberg aus der Zeit nach 1945.

Entnommen aus der Zweimonatsschrift „Dokumentation Ostmitteleuropa" Heft 1-2/79 Johann-Gottfried-Herder-Institut Marburg an der Lahn

Stadtplan
Königsberg Pr.
⑬ Stand 1931

Verzeichnis
der auf dem sowjetischen Stadtplan von Königsberg genannten Straßen und der entsprechenden deutschen Straßennamen aus der Zeit vor 1945 (Bezeichnungen: Stand 1931).

(1) Leninskij prospekt (Lenin-Prospekt) = Vorstädtische Langgasse, Kneiphöfsche Langgasse, Steindamm

(2) ul. Teatral'naja (Theaterstraße) = Kniprodestraße

(3) ploscad' Pobedy (Platz des Sieges) = Hansaring, Hansaplatz

(4) prospekt Mira (Friedensprospekt) = Hammerweg, Hufenallee

(5) ul. Lejtenanta Katina (Leutnant-Katin-Str.) = Steffeckstraße

(6) ul. Sportivnaja (Sportstraße) = Lovis-Corinth-Straße

(7) ul. Ckalova (Ckalov-Straße) = Zeppelinstraße

(8) ul. Osipenko (Osipenko-Straße) = Einsteinstraße

(9) Kastanovaja alleja (Kastanienallee) = Kastanienallee, Krausallee

(10) ul. Kommunal'naja (Kommunalstraße) = Boyenstraße

(11) ul. Janalova (Janalov-Straße) = Am Landgraben

(12) ul. Cekistov (Straße der Tschekisten) = Thaerstraße, Flottwellstraße

(13) ul. Masterovaja (Meisterstraße) = Schleiermacherstraße

(14) ul. Krasnaja (Rote Straße) = Schrötterstraße

(15) ul. Razina (Razin-Straße) = Steinmetzstraße

(16) ul. Komsomol'skaja (Komsomolstraße) = Luisenallee

(17) ul. kosmonavta Leonova (Kosmonaut-Leonov-Str.) = Hindenburgstraße

(18) ul. Karla Marksa (Karl-Marx-Straße) = Hagenstraße

(19) Sovetskij prospekt (Sowjetprospekt) = Stresemannstraße

(20) ul. Narvskaja (Narvsche Straße) = Hans-Sagan-Straße

(21) ul. generala Ozerova (General-Ozerov-Straße) = Schindekopstraße, Auguste-Viktoria-Allee

(22) ul. Kirova (Kirov-Straße) = Beethovenstraße

(23) ul. Cajkovskogo (Tschaikowski-Str.) = Hermannallee.

(24) ul. Zdanova (Zdanov-Straße) = Brahmsstraße

(25) ul. prof. Baranova (Prof.-Baranov-Straße) = Wallringstraße

(26) ul. Cernjachovskogo (Cernjachovskij-Straße) = Wrangelstraße

(27) ul. Universitetskaja (Universitätsstraße) = folgt etwa dem Verlauf der Giesebrechtstraße

(28) ul. Sergeeva (Sergeev-Straße) = Hintertragheim

(29) ul. Proletarskaja (Proletarierstraße) = Cäcilienallee, Mitteltragheim

(30) ul. Gor'kogo (Gorki-Str.) = Samitter Allee

(31) ul. Gogolja (Gogol-Straße) = Arno-Holz-Straße, Ernst-Wichert-Straße

(32) ul. Verchne-ozernaja (Straße am Oberteich) = Oberteichufer

(33) ul. Aleksandra Nevskogo (Aleksander-Nevskij-Str.) = Cranzer Allee

(34) ul. Kujbyseva (Kujbysev-Straße) = Rennparkallee

(35) Litovskij val (Litauischer Wall) = Litauer Wallstraße

(36) ul. Kliniceskaja (Klinik-Straße) = Vorderroßgarten, Hinterroßgarten

(37) ul. Frunze (Frunze-Straße) = Königstraße

(38) Moskovskij prospekt (Moskau-Prospekt) = folgt etwa dem Verlauf von Oberlaak, Unterlaak, Altstädtischer Langgasse, Lutherstr., Katholischer Kirchenstr., Sackheim

(39) Prospekt Pobedy (Prospekt des Sieges) = Lawsker Allee

(40) ul. Kutuzova (Kutuzov-Straße) = Körteallee

(41) ul. Engel'sa (Engels-Straße) = Leostraße

(42) ul. Vagonostroitel'naja (Waggonbau-Straße) = Arndtstraße

(43) ul. Radisceva (Radiscev-Straße) = Wiebestraße

(44) ul. Dmitrija Donskogo (Dmitrij-Donskoj-Str.) = Alte Pillauer Landstraße

(45) Prospekt Gvardejskij (Garde-Prospekt) = Deutschordensring

(46) ul. generala Galickogo (General-Galickij-Str.) = Steindammer Wall oder Sternwartstraße

(47) Pravaja nabereznaja (Rechtes Ufer) = Holsteiner Damm

(48) ul. Portovaja (Hafenstraße) = Friedrichsburger Straße, Hafenstraße

(49) ul. Suvorova (Suvorov-Straße) = Berliner Straße

(50) ul. Serpuchovskaja (Serpuchovsche Str.) = Knochenstraße

(51) ul. Polockaja (Polocker Str.) = folgt etwa dem Verlauf der früheren Kaiserstraße

(52) ul. Bagrationa (Bagration-Str.) = Unterhaberberg

(53) ul. Bogdana Chmel'nickogo (Bogdan-Chmel'nickij-Str. = Oberhaberberg

(54) prospekt Kalinina (Kalinin-Prospekt) = Österreichische Straße

(55) ploscad' Kalinina (Kalinin-Platz) = Reichsplatz mit gesamtem Gelände vor dem Hauptbahnhof

(56) ul. Kievskaja (Kiewer Straße) = Dirschauer Straße, Ponarther Straße, Brandenburger Straße (Ponarth)

(57) ul. Tichoreckaja (Tichoreckische Straße) = Wiesenstraße (Ponarth)

(58) ul. Djunnaja (Dünen-Straße) = Dönhoffstraße

(59) alleja Smelych (Allee der Kühnen) = Aweider Allee

(60) ul. Z. Kosmodem'janskoj (Z. Kosmodem'janskaja Str.) = Jerusalemer Straße

(61) ul. Oktjabr'skaja (Oktober-Straße) = Lindenstraße, Weidendamm

(62) ul. Dzerzinskogo (Dzerzinskij-Straße) = Friedländer Torplatz. Schönfließer Allee

Entnommen aus der Zweimonatsschrift „Dokumentation Ostmitteleuropa" Heft 1-2/79 Johann-Gottfried-Herder-Institut Marburg an der Lahn

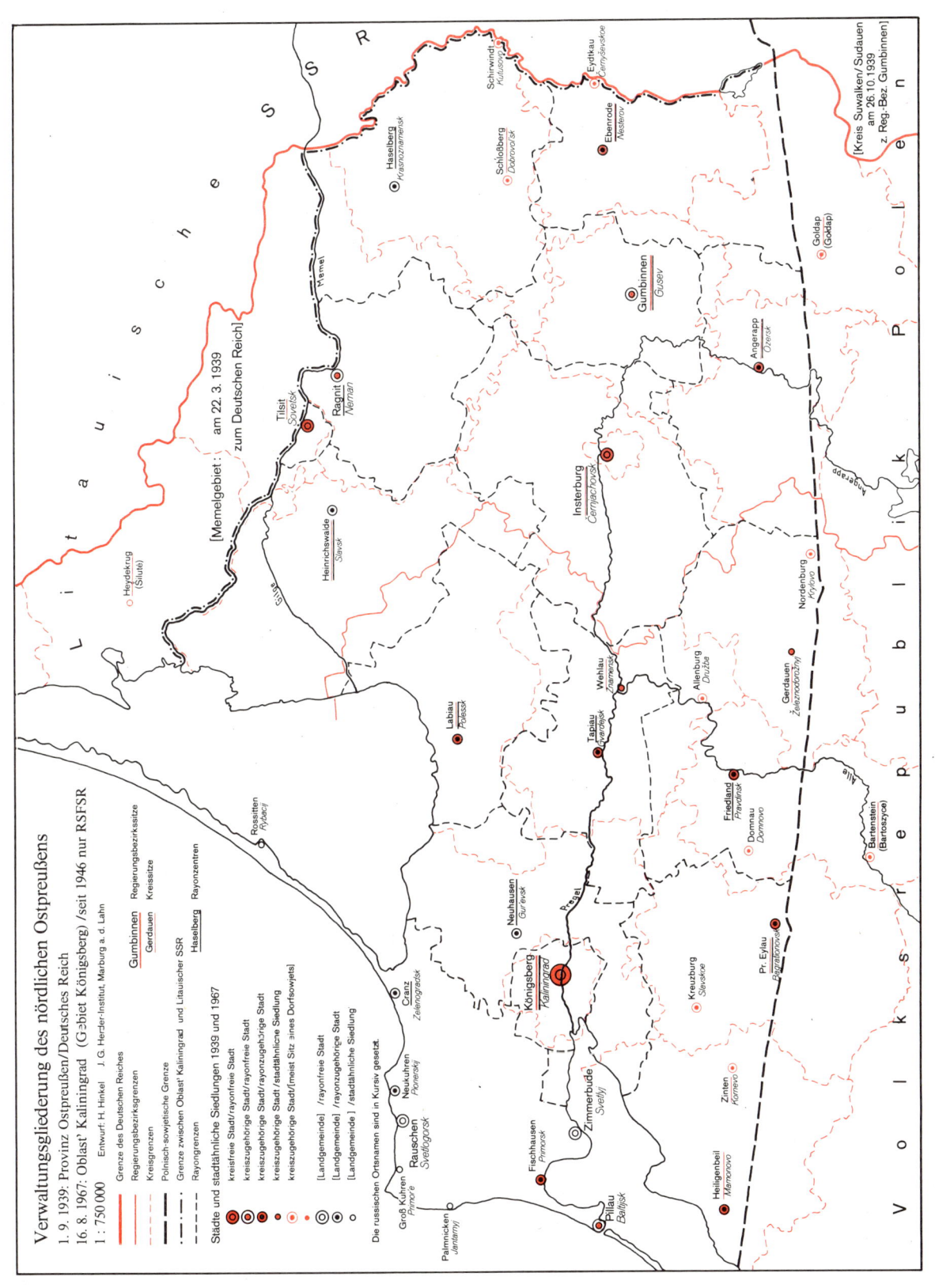

Verwaltungsgliederung des nördlichen Ostpreußens

1. 9. 1939: Provinz Ostpreußen/Deutsches Reich
16. 8. 1967: Oblast' Kaliningrad (Gebiet Königsberg) /seit 1946 nur RSFSR

1 : 750 000   Entwurf: H. Hinkel   J. G. Herder-Institut, Marburg a. d. Lahn

Grenze des Deutschen Reiches
Regierungsbezirksgrenzen
Kreisgrenzen
Polnisch-sowjetische Grenze
Grenze zwischen Oblast' Kaliningrad und Litauischer SSR
Rayongrenzen

Gumbinnen Regierungsbezirkssitze
Gerdauen Kreissitze
Haselberg Rayonzentren

Städte und stadtähnliche Siedlungen 1939 und 1967

kreisfreie Stadt/rayonfreie Stadt
kreiszugehörige Stadt/rayonfreie Stadt
kreiszugehörige Stadt/rayonzugehörige Stadt
kreiszugehörige Stadt /stadtähnliche Siedlung
kreiszugehörige Stadt/[meist Sitz eines Dorfsowjets]

[Landgemeinde] /rayonfreie Stadt
[Landgemeinde] /rayonzugehörige Stadt
[Landgemeinde] /stadtähnliche Siedlung

Die russischen Ortsnamen sind in Kursiv gesetzt.

Entnommen aus der Zweimonatsschrift „Dokumentation Ostmitteleuropa" Heft 1/78 Johann-Gottfried-Herder-Institut
Marburg an der Lahn

221

Abschwangen	Tishina	Ebenrode	Nesterov
Adlerswalde	Saratovskoe	Ebertann	Khlebnikovo
Aglohnen	Agluonenai	Eichenrode	Bogatovo
Allenau	Porech'e	Eistrawischken	Eisraviskiai
Allenberg	Bol. Polyana	Elchwerder	Golovkino
Allenburg	Druzhba	Ellernbruch	Vatutino
Altendorf	Vishnevoe	Eydtkau	Chernyshevskoe
Altenkirch	Malomozhayskoe	Eydtkuhnen	Chernyshevskoe
Altgertlauken	Novaya Derevnya		
Althof	Orekhovo	Falkenhöhe	Dzerzhinskoe
Altsköpen	Mostovoe	Fischhausen	Primorsk
Angerapp	Ozersk	Försterei-Seebad	Giruliai
Angenbrück	Novokolkhoznoe	Friedland	Pravdinsk
Argenhof	Artemovka	Friedrichsberg	Pskovskoe
Auerfließ	Shepetovka	Friedrichsthal	Soldatovo
Aulenbach	Kalinovka	Fuchsberg	Petrovo
		Fuchsberg	Semenovo
Baitschen	Podgorovka	Fuchshöhe	Bol. Selo
Balga	Veseloe		
Ballethen	Sadovoe	Gaffken	Parusnoe
Bilden	Pravidino	Galbrasten	Livenskoe
Bilderweiten	Lugovoe	Gallgarben	Marshal'skoe
Bindemark	Kadymka	Galsdon-Joneiten	Galsdonai
Biothen	Malinovka	Gawaiten	Gavrilovo
Birken	Gremyach'e	Georgenburg	Maevka
Birkenmühle	Kalinino	Georgenfelde	Ozerki
Bladiau	Pyatidorozhnoe	Gerdauen	Zheleznodorozhnyy
Blumenbach	Ovrazhnaya novaya	Gerhardsgrund	Okhotnoe
Bokellen	Frunzenskoe	Gerhardsheim	Kozhebudovo
Bönick	Zelenoles'e	Germau	Povarovka
Borchersdorf	Zelenopol'e	Gerwen	Priozerskoe
Böttchersdorf	Sevskoe	Gerwischkehmen	Priozerskoe
Brandenburg	Ushakovo	Gilge	Matrosovo
Breitenstein	Ul'yanovo	Globuhnen	Medovoe
Brüsterort	Mys Taran	Gnieballen	Gnibalai
Budwethen	Malomozhayskoe	Goldbach	Slavinsk
		Göritten	Pokryshkino
Charlottenwiese	Aleksandro-Nevskoe	Groß-Baum	Sosnovka
Cranz	Zelenogradsk	Groß-Berschkallen	Gremyach'e
Cullmen-Jennen	Geniai	Groß-Blumenau	Kremnevo
		Groß-Bubainen	Berezhkovskoe
Damerau	Uzlovoe	Groß-Dirschkeim	Donskoe
Darkehmen	Ozersk	Groß-Engelau	Demyanovka
Dawillen	Dovilai	Groß-Felde	Gudkovo
Deutsch-Grottingen	Kretingal'e	Groß-Friedrichsdorf	Gastellovo
Dittauen	Dituva	Groß-Gauden	Krasnopolyanskoe
Dollstädt	Krasnoznamenskoe	Groß-Goldbach	Slavinsk
Domnau	Domnovo	Groß-Heydekrug	Vzmor'e
Doristhal	Razino	Groß-Hubnicken	Sinyavino
Drausen	Lipnyaki	Groß-Kuhren	Primor'e
Drawöhnen	Dreverna	Groß-Lenkenau	Lesnoe
Dreifurt	Livenskoe	Groß-Lenkeningken	Lesnoe
Drugehnen	Pereslavskoe	Groß-Lindenau	Ozerki

Groß-Pentlack	Kamensk	Kauschen	Kashino
Groß-Rominten	Krasnoles'e	Kaymen	Zarech'e
Groß-Schirrau	Dal'nee	Kekersen	Antsisiai
Groß-Schorellen	Saratovskoe	Kelladden	Il'ichevo
Groß-Skaisgirren	Bol'shakovo	Kinten	Kintai
Groß-Waltersdorf	Ol'khovatka	Kischen	Pobedino
Grünheide	Kaluzhskoe	Kissinnen	Kisinai
Grünlinie	Ershovo	Klein-Bergenthal	Dubovskoe
Gudwallen	L'vovskoe	Klein-Friedeck	Zaozernoe
Gumbinnen	Gusev	Klein-Gnie	Mozyr' novyy
Gutenfeld	Lugovoe	Klein-Nuhr	Sukhodol'e
		Klein-Scharlack	Nakhimovo
Haffwerder	Krasnoe	Klemmenhof	Klyamiske
Hainau	Vysokoe	Koadjuthen	Katyciai
Hardteck	Krasnoles'e	Kobbelbude	Svetloe
Haselberg	Krasnoznamensk	Königsberg/Pr.	Kaliningrad
Heiligenbeil	Mamonovo	Königskirch	Kanash
Heiligenkreutz	Krasnotorovka	Konradswalde	Konstantinovka
Heiligenwalde	Ushakovc	Kortmedien	Kostromino
Heinrichswalde	Slavsk	Kowarren	Zaozernoe
Hensken	Zhelannoe	Kraam	Grachevka
Herdenau	Prokhladnoe	Krakau	Krasnyy Bor
Hermsdorf	Pogranichnyy	Kraupischken	Ul'yanovo
Herzogskirch	Krasnogorskoe	Kreuzburg	Enino
Herzogsrode	Gavrilovo	Kreuzingen	Bol'shakovo
Heydekrug	Silut'e	Krokischken	Krokiskiai
Hochfließ	Kalininskoe	Krottingen	Kretingal'e
Hohenbruch	Gromovo	Kuckerneese	Yasnoe
Hohensalzburg	Lunino	Kuggen	Baevka
Honigberg	Vishnevoe	Kumehnen	Kumachevo
		Kunigehlen	Otradnoe
Ilmsdorf	Novobobruysk	Kussen	Vesnovo
Inse	Prichaly	Kutschitten	Nadezhdino
Insterburg	Chernyakhovsk		
		Labiau	Polessk
Jänichen	Svoboda	Langenfelde	Belkino
Jänischken	Svoboda	Laptau	Muromskoe
Jennen	Geniai	Lasdehnen	Krasnoznamensk
Jesau	Yuzhnyy	Laugszargen	Lauksargiai
Jonaten	Jonaiciai	Laukischken	Saranskoe
Jugnaten	Juknaiciai	Lauth	Isakovo
Jurgaitschen	Kanash	Lengwethen	Lunino
		Lichtenhagen	Yablonevoe
Kaimen	Zarech'e	Liebenfelde	Zales'e
Kalgen	Shosseynoe	Lindenhorst	Zelenovo
Kammergut	Stepnoe	Linkuhnen	Rzhevskoe
Kampspowilken	Kamsciai	Löbegallen	Tolstovo
Kanten	Sosnovka	Löbenau	Tolstovo
Kanthausen	Karklininkai	Lompönen	Lumpenai
Karkeln	Mysovka	Löwenhagen	Komsomol'sk
Karlsberg	Rimkai	Ludwigsort	Ladushkin
Karlsrode	Tarasovka		
Karpfenwinkel	Vysokoe	Mallwen	Mayskoe
Kassuben	Il'inskoe	Mallwischken	Mayskoe
Kastaunen	Plodovoe	Markthausen	Vysokoe
Kattenau	Zavety	Mattenau	Ugryumovo novoe
Kattningken	Prokhladnoe	Mauenfelde	Klyuchi
Kaukehmen	Yasnoe	Medenau	Logvino

Mehlauken	Zales'e	Pregelswalde	Zarech'e
Mehlkehmen	Kalinino	Preil	Preila
Memel	Klaip'eda	Preußisch Eylau	Bagrationovsk
Metgethen	Lesnoe	Prökuls	Priekule
Minchenrode	Zelenovo	Pronitten	Slavyanskoe
Mollehnen	Kashtanovka	Puschdorf	Pushkarevo
Molsehnen	Kosmodem'yanskoe		
Mühlhausen	Gvardeyskoe	Radenau	Vesnovo
Mulden	Perevalovo	Radszen	Vesnovo
Muldszen	Perevalovo	Ragnit	Neman
Mündenhöhe	Poltavskoe	Ramutten	Ramuciai
		Rauducken	Krasnoe
Nattkischken	Natiskiai	Rauschen	Svetlogorsk
Nautzken	Dobrino	Rautenberg	Uzlovoe
Nemmersdorf	Mayakovskoe	Rauterskirch	Bol'shie Berezhki
Nemonien	Golovkino	Ribbenau	Uvarovo
Neuhausen	Gur'evsk	Rippen	Sovkhoznoe
Neukirch	Timiryazevo	Rodebach	Chkalovo
Neukuhren	Pionerskiy	Rominten	Raduzhnoe
Neunassau	Privol'noe	Rosenberg	Sopkino
Neurinderort	Zalivino	Rossitten	Bogatovo
Neurugeln	Ruguliai	Rossitten	Rybachiy
Neutief	Kosa	Roßlinde	Kubanovka
Nidden	Neringa	Rudau	Mel'nikov
Niebudszen	Krasnogorskoe	Ruddecken	Rudakovo
Nimmersatt	Nemerzata	Ruß	Rusne
Nordenburg	Krylovo		
Norkitten	Mezhdurech'e	Saalau	Kamenka
		Sandkirchen	Timofeevo
Obereißeln	Garino	Sarkau	Lesnoy
Ohldorf	Lipovo	Saugen	Saugai
Ostradirwen	Usenai	Sausgallen	Sausgalviai
		Schaaken	Nekrasovo
Pakamonen	Pakamoniai	Schaaksvitte	Kashirskoe
Palmnicken	Yantarnyy	Schakenhof	Trostniki
Pamletten	Barsunovka	Schakuhnen	Levoberezhnoe
Parnehnen	Odesskoe	Schakunellen	Sakuneliai
Paschken	Plaskiai	Schalau	Lubki
Paszelischken	Pasiliskiai	Schiewenau	Borskoe
Paszieszen	Pasisiai	Schillehnen	Pobedino
Paterswalde	Bol'shaya Polyana	Schillehnen	Pogranichnyy
Petersdorf	Kuybyshevskoe	Schillen	Zhilino
Petrellen	Petrelini	Schillfelde	Pobedino
Peyse	Komsomol'sk	Schillkojen	Shepetovka
Pillau	Baltiysk	Schirwindt	Kutuzovo
Pillkallen	Dobrovol'sk	Schloßbach	Nevskoe
Pillupönen	Nevskoe	Schloßberg	Dobrovol'sk
Plicken	Plikiai	Schmalleningken	Smalininkai
Pobethen	Romanovo	Schmelz	Smelte
Pogegen	Pagegiai	Schneckenmoor	Listvennoe
Polennen	Kruglovo	Schönbruch	Shirokoe
Polleiken	Nekrasovo	Schönwalde	Yaroslavskoe
Popehnen	Zven'evoe	Schrombehnen	Strel'naya
Popelken	Vysokoe	Schugsten	Ryabinovka
Poppendorf	Zorino	Schulzenwalde	Dubrava
Posmahlen	Pushkino	Schützenort	Prigorodnoe
Postnicken	Zalivnoe	Schwarzort	Juodkrante
224 Powunden	Khrabrovo	Seckenburg	Zapovednoe

Seebad	Giruliai	Trempen	Novostroevo
Seepothen	Tsvetkovo	Tutschen	Vatutino
Seerappen	Lyublino		
Seszlacken	Pridorozhnoe	Uderhöh	Demidovo
Sodehnen	Krasnoyarskoe	Uderwangen	Chekhovo
Sorgenau	Pokrovskoe	Uggehnen	Matrosovo
Stahlack	Dolgorukovo	Uszbitschen	Uzbiciai
Stagutschen	Stepnoe	Uszloknen	Uzlekniai
Stallupönen	Nesterov	Uszpelken	Uzpelkiai
Stampelken	Osinovka		
Stockheim	Zaytsevo	Waldau	Nisov'e
Stonischken	Stoniskiai	Waldhausen	Berezhkovskoe
Strigengrund	Zagorskoe	Waldheide	Pogranichnyy
Strobjehnen	Kulikovo	Waldwinkel	Il'ichevo
Ströpken	Ushakovo	Walterkehm	Ol'khovatka
Stroppau	Otradnoe	Wehlau	Znamensk
Szameitkehmen	Zematikieniai	Weidehnen	Shatrovo
Szienen	Sakuociai	Weidlacken	El'niki
Szillen	Zhilino	Wensken	Vyantskai
Szugken	Zukai	Widitten	Volochaevskoe
		Wieken	Bagratianovo
Tapiau	Gvardeysk	Wieszen	Viziai
Taplacken	Talpaki	Wikischken	Bagratianovo
Tattamischken	Tatamiskiai	Willkischken	Vilkiskiai
Tawe	Zalivino	Willuhnen	Izmailovo
Tharau	Vladimirov	Windenburg	Vente
Tilsit	Sovetsk	Wischwill	Viesvile
Tollmingen	Chistye Prudy	Wittenberg	Nivenskoe
Tollmingkehmen	Chistye Prudy	Wolittnick	Primorskoe
Trakehnen	Yasnaya Polyana	Wosegau	Vishnevoe
Trakseden	Trakseciai		
Trappen	Nemanskoe	Zimmerbude	Svetlyy
Trappönen	Nemanskoe	Zinten	Kornevo
Trausen	Lipnyaki	Zweilinden	Furmanovo

Der Übersetzung dieser Ortsnamen liegt die international gebräuchliche Umschrift zugrunde, während im Buchteil die in populären Schriften übliche, dem Lautbild angenäherte deutsche Umschrift verwendet wurde.

Im Juni 1980 wird in der Schriftenreihe ‚Dokumentation Ostmitteleuropa' des Johann-Gottfried-Herder-Instituts in Marburg/L. ein Verzeichnis deutscher Ortsnamen aus dem nördlichen Ostpreußen (ohne Memelland) und bekanntgewordener amtlicher sowjetischer Bezeichnungen erscheinen. In diesem Verzeichnis (zwei Teile: dt.-russ., russ.-dt.) werden frühere Arbeiten zu dieser Frage zusammengefaßt und neuere Quellen — vor allem aus dem sowjetischen Bereich — ausgewertet. Insgesamt können etwa 400 bis 500 Orte berücksichtigt werden."

Inhaltsverzeichnis

Bildquellenhinweis

Einen wesentlichen Platz nehmen in diesem Buch die über 200 Abbildungen ein. Nur die Aufnahmen, die ein „Stern"-Korrespondent von zwei genehmigten Reisen durch Nord-Ostpreußen mitbrachte, kamen auf die übliche Art zustande. Die meisten übrigen Fotos wurden unter erschwerten Bedingungen gemacht. Sie fanden zum Teil auf abenteuerliche Weise den Weg zu uns. Aussiedler, Besucher und Bewohner des Gebietes stellten sie zur Verfügung. Ihre Namen können nicht bekanntgegeben werden. Sehr hilfreich war auch hier der Beitrag der Kreisvertreter der Landsmannschaft Ostpreußen. In vielen Fällen wurde auf Archivmaterial des Verfassers sowie des Verlages, darunter von Hans Hartz, Martin Kakies und Walter Raschdorff zurückgegriffen. — Die Aufnahmen in diesem Band wurden so eingefügt, daß sie den Text begleiten und ergänzen. Königsberg und Nord-Ostpreußen heute — in Bild und Text wird hier ein Landstrich lebendig, der Besuchern aus dem Westen, mit wenigen Ausnahmen, nach wie vor verschlossen ist.

An Literatur wurde, außer der bereits genannten, das Werk „Elche am Meer" von Martin Kakies benutzt.